Die Rechtsgrundsätze

des

Königlich Preußischen Gerichtshofes

zur Entscheidung der

Kompetenzkonflikte.

Von 1847 bis zur Gegenwart.

Zusammengestellt und nach Maßgabe der zur Zeit geltenden Gesetzgebung erläutert

von

K. Parey,
Königl. Verwaltungsgerichts-Direktor a. D.

Berlin 1889.
J. J. Heines Verlag.

Druck von Albert Koenig in Guben

Inhalts-Verzeichnis.

A. Allgemeine Einteilung.

I. Einleitung . . . . Seite 1.

II. Rechtsgrundsätze.

Erste Abteilung.

Erkenntnisse, welche auf Grund des Gesetzes vom 8. April 1847 ergangen sind . . . . Seite 1—187.
Nr. 1—808.

Zweite Abteilung.

Erkenntnisse, welche zwar auf Grund des Gesetzes vom 8. April 1847, aber unter der Herrschaft der neuen Verwaltungsgesetzgebung ergangen sind . . . . . . Seite 188—200.
Nr. 809—871.

Dritte Abteilung.

Erkenntnisse, welche nach dem Inkrafttreten der Verordnung vom 1. August 1879 und des § 11 des Einführungsgesetzes zum deutschen Gerichtsverfassungsgesetze vom 27. Januar 1877 ergangen sind . . . . Seite 201—210.
Nr. 872—902.

B. Systematische Einteilung.

Vorbemerkung. Die Zahlen innerhalb der nachstehend aufgeführten Rubriken bedeuten die fortlaufenden **Nummern** der mitgeteilten Rechtsgrundsätze.

I. Die Zuständigkeiten und sonstigen Angelegenheiten des Gerichtshofes zur Entscheidung der Kompetenzkonflikte.

Nr. 9. 10. 15. 33. 74. 88. 93. 168. 232. 261. 296. 317. 320. 388. 407. 426. 442. 482. 509. 538. 544. 550. 665. 669. 681. 740. 762. 827. 872.

II. Konflikte im Sinne des § 8 der Einleitung zu diesem Buche.

Nr. 8. 25. 86. 166. 207. 229. 235. 236. 241. 245. 279. 283. 286. 291. 292. 295. 297. 298. 302. 303. 321. 323. 324. 335. 342. 342a. 343. 350. 351. 365. 368. 372. 374. 376. 379. 382. 386. 393. 401. 404. 407. 410. 444. 451. 462. 472. 490. 520. 531. 555. 577. 622. 623. 651. 656. 699. 754. 772. 773. 785. 804. 805. 818. 825. 828. 830. 836. 840. 841. 842. 845. 849. 852. 853. 854. 858. 860. 861. 863. 864. 865. 869.

III. Angelegenheiten der landrätlichen Kreise.

Nr. 98. 126. 270. 771. 776. 782.

IV. Angelegenheiten der Stadtgemeinden.

Nr. 1. 21. 24. 36. 47. 54. 72. 75. 77. 91. 110. 114. 115. 119. 121. 123. 130. 138. 163. 189. 213. 214. 217. 227. 230. 253. 264. 311. 325. 341. 347. 356. 360. 375. 394. 395. 396. 402. 418. 456. 465. 470. 486. 500. 512. 524. 588. 589. 594. 621. 627. 630. 657. 700. 728. 752. 756. 797. 800. 801. 809. 812. 824. 826. 832. 839. 846. 870. 873. 875. 877. 878. 882. 883. 887. 891.

V. Angelegenheiten der Landgemeinden und selbständigen Gutsbezirke.

Nr. 3. 4. 5. 11. 38. 58. 69. 82. 89. 91. 105. 112. 130. 134. 135. 140. 162. 200. 205. 210. 213. 215. 216. 217. 281. 316. 334. 371. 373. 381. 474. 485. 492. 499. 517. 544. 545. 548. 558. 586. 587. 598. 618. 631. 639. 648. 649. 652. 693. 732. 752. 757. 766. 794. 806. 808. 816. 834. 843. 848. 851. 874. 876.

VI. Kirchliche und Pfarr-Angelegenheiten.

Nr. 6. 12. 14. 16. 22. 23. 30. 37. 45. 46. 47. 90. 94. 146. 157. 167. 171. 173. 195. 199. 204. 211. 218. 222. 224. 239. 242. 243. 251. 258. 273. 277. 296. 318. 329. 336. 355. 358. 359. 378. 391. 399. 403. 412. 414. 416. 419. 428. 432. 436. 445. 469. 471. 474. 506. 514. 515. 522. 556. 559. 574. 578. 584. 596. 597. 613. 619. 620. 628. 636. 637. 644. 647. 655. 658. 659. 663. 668. 672. 675. 685. 696. 719. 722. 724. 726. 749. 759. 769. 788. 790. 791. 796. 820. 821. 822. 829. 837. 838. 859. 880. 885. 888. 889.

VII. Synagogen-Angelegenheiten und Rechtsverhältnisse der Juden.

Nr. 81. 120. 131. 172. 179. 453.

VIII. Schul-Angelegenheiten und Rechtsverhältnisse der Lehrer.

Nr. 1. 12. 34. 46. 64. 83. 97. 100. 142. 177. 181. 204. 218. 221. 250. 261. 276. 310. 319. 325. 328. 330. 349. 361. 369. 387. 392. 413. 420. 435. 439. 446. 468. 476. 478. 480. 481. 493. 503. 515. 546. 564. 567. 575. 576. 583. 609. 611. 626. 649. 679. 684. 704. 707. 719. 728. 731. 733. 738. 745. 750. 758. 765. 774. 778. 787. 802. 829.

IX. Armen-Angelegenheiten, Unterstützung Hülfsbedürftiger, Streit zwischen Armenverbänden.

Nr. 7. 197. 262. 384. 411. 440. 454. 464. 475. 502. 511. 561. 562. 615. 634. 653. 682. 701. 707. 760. 775. 811. 833. 862. 879. 899.

X. Einquartierungs-Angelegenheiten, Kriegsleistungen.

Nr. 203. 237. 272. 542. 551. 555. 638. 694. 783. 798. 847.

XI. Rechtsansprüche an den Staat, Kriegsschäden u. s. w.

Nr. 56. 85. 118. 156. 184. 191. 195. 223. 225. 238. 257. 263. 287. 345. 352. 363. 366. 431. 467. 484. 487. 495. 496. 504. 505. 527. 530. 541. 559. 603. 624. 667. 670. 688. 691. 695. 712. 716. 734. 768. 810. 813. 900.

XII. Steuer-Angelegenheiten, Stempel, gewerbliche Abgaben.
(Vergl. auch den vorhergehenden Abschnitt XI).
Nr. 18. 20. 26. 31. 39. 42. 52. 53. 61. 70. 80. 111. 143. 202. 255. 340. 344. 429. 448. 539. 569. 580. 582. 601. 632. 640. 645. 660. 709. 713. 737. 739. 742. 743. 890. 897.

XIII. Auseinandersetzungs-Angelegenheiten (General-Kommission).
Nr. 36. 84. 88. 141. 150. 164. 176. 186. 196. 201. 282. 309. 322. 327. 333. 348. 362. 364. 426. 433. 450. 455. 457. 479. 498. 526. 528. 547. 549. 553. 572. 599. 646. 687. 710. 730. 770. 823.

XIV. Eisenbahn-Angelegenheiten. (Vergl. auch Abschnitte IV und V).
Nr. 44. 101. 128. 154. 160. 182. 173. 193. 219. 228. 260. 274. 358. 370. 437. 438. 483. 523. 543. 551. 563. 600. 616. 666. 786. 792. 793. 795. 799.

XV. Bergwerks-Angelegenheiten.
Nr. 17. 49. 284. 513. 516. 591. 617.

XVI. Polizeiliche Verfügungen im Allgemeinen und Zwangsmittel.
Nr. 75. 79. 99. 104. 107. 117. 148. 165. 170. 174. 180. 187. 230. 232. 244. 254. 256. 304. 305. 308. 326. 354. 677. 683. 686. 702. 711. 714. 718. 723. 729. 741. 763. 771. 777. 807. 814. 844. 857. 881. 884. 893. 894. 898.

XVII. Wegepolizei, Straßenbauten, Chaussee-Angelegenheiten.
Nr. 2. 15. 19. 27. 29. 40. 41. 51. 71. 78. 87. 96. 106. 108. 109. 122. 124. 125. 133. 137. 139. 145. 178. 185. 188. 190. 192. 194. 234. 246. 252. 259. 269. 271. 285. 288. 289. 293. 300. 312. 315. 331. 338. 346. 357. 380. 417. 421. 428. 430. 449. 452. 459. 489. 491. 497. 507. 519. 537. 570. 571. 573. 579. 585. 590. 593. 595. 604. 605. 625. 629. 642. 662. 664. 674. 676. 680. 690. 705. 735. 746. 748. 753. 755. 779. 780. 781. 784. 815. 895. 902.

XVIII. Wasserpolizei (Strompolizei).
Nr. 28. 35. 43. 50. 103. 113. 147. 153. 158. 208. 209. 247. 248. 294. 301. 332. 337. 339. 389. 390. 400. 409. 443. 473. 501. 508. 518. 519. 521. 533. 565. 568. 602. 606. 607. 633. 643. 650. 661. 671. 678. 698. 708. 715. 721. 725. 727. 747. 789. 803. 866. 886. 892.

XIX. Deich-Angelegenheiten.
Nr. 9. 159. 306. 313. 405. 422. 423. 424. 425. 477. 488. 557. 692. 819.

XX. Fischerei-Polizei.
Nr. 673.

XXI. Jagdpolizei.
Nr. 136. 169. 212. 307. 458. 566. 610. 817. 868. 871.

XXII. Gewerbe-Polizei.
Nr. 68. 161. 427. 441. 463.

XXIII. Versicherungs- und Feuerlöschwesen.
Nr. 155. 314. 534. 855. 867.

XXIV. Hilfskassen.
Nr. 744.
XXV. Baupolizei.
Nr. 63. 129. 151. 166. 226. 249. 266. 447. 536. 764. 835. 850.
XXVI. Dismembrations- und Ansiedelungs-Angelegenheiten.
Nr. 32. 751.
XXVII. Enteignungssachen.
Nr. 198. 635.
XXVIII. Beamtenrecht, Disziplinarsachen.
Nr. 48. 55. 57. 62. 67. 72. 73. 76. 102. 116. 127. 132. 144. 149. 152. 168. 175. 183. 206. 220. 233. 240. 267. 275. 278. 283. 299. 347. 367. 377. 383. 398. 434. 460. 466. 525. 532. 560. 659. 697. 706. 736. 762. 767. 831. 856. 871. 876. 901.

Verzeichnis der Abkürzungen.

A.-L.-R.	=	Allgem. Landrecht.
Abt.	=	Abteilung.
E.	=	Erkenntnis.
Ges.	=	Gesetz.
Just.-Min.-Bl.	=	Justiz-Ministerialblatt.
Kr.-O.	=	Kreis-Ordnung
L.-V.-Ges.	=	Landes-Verwaltungs-Gesetz.
Min.-Bl. d. i. V.	=	Ministerial-Blatt der inneren Verwaltung.
Pr.-O.	=	Provinzial-Ordnung.
Rhpr.	=	Rheinprovinz.
Schl.-Holst.	=	Schleswig-Holstein.
Westf.	=	Westfalen.
S.	=	Seite.
Bd.	=	Band.
V.	=	Verordnung.
Z.-G.	=	Zuständigkeits-Gesetz.

I. Einleitung.

§ 1.

Kompetenzkonflikte im weitesten Sinne treten in die Erscheinung bei Streitigkeiten verschiedener Behörden über ihre Zuständigkeit zur Entscheidung von irgend welchen Angelegenheiten. So kannte z. B. die Allgemeine Gerichtsordnung in §§ 131 ff. Tit. 2 Teil I einen außerordentlichen Gerichtsstand für die Fälle, daß die Jurisdiktion zwischen zwei Gerichten streitig wurde, ebenso die §§ 16 und 17 der V. vom 2. Januar 1849 (G.=S. S. 1), desgl. Artikel V des Ges. vom 26. April 1851 (G.=S. S. 181) und Artikel IX des Ges. vom 3. Mai 1852 (G.=S. S. 209), desgl. das Ges. vom 2. Mai 1853 G.=S. S. 169), welches sich ebenso auf Streitigkeiten der Zivilgerichte, wie auf diejenigen der Strafgerichte bezog. Ferner gab es Komp.=Konfl. zwischen mehreren Gerichten in Disziplinarsachen (§ 22 des Ges. vom 7. Mai 1851 G.=S. S. 218) und auch solche zwischen mehreren Verwaltungsbehörden, insonderheit der Bezirksregierungen (§ 11 Nr. 1 der Instruktion vom 31. Dezember 1825 — G.=S. 1826 S. 1 —, § 28 des Disziplinarges. vom 21. Juli 1852 — G.=S. S. 465 —), wozu jedoch jetzt das Endurteil des Ober=Verwaltungsgerichts vom 3. Mai 1879 — Entsch. Bd. V S. 41, Parey, Rechtsgrundsätze des Ober=Verwaltungsgerichts, Stammwerk S. 74 Nr. 3 — nachzulesen ist.

§ 2.

Von den im § 1 bezeichneten Komp.=Konfl. ist jedoch in der nachfolgenden Darstellung überall nicht die Rede, sondern nur von solchen Zuständigkeitsstreitigkeiten, welche zwischen einer Verwaltungsbehörde einerseits und einer gerichtlichen Behörde andererseits vorkommen. Für solche Streitigkeiten gab es schon in der vorlandrechtlichen Zeit besondere Vorschriften, z. B. in der Ordnung vom 21. Juni 1713 (Mylius C. C. M. II. 1, Nr. 131), desgl. in der V. vom 25. April 1715 (a. a. O. Nr. 139), auch wurde bald darauf eine Art von Gerichtshof zur Entscheidung der Komp.=Konfl. eingerichtet mit einer Instruktion vom 10. Februar 1756 (N. C. C. II. 3, Suppl. Nr. 10). Die auf diese Weise zur Entscheidung gelangenden Kompetenzstreitigkeiten fanden aber doch nur scheinbar zwischen einer Verwaltungsbehörde und einem Gerichtshofe statt, denn die damaligen Kriegs= und Domänenkammern waren zwar Verwaltungsbehörden, jedoch ebenso wie die Gerichte mit einer Jurisdiktion ausgestattet, was sich noch heute aus der Allgemeinen Gerichtsordnung Teil I Tit. 2 §§ 134, 135 erkennen läßt. Dieser Zustand wurde erst beseitigt durch die V. vom 26. Dezember 1808 (N. C. C. XII, S. 679), aber dies hatte zur Folge, daß nunmehr auch die Instruktion vom 10. Februar 1756 nicht mehr anwendbar erschien. Deshalb erging zunächst die Allerh. Kab.=Ordre vom 30. Juni 1828 (G.=S. S. 86) und, nachdem die Unzweckmäßigkeit derselben erkannt war, das

Ges. vom 8. April 1847 (G.=S. S. 170) betreffend das Verfahren bei Komp.=Konfl. zwischen den Gerichten und den Verwaltungsbehörden. Erst von diesem Ges. ab gab es einen „Gerichtshof zur Entscheidung der Komp.=Konfl.“, und deshalb haben auch in der nachfolgenden Zusammenstellung die Entscheidungen erst von diesem Zeitpunkte ab Aufnahme gefunden.

§ 3.

Diesen Zustand fand die preußische Verfassung vom 31. Januar 1850 vor. Dieselbe bestimmte in Art. 96:

> „Die Kompetenz der Gerichte und Verwaltungsbehörden wird durch das Ges. bestimmt. Ueber Komp.=Konfl. entscheidet ein durch das Ges. bezeichneter Gerichtshof.“

Aus dieser Fassung ergiebt sich ebenso klar, daß unter den eigentlichen Komp.=Konfl. nur solche Streitigkeiten verstanden werden können, welche zwischen Verwaltungsbehörden einerseits und den gerichtlichen Behörden andrerseits über ihre Zuständigkeiten stattfinden können, also nicht über die Zuständigkeiten der Gerichte unter einander, zumal in dieser Beziehung schon durch Artikel 89 derselben Verfassung und durch das deutsche Gerichts=Verfassungs=Ges. vom 27. Januar 1877 bereits Fürsorge getroffen ist. Andrerseits würde aber auch der Artikel 96 nicht hinderlich sein, die Zuständigkeiten unter den verschiedenen Verwaltungsbehörden (Regierungen, Eisenbahn=, Postbehörden u. s. w.) im Wege der Verordnung (also ohne eigentliches Ges.) anderweit zu gestalten, sofern nur nicht *besondere* Gesetze entgegenstehen.

§ 4.

Vergeblich hat man sich bisher in den gesetzgebenden Körperschaften bemüht, zwischen dem Gebiete der Verwaltung und dem der Justiz in der Form einer bestimmten Definition eine scharfe Grenze zu ziehen. Alle derartigen Versuche sind bisher an der geschichtlich feststehenden Thatsache gescheitert, daß die Landesgesetzgebungen durch nichts behindert sind, Streitigkeiten, welche ihrer inneren Natur nach als bürgerliche Streitigkeiten anzusehen sind, ganz oder teilweise Verwaltungsgerichten oder Verwaltungsbehörden zu übertragen. Dieser Grundsatz ist auch neuerdings durch das Reichsgericht anerkannt. (Vergl. Entscheidung vom 24./31. Januar 1887 — Wochenschrift „Selbstverwaltung“, Jahrgang 14, S. 164 —). Deshalb ist auch der vielfach behauptete Satz unrichtig, daß die Gerichte nur über Fragen des Privatrechtes zu befinden hätten, daß sie dagegen alle Fragen des öffentlichen Rechts den Verwaltungsbehörden oder Verwaltungsgerichten zur Entscheidung zu überlassen hätten. Das einzig Richtige ist, daß es gänzlich in dem Ermessen des Gesetzgebers steht, welche Fragen er den *ordentlichen* Gerichten und welche er den Verwaltungs=Behörden oder Gerichten überlassen will. Die Abgrenzung ist also eine rein thatsächliche oder, wenn man so sagen darf, willkürliche und oft nur sehr schwer begreifliche.

§ 5.

Aus dem Artikel 96 der preußischen Verfassung könnte man schließen, daß damals erst ein Gerichtshof zur Entscheidung der Komp.=Konfl. hätte geschaffen werden sollen, so daß also das bereits bestehende Ges. von 1847 erst noch einer besonderen Bestätigung durch die Verfassung bedurft hätte. Dieses nicht ganz von der Hand zu weisende Bedenken ist auch mehrfach Veranlassung gewesen, daß sich der Gerichtshof zur Begründung seiner Zuständigkeit nicht auf Artikel 96, sondern auf Artikel 110 berufen hat:

„Alle durch die bestehenden Gesetze angeordneten Behörden bleiben bis zur Ausführung der sie betreffenden organischen Gesetze in Thätigkeit."

Diese Zweifel sind indessen nunmehr beseitigt durch die Reichs-Justiz-Ges.

§ 6.

Der § 17 des deutschen Gerichts-Verfassungs-Ges. vom 27. Januar 1877 (R.-G.-Bl. S. 41) schreibt die Bedingungen vor, unter denen die Landesgesetzgebungen ermächtigt sind, die Entscheidung von Streitigkeiten zwischen den Gerichten und Verwaltungsbehörden und Verwaltungsgerichten über die Zulässigkeit des Rechtsweges besonderen Behörden (Kompetenzgerichtshöfen) zu übertragen. Hierauf beruht die mit dem Gerichts-Verfassungs-Ges. gleichzeitig in Kraft getretene V. betreffend die Komp.-Konfl. zwischen den Verwaltungsgerichten und Verwaltungsbehörden vom 1. August 1879 (G.-S. S. 573). Durch dasselbe ist das Ges. von 1847 im Allgemeinen beseitigt und dadurch sind die oben gedachten Zweifel nun auch vollständig erledigt.

§ 7.

Unberührt durch diese neue Gesetzgebung ist der frühere Grundsatz geblieben, daß der Komp.-Konfl. nur von den Verwaltungsbehörden erhoben werden kann, mithin nicht von den Gerichten, mit anderen Worten, daß das Recht zur Erhebung des Komp.-Konfl. kein gegenseitiges, sondern nur ein einseitiges ist. Ferner gilt auch noch jetzt der Grundsatz, daß der Komp.-Konfl. förmlich von der Verwaltungsbehörde „erhoben" werden muß, daß das bloße Hervortreten von Zweifeln über Zuständigkeiten noch nicht genügt, um das Eingreifen des Gerichtshofes von Amtswegen zu rechtfertigen.

§ 8.

Zu den Komp.-Konfl. gehören nicht die auf Grund des Ges. vom 13. Februar 1854 (G.-S. S. 86) erhobenen „Konflikte" bei gerichtlichen Verfolgungen wegen Amts- und Diensthandlungen. (§ 114 des L.-V.-Ges. v. 30. 7. 83). Für die Entscheidung der letzteren ist der Gerichtshof zur Entscheidung der Komp.-Konfl. jetzt nicht mehr zuständig, vielmehr ist nunmehr in diesen Fällen der § 11 des Einführungs-Ges. zum Gerichts-Verfassungs-Ges. vom 27. Januar 1877 maßgebend. Zahlreiche Beispiele findet man in den Rechtsgrundsätzen des Ober-Verwaltungsgerichts von Parey, Stammwerk S. 458 und in den beiden Ergänzungsbänden S. 106 bezw. S. 75, sowie in den Rechtsgrunds. II. Reihe von Parey u. Wiedemann S. 204.

Aus diesen Beispielen ergiebt sich, daß die Grundsätze, nach denen das Ober-Verwaltungsgericht jetzt zu entscheiden hat, nicht mehr dieselben sind, nach welchen der Gerichtshof zur Entscheidung der Komp.-Konfl. früher zu befinden hatte. Aus diesem Grunde sind denn auch die Entscheidungen des letzteren Gerichtshofes in einfachen Konfliktssachen im Wesentlichen gegenstandslos geworden und deshalb in der nachfolgenden Darstellung nur kurz erwähnt worden.

§ 9.

Wegen des besonderen Gerichtshofes für Militärkonflikte vergleiche unten das Beispiel sub Nr. 407.

§ 10.

Auch über die im Verwaltungsstreitverfahren zu verhandelnden Angelegenheiten und zu erhebenden Komp.-Konfl. entscheidet nicht der besondere Gerichtshof, sondern nach § 113 des L.-V.-Ges. v. 30. 7. 83 das Oberverwaltungsgericht.

§ 11.

Aus den Erläuterungen zu den einzelnen Entscheidungen ergiebt sich die erfreuliche und mit großem Danke anzuerkennende Thatsache, daß vielen Kompetenzstreitigkeiten durch die Verwaltungsgesetzgebung (jetzt L.-V.-Ges. v. 30. 7. 83 und Zust.-Ges. v. 1. 8. 83) vorgebeugt worden ist. Dadurch sind die Mißhelligkeiten und Härten, welche bis dahin in der Kompetenzgerichtsbarkeit wohl nicht immer ohne Grund gefunden wurden, ganz erheblich abgeschwächt und auf ein wohl erträgliches Maß zurückgeführt worden. Vielfach ist nunmehr an die Stelle des ordentlichen Rechtsweges und an die freie Entschließung der Verwaltungsbehörden der Verwaltungsrechtsweg oder das Verwaltungsbeschlußverfahren getreten, welche für eine sachgemäße und gerechte Behandlung ebenso viele Garantien bieten, als das Verfahren vor den ordentlichen Gerichten. Jedenfalls sind aber die vielen Zweifel über die Zuständigkeiten der betreffenden Behörden dadurch zum großen Teil beseitigt, wenn auch die Schwierigkeiten, um die richtige Behörde zu ermitteln, deshalb noch immer recht bedeutend sind.

Von ganz besonderer Tragweite für die Vereinfachung der Kompetenzstreitigkeiten ist der § 160 des Zust.-Ges. v. 1. 8. 83. Danach ist jetzt die Zuständigkeit der Verwaltungsgerichte auch insoweit begründet, als bisher durch § 79 Titel 14 Teil II A. L.-R., bezw. §§ 9 und 10 des Ges. vom 24. Mai 1861 (G.-S. S. 241) „oder sonstige bestehende Vorschriften" der ordentliche Rechtsweg für zulässig erklärt war. Dies bezieht sich zunächst nur auf sämtliche Kommunalabgaben, sowie auf die Abgaben der Gesamt- und Landarmenverbände, der Schulverbände, der Synagogengemeinden und Spritzenverbände, ferner auf die Angriffe gegen polizeiliche Verfügungen (§§ 127 ff. des L.-V.-Ges. v. 30. 7. 83), bei welchen früher durch § 2 des Ges. vom 11. Mai 1842 die Zivilklage gegen die Polizeibehörde zugelassen war. In Bezug auf die hier nicht ausdrücklich vorbehaltenen Gebiete ist in der Begründung zu dem Entwurfe eines Zust.-Ges. v. 27. 10. 80 sub. IV (Drucksachen des Abgeordnetenhauses Nr. 8 S. 45 ff.) angenommen worden, daß auch ohne solche ausdrückliche Ausschließung der ordentliche Rechtsweg in Wege- und Grabenräumungssachen, auf dem Gebiete der Jagdpolizei und der Ablösung gewerblicher Berechtigungen in Wegfall kommen soll. (Siehe Studt u. Braunbehrens, Ausgabe von 1889, Bd. I S. 189 und 190.)

II. Rechtsgrundsätze.

Erste Abteilung.

Erkenntnisse, welche auf Grund des Gesetzes vom 8. April 1847 ergangen sind.

Nr. 1. Erk. vom 30. Oktober 1847 (Min.=Bl. d. i. V. 1848 S. 95 u. Just.=Min.=Bl. 1848, S. 136.)

1. Zwei Staatsbeamte erhoben die gerichtliche Klage gegen die Stadtgemeinde ihres Wohnsitzes auf Erstattung der von ihnen eingezogenen Schulabgaben sowie auf Vergütigung der durch deren exekutivischen Einziehung veranlaßten Kosten. Die Klagen waren auf die Thatsache gegründet, daß die betreffende Schule ein Kommunalinstitut sei, dessen Unterhaltung der Gemeinde als solches obliege. Damit war die Behauptung in Verbindung gesetzt, daß das Ges. vom 11. Juli 1822, indem dasselbe den Beitrag der Staatsbeamten zu dem gesamten Gemeindebedürfnisse auf ein bestimmtes Maß festsetze, die Kläger in ihrer Eigenschaft als Staatsbeamte gegen die Zahlung eines größeren Beitrages zu den Kommunallasten der Stadt, mithin auch gegen die Zahlung der Schulabgaben sichere. In der Klage war ferner auf Ziffer 3 der Allerhöchsten Kabinets=Ordre vom 19. Juni 1836 (G.=S. S. 198) Bezug genommen, es wurde also von den Klägern behauptet, daß ein besonderer Grund vorhanden sei, welcher es zulässig mache, die behauptete Befreiung von der Schulabgabe im Rechtswege geltend zu machen.

2. Der gegen diese Klage von der Regierung erhobene Komp.=Konfl. wurde für nicht begründet und der ordentliche Rechtsweg für zulässig erachtet, weil die Voraussetzungen der Ziffer 3 der Allerhöchsten Kabinets=Ordre vom 19. Juni 1836 in diesem Falle vorliegen, insbesondere, daß die Kläger sich auf ein „Privilegium" berufen hätten. Abgesehen davon, daß durch das Ges. vom 11. Juli 1822 (vergl. auch V. vom 23. September 1867 — G.=S. S. 1648 —) ein „Privilegium" überhaupt nicht begründet ist, sondern nur ein sogenanntes „Sonderrecht" (siehe Parey, Handbuch des preußischen Verwaltungsrechtes, Bd. II, S. 56, § 113), ist auch zu beachten, daß jene Ziffer 3 jetzt nicht mehr gilt, sondern durch § 16 des Ges. vom 24. Mai 1861 (G.=S. S. 241) ausdrücklich aufgehoben ist.

3. Die Bezugnahme auf das Ges. vom 11. Mai 1822 beruht auf einem Druckfehler, es soll heißen „1842".

4. Ein Mehreres, als die Angabe und Bezugnahme eines besonderen Grundes bedarf es nicht, um die auf solchen gestützten Klagen zum rechtlichen Gehör zu verstatten. Auch dieser Grundsatz erscheint heute nicht mehr zutreffend nach § 15 des Ges. vom 24. Mai 1861 und § 46 des Zust.=Ges. v. 1. 8. 83.

Hiernach ist dies Erk. durchweg als gegenstandslos anzusehen.

Nr. 2. Erk. vom 3. November 1847. (Min.=Bl. d. i. V. 1848 S. 97 u. Just.=Min.=Bl. S. 137.)

1. Wenn eine Wegepolizeibehörde auf Grund des § 10 Titel 17 Teil II A. L.=R., §§ 6, 7 und 20 des schlesischen Wegereglements vom 11. Januar 1767 und § 771 Titel 20 Teil II A. L.=R. vorläufige Anordnungen behufs der Instandsetzung der öffentlichen Wege und Brücken trifft und diese Anordnungen gegen diejenigen, welche dazu für verpflichtet erachtet werden, durch Zwangsmittel zur Ausführung bringt, so ist dagegen nach § 1 des Ges. vom 11. Mai 1842 der ordentliche Rechtsweg in der Regel nicht zulässig, den Klägern würde vielmehr nur zustehen, von der ihnen im § 5 a. a. O. zustehenden Befugnis Gebrauch zu machen, mithin ihre angeblichen Rechte gegen diejenigen geltend zu machen, welchen die Verpflichtung zur Unterhaltung der betreffenden Verkehrsmittel angeblich obliegen soll.

2. Dieser Grundsatz besteht inhaltlich noch heute, wenn auch die angeführten gesetzlichen Unterlagen durchweg andere geworden und durch die erschöpfenden Vorschriften im § 56 des Zust.=Ges. v. 1. 8. 83 ersetzt sind. Zu beachten ist nur, daß der Rückgriff auf anderweit Verpflichtete nur dann zulässig ist, wenn deren behauptete Verpflichtung eine öffentlich=rechtliche ist.

3. „Um die im § 2 des Ges. vom 11. Mai 1842 (G.=S. S. 192) nachgelassene richterliche Entscheidung zulässig zu machen, genügt keineswegs die Behauptung irgend eines speziellen Rechtstitels, von welcher Beschaffenheit derselbe auch sei; der angeblich vorhandene Rechtstitel muß vielmehr notwendig geeignet sein, ein unmittelbares Rechtsverhältnis zwischen dem, welcher auf Befreiung Anspruch macht und der Polizeibehörde zu begründen. Es liegt schon in der Natur der Sache, da, insofern auf Grund eines speziellen Rechtstitels die Exemtion von der polizeilichen Einwirkung behauptet wird, dieser Rechtstitel notwendig ein solcher sein muß, welchen die Polizeibehörde als verpflichtend für sich anerkennen muß. Es folgt dies ferner daraus, daß, wenn man das Gegenteil annehmen wollte, beispielsweise jeder beliebig zwischen dritten Personen abgeschlossene Vertrag hierzu ausreichte, die Polizeibehörde weder berufen, noch selbst einmal im Stande sein würde, über die Rechtsgültigkeit eines Rechtsgeschäftes, welches sich zwischen dritten Personen gebildet, mit Erfolg zu verhandeln; nicht zu gedenken, daß es mit verfassungsmäßigen Grundsätzen geradezu in Widerspruch stehen würde, sollte es für zulässig erachtet werden, die Wirksamkeit der Polizeibehörde in dem, was dieselbe zum Zweck und Beruf und nach allgemeinem Ges. thun und fordern kann, durch beliebige zwischen dritten Personen abgeschlossene Verträge zu hemmen. Solche Privatverträge sind für die Polizeibehörde „res inter alios actae." Abgesehen von der eigentümlichen Fassung und den später noch vorkommenden Verwechselungen der Polizei mit dem Fiskus kann dieser Grundsatz im Wesentlichen auch heute noch als zutreffend gelten.

Nr. 3. Erk. vom 6. November 1847 (Just.=Min.=Bl. 1848 S. 112).

Bei Streitigkeiten über die Regulierung der Gemeindelasten und Abgaben ist der ordentliche Rechtsweg unzulässig. Mitglieder einer Landgemeinde klagten gerichtlich gegen den Rittergutsbesitzer, welcher mehrere bäuerliche Güter in der Gemeinde besaß, mit dem Antrage, denselben zur Beitragsleistung für den Nachtwächterlohn zu verurteilen. Dies war nicht angänglich. Heute würde der Gemeindevorsteher den Beitrag des Rittergutsbesitzers ohne weiteres exekutivisch einzuziehen haben und demselben überlassen dürfen, seinerseits in Gemäßheit der §§ 34 und 160 des Zust.=Ges. v. 1. 8. 83 gegen seine Heranziehung zu reklamieren.

Nr. 4. Erk. vom 6. November 1847 (Just.-Min.-Bl. 1848 S. 127).

Gegen die von den Verwaltungsbehörden erfolgte Regulierung der von den Gemeindemitgliedern zu leistenden Beiträge zu den Gemeindelasten ist der ordentliche Rechtsweg nicht zulässig.

In einer Landgemeinde klagte die Klasse der Fischer, Freileute nnd Kätner gerichtlich gegen die Büdner mit dem Antrage, zu den Gemeindelasten in einem angemesseneren Verhältnisse beizutragen, als dies bisher der Fall gewesen. Die Klage war unstatthaft.

Heute würde eine solche Angelegenheit zunächst in Gemäßheit des § 11 des Landgemeinde-Verfassungs-Ges. vom 14. April 1856 (G.-S. S. 359) zu regulieren sein. An die Stelle der dort mehrfach genannten Regierung ist jetzt der Kreisausschuß getreten. Vergl. § 31 des Zust.-Ges. v. 1. 8. 83 und wegen der höheren Instanz § 121 des L.-V.-Ges. v. 30. 7. 83.

Nr. 5. Erk. vom 23. Dezember 1847 (Min.-Bl. d. i. V. 1848 S. 38 und Just.-Min.-Bl. 1848 S. 128).

Gegen eine Anordnung der Aufsichtsbehörden, durch welche die ländlichen Kommunalabgaben der bisher gänzlich abgabenfreien Büdner reguliert worden waren, erhoben die Betroffenen gerichtliche Klage, nicht wegen ihrer Heranziehung, sondern weil sie mit dem angeordneten Repartitions-Modus nicht zufrieden waren. Es wurde auf erhobenen Komp.-Konfl. entschieden, daß über den solchergestalt festgesetzten Repartitions-Modus, der nicht in dem bestehenden Rechtszustande seine Begründung findet, sondern der gegen den bis dahin hergebrachten Zustand reguliert worden und als eine neue, den Verhältnissen der Zeit entsprechende Einrichtung betrachtet werden muß, eine Erörterung im Wege Rechtens nicht zugelassen werden könne. Die Verwaltungsbehörde, indem sie die durch die Umstände gebotene Festsetzung treffe, bewege sich in den ihr ressortmäßig zugewiesenen Grenzen, und den Büdnern müsse überlassen bleiben, sofern sie glaubten, sich nicht dabei beruhigen zu können, bei der vorgesetzten Verwaltungsbehörde Beschwerde zu führen.

Dieser Grundsatz ist insofern nicht mehr zutreffend, als für das Verfahren jetzt § 11 des Landgemeinde-Verfassungs-Ges. vom 14. April 1856 (G.-S. S. 359) und § 31 des Zust.-Ges. v. 1. 8. 83 maßgebend sind.

Nr. 6. Erk. vom 23. Dezember 1847 (Min.-Bl. d. i. V. 1848, S. 149 und Just.-Min.-Bl. 1848, S. 183).

Nach Anordnung einer Königlichen Bezirksregierung sollten ein Patron und eine Kirchengemeinde den abgetragenen Kirchenturm nach einer bestimmten Zeichnung auf eigene Kosten wieder herstellen. Hiergegen klagten die Betroffenen bei Gericht gegen die Regierung, es wurde jedoch der erhobene Konflikt für begründet erachtet, weil § 707 Tit. 11, Teil II A.-L.-R. die Bestimmung über Notwendigkeit und die Art der Ausführung eines kirchlichen Baues den geistlichen Oberen zuschreibt und ein Prozeß über einen Kirchenbau nur unter den Interessenten selbst zulässig ist. Daß zu diesen Interessenten der Fiskus nicht gehöre, war im vorliegenden Falle nicht einmal behauptet, geschweige denn nachgewiesen. Vergl. unten den Fall sub Nr. 167.

Nr. 7. Erk. vom 23. Dezember 1847 (Min.-Bl. d. i. V. 1848, S. 193 u. Just.-Min.-Bl. 1848, S. 216).

Eine Bezirksregierung hatte als Landespolizeibehörde einer Gemeinde die Verpflichtung auferlegt, die von ihr ausgewanderten und zurückgekehrten sechs Familien wieder aufzunehmen; dies war ausdrücklich nur zu dem Zwecke geschehen, damit unter Vorbehalt aller Gerechtsame der Gemeinde jenen Familien einstweilen das nötige Unterkommen verschafft werde, dabei erklärte die Regierung es für vollkommen zulässig, daß die Gemeinde gegen den Landarmenverband wegen Uebernahme der Verpflichtung zur Verpflegung der Familien die gerichtliche Klage erhebe, daß aber die polizeiliche Anordnung so lange bestehen bleibe, als nicht durch ein gerichtliches Erk. das Gegenteil rechtskräftig entschieden sein werde. Hiergegen verklagte die Gemeinde die Regierung bei Gericht, indessen wurde der hierauf erhobene Komp.-Konfl. für begründet erachtet (§§ 1 und 2 des Ges. vom 11. Mai 1842). An die Stelle des hierbei in Bezug genommenen § 34 des Armenpflege-Ges. vom 31. Dezember 1842 (G.-S. 1843, S. 8) sind jetzt die §§ 37 ff. des Reichs-Ges. über den Unterstützungswohnsitz vom 6. Juni 1870 und der § 39 des Zust.-Ges. v. 1. 8. 83 getreten.

Nr. 8. Erk. vom 12. Januar 1848 (Min.-Bl. d. i. V. S. 69).

Königliche Forst- und Jagdbeamte hatten bei der Verfolgung der Spuren eines vermuteten Wilddiebstahls bei dem Kläger eine Haussuchung gehalten, hierbei ein geladenes Jagdgewehr gefunden, dasselbe konfisziert und an den Landrat abgeliefert. Letzterer hatte das Gewehr öffentlich verkauft und den Erlös an den Betroffenen abgeliefert. Hiergegen wurde gegen die Forstbeamten gerichtliche Klage erhoben mit dem Antrage auf Herausgabe des Gewehres oder des den Erlös angeblich übersteigenden Wertes. Der hierauf erhobene Komp.-Konfl. wurde für begründet erachtet hauptsächlich auf Grund eines Publikandums von 23. März 1786, welches ein unbedingtes Verbot zum Besitz und zur Führung eines Schießgewehrs enthielt. Ferner war Bezug genommen auf das Ges. vom 11. Mai 1842, welches gegen polizeiliche Verfügungen den Rechtsweg nur b e d i n g t gestatte. Bedingung der Zulässigkeit sei a. die Verletzung eines dem Privatrecht angehörigen Rechtes, b. die Freiheit von der auferlegten Verbindlichkeit auf Grund einer besonderen gesetzlichen Vorschrift oder eines besonderen Rechtstitels. B e i d e Erfordernisse mußten zusammen treffen, hier fehle das zweite Erfordernis des besonderen Rechtstitels. Die Erlaubnis zur Ausübung der Jagd sei als eine solche nicht zu erachten, vielmehr stehe dem der Inhalt des gedachten Publikandums entgegen.

Heute würde diese Angelegenheit als Komp.-Konfl. überhaupt schwerlich zu behandeln sein, sondern als einfacher Konflikt (siehe oben Einleitung § 8) und an der Hand des § 295 des Reichs-Straf-Gesetzbuches.

Nr. 9. Erk. vom 11. Januar 1848 (Min.-Bl. d. i. V. S. 157 u. Just.-Min.-Bl. S. 167).

1. Hat die Landespolizeibehörde Anordnungen getroffen, um einer ganzen Gegend Schutz und Sicherheit zu gewähren gegen drohendes, stets wiederkehrendes Unglück, so handelt es sich sowohl hinsichtlich dieser Anordnung als in Betreff der Ausführung um eine polizeiliche Maßregel, welche außer dem Falle des Vorhandenseins eines speziellen Befreiungsgesetzes oder Titels nach §§ 1 und 4 des Ges. vom 11. Mai 1842 nur zum Zwecke einer E n t s c h ä d i g u n g s k l a g e eine Erörterung im Rechtswege zuläßt, nicht aber eine Klage auf Herstellung des früheren Zustandes. Es kann sich also immer nur um ein petitorisches, niemals um ein possessorisches Rechtsmittel handeln.

2. Es handelte sich um eine angebliche Störung im Besitze eines Sommerpolders, auf welchem seitens der betreffenden Deichschau eine Erhöhung durch Erdaufschüttung vorgenommen war. Auf die Beseitigung dieser Aufschüttung war die Klage gerichtet, der dagegen erhobene Komp.-Konfl. war für begründet erachtet worden.

Der Ausdruck „Deichschau“ bedeutet im Regierungsbezirk Düsseldorf so viel wie „Deichverband", vergl. z. B. die Verordnung über die Organisation der neuen Deichschauen auf dem linken Rheinufer vom 23. Juni 1880 (Düsseldorfer Amtsblatt S. 237).

3. Der § 2 des früheren Ges. vom 8. April 1847 lautete: „In rechtskräftig von den Gerichten entschiedenen Sachen kann der Komp.-Konfl. nicht mehr erhoben werden; ebensowenig findet derselbe noch statt, wenn in einem Prozesse, bei welchem eine Verwaltungsbehörde beteiligt ist, die von derselben aufgestellte Präjudizialeinrede der Unzulässigkeit des Rechtsweges rechtskräftig verworfen worden ist." Hierauf gestützt war behauptet worden, ein vorausgegangenes friedensgerichtliches Definitivurteil, welches dem Beklagten die Herstellung des früheren Zustandes des Sommerpolders auferlegt habe, sei dadurch in Rechtskraft übergegangen, daß der Beklagte die Prozeßkosten bezahlt habe; dies ist aber deshalb nicht zutreffend, weil nach den Grundsätzen des Rheinischen Rechtes nicht die Kostenzahlung überhaupt, sondern nur eine solche, welche ohne Vorbehalt geschieht, als Beruhigung bei dem ergangenen Urteile angesehen werde und Kläger eine Kostenzahlung ohne Vorbehalt nicht einmal behauptet habe. Ebensowenig könne der Umstand, daß zwischen dem Kläger und der beklagten Deichschau rechtskräftig der Einwand der Unzulässigkeit des Rechtsweges verworfen worden sei, die Unannehmbarkeit des Konfliktes zur Folge haben, da die Beklagte keine Verwaltungsbehörde sei und der § 2 des Ges. vom 8. April 1847 den Konflikt nur dann für unzulässig in einer solchen Sachlage erkläre, wenn eine **Verwaltungsbehörde** als Partei im Prozesse beteiligt und die von **ihr** aufgestellte Einrede der Unzulässigkeit des Rechtsweges verworfen worden sei.

An die Stelle des vorher gedachten § 2 des Gesetzes von 1847 ist jetzt § 4 Abs. 2 des Ges. vom 1. August 1879 getreten, welcher lautet: „Der Komp.-Konfl. kann nicht erhoben werden, wenn die Zulässigkeit des Rechtsweges in der Sache durch rechtskräftiges Urteil des Gerichts feststeht." In Betreff des Begriffes der „Rechtskraft" sind jetzt die Vorschriften der Reichs-Justiz-Ges. maßgebend.

Nr. 10. Erk. vom 12. Januar 1848 (Just.-Min.-Bl. S. 158).

In rechtskräftig entschiedenen Sachen ist die Erhebung des Komp.-Konfl. unzulässig mit Ausnahme der Nullitätsklage. Vergl. jetzt § 4 Abs. 2 der V. vom 1. August 1879 (G.-S. S. 573).

Nr. 11. Erk. vom 2. Februar 1848 (Min.-Bl. d. i. V. S. 39 u. Just.-Min.-Bl. S. 129).

Die Erörterung und Feststellung im ordentlichen Rechtswege ist durch kein Gesetz ausgeschlossen, wenn ein zur richterlichen Entscheidung gebrachter Streit das unter ländlichen Gemeinde-Mitgliedern bestehende Rechtsverhältnis betrifft und wenn dies Verhältnis nach § 37 ff. Titel 7 Theil II A. L.-R. auf gegenseitigen Rechten und Verbindlichkeiten beruht.

Dagegen kann in Berücksichtigung der §§ 1 und 2 der Dienstinstruktion vom 23. Oktober 1817 nicht bezweifelt werden, daß es zu den Attributen der Verwaltungsbehörden gehört, die Grundsätze über die **Vertheilung** öffentlicher Lasten, verpflichtend für sämmtliche Mitglieder der Gemeinde festzustellen und daß der von der Verwaltung festgesetzte Repartitions-Maßstab im Rechtswege der Regel nach nicht angefochten werden kann. Dieser auf A. L.-R. II 14, §§ 9 u. 79 beruhende Grundsatz ist jetzt nach § 34 Abs. 3 und § 160 des Zust.-Ges. v. 1. 8. 83 hinsichtl. des Verwaltungs-Rechtsweges nicht mehr aufrecht zu erhalten.

Nr. 12. Erk. vom 2. Februar 1848 (Min.-Bl. d. i. V. S. 150 u. Just.-Min.-Bl. S. 169).

Der Oberaufsichtsbehörde in Kirchen- und Schulsachen (Königliche Regierung, Abteilung für die Kirchenverwaltung und das Schulwesen) steht ausschließlich das Recht zu, über die **Notwendigkeit** und die **Art der Ausführung** eines kirchlichen oder Schulbaues zu entscheiden. Vergl. § 37 Titel 12 Teil II A.-L.-R.'s., §§ 707—709 und 789 Tit. 11 a. a. O.; — jetzt hinsichtlich der Schulbauten §§ 47 und 49 des Zust.-Ges. vom 1. 8. 1883 und Endurteil des Ober-Verwaltungs-Gerichts vom 4. November 1885 (Entsch. Bd. XII S. 226, Parey, Rechtsgrundsätze, Stammwerk S. 209 Nr. 9). Vergl. unten den Fall sub Nr. 167.

Nr. 13. Erk. vom 2. Februar 1848 (Min.-Bl. d. i. V. S. 219 u. Just.-Min.-Bl. S. 232).

Wenn auch die Verwaltungsbehörden nach § 1 Nr. 6 der **rheinischen** Exekutions-Ordnung vom 24. November 1843 (G.-S. S. 351) befugt sind, rückständige **Loosholztaxen** im Wege der Administrativexekution einzuziehen, so folgt daraus doch nicht, daß Reklamationen gegen die Beitreibung solcher Gelder ausschließlich zur Entscheidung der Verwaltungsbehörden gehörten. Das Gegenteil ergiebt sich aus § 3 der Verordn., aus § 15 des rheinischen Ressort-Reglements und aus dem Umstande, daß die Loosholztaxe keine allgemeine Anlage oder Abgabe ist, welcher sämmtliche Einwohner des Staates oder alle Mitglieder einer gewissen Klasse derselben unterworfen sind. Außerdem handelt es sich im vorliegenden Falle nicht um die Verbindlichkeit zur Zahlung der Loosholztaxe **an sich**, sondern nur um einen durch frühere Entrichtung des Betrages pro 1843 erlangten speziellen Rechtsgrund der Befreiung, weshalb denn auch der § 10 des Ressort-Reglements in Verbindung mit § 8 daselbst zur Ausschließung des Rechtsweges nicht dienen kann, da er nur hinsichtlich der Rechtmäßigkeit der Verteilung, namentlich hinsichtlich der Behauptung, zu hoch oder gesetzwidrig angeschlagen zu sein, bei Gemeindeauflagen die ausschließliche Kompetenz der Verwaltung festsetzt.

Anm. Der § 14 des Ges. vom 18. Juni 1840 (G.-S. S. 140) war damals schon in Kraft, auch für die Rheinprovinz.

Nr. 14. Erk. vom 11. März 1848 (Min.-Bl. d. i. V. S. 150, 151 u. Just.-Min.-Bl. S. 184.)

Ein Metropolitankapitel erhielt laut des ministeriell bestätigten Etats einen jährlichen Staatszuschuß von 14 531 Thaler einschließlich von 1800 Thalern Gehalt für den Domprobst. Da die Stelle des letzteren (angeblich durch Verschulden des Kapitels) längere Zeit unbesetzt blieb, so verfügte der Oberpräsident in Wahrung der jura circa sacra die Zurückbehaltung dieses Gehaltes für drei Vierteljahre in Höhe von 1350 Thalern. Auf die seitens des Kapitels gegen den Oberpräsidenten angestrengte Klage wurde der Komp.-Konfl. erhoben, jedoch für nicht begründet erachtet, weil die Frage, ob das Metropolitan-Kapitel durch die Bulle de salute animarum und durch ein in der Sache ergangenes Dekret des Fürstbischofs von 1830 einen Privatanspruch auf Gewährung der **ganzen** etatsmäßigen Zuschußsumme, mithin auch auf das eingeklagte Gehalt des Domprobstes, erworben habe, durch keine gesetzliche Vorschrift der richterlichen Kognition entzogen sei. —

In neuerer Zeit sind nähere Bestimmungen ergangen über die Art der Zahlungen derartiger Zuschüsse an katholische Geistliche (vergl. Dr. Kries, preußische Kirchengesetzgebung, Danzig 1887, S. 12).

Nr. 15. Erk. vom 11. März 1848 (Min.-Bl. d. i. V. S. 191 u. Just.-Min.-Bl. S. 199).

1. Ein Anerkenntnis der gerichtlichen Kompetenz seitens einer Verwaltungsbehörde steht der späteren Erhebung des Komp.-Konfl. nicht entgegen.

2. Gegen die Vollstreckung einer straßenpolizeilichen Maßregel z. B. durch Anordnung einer Abwässerung der Straße durch Anlegung von Abzugskanälen

ist ein Possessorium niemals zulässig, denn selbst in denjenigen Fällen, in welchen an sich zur Beseitigung einer Polizeimaßregel der Rechtsweg gestattet ist, ist er nach § 2 des Ges. vom 11. Mai 1842 nur gestattet, wenn die Befreiung von der Maßregel „auf den Grund einer besonderen gesetzlichen Vorschrift oder eines speziellen Rechtstitels" behauptet wird. Er findet also nur aus rein petitorischen, nicht aus Gründen, die dem bloßen Besitz entnommen sind, statt, mithin nur in petitorio, nicht in possessorio. Um so weniger kann also das possessorium statthaben in Fällen, in welchen die Polizeimaßregel als solche im Rechtswege überhaupt nicht angefochten und die Herstellung des früheren Zustandes nicht begehrt werden kann. Denn in diesen Fällen muß die Handlung der Verwaltung in foro als eine rechtsbegründete angesehen und es kann mithin ein possessorium darauf nicht gestützt werden, da dasselbe stets ein rechtswidriges Handeln als Fundament erfordert. Sofern ein Kläger nicht behauptet, daß ihm ein besonderes Befreiungsgesetz oder ein besonderer Befreiungstitel gegen die erlassene Polizeiverordnung zur Seite stehe, so kann er nach § 4 des Gesetzes vom 11. Mai 1842 nur Entschädigung wegen Aufopferung seiner Rechte, nicht aber die Herstellung des früheren Zustandes fordern. Diese Entschädigung kann nur in petitorio und zwar nach § 4 allein um deswillen begehrt werden, weil der Kläger zum öffentlichen Besten sich habe in seinen Rechten beschränken und in dieselben habe eingreifen lassen müssen, dafür aber Schadloshaltung fordern könne.

Nr. 16. Erk. vom 11. März 1848 (Just.-Min.-Bl. S. 191).

Die Festsetzung der Kompetenzen (Einkünfte) eines Geistlichen in Folge der Säkularisation der Klostergüter konnte nicht im ordentlichen Rechtswege erfolgen, sondern nur durch die dazu eingesetzten Kommissionen. Allerhöchste Instruktion vom 23. Mai 1796, Deklaration vom 28. Juli 1796, Instruktion vom 10. September 1796 und Hofreskript vom 9. März 1797.

Nr. 17. Erk. vom 11. März 1848 (Just.-Min.-Bl. S. 323 und 329).

1. Gegen die exekutivische Beitreibung der nach dem Bleiberg-Knappschaftsreglement vom 10. September 1842 zu zahlenden Beiträge ist der ordentliche Rechtsweg nur dann statthaft, wenn von dem Bergwerkbesitzer ein Beitrag für seine Arbeiter und Beamten gefordert wird, nicht aber, wenn es sich um eine Abgabe handelt, welche der Bergwerkbesitzer für sich zu entrichten hat.

2. Unzulässig ist auch der ordentliche Rechtsweg gegen die exekutivische Einziehung der zur Ausführung der Bleibergs-Polizeiverordnung von 1824 repartierten Beiträge.

Vergl. jetzt §§ 74 ff. des Krankenversicherungs-Ges. vom 15. Juni 1883, dazu den Kommentar von Woedtke, Berlin und Leipzig 1886, S. 245 ff.

Nr. 18. Erk. vom 5. April 1848 (Min.-Bl. d. i. V. S. 171 und Just.-Min.-Bl. S. 192).
(Vergl. unten Nr. 31.)

Die Frage, ob eine Kontribution für eine Kornwindmühle durch das Edikt vom 2. November 1810 oder durch die Gewerbe-Ordnung vom 17. Januar 1845 aufgehoben sei oder ob dieselbe mit Recht erhoben werde, entzieht sich der Erörterung im ordentlichen Rechtswege, weil dadurch das Recht der Steuererhebung in Frage gestellt werden würde, und aus ähnlichen Gründen gegen jede auf dem Etat der direkten Steuer stehende Position der Rechtsweg zugelassen werden müßte, was nach § 78 Tit. 14 Teil II A. L.-R's. grundsätzlich nicht statthaft ist. Diesem allgemeinen Grundsatze entsprechend überweist daher auch der § 9 D. des Abgaben-Ges. vom 30. Mai 1820 die Entscheidung der

Frage, welche der älteren in den Etats aufgeführten Abgaben zu den Litt. A. B. C. daselbst benannten Steuern, also zu den Konsumtionssteuern, zu den persönlichen Steuern oder zu den Gewerbesteuern, und welche zu den nach § 3 a. a. O. beibehaltenen Grundsteuern zu rechnen sind, lediglich der Finanzminister. Die gewerblichen Abgaben, die nicht zu den eigentlichen Gewerbesteuern gehören, waren schon durch das Edikt vom 2. November 1810 aufgehoben, konnten daher in dem Abgaben-Ges. vom 30. Mai 1820, welches die damals bestehenden Steuern reguliert, nicht erwähnt werden. — Sowie aber die Festsetzung der bestehen gebliebenen Steuern, im Gegensatze zu den aufgehobenen, dem Finanzminister überlassen wurde, so muß dies noch vielmehr der Fall sein, insofern von dem Gegensatze der direkten Steuern zu gewerblichen Abgaben, die gar nicht die Natur einer Steuer haben, sondern sich sehr oft im Besitze von Privaten befinden, die Rede ist. Daher kann denn auch die Deklaration vom 19. Februar 1832 (G.-S. S. 64) für die Zulässigkeit des Rechtsweges in diesem Falle nicht angeführt werden, indem es sich hier um eine als landesherrliche Steuer auf dem Etat der Steuerverwaltung stehende Abgabe und nicht um eine grundherrliche Abgabe handelt. Nur die Frage, ob eine grundherrliche Abgabe als eine auf dem Grundstück haftende oder als eine Abgabe vom Gewerbebetriebe anzusehen sei, ist durch die Deklaration vom 19. Februar 1832 dem Richter zugewiesen. Die landesherrliche Kontribution wird dadurch nicht berührt. — Vergl. jetzt § 9 Abs. 2 der Reichs-Gewerbe-Ordnung und das Ges. vom 11. März 1850 (G.-S. S. 146).

Nr. 19. Erk. vom 5. April 1848 (Min.-Bl. d. i. V. S. 204 u. 258 u. Just.-Min.-Bl. S. 298)

1. Nach den Vorschriften des Wegeediktes für das Herzogtum Magdeburg vom 14. Juli 1742 sind die bis auf 1½ Meilen um eine reparaturbedürftige Landstraße herum belegenen Dorfschaften verpflichtet, die erforderlichen Fuhren und Handdienste zu leisten. Gegen eine hierauf sich stützende wegepolizeiliche Anordnung ist der ordentliche Rechtsweg gegen den Fiskus nicht zulässig, wenngleich letzterer die Baarkosten zur Straßenherstellung zu tragen hat.

2. Nicht der Fiskus hatte die Fuhren von den Klägern gefordert, sondern der Landrat als Wegepolizeibehörde, mithin durch eine wegepolizeiliche Verfügung. (Jetzt würde dazu nur die Ortspolizeibehörde (Amtsvorsteher) zuständig sein. § 59 der altländischen Kreisordnung, Hessen-Nassan §§ 27—33, Westf. und Rhpr. § 29, Schl.-Holst. § 51.) Gegen die wegepolizeiliche Verfügung war man mit einer Negatorienklage aufgetreten, indem man beantragte, es solle, weil das Fundament des erhobenen Anspruchs nicht dargethan sei, die Königl. Regierung für nicht befugt erklärt werden, die Fuhrenleistung zu verlangen.

3. Jetzt würde diese Angelegenheit nach § 56 des Zust.-Ges. v. 1. 8. 83 zu behandeln sein.

Nr. 20. Erk. vom 5. April 1848 (Just.-Min.-Bl. S. 268).

Wegen Befreiung und resp. Rückzahlung von Beiträgen zur Ablösung eines Apotheker-Privilegiums ist der ordentliche Rechtsweg zulässig.

Neben einer längst bestehenden privilegirten Apotheke wurde 1816 eine neue konzessioniert. Der Besitzer der älteren Apotheke erstritt ein rechtskräftiges Erk. des damaligen Obertribunals, nach welchem die ältere Apothekengerechtigkeit eine ausschließliche und wegen Anlegung der neuen Apotheke in der durch Ges. vom 7. September 1811 vorgeschriebenen Weise abzulösende sei. Hiernach wurde das Ablösungsverfahren eingeleitet und der Magistrat mit der Abwicklung desselben beauftragt. Der Letztere vereinnahmte auch die Ablösungsbeträge. Im Jahre 1837 — vor dem Ablauf der Ablösungsperiode wurde es zwischen dem Magistrat und den Ablösenden streitig, ob das frühere Privilegium aufgehört habe, ein ablösungsfähiges zu sein. Diese Frage konnte nur im ordentlichen Rechtswege zur Erledigung gelangen.

Nr. 21. Erk. vom 5. April 1848 (Min.-Bl. d. i. V. S. 260, 262 u. Just.-Min.-Bl. S. 283).

Gegen die von den städtischen Kommunalbehörden erfolgten Steuerveranlagungen (im vorliegenden Falle die Heranziehung mit Beiträgen zu einem Braugerechtigkeits-Amortisations-Fonds) ist die Beschreitung des ordentlichen Rechtsweges nicht zulässig, auch wenn das betreffende Brauerei-Gebäude nicht in dem städtischen Polizeibezirk belegen ist. (§ 46 des Ges. vom 7. September 1811, § 5 der Deklaration vom 11. Juli 1822, § 2 des Ges. vom 11. Mai 1842). Der veranlagende Magistrat hatte angenommen, daß die von dem Kläger im Polizeibezirke vorgenommenen, auf das Brauerei-Gewerbe bezüglichen Handlungen solche waren, welche seine Heranziehung zu der Abgabe bedingten, und dies konnte der Richter nicht abändern, weil ihm dazu die Zuständigkeit fehlte.

Jetzt würde diese Angelegenheit nach Maßgabe der Ziffer 2 im § 18 des Zust.-Ges. v. 1. 8. 83 zu erledigen sein.

Nr. 22. Erk. vom 3. Juni 1848 (Min.-Bl. d. i. V. S. 265 und Just.-Min.-Bl. S. 289).

1. In einer rheinischen Stadt B. hatte der damalige Schöffenrat in den Jahren 1844 und 1847 Beschlüsse gefaßt, wodurch der katholischen Pfarrgemeinde zu B., für den katholischen Pfarrer daselbst, aus dem Walde der Ortsgemeinde eine jährliche Abgabe von 200 doppelten Reisigwellen ausgesetzt und ebenso auf Kosten des Fonds der Ortsgemeinde die Erbauung und Ausstattung einer neuen katholischen Schule nach dem Antrage des katholischen Kirchen- und Schulvorstandes bewilligt wurde. Hiergegen erhoben die evangelischen Einwohner von B. unter Hinzutritt des evangelischen Presbyteriums und der evangelischen Mitglieder des Gemeinderates die gerichtliche Klage mit dem Antrage, sie bei ihren althergebrachten, auf Gesetzen und Verträgen beruhenden Rechten zu belassen und zu handhaben (schützen). Der hiergegen seitens der Regierung erhobene Komp.-Konfl. wurde für unbegründet und der ordentliche Rechtsweg für zulässig erachtet. Dasselbe geschah hinsichtlich des klägerischen Nebenantrages: zur Aufrechterhaltung des status quo bis zur definitiven Entscheldung der Sache die Ausführung der qu. Schöffenrats-Beschlüsse dem Bürgermeister und der Gemeindevertretung zu untersagen.

2. Die Geschäfts-Instruktion vom 23. Oktober 1817 § 2 Nr. 5 kann den Rechtsweg hier nicht ausschließen, denn in dieser Bestimmung: „von den Gegenständen der inneren Landesverwaltung gehören vor die erste Abt. der Regierung (jetzt vor den Regierungspräsidenten) das gesamte Kommunalwesen, insoweit dem Staate eine Einmischung darüber vorbehalten sei", ist nicht ausgesprochen, daß gegen Verfügungen der Regierungen (jetzt der Regierungspräsidenten) in Kommunal-Angelegenheiten der Rechtsweg nicht statthaft sei, wenn jemand durch eine solche Verfügung in seinen Rechten gekränkt zu sein behauptet, weil dieselbe einen gesetzwidrigen Eingriff in das Vermögen einer Gemeinde enthalte. Nur in den Grenzen, die Gesetz und Verfassung geben, kann nach ausdrücklicher Bestimmung des § 19 der Instruktion von 1817 die Regierung (der Regierungspräsident) sich bewegen, und der als Anhang dieser Instruktion publizierte § 41 der V. vom 26. Dezember 1808 sagt, daß gegen Verfügungen der Regierung (des Regierungspräsidenten), welche sich auf die Vermögensverwaltung der denselben untergeordneten moralischen Personen beziehen, einem jeden, der in seinen Rechten dadurch gekränkt zu sein glaube, der Rechtsweg unbenommen sei, insofern der Fall nicht zu den in den §§ 35 und 36 jener V. erwähnten Aus-

nahmen gehöre. Solche Ausnahmen lagen hier nicht vor, folglich war der Rechtsweg zulässig.

3. Es handelt sich hier um Beschlüsse einer Gemeindevertretung, durch welche das Gemeindewohl verletzt wird, hierauf würde der § 17 Ziffer 1 des Zust.-Ges. v. 1. 8. 1883 anwendbar erscheinen, wenn von einer der daselbst genannten Körperschaften oder Personen ein Antrag gestellt würde. Geschieht dies nicht, sondern geht der Antrag von einzelnen Bürgern aus, so bleibt es bei dem ordentlichen Rechtswege.

Nr. 23. Erk. vom 3. Juni 1848 (Min.-Bl. d. i. V. S. 267 und Just.-Min.-Bl. S. 285).

Städtische Mediat- oder Unter-Konsistorialrechte sind Gegenstand des Privatrechtes und können gegen Eingriffe der Staatsbehörden mit der Besitzstörungsklage geschützt werden. Ob Kläger die Bedingungen zur Begründung einer solchen Possessorienklage, nämlich Besitz auf seiner Seite und rechtswidrige Störung auf Seiten des Beklagten, dargethan haben, fällt der Beurteilung des Prozeßrichters anheim.

Die von dem beklagten Königlichen Konsistorium aus A. L.-R. II. 11, § 113, I. 13, § 1 und II. 11, §§ 361, 362 hergeleiteten Einwendungen erschienen nicht geeignet, um zur Begründung des Komp.-Konfl. zu dienen.

Nr. 24. Erk. vom 3. Juni 1848 (Min.-Bl. d. i. V. S. 262 und Just.-Min.-Bl. S. 299).

1. Das Ges. vom 24. Januar 1845 (G.-S. S. 39) gestattete den Städten der Provinz Westf. von den sich in ihnen niederlassenden, selbstständigen Personen ein Einzugsgeld zu erheben; dasselbe geschah durch § 51 der westfälischen Städteordnung vom 19 März 1856 (G.-S. S. 237). Abgeändert wurde diese Vorschrift durch Ges. vom 14. Mai 1860 (G.-S. S. 237) und dann wurde das Einzugsgeld durch Ges. vom 2. März 1867 (G.-S. S. 361) gänzlich aufgehoben.

Hieraus ergiebt sich die Gegenstandslosigkeit der vorliegenden Entscheidung, durch welche festgestellt wurde, daß der ordentliche Rechtsweg behufs Beitreibung des verweigerten Einzugsgeldes nicht zulässig sei.

2. Einkaufsgelder (jetzt §§ 2 und 8 des Ges. vom 14. Mai 1860) sind dem Einzugsgelde nur ähnlich, aber nicht gleich, denn jenes wird nicht von allen Neu-Anziehenden, sondern nur von denjenigen, die an den Nutzungen des Bürgervermögens theilnehmen und zwar nur nach dem besonderen Maße ihrer Teilnahme entrichtet. Die näheren Bestimmungen hierüber behielt der § 32 der revidirten Städteordnung vom 17. März 1831 den Statuten der einzelnen Städte vor, jetzt enthält der § 8 des Ges. vom 14. Mai 1860 eine ausreichende Vorschrift zum Nachweise, daß es sich bei diesem Einkaufsgelde um eine allgemeine Abgabe nicht handelt.

Nr. 25. Erk. vom 3. Juni 1848 (Just.-Min.-Bl. 1849, S. 412).

Die Zivilklage gegen Beamte wegen Entschädigungen aus Handlungen, welche sie nach dem Urteile ihrer vorgesetzten Dienstbehörde innerhalb der Grenzen ihrer Dienstbefugnisse vorgenommen haben, ist nicht zulässig. Es handelte sich um die gerichtliche Klage eines bei einem Tumult verwundeten Handwerksgesellen gegen den Kommandeur der Truppen, welche zur Herstellung der Ruhe eingeschritten waren. Die Klage war auf Entschädigung gerichtet, konnte aber für zulässig nicht erachtet werden, weil der verklagte Offizier lediglich im höheren Auftrage gehandelt hatte.

Heute würde diese Angelegenheit als Konfliktssache im Sinne des damals noch nicht geltenden Ges. vom 13. Februar 1854 zu behandeln sein; vergl. § 8 der Einleitung zu diesem Buche.

Nr. 26. Erk. vom 3. Juni 1848 (Just.-Min.-Bl. S. 270).

Diese Entscheidung betrifft eine gleiche Angelegenheit, wie das sub Nr. 31 mitgeteilte Erk. vom 13. Juli 1848.

Nr. 27. Erk. vom 8. Juni 1848 (Min.-Bl. d. i. V. S. 278 und Just.-Min.-Bl. S. 291).

Um mehreren Dörfern eine genügende Verbindung mit einer benachbarten Stadt zu gewähren, hatte eine Bezirksregierung auf Antrag der Beteiligten die Herstellung eines über ein Gut führenden Weges angeordnet und exekutivisch bewerkstelligen lassen in der Annahme, daß in der fraglichen Richtung schon von Alters her ein öffentlicher Kommunikationsweg bestanden habe. Hiergegen erhob der Gutsbesitzer die gerichtliche Klage mit dem Antrage auf Entschädigung für den entzogenen Grund und Boden, Befreiung von der Unterhaltungspflicht des neuen Weges und Erstattung der Kosten für die Ausführung der Anlage desselben. Der hiergegen seitens der Regierung erhobene Komp.-Konfl. wurde für nicht begründet und der Rechtsweg für zulässig erachtet.

Heute würde diese Angelegenheit nach § 56 des Zust.-Ges. v. 1. 8. 83 zu instruieren sein, auch dürfte der Erfolg gemäß des Endurteils des Oberverwaltungsgerichts vom 14. Februar 1877 (Entsch. Bd. II S. 226, Parey, Rechtsgrundsätze des O.-V.-G., Stammwerk S. 299 Nr. 7) voraussichtlich ein wesentlich anderer sein.

Nr. 28. Erk. vom 8. Juni 1848 (Min.-Bl. d. i. V. S. 276 und Just.-Min.-Bl. S. 301).

Wenn ein Müller sich im Gebrauch des Mahlwassers dadurch beeinträchtigt sieht, daß ein Nachbar eine den Zufluß des Wassers zur Mühle hindernde Schleuse anlegt, so ist das eine rein privatrechtliche Angelegenheit, und ein gegen eine auf Abhülfe gerichtete Klage erhobener Komp.-Konfl. erscheint unbegründet.

Vergl. jetzt § 75 des Zust.-Ges. vom 1. 8. 83.

Nr. 29. Erk. vom 8. Juni 1848 (Min.-Bl. d. i. V. S. 277).

Mehrere Einsassen eines Dorfes hatten einen alten Weg, der für überflüssig gehalten wurde, kassiert, unter einander vertheilt und wirthschaftlich in Benutzung genommen. Hiergegen wurde seitens der Ortspolizeibehörde exekutivisch eingeschritten und der alte Zustand wieder hergestellt. Der gegen die gerichtliche Klage der Betroffenen erhobene Komp.-Konfl. wurde für begründet und der Rechtsweg für unzulässig erachtet, weil keine von den in §§ 1 und 2 des Ges. vom 11. Mai 1842 genannten Voraussetzungen vorhanden war, unter denen der Rechtsweg gegen eine polizeiliche Verfügung gesetzlich zulässig war.

Heute würde in dieser Angelegenheit der § 57 des Zust.-Ges. vom 1. 8. 83 Platz greifen.

Nr. 30. Erk. vom 8. Juni 1848 (Just.-Min.-Bl. S. 305).

Wenn sich eine Prediger-Wittwen-Kasse in ihren statutenmäßigen Rechten auf die Revenüen vakanter Stellen durch die Dispositionen des Konsistoriums und der Regierung über die Verwaltung einer Stelle verletzt findet, so ist der ordentliche Rechtsweg zulässig.

Der gegen die beiden vorgenannten Behörden klagende Kassen-Verein hatte durch seine Allerhöchst bestätigten Statuten einen Rechtsanspruch auf die Super-Vakanz-Revenüen einer Kirche, deren Pfarrstelle auf Kosten dieser Gelder verwaltet wurde.

Nr. 31. Erk. vom 13. Juli 1848 (Min.-Bl. d. i. V. S. 275 u. Just.-Min.-Bl. S. 294).

Eine Mühlenabgabe, welche in den alten Kontributionskataster ausdrücklich als „eine Kontribution von der Mühle" eingetragen ist, kann nicht als eine durch Ges. vom 2. November 1810 aufgehobene Abgabe für die Betreibung des Mühlengewerbes angesehen werden, es kann deshalb auch nicht auf Befreiung von dieser Abgabe gegen den Fiskus gerichtlich geklagt werden. Im Uebrigen vergl. oben Nr. 18 und 26.

Nr. 32. Erk. vom 13. Juli 1848 (Just.-Min.-Bl. S. 307).

Ueber die Verteilung der öffentlichen Lasten nach einer Dismembration findet der ordentliche Rechtsweg nicht statt. Es handelte sich lediglich um die Verteilung der Einquartierungslast, welche zu den öffentlichen Abgaben und Lasten gerechnet wurde.

Maßgebend für die Verteilung der öffentlichen Lasten bei Grundstücksteilungen ist jetzt das Ges. vom 25. August 1876 (G.-S. S. 405). Die unter die Gemeindeglieder repartirte Einquartierungslast gehört zu den „direkten Beiträgen aller Art" im Sinne des § 3 des Ges. vom 11. Juli 1822 (G.-S. S. 184). Siehe Ministerial-Erlaß vom 8. März 1871 — Min.-Bl. d. i. V. S. 118 —; im Uebrigen vergl. das Quartierleistungsgesetz vom 25. Juni 1868 (B. G.-Bl. S. 523) und das Ges. vom 13. Februar 1875 (R.-G.-Bl. S. 52).

Nr. 33. Erk. vom 14. September 1848 (Just.-Min.-Bl. S. 419).

Gegen rechtskräftige gerichtliche Erkenntnisse ist der negative Komp.-Konfl. zulässig, selbst dann, wenn das Erk., wodurch das Gericht sich für inkompetent erklärte, kein Urtel letzter Instanz war, sondern die Partei es nur unterlassen hatte, sich der dagegen offen stehenden Rechtsmittel zu bedienen (formelle Rechtskraft).

Nr. 34. Erk. vom 14. September 1848 (Just.-Min. Bl. S. 358).

Ueber vokationsmäßige Ansprüche eines Schullehrers auf Schulgelder ist der ordentliche Rechtsweg zulässig. Vergl. jetzt § 46 Abs. 5 des Zust.-Ges. v. 1. 8. 83.

Nr. 35. Erk. vom 14. September 1848 (Just.-Min.-Bl. S. 439).

Zwischen zwei Wassermühlen bestand ein zur Untermühle gehöriges Wehr, durch welches der Fluß aufgestaut und das Wasser dieser Mühle zugeführt wurde. Der Obermüller sah sich dadurch beeinträchtigt, daß das Wehr erheblich höher war, als der den Wasserstand für seine Mühle feststellende Merkpfahl, wodurch für ihn ein nachteiliger Rückstau veranlaßt werde. Der Klageantrag des Obermüllers war auf Erniedrigung des Wehres bis auf die durch den Merkpfahl bezeichnete Höhe gerichtet. Der ordentliche Rechtsweg erschien hier zulässig. Siehe Hahn, Wasserrecht, Breslau 1886, S. 34.

Nr. 36. Erk. vom 14. September 1848 (Just.-Min.-Bl. S. 462).

In Streitigkeiten über Teilnehmungsrechte und Abfindungen bei einem Separationsverfahren ist der ordentliche Rechtsweg unzulässig, weil die Ablösungsbehörden zuständig sind. Es handelte sich um Holzgerechtigkeiten eines ňagiſtrats und einer ſtädtiſchen Bürgerſchaft in königlichen Forſten. Näheres ehe bei Schneider, Landeskulturgeſetzgebung, Berlin 1879, S. 50—52.

Nr. 37. Erk. vom 2. November 1848 (Juſt.-Min.-Bl. 1849 S. 5).

Ueber Erhöhung einer als Gnadenbewilligung gewährten Entſchädigung t der ordentliche Rechtsweg nicht zuläſſig.

Bei dem Domſtifte in Münſter wurde 1662 von der Familie von G. eine stiftung errichtet. Das Domkapital wurde durch das franzöſiſche Dekret vom 4. November 1811 aufgehoben, jedoch ſpäter in preußiſcher Zeit reorganiſirt nd in anderen Grenzen hergeſtellt (Bulle de salute animarum). Die G.'ſche amilienſtiftung war inzwiſchen vom Fiskus längſt eingezogen und wurde nun on den Nächſt-Berechtigten im ordentlichen Rechtswege reklamirt. Dies erſchien ach der Allerhöchſten Ordre vom 4. Februar 1823 (Geſ.-S. S. 21) nicht zuäſſig. Wenn gleichwohl der Landesherr Veranlaſſung genommen hat, der amilie G. eine Entſchädigung zu Teil werden zu laſſen, ſo iſt dies als eine Bohlthat zu betrachten, welche der Familie vermöge landesherrlichen Hoheitsechtes, ohne Rückſicht auf den Rechtspunkt, wegen der ihr durch die fremderrliche Regierung zugefügten Verletzung gewährt worden iſt. Ein im ordenchen Rechtswege durchzuführender Anſpruch auf Erhöhung dieſer Gnadenbeilligung iſt nicht anzuerkennen.

Nr. 38. Erk. vom 2. November 1848 (Juſt.-Min.-Bl. 1849 S. 7).

Bei Prozeſſen über die Verpflichtung zur Erlegung von ländlichen Komunallaſten iſt der ordentliche Rechtsweg ausgeſchloſſen. Hierüber wird jetzt ent. im Verwaltungsſtreitverfahren auf Reklamation der Steuerpflichtigen enthieden. §§ 34 u. 160 des Zuſt.-Geſ. v. 1. 8. 83.

Nr. 39. Erk. vom 2. November 1848 (Juſt.-Min.-Bl. 1849 S. 11).

Streitigkeiten über die Verbindlichkeit zur Entrichtung der Grundſteuer nnen nicht im ordentlichen Rechtswege zum Austrag gebracht werden. Vergl. tzt §§ 12 ff. des Geſ. vom 8. Februar 1867 (G.-S. S. 185). Näheres bei arey, Verwaltungsrecht, Berlin 1887, Bd. II S. 75.

Nr. 40. Erk. vom 2. November 1848 (Juſt.-Min.-Bl. 1849 S. 12).

In Prozeßſachen zwiſchen Unternehmern öffentlicher Arbeiten und den durch usführung der letzteren beeinträchtigten Privatperſonen iſt der ordentliche Rechtseg nicht zuläſſig.

Zu einem Chauſſee- und Brückenbau hatten die von der Bauverwaltung ngenommenen Unternehmer Steine aus einem benachbarten Grundſtücke entommen und wurden dieſerhalb wegen Entſchädigung gerichtlich in Anſpruch enommen. Der hiergegen erhobene Komp.-Konfl. war begründet aus der ergiſchen Wegeordnung vom 18. Juni 1805 und aus Art. 8, Nr. 3 und 4 er Bergiſchen Verwaltungs-Ordnung vom 18. Dezember 1808, jetzt §§ 50 ff. es Enteignungsgeſ. vom 11. Juni 1874 (G.-S. S. 221) und §§ 150 bis 153 es Zuſt.-Geſ. v. 1. 8. 83.

Nr. 41. Erk. vom 24. März 1849 (Juſt.-Min.-Bl. 1856 S. 50).

Die unbedingte Rückgabe des durch eine von der Regierung feſtgeſetzte lignementslinie abgeſchnittenen Grundes und Bodens kann der Eigentümer eſſelben im ordentlichen Rechtswege nicht verfolgen; dagegen iſt die Klage auf ntſchädigung wegen des ihm entzogenen Grundeigentums dem ordentlichen echtswege unterworfen.

Diese dem rheinischen Rechte entsprechende Entscheidung dürfte jetzt in Gemäßheit des Enteignungsges. vom 11. Juni 1874 einer anderweiten Prüfung zu unterwerfen sein.

Nr. 42. Erk. vom 24. März 1849 (Just.-Min.-Bl. S. 263).

Streitigkeiten über die Verbindlichkeit zur Entrichtung allgemeiner Grundabgaben sind vom ordentlichen Rechtswege ausgeschlossen.

Ein schlesischer Kretschambesitzer hatte von seinem Grundstücke eine jährliche Abgabe an die Königliche Steuerkasse zu bezahlen. Er klagte gerichtlich auf Befreiung mit der Behauptung, die Abgabe sei eine, auf den Betrieb der Branntwein-Brennerei im Grundstücke gelegte, durch § 30 des Ges. vom 2. November 1810 aufgehobene Nahrungssteuer. Die Klage war gegen den Fiskus gerichtet, der dagegen erhobene Komp.-Konfl. war aber für begründet zu erachten, weil die streitige Abgabe nach der schlesischen Grundsteuerverfassung die Natur einer, in die Klasse der landesherrlichen Steuern fallende allgemeinen Grundabgabe, einer unveränderlichen Grundsteuer habe. Vergl. das sub Nr. 39 mitgeteilte Erk.

Nr. 43. Erk. vom 24. März 1849 (Just.-Min.-Bl. S. 265).

Gegen eine wasserpolizeiliche, auf Räumung eines Privatflusses gerichtete Verfügung (§ 7 des Ges. vom 28. Februar 1843) ist die gerichtliche Besitzstörungsklage unzulässig; aber ebenso die Entschädigungsklage, wenn der verlangte Schaden aus der angeblichen Besitzstörung entstanden ist, so daß auch der § 4 des Ges. vom 11. Mai 1842 nicht Anwendung finden kann.

Vergl. jetzt § 66 des Zust.-Ges. v. 1. 8. 83 und die Schlußsätze im § 10 der Einleitung zu diesem Buche.

Nr. 44. Erk. vom 24. März 1849 (Just.-Min.-Bl. S. 266).

Eine Eisenbahn-Gesellschaft wollte den Fiskus (Finanz-Minister) im ordentlichen Rechtswege zwingen, seine Zustimmung zur Emission neuer Stammaktien zu geben und auch die Zinsgarantie zu übernehmen. Mit Recht wurde in dem darauf erhobenen Komp.-Konfl. behauptet, die von der Regierung zu erteilende Genehmigung sei ein im ordentlichen Rechtswege niemals angreifbarer Akt des landesherrlichen Hoheitsrechtes.

Außerdem war aber auch in der Klage behauptet worden, daß der bei der fraglichen Eisenbahn selbst beteiligte Fiskus das Rechtsverhältnis, in welchem er zu der Bahn stehe, mit der Gesellschaft „vereinbart“ habe, daß er zu dieser in einem „vertragsmäßigen“ Verhältnisse stehe und daß in dem diesen Vertrag enthaltenden Statute, es lediglich von der Wahl der Gesellschaftsvorstände abhängig gemacht sei, in welcher Art von Obligationen das als erforderlich festgestellte Kapital aufzubringen sei. In dieser Beziehung war der ordentliche Rechtsweg nicht ausgeschlossen.

Nr. 45. Erk. vom 24. März 1849 (Just.-Min.-Bl. S. 280).

Eine Kapellenbrüderschaft benutzte eine Stube im Rathause zur Abhaltung von Andachten, die Stadtgemeinde klagte gerichtlich auf Räumung des Lokals. Das Verhältnis erschien als ein rein privatrechtliches, und deshalb wurde auch der gegen die Klage erhobene Komp.-Konfl. für unbegründet erachtet.

Nr. 46. Erk. vom 26. Juni 1849 (Just.-Min.-Bl. S. 368).

Der ordentliche Rechtsweg über die Zahlung von Schulbeiträgen ist zulässig, wenn sich der Herangezogene wegen seiner Befreiung auf die für die Altlutheraner erlassene General-Konzession vom 23. Juli 1845 (G.-S. S. 516) beruft.

Dieser Grundsatz ist jetzt nur dadurch erschüttert, daß auch über den erhobenen Einwand im Reklamationswege und event. im Verwaltungsstreitverfahren zu entscheiden ist. §§ 46 und 160 des Zust.-Ges. v. 1. 8. 83.

Nr. 47. Erk. vom 26. Juni 1849 (Just.-Min.-Bl. S. 369).

Es handelte sich um die Frage, ob hinsichtlich der Verpflichtung zur Zahlung von Leichengebühren nach § 19 des Stettiner Leichen-Reglements vom 24. August 1806 der ordentliche Rechtsweg zuzulassen sei. Die Frage wurde verneint, weil die Frage, zu welcher Klasse eine Leiche gehöre, als eine Polizeisache zu behandeln sei. (§§ 127 ff. des L.-V.-Ges. vom 30. 7. 83.) Vergl. jetzt § 40 Abs. 2 der kirchlichen Verwaltungs-Ordnung vom 15. Dezember 1886 (Kries Kirchenrecht, Danzig 1887, S. 402 und 403).

Nr. 48. Erk. vom 26. Juni 1849 (Just.-Min.-Bl. S. 372).

Gegen die Feststellung der die Amtssuspension verfügenden Behörden darüber, wie viel Gehalt dem Beamten während der eingeleiteten Untersuchung zu belassen sei, ist während der Dauer der Suspension der ordentliche Rechtsweg nicht zulässig. Daß der Rechtsweg hinsichtlich der Frage, ob die Amtssuspension mit oder ohne Grund angeordnet sei, nicht zulässig sein kann, ist ohne Weiteres einleuchtend, weil die verfügende Behörde innerhalb ihres Geschäftskreises selbständig ist und daher über die Gesetzlichkeit ihrer Verfügungen selbst zu entscheiden hat, auch darüber, wie viel Gehalt dem Beamten während der eingeleiteten Untersuchung zu belassen sei. Nach beendigter Untersuchung steht dem Beamten, sofern eine Nachzahlung des während der Suspension einbehaltenen Gehaltes nicht erfolgt, die gerichtliche Klage dann zu, wenn er behauptet, daß ihm ein größerer Teil seines Einkommens einbehalten worden sei, als nach den hinsichts der suspendierten Beamten gesetzlich bestehenden Vorschriften zurückbehalten werden durfte.

Seydel, Kommentar zu dem Gesetze vom 21. Juli 1852, Berlin 1883, S. 193, 194.

Nr. 49. Erk. vom 4. September 1849 (Just.-Min.-Bl. S. 454).

Ueber Expropriationen beim Bergbau ist der ordentliche Rechtsweg unzulässig. Vergl. §§ 135 ff. des Allgemeinen Berggesetzes vom 24. Juni 1865 (G.-S. S. 705) und § 150 Abs. 2 des Zust.-Ges. v. 1. 8. 83.

Nr. 50. Erk. vom 4. September 1849 (Just.-Min.-Bl. S. 488).

Die Frage: ob dem Kläger das Recht beiwohne, der von dem Verklagten beabsichtigten Aufstauung eines Baches, behufs Einrichtung einer neuen Bewässerungsanlage, aus dem Grunde zu widersprechen, weil dadurch einer Mühle das erforderliche Mahlwasser entzogen werde, ist im ordentlichen Rechtswege zu entscheiden.

Dieser Grundsatz gilt jetzt nur noch hinsichtlich des Entschädigungsanspruches, im Uebrigen wird über die obige Frage im Verwaltungsstreitverfahren entschieden. (§ 23 des Ges. vom 28. Februar 1843 — G.-S. S. 41 —, § 75 des Zust.-Ges. v. 1. 8. 83).

Nr. 51. Erk. vom 15. Dezember 1849 (Min.-Bl. d. i. V. 1850 S. 16 und Just.-Min.-Bl. 1850 S. 34).

Gegen Anordnungen der Wegepolizeibehörde sind possessorische Klagen unzulässig. Wenn die Polizeibehörde einen als öffentlichen sogenannten Kommunikationsweg erkannten Weg in seiner angeblichen früheren Breite wiederherstellen läßt, so können die hiervon betroffenen Adjazenten wegen etwaiger Veränderung ihres Ackerlandes gegen die Polizeibehörde oder deren Beauftragte nicht die Besitzstörungsklage erheben. Denn die Handlung, in welcher Kläger eine Beeinträchtigung seines Besitzstandes findet, ist lediglich als eine polizeiliche Maßregel zu betrachten. Im Uebrigen vergl. das Endurteil des O. V. G. vom 14. Februar 1877 (Entscheidung Bd. II. S. 226, Parey, Rechtsgrundsätze des O.-V.-G., Stammwerk S. 299, Nr. 7).

Nr. 52. Erk. vom 15. Dezember 1849 (Just.-Min.-Bl. 1850. S. 33).

Ueber die Beitreibung der Grundsteuer ist der ordentliche Rechtsweg nicht zulässig. Wegen der Rechtsmittel in Grundsteuer-Angelegenheiten (Reklamationen) vergl. §§ 12 ff. und §§ 21 ff. des Gesetzes vom 8. Februar 1867 (G.-S. S. 185); im Uebrigen: Parey, Verwaltungsrecht, Berlin 1887, Bd. II. S. 75.

Nr. 53. Erk. vom 15. Dezember 1849 (Just.-Min.-Bl. 1850. S. 35).

Wegen Wiedererstattung gezahlter Stempelsteuer ist die gerichtliche Klage in der Regel nicht zulässig, z. B. in diesem Falle, bei dem es sich um einen Wertstempel für einen Kauf-Kontrakt handelte. Vergl. Lebus „Preußische Stempelgesetze" Breslau 1886, S. 51, auch Parey, Verwaltungsrecht, Berlin 1887, S. 83.

Nr. 54. Erk. vom 20. April 1850 (Just.-Min.-Bl. S. 191).

Für die Legung und Abnahme der Rechnungen über die von einem öffentlichen Beamten geführte städtische Kassenverwaltung ist der ordentliche Rechtsweg nicht zulässig. (§ 16 der V. vom 24. Januar 1844 (G.-S. S. 52). Es würde der Natur des amtlichen Verhältnisses widerstreiten, wenn die ganze Rechnungslegung und -Abnahme den durch dies Verhältnis begründeten und geregelten Grenzen entzogen werden könnte. Der § 50 Nr. 1 des früheren Just.-Ges. vom 26. 7. 76 ist fortgefallen, enthielt auch nur Vorschriften für Landgemeinden.

Nr. 55. Erk. vom 20. April 1850 (Just.-Min.-Bl. S. 199).

Ueber den Betrag des Diensteinkommens von Beamten ist der ordentliche Rechtsweg unzulässig. Allerh. Kabinetsordre vom 7. Juli 1830 (Kamptz, Jahrbücher Bd. 36 S. 294). Vergl. jetzt Ges. vom 24. Mai 1861 (G.-S. S. 241).

Nr. 56. Erk. vom 20. April 1850 (Just.-Min.-Bl. S. 215).

Eine Gutsbesitzerin klagte gerichtlich gegen den Fiskus auf Entschädigung während der den russischen Truppen im Jahre 1813 gewährten Naturalleistungen (Kriegslieferungen). Der Prozeßfähigkeit des Anspruches stand das Edikt vom 3. Juni 1814 (G.-S. S. 49) entgegen. Nach allgemeinen Rechtsgrundsätzen können derartige Ansprüche im ordentlichen Rechtswege schon deshalb nicht geltend gemacht werden, weil sich dieselben gegen die Ausübung des Kriegshoheitsrechtes richten. Siehe Oppenhoff, Ressortverhältnisse, Berlin 1863, S. 45 und 85, Parey, Verwaltungsrecht, Berlin 1887, Bd. II S. 6 und 7. Sollen für derartige Kriegsschäden überhaupt Entschädigungen gewährt werden, so kann dies immer nur durch besondere, in der Regel nur vorübergehend geltende Gesetze bestimmt werden. Vergl. Ges. vom 14. Juni 1871 (R.-G.-Bl. S. 247), desgl. vom 23. Februar 1874 (R.-G.-Bl. S. 17.)

Nr. 57. Erk. vom 20. April 1850 (Just.-Min.-Bl. S. 286).

Ueber die Herausgabe amtlicher, in Folge einer Disziplinaruntersuchung in Beschlag genommener Papiere ist ein Rechtsstreit vor den ordentlichen Gerichten unzulässig, weil der Gegenstand der Klage in ein Gebiet eingreift, welches ausschließlich der Kompetenz der Verwaltungsbehörde unterliegt. Ein Landrat hatte zum Zwecke disziplinarischer Recherchen einem Auktionskommissarius dessen Geschäftsbücher abgenommen und vorenthalten.

Nr. 58. Erk. vom 29. Juni 1850 (Min.-Bl. d. i. V. S. 274 und Just.-Min.-Bl. S. 287).

Wenn auch zugegeben werden muß, daß die gegenseitigen Rechte und Verbindlichkeiten einer Gemeinde (hier einer Landgemeinde) und namentlich das bestehende Verhältnis, nach welchem die einzelnen derselben zu den Gemeindelasten beizutragen haben, der Erörterung im Rechtswege im allgemeinen nicht entzogen sei, so ist doch nicht minder zweifellos, daß die Regierungen vermöge ihres Oberaufsichtsrechtes über die Kommunen befugt sind, das Verhältnis, nach welchem die Kommunallasten in einer Gemeinde von den verschiedenen Klassen der Gemeindemitglieder bisher getragen wurden, abzuändern und verpflichtend für alle Teile neu zu regulieren, sobald sich hierzu ihrem Ermessen nach ein Bedürfnis herausgestellt hat, namentlich, wenn die Mehrzahl der Gemeinde es anerkannt hat, daß in Folge der durch die Separation herbeigeführte Veränderung der Besitzverhältnisse an die Stelle des früheren ein neuer Verteilungs-Maßstab für die Kommunallasten erforderlich sei, und wenn die Regierung diesen Beschluß bestätigt hat. Diese ressortmäßige Entscheidung der Regierung kann aber nur der Beurteilung der vorgesetzten Verwaltungsbehörden, nicht aber derjenigen der ordentlichen Gerichte unterworfen werden. Vergl. oben Nr. 5 und 11.

Nr. 59. Erk. vom 2. November 1850 (Just.-Min.-Bl. 1851. S. 14.)

Ein gerichtliches Exekutionsverfahren wider Gemeinden in der Rhpr. wurde für unzulässig und wirkungslos erklärt.

Vergl. die Rheinische Land-Gemeinde-Ordnung vom 23. Juli 1845 (G.-S. S. 523) in der Fassung vom 15. Mai 1856 (G.-S. S. 435) §§ 86—90, zu § 87 aber die §§ 33 und 35 des Just.-Ges. vom 1. 8. 83.

Nr. 60. Erk. vom 2. November 1850 (Just.-Min.-Bl. 1851. S. 35).

Bei Streitigkeiten über den Umfang der Amtspflichten eines Beamten ist der ordentliche Rechtsweg unzulässig. Kein Beamter kann für etwaige Mehrleistungen im ordentlichen Rechtswege eine Entschädigung durchsetzen. Derartige Fragen liegen nicht auf dem Gebiete des Privatrechtes, sondern des öffentlichen Rechtes, daher nur die Beschwerde an die vorgesetzte Aufsichtsbehörde (Siehe Oppenhoff, Ressortverhältnisse, Berlin 1863, S. 21).

Nr. 61. Erk. vom 2. November 1850 (Just.-Min.-Bl. 1851. S. 36).

Wenn wegen Klassensteuer-Rückstände eine Pfändung vorgenommen worden ist, so kann gegen den betreffenden Beamten nicht im ordentlichen Rechtswege vorgegangen werden. Vergl. § 2 der V. vom 7. September 1879 (G.-S. S. 591), § 42 der V. vom 26. Dezember 1808 (N. C. C. XII. S. 679.)

Nr. 62. Erk. vom 2. November 1850 (Just.-Min.-Bl. 1851. S. 44.)

Gegen die von einem Verwaltungschef verhängte Amts-Suspension eines zu seinem Ressort gehörigen Beamten ist der ordentliche Rechtsweg unzulässig.

Vergl. § 50 des Ges. vom 21. Juli 1852 und dazu den Kommentar von Seydel, Berlin 1883, S. 183 ff.

Nr. 63. Erk. vom 2. November 1850 (Just.-Min.-Bl. 1851, S. 59).

Gegen baupolizeiliche Aenderungen ist der ordentliche Rechtsweg unzulässig. Es handelte sich um den zwangsweisen Abbruch eines ohne polizeiliche Erlaubniß errichteten hölzernen Tanzzeltes. Vergl. jetzt §§ 132 ff. des L.-V.-G. vom 30. Juli 1883.

Nr. 64. Erk. vom 28. Dezember 1850 (Just.-Min.-Bl. 1851, S. 55).

Bei anderweitiger Festsetzung der Beiträge zur Unterhaltung eines Kommunalschullehrers ist der ordentliche Rechtsweg ausgeschlossen. Vergl. jetzt §§ 46 und 160 des Zust.-Ges. vom 1. 8. 83.

Nr. 65. Erk. vom 28. Dezember 1850 (Just.-Min.-Bl. 1851, S. 67.)

Beim Expropriationsverfahren ist eine Possessorienklage unzulässig. Vergl. jetzt Gesetz vom 11. Juni 1874 (G.-S. S. 221) und §§ 150—153 des Zust.-Ges. v. 1. 8. 83.

Nr. 66. Erk. v. 28. Dezember 1850 (Just.-Min.-Bl. 1851, S. 68.)

Gegen polizeiliche Verfügungen ist der ordentliche Rechtsweg nicht zulässig. Siehe jetzt §§ 127 ff. des L.-V.-G. vom 30. 7. 1883.

Nr. 67. Erk. v. 28. Dezember 1850 (Just.-Min.-Bl. 1851, S. 78.)

Die Entscheidung betrifft das Verfahren bei Ansprüchen von Beamten und Militärpersonen wegen entzogener Diensteinkünfte. Kläger war Hauptmann und Steuer-Einnehmer bei der ehemaligen Bergischen Salzregie gewesen und hatte mit der Aufhebung dieser Einrichtung die damit verbundene Einnahme verloren und ebenso die ihm als Mitglied der französischen Ehrenlegion zustehende Pension. Der ordentliche Rechtsweg wurde für ausgeschlossen erachtet, vergl. jetzt Gesetz vom 24. Mai 1861 (G.-S. S. 241), für Reichsbeamte §§ 149 ff. des Ges. vom 31. März 1873 und vom 25. Mai 1887 (R.-G.-Bl. S. 94). Wegen der Pensionsansprüche aus dem Besitze der Ehrenlegion ist der Rechtsweg längst ausgeschlossen worden (Allerh. Kab.-O. v. 26. Okt. 1830).

Nr. 68. Erk. v. 28. Dezember 1850 (Just.-Min.-Bl. 1851, S. 154).

Bei Streitigkeiten zwischen Privatpersonen und der zuständigen Verwaltungsbehörde über das Recht zum Betriebe der Gast- und Schankwirtschaft ist der ordentliche Rechtsweg auch dann ausgeschlossen, wenn etwa Jemand von einem andern eine Realschankgerechtigkeit (Gastrecht) käuflich erworben haben sollte und wenn auch das Hypothekenbuch hiernach berichtigt worden wäre. Die Klage war in diesem Falle sogar gegen den Fiskus gerichtet mit dem Anspruche auf Schadensersatz wegen der verweigerten Erlaubniß. Vergl. jetzt § 114 des Zust.-Ges. v. 1. 8. 83.

Nr. 69. Erk. vom 22. März 1851 (Min.-Bl. d. i. V. S. 39 u. Just.-Min.-Bl. S. 171).

Es handelt sich um die Auslegung des § 19 Tit. II. Abschnitt 1 der früher geltenden westfälischen Landgemeinde-Ordnung vom 31. Oktober 1841 (G.-S. S. 301) betreffend die Erhebung eines Einzugsgeldes von denjenigen, welche in der Gemeinde als selbständige Einwohner sich niederlassen. Es wird ausgeführt, daß eine gerichtliche auf die Behauptung gestützte Klage, die verklagte Gemeinde sei nicht berechtigt, von dem Kläger Einzugsgeld zu fordern und einzuziehen, (weil diese Forderung weder durch Vertrag, noch Verjährung oder Herkommen begründet, auch durch den Oberpräsidenten nicht festgesetzt sei), der gerichtlichen Kognition nicht unterliege. Dieser Grundsatz ist gegenstandslos geworden, nachdem an die Stelle der Landgemeinde-Ordnung vom 31. Oktober 1841 diejenige vom 19. März 1856 (G.-S. S. 265) getreten ist, und nachdem der § 56 der letzteren durch Ges. vom 24. Juni 1861 (G.-S. S. 446) aufgehoben und letzteres abermals durch das Ges. vom 2. März 1867 (G.-S. S. 361) abgeändert worden ist. Das Einzugsgeld ist hiernach überhaupt fortgefallen. Vergl. oben Erk. Nr. 24.

Nr. 70. Erk. vom 22. März 1851 (Just.-Min.-Bl. S. 174.)

Ueber die Verbindlichkeit zur Entrichtung der Stempelsteuer war der ordentliche Rechtsweg gegen den Fiskus im vorliegenden Falle nicht zulässig. Kläger nahmen nicht eine Exemtion von der Stempelsteuer in Anspruch, sondern sie behaupteten nur, daß ein bestimmter, gegen sie nachliquidierter und teilweise von ihnen eingezogener Stempelbetrag auf Grund des § 2 Nr. 8 des Ges. vom 31. März 1838 (G.-S. S. 241) verjährt sei. Durch die angezogene Vorschrift ist zwar für gewisse Stempelabgaben eine kürzere, als die landrechtliche Verjährungsfrist eingeführt, allein dadurch ist über die Zulässigkeit des Rechtsweges wegen der Verbindlichkeit zur Entrichtung der Stempelsteuer nichts geändert, da das Ges. überall nur von der erlöschenden Verjährung, nicht aber von der Usukapion der Steuerbefreiungen im Sinne des § 79 Tit. 14 Teil II. A. L.-R. und § 3 des Stempelgesetzes vom 7. März 1822 (G.-S. S. 57). Näheres siehe bei Lebus „Preußische Stempelgesetze", Breslau 1886 S. 74.

Nr. 71. Erk. vom 5. April 1851 (Min.-Bl. d. i. V. S. 146 u. Just.-Min.-Bl. S. 203).

Ueber die Frage, ob ein Weg als ein öffentlicher anzusehen sei, ist die Entscheidung im ordentlichen Rechtswege nicht zulässig, denn nach §§ 1 ff. des Ges. vom 11. Mai 1842 ressortieren Beschwerden über polizeiliche Verfügungen jeder Art, sie mögen die Gesetzmäßigkeit, Notwendigkeit oder Zweckmäßigkeit derselben betreffen, vor die vorgesetzte Dienstbehörde. Die Frage, ob ein vorhandener Weg nach seiner Lage, seiner Verbindung und nach den sich an denselben knüpfenden allgemeinen Interessen als ein öffentlicher anzusprechen sei, liege nur im Gebiete der Verwaltung. Auch die Entkräftung der von der Regierung angegebenen Kriterien der Oeffentlichkeit eines Weges sei im ordentlichen Rechtswege nicht gestattet. Es könnten zwar durch eine in Rede stehende Anordnung der Regierung privatrechtliche Ansprüche hervortreten, welche sich zur gerichtlichen Kognition eigneten; dieses würde der Fall sein, wenn Grundbesitzer behaupteten, der Weg sei ein in ihrem Eigentum befindlicher Privatweg, allein ein solches Auftreten würde die von der Landespolizeibehörde ausgegangene Erklärung der Oeffentlichkeit eines Weges nicht beeinträchtigen; wenn und soweit dadurch ein Eingriff in ihre Privatrechte stattgefunden, würde ihnen nach § 4 des Ges. vom 11. Mai 1842 gestattet sein, ihren Entschädigungsanspruch (gegen die aus öffentlichem Rechte zum Wegebau Verpflichteten) im Rechtswege zu verfolgen. Von dem Momente an, in welchem ein früherer Privatweg von der kompetenten Staatsgewalt für einen öffentlichen erklärt worden, treten auch diejenigen Verpflichtungen in Kraft, welche die Gesetze den Gemeinden (oder sonst aus öffentlichen Rechten zum Wegebau Verpflichteten) in Bezug auf öffentliche Wege auferlegen. Ein solcher Weg höre auf, ein Privatweg zu sein. Auch Ansprüche anderer Art könnten vielleicht seitens der Gemeinde erhoben werden — aus dem Verhältniß hervorgegangen, in welchem diejenigen, welche den Weg ursprünglich angelegt, denselben unterhalten und bei dessen Erhaltung ein hervorragendes Interesse haben, zur Unterhaltung des Weges stehen; möchte immerhin durch solche Rechtsbezüge möglicherweise ein Anspruch der Gemeinde u. s. w. auf Befreiung von einem Teile der Unterhaltungskosten begründet werden können, so sei doch ein solcher im Rechtswege niemals gegen den Fiskus, sondern nur gegen die Beteiligten zulässig. Der § 37 Tit. 7 Teil II A. L.-R.'s könne in keinem Falle als eine besondere gesetzliche Vorschrift gelten, welche eine Befreiung von der der Gemeinde auferlegten Verpflichtung enthalten.

Heute würde diese Angelegenheit lediglich nach § 56 des Zust.-Ges. vom 1. 8. 1883 zu instruieren und zu erledigen sein, wobei die obigen Grundsätze, abgesehen von der Zuständigkeit der Verwaltungsgerichte, im Wesentlichen unberührt bleiben würden.

Nr. 72. Erk. vom 5. April 1851 (Min.-Bl. d. i. V. S. 203 u. Just.-M.-Bl. S. 308.)

Ein Magistrat verklagte den städtischen Rendanten bei Gericht mit dem Antrage, zu erkennen, daß der Beklagte sich für die Zukunft aller Funktionen als städtischer Kämmerer zu enthalten verpflichtet sei. So wie dieser Antrag gestellt sei — so führte der Gerichtshof zur Entscheidung der Kompetenzkonflikte aus — berühre derselbe in keiner Weise die Frage, ob und in welchem Maße der Beklagte aus seiner Anstellung als städtischer Beamter zivilrechtliche Ansprüche erworben habe oder nicht; der Antrag habe vielmehr lediglich die publizistische Seite der Anstellung zum Gegenstande und gehe wesentlich darauf hinaus, den Beklagten wider seinen Willen, also unfreiwillig aus seiner Stellung zu entfernen. Eine Entscheidung hierüber liege aber ganz außerhalb des Gebietes, auf welchem der Spruch des ordentlichen Richters für zulässig erachtet werden könne; diese Entscheidung gehe vielmehr das öffentliche Recht an, und es müsse die Entscheidung der angeregten Frage der vorgesetzten Dienst- und Amtsbehörde vorbehalten bleiben. Mit andern Worten: die Entfernung des betreffenden Beamten ist nur im Disziplinarwege zu bewirken. (Jetzt § 20 des Zust.-Ges. vom 1. August 1883.)

Nr. 73. Erk. vom 5. April 1851 (Just.-Min.-Bl. S. 191.)

Bei Ansprüchen der Beamten auf Reise- und Umzugskosten und auf Gewährung des ihnen nach ihrer Anciennität angeblich zustehenden Gehaltes ist der ordentliche Rechtsweg ausgeschlossen; vergl. jedoch Ges. vom 24. Mai 1861 (Ges.-S. S. 241.)

Nr. 74. Erk. vom 5. April 1851 (Just.-Min.-Bl. S. 204.)

Es handelte sich hier um einen Komp.-Konfl. zwischen Disziplinarbehörden und den ordentlichen Strafgerichten. Vergl. Seydel's Kommentar zu dem Ges. vom 21. Juli 1852, Berlin 1883, S. 121.

Nr. 75. Erk. vom 24. Juni 1851 (Min.-Bl. d. i. V. S. 135 und Just.-Min.-Bl. S. 259.)

Unzulässig ist der ordentliche Rechtsweg über Ansprüche, welche aus Anordnungen der Polizeibehörde zur Abwendung gemeiner Gefahr hergeleitet werden. Eine Regierung hatte im Wege des Zwanges den Steinbruch eines Privatmannes ausfüllen lassen, nachdem durch den Betrieb ein Bergrutsch entstanden war, wodurch das Publikum, die Stadtmauer und die in der Nähe liegenden Gebäude gefährdet wurden. Gegen die hiergegen erhobene Klage gegen den Fiskus wurde die gerichtliche Klage angestellt und der dagegen erhobene Komp.-Konfl. für begründet, der ordentliche Rechtsweg aber für unzulässig erachtet, weil keiner der Fälle vorliege, in denen das Ges. vom 11. Mai 1842 diesen Rechtsweg zulasse. Der Steinbruch war verpachtet, Kläger beanspruchte deshalb, daß die polizeilichen Maßnahmen nicht gegen ihn als Eigentümer, sondern gegen den Pächter gerichtet werden müßten, dem steht aber der § 5 des Ges. vom 11. Mai 1842 entgegen. Ferner wollte Kläger aus § 187 Tit. 8, Theil I. A. L.-R.'s die Zulässigkeit des ordentlichen Rechtsweges herleiten, weil Fiskus der Eigentümer der bedrohten Gebäude sei, es war aber dabei übersehen, daß die angegriffene polizeiliche Verfügung von der Regierung nicht als Fiskus, sondern als Landespolizeibehörde ergangen war.

Heute würde diese Angelegenheit in Gemäßheit der §§ 127 ff. des L.-V.-Ges. vom 30. Juli 1883 zu erledigen sein.

Nr. 76. Erk. vom 24. Juni 1851 (Min.-Bl. d. i. V. S. 198 und Just.-Min.-Bl. S. 286).

Aus einer Allerhöchsten Kabinetsordre vom 7. Juli 1830 wurde der Grundsatz abgeleitet, daß über Ansprüche eines Beamten auf Dienst-Einkünfte, von denen behauptet wird, sie gebührten demselben aus seinem früheren Dienstverhältnisse und würden ihm zu Unrecht vorenthalten, der ordentliche Rechtsweg unzulässig sei. Vergl. jetzt § 1 des Ges. vom 24. Mai 1861 (G.-S. S. 241) und § 149 des Reichsges. vom 31. März 1873 (R.-G.-Bl. S. 61), Ges. vom 25. Mai 1887 (R.-G.-Bl. S. 194), Reichs-Ger.-Entsch. vom 24. März 1882 (Zivilsachen VI S. 105).

Nr. 77. Erk. vom 24. Juni 1851 (Min.-Bl. d. i. V. S. 143 und Just.-Min.-Bl. S. 253).

Ein zur Miethe wohnender Staatsbeamter erhob gerichtliche Klage gegen die Stadtgemeinde (den Magistrat), weil nach einem Gemeinderatsbeschlusse auch die Mieths-Einwohner der Stadt, mit Einschluß der Dienstwohnungen der Beamten, Geistlichen und Lehrer mit Einquartierung belegt werden sollten. Der hiergegen erhobene Komp.-Konfl. wurde, soweit Kläger seinen Anspruch auf Befreiung von der Einquartierungslast aus seiner Eigenschaft als Staatsdiener und aus dem Ges. vom 11. Juli 1822 herleitete, für nicht begründet, der Rechtsweg also für zulässig erachtet, soweit es sich aber um die Frage handelte, ob die Kommunalbehörden befugt seien, eine Ausdehnung der Einquartierungslast auf die Hausmiether rechtsverbindlich zu beschließen, wurde der Komp.-Konfl. für begründet und der Rechtsweg für ausgeschlossen erachtet.

Bei der gegenwärtigen Lage der Reichsgesetzgebung (Ges. vom 25. Juni 1868 — B.-G.-Bl. S. 523 —) ist eine Wiederholung derartiger Vorkommnisse gänzlich ausgeschlossen, und etwaige Differenzen werden in Gemäßheit des § 51 des Zust.-Ges. vom 1. August 1883 zum Austrag gebracht.

Nr. 78. Erk. vom 24. Juni 1851 (Just.-Min.-Bl. S. 247).

Gegen Anordnungen der Gemeindeverwaltungen in der Rheinprovinz über die Richtung oder Erweiterung eines Gemeindeweges ist die possessorische Klage unzulässig, dagegen ist wegen der Entschädigung die petitorische Klage zulässig. Heute kommen in solchen Fällen die Vorschriften wegen Inanspruchnahme von Wegen für den öffentlichen Verkehr zur Anwendung (§ 56 des Zust.-Ges. vom 1. 8. 83, wegen der Entschädigungsfrage vergl. den letzten Abs. dieses § 56).

Nr. 79. Erk. vom 24. Juni 1851 (Just.-Min.-Bl. S. 267).

Ueber Eigentumsansprüche dritter Personen an Sachen, welche in der Rhpr. gegen einen Schuldner administrativ gepfändet sind, ist der ordentliche Rechtsweg zulässig. Vergl. § 690 der deutschen Zivilprozeßordnung vom 30. Januar 1877, § 26 der V. vom 7. September 1879 (G.-S. S. 591) und Artikel 22 der Anweisung vom 15. September 1879, Komentar von Crux, Hagen i. W. 1885, S. 28, 29.

Nr. 80. Erk. vom 24. Juni 1851 (Just.-Min.-Bl. S. 271).

Ueber die Verbindlichkeit zur Entrichtung der Stempelsteuer war in diesem Falle der ordentliche Rechtsweg unzulässig. Siehe oben das Erk. sub Nr. 70. Es handelte sich um Stempel für eine Punktation, unter dem Namen „Schlußschein", auch kam in Frage, ob das Rechtsverfahren über die gegen den Fiskus angebrachte Litisdenunziation (Streitverkündigung) gesetzlich zulässig sei. Vergl. §§ 11—14, des Ges. vom 24. Mai 1861 (G.-S. S. 241) und der V. vom 16. September 1867 (G.-S. S. 1515).

Nr. 81. Erk. vom 24. Juni 1851 (Just.-Min.-Bl. S. 273).

Die Entscheidung betrifft die Zulässigkeit des Rechtsweges, über Ansprüche, welche aus den korporativen Verhältnissen der Judenschaft in der Provinz Posen hergeleitet werden. Der ordentliche Rechtsweg wurde in diesem Falle für zulässig erachtet, wegen der übrigen Provinzen vergl. §§ 54 und 160 des Zust.-Ges. v. 1. 8. 83.

Nr. 82. Erk. vom 24. Juni 1851 (Just.-Min.-Bl. S. 281).

Bei Streitigkeiten über den Genuß eines Gemeindelooses in der Rhpr. ist der ordentliche Rechtsweg unzulässig.

Vergl. jetzt §§ 34 und 160 des Zust.-Ges. v. 1. 8. 83.

Nr. 83. Erk. vom 22. November 1851 (Min.-Bl. d. i. V. S. 282 und Just.-Min.-Bl. 1852, S. 13).

Es war streitig geworden, ob gewisse Reste von Naturalbezügen eines Schullehrers und Küsters exekutivisch eingezogen werden dürften oder ob sie gerichtlich eingeklagt werden müßten. Für die letztere Auffassung berief man sich auf § 1 Nr. 3 des (jetzt nicht mehr geltenden) Ges. vom 21. Juli 1849 (G.-S. S. 307), für die erstere auf Nr. 2 und 3 der Allerhöchsten Kabinetsordre vom 19. Juni 1836 (G.-S. S. 198). Auf diese letztere Stelle sich stützend, erhob die Regierung den Komp.-Konfl., welcher für begründet erachtet wurde. Seitdem ist aber die Nr. 3 der Kabinets-Ordre vom 19. Juni 1836 durch § 16 des Ges. vom 24. Mai 1861 (G.-S. S. 241) aufgehoben und der § 15 des letzteren Ges. in Kraft getreten, wozu nunmehr der Absatz 5 in § 46 des Zust.-Ges. v. 1. 8. 83 nachzulesen ist.

Nr. 84. Erk. vom 22. November 1851 (Min.-Bl. d. i. V. S. 301 und Just.-Min.-Bl. 1852. S. 5).

Streitige Rückstände solcher Real-Abgaben, welche den Gegenstand eines bei einer General-Kommission anhängigen Ablösungs-Verfahrens bilden, gehören zu denjenigen mit dem Hauptverfahren konnexen Gegenständen, über welche nicht der ordentliche Richter, sondern die General-Kommission mit zu entscheiden hat (§ 7 der V. vom 30. Juni 1834, § 2 des Ges. vom 11. März 1850). Es handelte sich um Rückstände aus Forderungen eines Magistrates an einen Müller wegen gewisser praestanda, über welche das Verfahren bei der General-Kommission bereits eingeleitet war, als der Magistrat gegen den Müller die gerichtliche Klage erhob.

Nr. 85. Erk. vom 22. November 1851 (Min.-Bl. d. i. V. S. 320 und Just.-Min.-Bl. 1852. S. 19).

Ueber Ansprüche auf Schadensersatz durch Kriegsschäden ist der ordentliche Rechtsweg unzulässig, denn es handelt sich dabei um Schäden, die Jemand in Ausübung eines Hoheitsrechtes erlitten hat. Allerh. Kab.-Ordre vom 4. Dezember 1831 (G.-S. S. 255). Vergl. auch Oppenhof, Ressortverhältnisse S. 47 u. 115 und S. 85 ff. u. 251.

Nr. 86. Erk. vom 22. November 1851 (Min.-Bl. d. i. V. 1853. S. 253 und Just.-Min.-Bl. 1853. S. 351).

Es handelte sich um einen, jetzt der Kognition des Königl. Ober-Verwaltungsgerichtes unterliegenden Konflikt in einer Untersuchungssache gegen einen Forstbeamten wegen Mißbrauchs seiner Waffen gegen Holzdiebe. Der Konflikt wurde für begründet erachtet. Vergl. den Aufsatz: Ueber das Recht der Jagd- und Forstschutzbeamten zum Waffengebrauch. Wochenschrift „Selbstverwaltung" Jahrgang 14 S. 107 ff.

Nr. 87. Erk. vom 22. November 1851 (Just.-Min.-Bl. 1852. S. 60).

Entschädigungsansprüche betreffend die Besitzstörung durch die polizeiliche Sperrung eines Weges sind, soweit die Handhabung des Klägers im Besitze der den Weg über des Klägers Weide sperrenden Hecke betrifft, im ordentlichen Rechtswege nicht verfolgbar, dagegen ist die gerichtliche Verfolgung der Entschädigungsansprüche, soweit es sich um die aus der Beseitigung jener Hecke dem Kläger entstehenden Nachteile handelt, für zulässig zu erachten.

Es betraf diese Angelegenheit eine wegepolizeiliche Verfügung, wodurch die Verlegung eines öffentlichen Weges über die Weide des Klägers angeordnet werden sollte. Die Sache würde jetzt nach § 57 des Zust.-Ges. vom 1. 8. 83 zu behandeln sein. Vergl. auch den § 10 der Einleitung zu diesem Buche.

Nr. 88. Erk. vom 22. November 1851 (Just.-Min.-Bl. 1852. S. 98).

Die landwirthschaftlichen Spruchkollegien sind zur Einlegung des Komp.-Konfl. befugt, und bei Streitigkeiten über die von den Auseinandersetzungsbehörden bestätigten Rezesse ist der ordentliche Rechtsweg zulässig, insbesondere dann, wenn die Rechtsgültigkeit einer zu Grunde gelegten Urkunde angefochten wird, cf. V. vom 20. Juni 1817 (G.-S. S. 169) §§ 20, 69 und 105. (Schneider, Landeskulturgesetzgebung, Berlin 1879, S. 88, 122 und 145), V. vom 30. Juni 1834 (G.-S. S. 96), §§ 12 und 62. (Schneider a. a. O. S. 89 und 227).

Nr. 89. Erk. vom 10. Januar 1852 (Min.-Bl. d. i. V. S. 26 u. Just.-Min.-Bl. S. 10).

Ein Einwohner der Rheinprovinz erhob gegen seine Gemeinde gerichtliche Klage auf Rückzahlung der von ihm zwangsweise eingezogenen Hundesteuer-Rückstände. Der Komp.-Konfl. wurde für begründet und der ordentliche Rechtsweg für zulässig erachtet, denn die Anwendung der Steuergesetze, insoweit es sich darum handelt, ob bei der Veranlagung die das Vermögen oder die persönlichen Verhältnisse betreffenden, die quantitative und qualitative Steuerverpflichtung bedingenden Voraussetzungen im Einzelnen vorhanden seien — also namentlich, ob Jemand in einer gewissen Zeitperiode Besitzer eines die Steuerpflicht begründenden Objektes (hier eines Hundes) gewesen, oder der Steuerbehörde gegenüber als Besitzer anzusehen sei, ist ihrer Natur nach reine Verwaltungssache. Über die Frage, ob die Verwaltungsbehörde bei der Veranlagung (hier zur Hundesteuer) den darüber bestehenden gesetzlichen Vorschriften nachgekommen, ob in den Steuerregistern keine Unrichtigkeit enthalten, ob daher die administrative Exekution gehörig begründet sei, kann mit der die Steuer fordernden Behörde unmöglich ein Prozeß seitens des Steuerpflichtigen mit Erfolg angeregt werden, weil im entgegengesetzten Falle die Gerichte in das Gebiet der Steuerverwaltung eingreifen und die Steuerbehörden, wenn sie als Beklagte Rede stehen müßten, den Feststellungen der Gerichte subordiniert werden würden. Hier ist zwar nicht von einer Staatssteuer, sondern von einer mit landesherrlicher Genehmigung eingeführten Kommunalsteuer die Rede, allein die Frage unterliegt auch hier in ihrer prinzipiellen Artikulirung gleichen Erwägungen. (§§ 8—10, 19 und 22 des Rhein. Ressort-Reglem. vom 20. Juli 1818, § 1 Nr. 6 und § 3 des Ges. vom 24. November 1843 — G.-S. S. 351 —.)

Wegen der die Hundesteuer betreffenden Gesetzgebung, vergl. Parey, Handbuch des preußischen Verwaltungsrechtes, Bd. II. S. 94, über das staatliche und delegirte Besteuerungsrecht a. a. O. S. 73 und 74.

Nr. 90. Erk. vom 10. Januar 1852 (Just.-Min.-Bl. S. 67.)

In Betreff der Bestätigung einer Predigerwahl bei obwaltenden Streitigkeiten über die Ausübung des Stimmrechtes ist der ordentliche Rechtsweg nicht zulässig. (A. L.-R. II. 11. §§ 361—364, Kirchen-Ordnung für Rheinland und Westfalen vom 5. März 1835, §§ 34 ff.; die letztere ist mehrfach abgeändert; siehe Koch's Kommentar hinter II. 11, § 156.) Diese Grundsätze finden auch Anwendung in den Fällen, in denen der betreffende Stelleninhaber gleichzeitig ein Amt als städtischer Lehrer zu versehen hat.

Nr. 91. Erk. vom 10. Januar 1852 (Just.-Min.-Bl. S. 69.)

Über die Frage, zu welcher Gemeinde (Stadt- oder Landgemeinde) ein Grundstück gehört, ist der ordentliche Rechtsweg nicht zulässig. Vergl. jetzt §§ 9, 21 und 26 des Zust.-Ges. vom 1. August 1883.

Nr. 92. Erk. vom 10. Januar 1852 (Just.-Min.-Bl. S. 84.)

In Betreff der Behauptung eines Abgabenpflichtigen, daß er die Befreiung von der ganzen Abgabe erlangt habe, welche auf die Aufhebung der schutzherrlichen Rechte in der Provinz Posen zurückzuführen sind, ist der ordentliche Rechtsweg nur in den Fällen der §§ 78, 79 Tit. 14 Tl. II. A. L.-R. zulässig. Heute würden diese Angelegenheiten in den übrigen Provinzen als Synagogenabgaben nach §§ 54 und 160 des Zust.-Ges. vom 1. August 1883 zu behandeln sein. Vergl. auch Art. 42 Nr. 2 der Verfassung vom 31. Januar 1850 in der Fassung des Ges. vom 14. April 1856 (Ges.-S. S. 353.)

Nr. 93. Erk. vom 10. Januar 1852 (Just.-Min.-Bl. S. 92.)

Die Entscheidung betrifft die Frage wegen der Einlegung des Komp.-Konfl. in solchen Prozessen, in denen in erster Instanz erkannt und eine Berufung dagegen zur Zeit nicht eingelegt ist. Der ordentliche Rechtsweg wurde auf Grund des § 2 des Ges. vom 8. April 1847 (Ges.-S. S. 170) für unzulässig erachtet. Vergl. jetzt § 4 Abs. 2 des Ges. vom 1. August 1879 (Ges.-S. S. 573.)

Nr. 94. Erk. vom 10. Januar 1852 (Just.-Min.-Bl. S. 171.)

Über Forderungen der Kirche, welche die Sorge für den Unterhalt derselben zum Gegenstande haben, ist der ordentliche Rechtsweg zulässig. Die Klage war gegen den Fiskus gerichtet und stützte sich lediglich auf privatrechtliche Titel, Forderungsrechte aus ehemaligem Klostervermögen, Verträge und Verjährung.

Nr. 95. Erk. vom 6. März 1852 (Min.-Bl. d. i. V. S. 166 u. Just.-Min.-Bl. S. 237).

Gegen die von der Verwaltungsbehörde verfügte Suspension des Gewerbebetriebes der Buchdruckerei ist die Beschreitung des ordentlichen Rechtsweges nicht zulässig.

Die Entscheidung beruht auf dem § 74 der preußischen Gewerbe-Ordnung vom 17. Januar 1845, nach welchem die Konzession zum Betriebe der Buchdruckerei entzogen werden konnte, ohne daß dagegen der ordentliche Rechtsweg gestattet war, heute bedarf dies Gewerbe keiner besonderen Konzession, sondern nur der Anmeldung nach § 14 der Reichs-Gewerbe-Ordnung; im Uebrigen gelten die Vorschriften des Reichsgesetzes über die Presse vom 7. Mai 1874 (R.-G.-Bl. S. 65). Demnach kann eine Entziehung der Befugniß zum selbstständigen Betriebe irgend eines Preßgewerbes oder sonst zur Herausgabe und zum Vertriebe von Druckschriften weder im administrativen, noch im richterlichen Wege stattfinden. Ausnahmen finden nur statt nach §§ 11—15, 24 und 25 des Ges. gegen die gemeingefährlichen Bestrebungen der Sozialdemokratie vom 21. Oktober 1878 (R.-G.-Bl. S. 351). Ueber die Beschwerde in den ersteren Fällen entscheidet die Reichskommission (§ 26), in den Fällen der §§ 24 und 25 lediglich die Aufsichtsbehörde.

Nr. 96. Erk. vom 6. März 1852 (Just.-Min.-Bl. S. 172).

Ueber ausgeschriebene Beiträge zu einem Gemeinde-Wegebau ist der ordentliche Rechtsweg nicht zulässig. Es handelte sich um Naturalbeiträge zu einem dortigen Bau in der Rhpr. (§ 22 der rheinischen Landgemeinde-Ordnung vom 23. Juli 1845 und 15. Mai 1856) mithin um Gemeindelasten im Sinne des §§ 34 N. 2 und § 56 des Zust.-Ges. vom 1. 8. 83.

Nr. 97. Erk. vom 6. März 1852 (Just.-Min.-Bl. S. 178).

Ueber solche Gehaltsforderungen der Lehrer, welche auf Vertragsverhältnissen beruhen, findet der ordentliche Rechtsweg statt.

Das Vertragsverhältniß wurde hier gefunden in dem Einkommensverzeichnisse, welches sowohl von dem Lehrer als von den Vertretern der Schulgemeinde vollzogen war.

Kabinets-Ordre vom 19. Juni 1836, vergl. jetzt Ges. vom 24. Juni 1861 und Abs. 5 in § 46 des Zust.-Ges. vom 1. 8. 83.

Nr. 98. Erk. vom 6. März 1852 (Just.-Min.-Bl. S. 183).

Gegen die von den Verwaltungsbehörden im Wege der Oberaufsicht über die Kreiskorporationen und über die Ausübung des ihnen eingeräumten Besteuerungsrechtes ergehenden Anordnungen ist das Beschreiten des ordentlichen Rechtsweges nicht zulässig. Es handelte sich um die Vertheilung von Staatsprästationen durch die ehemaligen Kreisstände im Sinne des § 3 der sächsischen Kr.-O. vom 17. Mai 1827 (G.-S. S. 54). Vergl. jetzt § 116 N. 2 der altländischen Kr.-O. vom 13. Dezember 1872. (Hannover § 73, Hessen-Nassau § 74, Westf. und Rhpr. § 61, Schl.-Holst. § 103.)

Nr. 99. Erk. vom 6. März 1852 (Just.-Min.-Bl. S. 201).

Die Befugniß, eine vorhandene Bade-Ordnung und Badetaxe abzuändern, steht den Verwaltungsbehörden zu, und es ist der ordentliche Rechtsweg hiergegen ausgeschlossen, weil es sich um eine öffentliche polizeiliche Anordnung handelt. Dagegen dürfen Ansprüche dritter (z. B. des Badearztes) auf Zahlung und Ermittelung einer Tantième und einer Entschädigung nach den Bestimmungen des darüber vereinbarten Kontraktes und der damit in Verbindung stehenden früheren und abgeänderten Badeordnung im ordentlichen Rechtswege verfolgt werden. Soweit es sich hier um wirkliche, polizeiliche Angelegenheiten handelte, würden jetzt die §§ 127 ff. des L.-V.-G. vom 30. Juli 1883 in Betracht kommen.

Nr. 100. Erk. vom 6. März 1852 (Just.-Min.-Bl. S. 227).

Ueber die Verbindlichkeit zur Zahlung von Schulbeiträgen ist der ordentliche Rechtsweg ausgeschlossen. Es handelte sich um die Aufbringung des Gehaltes des Rektors einer Stadtschule, jetzt im Sinne des § 46 des Zust.-Ges. vom 1. 8. 83.

Nr. 101. Erk. vom 22. Mai 1852 (Just.-Min.-Bl. S. 243).

Gegen Verfügungen der Verwaltungsbehörden, welche den Betrieb der Eisenbahnen und die Abänderung des Fahrplanes betreffen, ist der ordentliche Rechtsweg nicht zulässig.

Nach §§ 36 und 46 des Eisenbahn-Ges. vom 3. Januar 1846 (G.-S. S. 505) ist der Eisenbahn-Minister befugt, die Abänderung des Fahrplanes vorzuschreiben und die Befolgung seiner Verfügung durch Strafandrohung zu erwirken. Dem Ermessen der Aufsichtsbehörde bleibt es vorbehalten, sowohl gegen die Direktion, als Vertreterin der Gesellschaft, als auch gegen die Personen der einzelnen Mitglieder der Direktion mit Strafmaßregeln einzuschreiten. Im vorliegenden Falle war die Bezirksregierung mit der Ausführung der Zwangsmaßregel betraut, jetzt würde diese Thätigkeit dem Regierungspräsidenten obliegen. (Vergl. §§ 132. ff. des L.-V.-G. vom 30. Juli 1883).

Nr. 102. Erk. vom 22. Mai 1852 (Just.-Min.-Bl. S. 244).

Ueber eine Beschwerde betreffend die Erstattung der für das Reinigen der Schornsteine in der Dienstwohnung eines Beamten (hier eines Gymnasiallehrers) geleisteten Zahlung ist der ordentliche Rechtsweg nicht zulässig. Allerh. Ordre vom 7. Juli 1830 (Kamptz, Jahrbücher Bd. 36 S. 294).

Nr. 103. Erk. vom 22. Mai 1852 (Just.-Min.-Bl. S. 252).

Bei Streitigkeiten über Entwässerungsanlagen und die daraus hervorgehenden Entschädigungsansprüche wurde der ordentliche Rechtsweg für zulässig erachtet.

Dieser Grundsatz gilt noch heute. Vergl. Hahn „Wasserrecht", Breslau 1886 S. 53. Anmerkung 51.

Nr. 104. Erk. vom 5. Juni 1852 (Min.-Bl. d. i. V. S. 289).

In Bezug auf erfolgte polizeiliche Ausweisungen und die darauf gegründeten Entschädigungsansprüche an den Fiskus ist der ordentliche Rechtsweg nicht zulässig.

Es handelte sich um einen Schriftsteller, welcher aus Berlin polizeilich ausgewiesen, sodann nach seiner Vaterstadt Breslau zurückgekehrt und, auch hier ausgewiesen, in Berlin wieder zugelassen wurde, nachdem seine Ortsangehörigkeit daselbst nachträglich anerkannt war. Die hieraus hergeleiteten Entschädigungsansprüche erschienen zur Erörterung im ordentlichen Rechtswege nicht geeignet, weil es sich nicht um eine Armenstreitsache, sondern um den Rechtsschutz gegen eine polizeiliche Verfügung handelte, und weil die Voraussetzungen des Ges. vom 11. Mai 1842 hier nicht zutrafen.

Als polizeiliche Verfügungen werden die Ausweisungen noch heute behandelt (vergl. Endurteil des O.=V.=G. vom 24. Juni 1885 — Entsch. Bd. XII. S. 405, Parey, Rechtsgrundsätze des O.=V.=G., Stammwerk S. 254 N. 79 —), es weicht jedoch die heutige Auffassung von der obigen insofern ab, als Personen selbst dann ausgewiesen werden können, wenn sie in dem betreffenden Orte nach Maßgabe der Armengesetzgebung einen Unterstützungswohnsitz (ein sogenanntes Heimatsrecht) erworben haben. Der ordentliche Rechtsweg gegen derartige Ausweisungsverfügungen ist auch jetzt nicht gegeben, vielmehr bilden den Rechtsschutz hier lediglich die §§ 127 ff. des L.=V.=G. vom 30. Juli 1883.

Nr. 105. Erk. vom 5. Juni 1852 (Min.=Bl. d. i. V. S. 255 u. Just.=Min.=Bl. S. 339).

Gegen Kommunal=Umlagen zum Straßenbau ist der ordentliche Rechtsweg nicht zulässig. Es handelte sich um die von der Bürgermeisterei=Verwaltung einer rheinischen Gemeinde beschlossene Kommunalumlage behufs Bezahlung der Grund=Entschädigungsgelder einer öffentlichen Straße. Die Entscheidung des Kompetenzgerichtshofes erfolgte auf Grund der §§ 23 ff. und 98 der rheinischen Gemeinde=Ordnung vom 23. Juli 1845 (G.=S. S. 523). Sind diese Vorschriften auch vielfach abgeändert und sogar zum Teil durch die nachfolgende Gesetzgebung später beseitigt (siehe den Kommentar von Dr. von Bitter, Berlin 1887), so bleibt doch der allgemeine Grundsatz bestehen, daß die Feststellung und Erhebung derartiger Umlagen zunächst lediglich zum Kompetenzkreise der Gemeindevertretungen und der Aufsichtsbehörden gehört. Jetzt würde der § 31 des Zust.=Ges. vom 1. 8. 83 maßgebend sein.

Nr. 106. Erk. vom 5. Juni 1852 (Just.=Min.=Bl. S. 254).

In Bezug auf Streitigkeiten über die Zahlung von Pfandgeld für das widerrechtliche Befahren fremder Aecker wurde der ordentliche Rechtsweg für zulässig erachtet. Es handelte sich um die im Auftrage der Regierung ausgeführte Abfuhr von Grand zum Straßenbau. Das Pfandgeld stellt lediglich den im Voraus durch das Gesetz (§§ 8 und 11 der Feld=Polizei=Ordnung vom 1. November 1847 — G.=S. S. 346 —) auf ein Pauschquantum arbitrierten Schadensersatz dar. Vergl. jetzt § 368 N. 9 des Reichs=Strafgesetzbuches, §§ 69 und 75 des Feld= und Forstpolizeigesetzes vom 1. April 1880 (G.=S. S. 230), Daude, Kommentar, Berlin 1885, S. 130).

Nr. 107. Erk. vom 5. Juni 1852 (Just.=Min.=Bl. S. 277).

Gegen Anordnungen der Polizei=Behörde, durch welche der Abbruch eines Hauses wegen drohender gemeiner Gefahr verfügt wird, ist der ordentliche Rechtsweg unzulässig.

Nr. 108. Erk. vom 5. Juni 1852 (Just.=Min.=Bl. S. 305).

Bei Streitigkeiten über das Eigentum der zu einer öffentlichen Straße gehörenden Ländereien wurde der ordentliche Rechtsweg für zulässig erachtet. Es handelte sich lediglich um die Frage, ob ein Teil eines Weges als ein öffentlicher zu betrachten sei. Hierüber wird jetzt nach § 56 Abs. 4 am Schlusse im Verwaltungsstreitverfahren entschieden.

Nr. 109. Erk. vom 5. Juni 1852 (Just.=Min.=Bl. S. 312).

Gegen Anordnungen der Staatsbehörde, welche die Veränderung oder Verlegung öffentlicher Landstraßen zum Gegenstande haben, ist der ordentliche Rechtsweg nicht zulässig. (A. L.=R. II 15 § 4). Vergl. § 57 des Zust.=Ges. vom 1. 8. 83.

Nr. 110. Erk. vom 5. Juni 1852 (Just.-Min.-Bl. S. 321).

Gegen Anordnungen der zur Verwaltung der Kommunal-Angelegenheiten berufenen Behörde ist der ordentliche Rechtsweg unzulässig. Es handelte sich um Reklamationen gegen eine von der Aufsichtsbehörde angeordnete städtische Kommunalsteuer. Vergl. jetzt §§ 18, 21 und 160 des Zust.-Ges. vom 1. 8. 1883.

Nr. 111. Erk. vom 5. Juni 1852 (Just.-Min.-Bl. S. 323).

Ueber die Verpflichtung zur Zahlung von Lehns-Konsens-Gebühren erschien der ordentliche Rechtsweg zulässig. Dergleichen Gebühren fielen nicht unter den Begriff der „allgemeinen Anlagen im Sinne des § 78, Tit. 14, Teil II A. L.-R. (Vergl. Art. 40 der Verfassung vom 31. Januar 1850 und die Anmerkungen dazu in Arndt's Kommentar, Berlin und Leipzig 1886, S. 65 und 66.

Nr. 112. Erk. vom 5. Juni 1852 (Just.-Min.-Bl. S. 339).

Gegen Kommunalumlagen zum Straßenbau ist in der Rhpr. der ordentliche Rechtsweg nicht zulässig. § 23 der rheinischen Landgemeindeordnung vom 23. Juli 1845 und 15. Mai 1856, § 34 des Zust.-Ges. vom 1. 8. 1883. Siehe auch Bitter, Rheinische Gemeindeverfassungsgesetze, Berlin 1887. S. 9—11.

Nr. 113. Erk. vom 25. September 1852 (Min.-Bl. d. i. V. S. 295 u. Just.-Min.-Bl. S. 374).

Gegen Anordnungen der Regierung hinsichtlich der Anlegung von Buhnenwerken in öffentlichen Strömen ist der ordentliche Rechtsweg nicht zulässig. Die betreffenden Buhnenwerke waren im Interesse der Schiffahrt in dem Netzeflusse angelegt worden, wodurch sich eine Anzahl von bäuerlichen Wirten beschwert fühlte, weil ihnen dadurch die Ausübung eines seit rechtsverjährter Zeit zustehenden Viehtriftsrechtes teils erschwert, teils entzogen worden sei, Fiskus müsse deshalb die Buhnenwerke sofort wieder beseitigen. Der dagegen erhobene Komp.-Konfl. wurde für begründet und der ordentliche Rechtsweg für nicht zulässig erachtet, weil es sich hier um eine polizeiliche Verfügung handle und die Voraussetzungen des Gesetzes vom 11. Mai 1842 überall nicht zuträfen. Vergl. jetzt das Gesetz vom 20. August 1883 (G.-S. S. 333) nebst Ministerialerlasses vom 7. September 1883 (Min.-Bl. d. i. V. S. 237), Gesetz vom 31. Mai 1884 (G.-S. S. 303) und Ministerialerlaß vom 31. Mai 1884 (Min.-Bl. d. i. S. 216, 217).

Nr. 114. Erk. vom 25. September 1852 (Min.-Bl. d. i. V. 1853 S. 9 u. Just.-Min.-Bl. S. 26).

Im August 1850 entrichtete Jemand zur Erlangung des Bürgerrechts die damals vorschriftsmäßigen Bürgerrechtsgelder nebst Stempel und Gebühren; vor Erledigung seines diesfälligen Antrages erfolgte die Einführung der neuen Gemeinde-Ordnung vom 11. März 1850, nach welcher die Erteilung eines besonderen Bürgerrechtes und die Ausfertigung eines Bürgerbriefes, sowie die Verbindlichkeit zur Zahlung der Bürgerrechtsgelder aufgehört hatte. Auf die gerichtliche Klage, mittels welcher die Rückerstattung der gezahlten Summe angestrebt wurde, erhob die Regierung mit Erfolg den Komp.-Konfl. Die Bürgerrechtsgelder waren nach damaliger Rechtsanschauung (§ 23 der Städte-Ordnung vom 19. November 1808, V. vom 28. Juni 1838) Beiträge zu den Stadtbedürfnissen, welche durch das Gesetz einer gewissen Klasse von Einwohnern auferlegt waren; sie gehörten also zu den „Abgaben“, deshalb war der ordentliche Rechtsweg in Bezug auf die Verpflichtung zu deren Entrichtung nur in denselben Fällen zugelassen, in welchem er nach § 78, Tit. 14, Teil II A. L.-R. zugelassen war. Diese Voraussetzungen trafen hier nicht zu, deshalb war der ordentliche Rechtsweg ausgeschlossen. Die Bürgerrechtsgelder werden noch heute zu den Gemeindeabgaben gerechnet, jedoch im Sinn des § 18 des Zust.-Ges. vom 1. 8. 1883.

Nr. 115. Erk. vom 25. September 1852 (Just.-Min.-Bl. S. 383).

Gegen Anordnungen der Kommunalbehörden wegen Einziehung einer städtischen Klassensteuer ist der ordentliche Rechtsweg unzulässig. Vergl. §§ 18, 21 und 160 des Zust.-Ges. v. 1. 8. 83.

Nr. 116. Erk. vom 25. September 1852 (Just.-Min.-Bl. S. 391).

In Beziehung auf die Beschlagnahme des Diensteinkommens von Verwaltungsbeamten ist der ordentliche Rechtsweg zulässig. Es handelte sich um die Frage: ob und inwieweit der Dienst eines Beamten (hier eines Krankenwärters in einer Staats-Irren-Anstalt) eine Beschränkung des Etatssatzes durch Zulassung einer Beschlagnahme gestatte, ob also für Rechtsansprüche Dritter ein Abzug an dem Gehalte des Beamten zulässig sei.

Nr. 117. Erk. vom 25. September 1852 (Just.-Min.-Bl. S. 396).

Handelt es sich um die Rückgabe einer im polizeilichen Aufsichtswege abgeforderten Urkunde, so ist der ordentliche Rechtsweg unzulässig.

Es war seitens der Polizei ein Kontrakt abgefordert worden, um als Beweismittel zur Begründung einer Anklage wegen unbefugten Gewerbebetriebes zu dienen. Der Gerichtshof hielt diese Abforderung und Vorenthaltung für eine polizeiliche Verfügung; vergl. §§ 127 ff. des L.-V.-G. vom 30. 7. 83.

Nr. 118. Erk. vom 25. September 1852 (Just.-Min.-Bl. S. 406).

Für eine Forderung, betreffend den Ersatz von Kriegsschuldensteuer, wurde der ordentliche Rechtsweg für zulässig erachtet. Es handelte sich lediglich um eine Reklamation gegen städtische Kommunalabgaben in Gemäßheit der §§ 18, 21 und 160 des Zust.-Ges. v. 1. 8. 83.

Nr. 119. Erk. vom 25. September 1852 (Just.-Min.-Bl. 1853, S. 3).

Ueber Entschädigungs-Ansprüche der Stadtgemeinden für die Bewachung Königlicher Kassen (Regierungs-Hauptkasse, Postkasse) ist der ordentliche Rechtsweg zulässig, sofern die betreffenden, gegen den Fiskus gerichteten Prozesse in keiner Weise störend und hemmend in den Geschäftskreis der Verwaltungsbehörden und namentlich in die Befugnis der Polizeibehörden zur Bestimmung dessen, was zur Erhaltung der öffentlichen Ordnung, Ruhe und Sicherheit notwendig ist, eingreifen. Nach § 4 des Ges. vom 11. Mai 1842 ist der ordentliche Rechtsweg sowohl darüber gestattet, ob ein Eingriff dieser Art vorhanden ist, als auch darüber, zu welchem Betrage für die Bewachung Entschädigung geleistet werden muß.

Nr. 120. Erk. vom 25. September 1852 (Just.-Min. Bl. 1853, S. 31).

Ueber die Verpflichtung der Mitglieder der Berliner Judenschaft, zu den jüdischen Gemeindelasten beizutragen, und über die exekutivische Einziehung dieser Beiträge im Verwaltungswege ist der ordentliche Rechtsweg nicht zulässig. Vergl. jetzt §§ 54 und 160 des Zust.-Ges. v. 1. 8. 83.

Nr. 121. Erk. vom 25. September 1852 (Just.-Min.-Bl. 1853, S. 42).

Gegen die Verbindlichkeit zur Entrichtung einer städtischen Kommunal-Einkommensteuer ist nicht der ordentliche Rechtsweg, sondern nur die Reklamation in Gemäßheit der §§ 18, 21 und 160 des Zust.-Ges. v. 1. 8. 83 zulässig.

Nr. 122. Erk. vom 30. Oktober 1852 (Just.-Min.-Bl. 1853 S. 27).

Ueber die Verbindlichkeit zur Entrichtung von Chausseegeldern (auf den Staatschausseen wird dasselbe nicht mehr erhoben, Ges. vom 27. Mai 1874 — G.-S. S. 184 —) und über die Höhe derselben ist der ordentliche Rechtsweg nicht zulässig. Chausseegeld ist seiner Natur nach eine Abgabe, welche für die Benutzung der Chaussee erhoben wird. Jeder, der die Chaussee zu seinen Zwecken benutzt, muß diese Abgabe leisten, insofern er nicht gesetzliche Befreiung für sich hat. Das Chausseegeld auf den Staatschausseen fiel deshalb früher unter den Begriff der Staatsabgaben und wurde als solche in der V. vom 16. Juni 1838, §§ 1 und 2 (G.-S. S. 353) ausdrücklich bezeichnet. Hieraus dürfte zu schließen sein, daß das Chausseegeld auf den Kommunalchausseen als Kommunalabgabe zu bezeichnen ist. Vergl. deshalb wegen der Provinzialchausseen § 112 der Pr.-O. und § 1 des Zust.-Ges. v. 1. 8. 1883, wegen der Kreischausseen § 19 der verschiedenen Kr.-O., wegen der Gemeindechausseen §§ 18, 21, 34 und 160 des Zust.-Ges. v. 1. 8. 1883. Die staatlichen Chausseepächter wurden in Bezug auf die Erhebung des Chausseegeldes und auf Verfolgung von Chaussee-Polizei-Uebertretungen als öffentliche Beamte, als Erheber öffentlicher Abgaben angesehen und — vereidigt (?).

Nr. 123. Erk. vom 30. Oktober 1852 (Just.-Min.-Bl. 1853 S. 36).

Ueber Holzberechtigungen der Besitzer von städtischen brauberechtigten Häusern erschien der ordentliche Rechtsweg zulässig aus § 17 des Ges. vom 2. November 1810 (G.-S. S. 83). Wenn auch die Holzberechtigung mit der Braugerechtigkeit als deren Pertinenz abgelöst sein sollte, so lag doch in diesem Falle nicht die Frage vor: ob die von der Regierung festgesetzte Entschädigung für die Braugerechtigkeit angemessen gewesen, sondern die thatsächliche, ob diese Entschädigung sich auch auf die streitige Holzberechtigung erstreckt habe.

Nr. 124. Erk. vom 30. Oktober 1852 (Just.-Min.-Bl. S. 58).

Bei Streitigkeiten über das Eigentum an den zu Gemeindewegen verwendeten Grundstücken wurde der ordentliche Rechtsweg für zulässig erachtet. Der vorliegende Rechtsstreit hatte lediglich den Zweck, die Handhabung (den Schutz) des Klägers im ruhigen Besitze und Genusse der an der städtischen Promenade befindlichen, dem Kläger gehörigen Nußbäume, seines dortigen Eigentums, die Untersagung fernerer Störung darin und den Ersatz des Wertes weggenommener Nüsse zu erlangen, es handelte sich also gar nicht um eine streitige Wegeangelegenheit, sondern um privatrechtliche Ansprüche.

Nr. 125. Erk. vom 30. Oktober 1852 (Just.-Min.-Bl. 1853 S. 59).

Ueber die Frage, ob ein Weg als ein öffentlicher anzusehen sei, findet der ordentliche Rechtsweg nicht statt. Vergl. § 56 Abs. 4 (am Schlusse) des Zust.-Ges. v. 1. 8. 83.

Nr. 126. Erk. vom 30. Oktober 1852 (Just.-Min.-Bl. 1853 S. 67).

Gegen landesherrlich genehmigte Beschlüsse der ehemaligen Kreisstände über Beiträge zu Wegebauten gab es keinen ordentlichen Rechtsweg. Durch die landesherrliche Sanktion erhielten derartige Beschlüsse die Kraft der Gesetze. Jetzt könnte hier nur § 19 der verschiedenen Kr.-O. in Betracht kommen, wenn etwa eine Befreiung von Kreisabgaben auf Grund besonderer Rechtstitel behauptet werden sollte.

Nr. 127. Erk. vom 30. Oktober 1852 (Just.-Min.-Bl. 1853 S. 83).

Streitigkeiten zwischen einem Gemeindebeamten (Feld- und Holzwärter) und dem Magistrat über die Auslegung eines von ihnen geschlossenen Dienstvertrages, insbesondere hinsichtlich des Kündigungsrechtes, sind privatrechtlicher Natur und unterliegen der Entscheidung im ordentlichen Rechtswege. Dasselbe gilt von den Forderungen eines Gemeindebeamten wegen entzogener Diensteinkünfte.

Nr. 128. Erk. vom 30. Oktober 1852 (Just.-Min.-Bl. 1853 S. 91).

Bei Streitigkeiten wegen Benutzung der von den Eisenbahngesellschaften in Gemäßheit des § 14 des Ges. vom 3. November 1838 (G.-S. S. 508) zum Vorteil der angrenzenden Grundstücke angelegten Wege ist der ordentliche Rechtsweg zulässig. Die Eisenbahngesellschaft beanspruchte, nachdem sie die betreffenden Wege dem öffentlichen Verkehr überlassen hatte, noch gewisse Nutzungsrechte, insbesondere ein Hütungs- und ein Plaggenschoppen-Recht, was die beteiligten Grundbesitzer nicht einräumen wollten.

Nr. 129. Erk. vom 11. Dezember 1852 (Min.-Bl. d. i. V. 1853 S. 79 und Just.-Min.-Bl. 1853 S. 92).

Einem städtischen Einwohner wurde durch den polizeilichen Baukonsens zum Neubau seines Wohnhauses zur Bedingung gemacht, daß er einen in die Straße vorspringenden, mit einem Erker und einer Freitreppe bebauten Teil seines Grundstückes nicht wieder mitbebaue. Hiergegen beschritt der Betroffene den ordentlichen Rechtsweg, derselbe wurde aber nicht zugelassen, weil es sich hier lediglich um eine im öffentlichen Interesse erlassene polizeiliche Verfügung handelte. Ebenso wurde der ordentliche Rechtsweg nicht für statthaft erachtet in Bezug auf einen Eventualantrag, welcher dahin ging, den Fiskus zu verurteilen, die Stadt zu einer Entschädigung des Klägers dafür anzuhalten, daß er den gedachten Erker und die Freitreppe fortnehme. Dieser Eventualantrag war deshalb unstatthaft, weil Kläger mit dem Fiskus offenbar die städtische Aufsichtsbehörde meinte und weil diese durch richterliche Anordnung nicht gezwungen werden kann, einen Akt der Verwaltung vorzunehmen. Der Richter darf sich nach den im § 36 der V. vom 26. Dezember 1808 und in der Allerh. Kab.-Ordre vom 4. Dezember 1831 bestätigten staatsrechtlichen Grundsätzen in die Ausübung des Oberaufsichtsrechtes als eines Hoheitsrechtes nicht einmischen und solche so wenig inhibiren, als den zu dessen Wahrnehmung berufenen Behörden auferlegen.

Nach heutigem Rechte gilt die Versagung eines Baukonsenses oder die Erteilung desselben unter Bedingungen oder die nachträgliche Auferlegung von Baubedingungen als polizeiliche Verfügung, welche auf Grund der §§ 127 ff. des L.-V.-G. v. 30. 7. 83 angefochten werden kann. Wegen der Entschädigung vergl. das Enteignungsges. vom 11. Juni 1874 (G.-S. S. 221).

Nr. 130. Erk. vom 11. Dezember 1852 (Min.-Bl. d. i. V. 1853 S. 260 und Just.-Min.-Bl. 1853 S. 379).

Streitigkeiten über die Verbindlichkeit zur Entrichtung von Kommunalabgaben sind nicht der Kognition des ordentlichen Richters überlassen und damit der administrativen Entscheidung entzogen. Dieser alte, oft wiederholte Grundsatz findet auch in zahlreichen neuen Entscheidungen Bestätigung. Siehe z. B. Endurteil des O.-V.-G. vom 18. Februar 1880 (Entsch.-Bd. VI S. 182, Parey, Rechtsgrundsatze des O.-V.-G., Stammwerk S. 196 Nr. 26 Ziffer 6). Es ist also den steuerberechtigten Behörden ein Klagerecht vor den ordentlichen Gerichten gegen die Steuerpflichtigen nicht gegeben, vielmehr sind die verweigerten Steuern im Wege der administrativen Exekution einzuziehen, und es ist dem Steuerpflichtigen lediglich überlassen, den Weg der Reklamation dagegen zu beschreiten (Ges. vom 18. Juni 1840 — G.=S. S. 140 —, für die neuen Provinzen Ges. vom 12. April 1882 — Ges.=S. S. 297 —). Lehnt die mit den Befugnissen der administrativen Exekution versehene Behörde die Gewährung der Beihilfe ab, so bleibt den Steuerberechtigten die Beschwerde an die höhere Instanz der Vollstreckungsbehörde übrig. Früher wurden derartige Streitigkeiten nach § 78, 79, Tit. 14 Theil II A.=L.=R.'s entschieden, jetzt tritt an deren Stelle in den Städten § 18, auf dem Lande § 34, in beiden Fällen § 160 des Zust.=Ges. vom 1. 8 1883.

Nr. 131. Erk. vom 11. Dezember 1852 (Just.=Min.=Bl. 1853 S. 85.)

Bei Streitigkeiten über die rechtlichen Folgen des Austrittes aus dem jüdischen Korporationsverbande in der Provinz Posen ist der ordentliche Rechtsweg zulässig. (§ 49 des Ges. vom 23. Juli 1847 — G.=S. S. 272 —). In Betreff der anderen Provinzen vergl. § 54 des Zust.=Ges. vom 1. 8. 1883.

Nr. 132. Erk. vom 12. Dezember 1852 (Just.=Min.=Bl. 1853 S. 87.)

Ueber Streitigkeiten wegen Equipage= und Pferdegeldern an Königliche Polizeibeamte wurde der ordentliche Rechtsweg für zulässig erachtet. Vergl. Ges. vom 24. Mai 1861 (G.=S. S. 241).

Nr. 133. Erk. vom 18. Dezember 1852 (Just.=Min.=Bl. 1853 S. 162.)

Wenn es sich bei Streitigkeiten über eine neue Wegeanlage um die Frage handelt, ob der Weg einer Ortschaft gehöre, so sollte der ordentliche Rechtsweg nicht zulässig sein, handelt es sich dagegen um den Anspruch auf Ersatz des durch eine solche Wegeanlage angeblich erlittenen Schadens, so erschien der ordentliche Rechtsweg zulässig. Die Streitigkeiten entwickelten sich aus der Thatsache, daß ein Magistrat einen neuen Weg zwangsweise herstellen ließ, vergl. jetzt § 56 des Zust.=Ges. vom 1. 8. 1883.

Nr. 134. Erk. vom 18. Dezember 1852 (Just.=Min.=Bl. S. 95.)

Gegen die im Wege der Administrativexekution erfolgte Einziehung von Straßen=Reparaturkosten in den Landgemeinden der Rhpr. ist der ordentliche Rechtsweg nicht zulässig. Kläger war der Besitzer einer Lehmgrube, durch deren Betrieb ein benachbarter Weg dergestalt gefährdet wurde, daß der Ortsvorstand die Herstellung des Weges verlangte und schließlich zwangsweise ausführen ließ. Vergl. jetzt die §§ 132 ff. des L.=V.=G. vom 30. Juli 1883.

Nr. 135. Zwei Erk. vom 18. Dezember 1852 (Just.=Min.=Bl. 1853 S. 99 u. 125),

Bei Streitigkeiten über die Teilnahme an den Gemeindenutzungen in den rheinischen Landgemeinden ist der ordentliche Rechtsweg ausgeschlossen.
Vergl. jetzt §§ 34 und 160 des Zust.=Ges. v. 1. 8. 83.

Nr. 136. Erk. vom 18. Dezember 1852 (Just.=Min.=Bl. 1853 S. 111).

Mehrere Gutsbesitzer pachteten die Jagd auf einer westfälischen Landgemeinde=Feldmark. Der betreffende Vertrag wurde von der Regierung beseitigt und die anderweite Verpachtung angeordnet. Gegen den neuen Pächter und die Gemeindebehörden klagten nunmehr jene ersten Pächter auf Anerkennung ihres Rechtes zur Ausübung der Jagd; der gegen diese gerichtliche Klage erhobene Komp.=Konfl. wurde für begründet erachtet auf Grund des § 9 des

Jagdpolizeigeſ. vom 7. März 1850 (G.-S. S. 165) und §§ 92 und 124 der weſtfäliſchen Landgemeinde-Ordnung vom 31. Oktober 1841, an deren Stelle die Landgemeinde-Ordnung vom 19. März 1856 (G.-S. S. 265) getreten iſt. Es handelte ſich hier um eine Aufſichtsangelegenheit, denn bei der Verwaltung der Jagdangelegenheiten durch die Gemeindebehörde in Vertretung der Grundbeſitzer ſind erſtere der vorgeſetzten Aufſichtsbehörde ebenſo unterworfen, wie bei der Verwaltung der Kommunal-Angelegenheiten. Vergl. § 24 des Zuſt.-Geſ. v. 1. 8. 83.

Nr. 137. Erk. vom 18. Dezember 1852 (Juſt.-Min.-Bl. 1853 S. 139).

1. Ueber die Feſtſetzung von Chauſſeekontraventionsſtrafen iſt der ordentliche Rechtsweg nicht zuläſſig, weil dafür beſondere Rechtsmittel beſtehen, vergl. Parey, Verwaltungsrecht, Bd. II, S. 164, § 419 (Berlin 1887) Art. 136 des Geſ. vom 3. Mai 1852 (G.-S. S. 241).

2. Iſt die Abſperrung von Straßen nicht aus Gründen des Gemeinwohles erfolgt, ſondern nur zu dem Zwecke, daß eine Chauſſee nicht umfahren werde, ſo hat dagegen der, welcher eine Befreiung von dem Chauſſeegelde auf dieſen Straßen behauptet und ſich dabei auf Privatrechte ſtützt, z. B. auf die Verjährung, ſeine Anſprüche im ordentlichen Rechtswege zu verfolgen. (§ 2 des Geſ. vom 11. Mai 1842 — G.-S. S. 192 —).

Nr. 138. Erk. vom 25. März 1853 (Juſt.-Min.-Bl. S. 178).

Wenn über die Feſtſtellung der Mietsſteuer (in Berlin) geſtritten und darüber rechtskräftig erkannt worden iſt, ſo findet, auch wenn der vorher gewonnene Rechtsgrundſatz nicht zur Anwendung gelangt, in dem hiernächſt anhängig gemachten Rechtsſtreite wegen Zurückerſtattung der zuviel eingezogenen Steuer die Erhebung des Komp.-Konfl. doch nicht ſtatt.

In dem Vorprozeſſe war rechtskräftig feſtgeſtellt, daß der verklagte Magiſtrat nicht befugt ſei, bei Feſtſtellung der Mietsſteuer den Abſchätzungswert der gemieteten Räumlichkeiten zu Grunde zu legen, daß er vielmehr die Steuer nur von der vertragsmäßigen Miete berechnen dürfe. Der zweite Prozeß hatte den Zweck, die Höhe der jetzt ſtreitigen ſpeziellen Steuerbeträge des Klägers unter den obwaltenden Verhältniſſen für die Zukunft feſtzuſtellen. Wollte man hierüber den ordentlichen Rechtsweg für unzuläſſig erklären, ſo würde das im Vorprozeß ergangene rechtskräftige Urteil völlig wirkungslos ſein, während der § 2 des Geſ. vom 8. April 1847 gerade den Zweck hatte, die Autorität der Judikate, den Grundſätzen der preußiſchen Rechtsverfaſſung gemäß, außer Frage zu ſtellen. Vergl. jetzt § 4, Abſ. 2 des Geſ. vom 1. Auguſt 1879 (G.-S. S. 573).

Nr. 139. Erk. vom 5. März 1853 (Juſt.-Min.-Bl. S. 179).

Gegen Anordnungen der Verwaltungsbehörden, durch welche die Sperrung eines öffentlichen Weges beſeitigt wird, iſt die Beſitzklage nicht zuläſſig. Vergl. § 56, Abſ. 4 (am Schluſſe) des Zuſt.-Geſ. v. 1. 8. 83.

Nr. 140. Erk. vom 5. März 1853 (Juſt.-Min.-Bl. S. 192).

Gegen Anordnungen der Verwaltungsbehörden über die Aufnahme neu anziehender Perſonen in den Verband einer rheiniſchen Gemeinde iſt der ordentliche Rechtsweg nicht zuläſſig. Vergl. § 19 der rheiniſchen Landgemeindeordnung vom 23. Juli 1845 (15. Mai 1856) mit § 34 und 37 des Zuſt.-Geſ. v. 1. 8. 83 und § 63 des L.-V.-Geſ. v. 30. 7. 83.

Nr. 141. Erk. vom 5. März 1883 (Juſt.-Min.-Bl. S. 194).

Zur Kompetenz der General-Kommiſſionen gehören nicht bloß die unter den Interessenten der Auseinandersetzung entstehenden Grenzstreitigkeiten, sondern auch solche mit den Nachbarn, insoweit dies zur Feststellung des Gegenstandes der Auseinandersetzung erforderlich ist. § 7 der V. vom 30. Juni 1834 — G.=S. S. 96 —, Schneider's Kommentar, Berlin 1879, S. 50 und 52.

Nr. 142. Erk. vom 5. März 1883 (Just.=Min.=Bl. S. 198).

Es handelte sich um die interimistische Festsetzung der Baulast bei Schulbauten. Vergl. hierüber jetzt die §§ 47, 49 und 160 des Zust.=Ges. v. 1. 8. 83.

Nr. 143. Erk. vom 5. März 1853 (Just.=Min.=Bl. S. 200).

Bei Streitigkeiten über die Einziehung der Rauchfangsteuer in Westpreußen ist der ordentliche Rechtsweg nicht zulässig. Der Kern des Streites zwischen der klagenden Dorfschaft und der beklagten städtischen Kämmerei, als Besitzerin einiger Kätnerstellen, betraf lediglich die Frage: ob die Grundstücke der Verklagten steuerpflichtig und bei der Verteilung der Steuer in der Gemeinde zu berücksichtigen waren oder nicht. Hierüber konnten die ordentlichen Gerichte nicht entscheiden (A. L.=R. II 14, § 78). Ueber den Verbleib dieser Rauchfangsteuer vergl. § 1 des Ges. vom 14. Oktober 1844 (G.=S. S. 601) und § 9 Nr. 18 des Ges. vom 21. Mai 1861 (G.=S. S. 327).

Nr. 144. Erk. vom 5. März 1853 (Just.=Min.=Bl. S. 222).

Gegen die von Gendarmen in ihrer amtlichen Eigenschaft vorgenommenen Handlungen ist der ordentliche Rechtsweg unzulässig. Der Antrag des Klägers war nicht auf Entschädigungen wegen Rechtsverletzungen, deren der Verklagte sich durch Ueberschreitung der Amtsbefugnisse schuldig gemacht hatte, sondern auf Herausgabe der von dem Verklagten dem eines Diebstahls verdächtigen, ausländischen Kläger abgenommenen Kaution, also wider eine Amtshandlung gerichtet, die als Akt der Exekutivpolizei der Kognition der ordentlichen Gerichte nicht unterlag. (§ 2 Nr. 2 der Regierungs=Instruktion vom 23. Oktober 1817, § 17 der V. vom 30. Dezember 1820.) Die von dem Gendarmen eingeklagten Beträge waren übrigens bereits bei dem Untersuchungsgericht deponiert, mithin der Disposition des Verklagten entzogen.

Nr. 145. Erk. vom 16. April 1853 (Min.=Bl. d. i. V. S. 144 u. Just.=Min.=Bl. S. 211).

Wenn die Landespolizeibehörde einen Gutsbesitzer zur Leistung von Hand= und Spanndiensten behufs des Baues eines Straßendammes auf einer öffentlichen Landstraße für verpflichtet erklärt hat und wenn dies in der Erfüllung derjenigen Obliegenheit begründet ist, welche nach § 11 Tit. 15 Teil II A. L.=R.'s der Staat hat, für die Unterhaltung, die Sicherheit und Bequemlichkeit der Landstraßen zu sorgen, so liegt eine wegepolizeiliche Verfügung vor, gegen welche früher der ordentliche Rechtsweg nur unter den Voraussetzungen des Ges. vom 11. Mai 1842 zugelassen war. Ein solcher Ausnahmefall lag aber nicht vor, wenn der Gutsbesitzer sich etwa auf einen Vertrag berief, durch welchen ein in seinem Besitze befindliches früheres Domainenvorwerk erworben war, aus welchem sich ergiebt, daß die Erhaltung der Brücken und Dämme nach „der bisherigen Usance" erfolgen solle, und wenn der Beweis erbracht wird, daß nach dieser Usance die in der Klage bezeichneten Ortschaften die Hand= und Spanndienste bei dem Brücken= und Dammbau geleistet haben. Hierin ist jedoch kein spezieller Rechtstitel zu finden, auf welchen sich Kläger der Landespolizei gegenüber berufen könnte, da unter einem solchen Titel vielmehr nur derjenige verstanden werden kann, welcher geeignet ist, ein Rechtsverhältnis zwischen dem Kläger und der Landespolizeibehörde zu begründen und welchen der letztere als ver=

pflichtend für sich anzuerkennen hat. Jener Vertrag würde im günstigsten Falle dem Kläger nur gegen den Domainenfiskus Recht geben, gegen den Domainenfiskus war aber die Klage nicht gerichtet (§ 5 des Ges. vom 11. Mai 1842).

Heute würde dieser Fall lediglich nach § 56 des Zust.-Ges. vom 1. 8. 83 zu behandeln sein. Danach und nach § 55 gebührt der erste Angriff — abgesehen von den Chausseen — der örtlichen Wegepolizei (§ 55 a. a. O). Die Einwendungen aus dem Ges. vom 11. Mai 1842 sind zwar noch heute zulässig, dieselben werden aber ebenfalls nicht mehr von dem ordentlichen Richter, sondern von dem Verwaltungsrichter geprüft (§ 160 a. a. O.). Auch über die erwähnten Ansprüche gegen den Domänenfiskus hat jetzt der Verwaltungsrichter zu befinden, sobald die streitigen Verpflichtungen im **öffentlichen** Rechte beruhen (§ 56, Abs. 5, a. a. O), dagegen gehören die **privatrechtlichen** Verpflichtungen nicht zur Kognition des Verwaltungsrichters, sondern zu der des ordentlichen Richters (§ 7, Abs. 1 am Schlusse in dem L.-V.-Ges. v. 30. 7. 83).

Nr. 146. Erk. vom 16. April 1853 (Just.-Min.-Bl. S. 216).

In einer rheinischen, katholischen Pfarrei müssen vermöge alten Herkommens und notorischer Ortsgewohnheit gewisse Natural- und Geldabgaben von jeder Ehe zum Küstergehalt entrichtet werden. Wegen solcher Abgaben ist nach der Verordnung vom 24. November 1843, § 1, Nr. 6 (G.-S. S. 351) nicht allein ausschließlich die Verwaltungs-Exekution zulässig, sondern nach Nr. 1 u. 3 der Allerh. Kab.-Ordre vom 19. Juni 1836 (G.-S. S. 198) der ordentliche Rechtsweg insoweit ausgeschlossen, als nicht „aus besonderen Gründen" die Befreiung von einer solchen Abgabe oder Leistung oder eine Ueberbürdung behauptet wird (A. L.-R. II. 14, § 79 ff.). Vergl. § 16 des Ges. vom 24. Mai 1861 (G.-S. S. 241).

Nr. 147. Erk. vom 16. April 1853 (Just.-Min.-Bl. S. 220).

Gegen polizeiliche Anordnungen über die Räumung eines Grabens zur Beschaffung der Vorfluth ist der odentliche Rechtsweg nicht zulässig. (Vergl. § 66 des Zust.-Ges. v. 1. 8 83 und § 10 der Einleitung zu diesem Buche.)

Nr. 148. Erk. vom 16. April 1853 (Just.-Min.-Bl. S. 227).

Gegen die polizeiliche Androhung, Festsetzung und Beitreibung von Geldbußen als polizeiliches Exekutivmittel findet der ordentliche Rechtsweg nicht statt. (Vergl. §§ 132 ff. des L.-V.-Ges. v. 30. 7. 83.)

Nr. 149. Erk. vom 11. Juni 1853 (Just.-Min.-Bl. S. 246).

Ueber streitige Pensionsansprüche der städtischen Kommunalbeamten wurde der ordentliche Rechtsweg für zulässig erachtet. Vergl. Ges. vom 24. Mai 1861 (G.-S. S. 241).

Nr. 150. Erk. vom 11. Juni 1853 (Just.-Min.-Bl. S. 253).

Nach § 7 der V. vom 30. Juni 1834 (G.-S. S. 99) sind die General-Kommissionen zuständig zur Erörterung und Entscheidung von Streitigkeiten über rückständige Präststionen in den bei ihnen anhängigen Auseinandersetzungen. Siehe Schneider's Kommentar „Landeskulturgesetze", Berlin 1879, S. 50, 52.

Nr. 151. Erk. vom 11. Juni 1853 (Just.-Min.-Bl. S. 262).

Gegen baupolizeiliche Anordnungen der Verwaltungsbehörden ist der ordentliche Rechtsweg unzulässig. Es handelte sich um die Beseitigung mehrerer, ohne die polizeiliche Erlaubniß aufgestellter kleiner Ställe wegen der mit ihnen verbundenen Feuergefährlichkeit und Verengung der Dorfstraße. §§ 127 ff. und §§ 132 ff. des L.=V.=G. vom 30. Juli 1883.

Nr. 152, Erk. vom 11. Juni 1853 (Just.=Min.=Bl. S. 322).

Zulässig ist der ordentliche Rechtsweg über Streitigkeiten, welche die Rechtmäßigkeit einer Beschlagnahme und die Ausübung des Retentionsrechtes zum Gegenstande haben. Einem des Holzdiebstahles verdächtigen aber nachher freigesprochenen Zensemer hatte ein Oberförster das Boot fortgenommen, die auf Rückgabe angestellte gerichtliche Klage wurde für statthaft erachtet. (A. L. R. I. 14 § 446).

Nr. 153. Erk. vom 25. Juni 1853 (Just.=Min.=Bl. S. 312).

In der Klagesache eines Mühlenbesitzers gegen den Fiskus betreffend die Wirkung der Präklusion von Entschädigungsansprüchen bei Bewässungsanlagen wurde der ordentliche Rechtsweg für zulässig erachtet. Durch eine fiskalische Berieselungsanlage war ein See dergestalt gesenkt worden, daß dem klagenden Müller dadurch das Mahlwasser entzogen wurde. Die verklagte Regierung stützte sich auf einen Präklusionsbescheid von 1845 und auf den § 23 des Gesetzes vom 28. Februar 1843 (G.=S. S. 41), zu welchem jetzt der § 75 des Zust.=Ges. vom 1. 8. 1883 nachzulesen ist. Hiernach ist also jetzt an die Stelle des ordentlichen Rechtsweges das Verwaltungsstreitverfahren getreten, dagegen findet wegen etwaiger Entschädigungsansprüche nach wie vor der ordentliche Rechtsweg statt, namentlich gilt dies von Ansprüchen, welche außerhalb des Provokationsverfahrens erhoben werden.

Nr. 154. Erk. vom 25. Juni 1853 (Just.=Min.=Bl. S. 335).

Ueber die Verpflichtung einer Eisenbahngesellschaft zur Anlage von Einfriedigungen an Wegen und sonstigen Schutzmaßregeln ist der ordentliche Rechtsweg unzulässig. (§ 14 des Ges. vom 3. November 1838 (G.=S. S. 508), § 14 des Enteignungsgesetzes vom 11. Juni 1874 (G.=S. S. 221). § 150 des Zust.=Ges. vom 1. 8. 1883.

Nr. 155. Erk. vom 25. Juni 1853 (Just.=Min.=Bl. S. 338).

In Sachen betreffend die Bestellung eines Schiedsgerichtes zur Ausmittelung eines Brandschadens nach dem Reglement für die Provinzial-Feuersozietät für die Provinz Posen vom 5. Januar 1836, §§ 107, 108 (G.=S. S. 104) wurde der ordentliche Rechtsweg für unzulässig erachtet. Der richterlichen Kognition sollte nur die Entscheidung eines Streites zwischen der Sozietät und den Assoziirten darüber unterliegen, ob der Assoziirte rücksichtlich eines Brandschadens überhaupt als zur Sozietät gehörig zu betrachten und ob ihm eine Vergütigung zu gewähren sei, während über die Frage, ob ein Fall sich zur schiedsrichterlichen Entscheidung eigne, die vorgesetzte Dienstbehörde zu entscheiden habe.

Nr. 156. Erk. vom 25. Juni 1853 (Just.=Min.=Bl. S. 342).

Gegen einen Rittergutsbesitzer hatte die Bezirksregierung die administrative Exekution verfügt wegen Kosten, welche derselbe an einen provisorischen Polizeiverwalter („kommissarischer Amtsvorsteher" würde man heute wohl sagen) zu zahlen hatte. Hiergegen stellte der Rittergutsbesitzer mit gerichtlicher Klage den Antrag, daß Fiskus es sich gefallen lassen solle, wenn Kläger gewisse rechtskräftige

Forderungen gegen den Polizeiverwalter kompensire. Der ordentliche Rechtsweg wurde für unzulässig erachtet aus § 11 der Regierungsinstruktion vom 23. Oktober 1817.

Nr. 157. Erk. vom 25. Juni 1853 (Just.-Min.-Bl. S. 344).

In einer Streitsache betreffend die Einziehung der von den Grundstücken eines Bezirks an den Küster zu entrichtenden Getreide-Abgaben wurde auf Grund der Kabinets-Ordre vom 19. Juni 1836 (G.-S. S. 198) der ordentliche Rechtsweg für zulässig erachtet. Im vorliegenden Falle handelte es sich um einen Streit über die Größe der Abgabe (ob ein Scheffel oder ein Scheffel und zwei Metzen), diese Abgabe ruhte zwar auf allen Hüfnergrundstücken (§ 1 der Kabinets-Ordre), aber sie war ihrem Betrage nach verschieden und auf den Grundstücken der Kläger hypothekarisch eingetragen. Solche hypothekarisch eingetragenen Leistungen lassen sich aber nicht unter den Gesichtspunkt der auf Ortsverfassung beruhenden Verpflichtungen bringen, und da die obige Kabinets-Ordre, weil sie in Nr. 3 eine Ausnahme von der Regel der Prozeßfähigkeit aufstellt, eine ausdehnende Anwendung nicht gestattet, so mußte der Komp.-Konfl. zurückgewiesen werden. Inzwischen ist Nr. 3 jener Ordre durch § 16 des Ges. vom 24. Mai 1861 (G.-S. S. 241) aufgehoben worden.

Nr. 158. Erk. vom 25. Juni 1853 (Just.-Min.-Bl. S. 348).

In Ansehung solcher Leistungen, welche zur Unterhaltung von Entwässerungs-Anlagen durch die Landespolizeibehörde reguliert worden sind, ist der ordentliche Rechtsweg nicht zulässig. Es handelte sich um die im Interesse der Landeskultur veranlaßte Regulierung eines Bruches. Einen notwendigen und integrienden Teil dieser Maßnahme bildete die durch die Aufsichtsbehörde bewirkte Regelung der Beiträge und Leistungen, welche zur Unterhaltung der Entwässerungsanlagen erforderlich waren, sowie die Feststellung des Tarifs jener Beiträge und deren Repartition auf die Besitzer des Bruches nach Maßgabe ihrer Anteile. Vergl. §§ 14—23 des Ges. vom 15. November 1811 (G.-S. S. 352), jetzt auch §§ 68, 69 des Zust.-Ges. v. 1. 8. 83.

Nr. 159. Erk. vom 25. Juni 1853 (Just.-Min.-Bl. S. 374).

Ueber die angeblich durch Verjährung erworbene Befreiung von Deichlastenverpflichtungen wurde der ordentliche Rechtsweg für zulässig erachtet. Es handelte sich um den Anspruch eines Deichgenossen auf Befreiung von dem Dienste eines berittenen Eiswächters, weil statt seiner andere Verpflichtete vorhanden seien und zwar auf Grund einer vor dem Erscheinen des Deichgesetzes vom 28. Juni 1848 (G.-S. S. 54) bereits vollendeten Verjährung. Für den betreffenden Deichverband an der Nogat bestand damals kein Statut (jetzt ist ein solches vorhanden), es kam deshalb § 17 des Ges. zur Anwendung.

Nr. 160. Erk. vom 22. Oktober 1853 (Just.-Min.-Bl. S. 402).

Betreffend die Zulässigkeit des ordentlichen Rechtsweges über die Höhe der Entschädigung für die zu Eisenbahnbauten abgetretenen Grundstücke wurde auf Grund des § 11 des Ges. vom 3. November 1838 (G.-S. S. 505) erkannt, daß, soviel den Antrag auf Rückgabe einer Fläche Ackerlandes betraf, der ordentliche Rechtsweg für unzulässig, soweit es sich indessen um den Entschädigungsanspruch handelte, für zulässig zu erachten sei. Vergl. jetzt §§ 24—30 des Enteignungsges. vom 11. Juni 1874 (G.-S. S. 221) und § 150 des Zust.-Ges. v. 1. 8. 83.

Nr. 161. Erk. vom 22. Oktober 1853 (Just.-Min.-Bl. S. 411).

Ueber die Frage: ob der Braugeschoß als eine gewerbliche Abgabe durch § 3 der preußischen Gewerbe-Ordnung vom 17. Januar 1845 (G.-S. S. 41) aufgehoben sei oder nicht, wurde der ordentliche Rechtsweg für zulässig erachtet. Eine andere Frage war die, ob es sich hier vielleicht um eine städtische Abgabe handelte, in welchem Falle jetzt die §§ 18, 21 und 160 des Zust.-Ges. zur Anwendung kommen würden. Im Uebrigen vergl. § 7 Nr. 6, § 9 der Reichs-Gewerbe-Ordnung in neuester Fassung.

Nr. 162. Erk. vom 22. Oktober 1853 (Just.-Min.-Bl. S. 423).

Bei Streitigkeiten über Eigentumsrechte, welche mit dem Gemeindeverbande in Verbindung stehen, wurde der ordentliche Rechtsweg für zulässig erachtet. Es handelte sich nicht um die Zugehörigkeit gewisser Grundstücke zu einem Gemeindeverbande selbst, sondern um die daraus von den Parteien hergeleiteten Eigentumsrechte an Triften, Grenzrainen u. s. w.

Nr. 163. Erk. vom 22. Oktober 1853 (Just.-Min.-Bl. S. 443).

Ueber die Verbindlichkeit zur Entrichtung von Kommunalabgaben ist der ordentliche Rechtsweg nicht zulässig. Es handelte sich um den schon an anderer Stelle (siehe Register) besprochenen Fall, daß der Berliner Magistrat die Stettiner Eisenbahn-Gesellschaft auf Entrichtung der städtischen Mietssteuer gerichtlich verklagte, während er einfach mit der Exekution vorgehen und die Reklamation in Gemäßheit der §§ 18, 21 und 160 des Zust.-Ges. v. 1. 8. 83 erwarten mußte.

Nr. 164. Erk. vom 22. Oktober 1853 (Just.-Min.-Bl. 1854 S. 7).

Nicht die ordentlichen Gerichte, sondern die Generalkommissionen sind zuständig zur Verhandlung und Entscheidung von Streitigkeiten über rückständige Prästationen in den bei ihnen schwebenden Auseinandersetzungen. Vergl. Nr. 150.

Nr. 165. Erk. vom 26. November 1853 (Min.-Bl. d. i. V. 1854 S. 11).

1. Ueber den Antrag auf Entschädigung wegen polizeilicher Anordnungen, welche von der vorgesetzten Behörde als unzulässig wieder aufgehoben werden, ist nach § 6 des Ges. vom 11. Mai 1842 der ordentliche Rechtsweg zulässig; dieser § 6 findet heute auch Anwendung, wenn eine polizeiliche Verfügung im Verwaltungsstreitverfahren durch rechtskräftiges Endurteil aufgehoben ist (§ 131 des L.-V.-Ges. v. 30. 7. 83), dagegen kann im Verwaltungsstreitverfahren nicht darüber entschieden werden, ob und welche Rechtsansprüche für den von der angefochtenen und aufgehobenen polizeilichen Verfügung Betroffenen gegen die verfügende Behörde erwachsen. (Endurteil des O.-V.-G. vom 8. Juli 1879 — Entsch.-Bd. V, S. 240, Parey, Rechtsgrundsätze des O.-V.-G., Stammwerk S. 319, 320, Nr. 28, Ziffer 7. —).

2. Im vorliegenden Falle hatte ein Falliments-Syndikus eine Versteigerung der zur Masse gehörigen Waaren durch einen Notar veranstaltet. Auf Anrufen der im Orte wohnenden Gewerbtreibenden, die in ihrem Erwerbe durch eine solche Versteigerung beeinträchtigt zu werden fürchteten, berichtete der Bürgermeister wegen Verhinderung der Versteigerung an den Landrat und dieser an die Regierung, indem er zugleich an den Bürgermeister verfügte, daß bis zur Entscheidung der Regierung der Verkauf nicht zugelassen werden dürfe. Demgemäß verhinderte der Bürgermeister wirklich die bereits begonnene Versteigerung. Inzwischen hatte aber die Regierung dem Landrat eröffnet, daß der Versteigerung keine Schwierigkeiten in den Weg gelegt werden dürften, und dies wurde dem

Bürgermeister durch den Landrat einige Tage später mitgeteilt. Durch die Vereitelung des Auktions-Termins waren aber Kosten erwachsen, welche jetzt der Syndikus gegen den Bürgermeister einklagte. Der hiergegen erhobene Konflikt wurde für unbegründet und der ordentliche Rechtsweg für zulässig erachtet. Heute würde über diesen Fall nicht der Gerichtshof zur Entscheidung der Komp.-Konfl., sondern das Ober-Verwaltungsgericht zu entscheiden haben (vergl. die Einleitung § 8).

Nr. 166. Erk. vom 26. November 1853 (Min.-Bl. d. i. V. 1854 S. 29 und Just.-Min.-Bl. 1854 S. 35).

1. Ueber den Antrag auf Wiederherstellung eines in Folge polizeilicher Anordnung niedergerissenen Anbaues ist der ordentliche Rechtsweg unzulässig. Ein Hausbesitzer hatte einen Ueberbau, welcher auf einigen Pfosten ruhte, dergestalt, daß unter dem Ueberbau Raum frei blieb und von Wagen und Personen passiert werden konnte, in der Art verändert, daß er den Raum zwischen den Tragpfosten zubaute, so daß die unter dem Ueberbau hinführende Passage unmöglich gemacht wurde. Im Auftrage des Bürgermeisters und des Ortsvorstehers hatte ein Zimmermeister die Umfassungsmauern zwischen den Tragepfeilern abgebrochen und die Passage wieder frei gemacht. Dieserhalb verklagte der Hauseigentümer den Zimmermeister mit dem Antrage, den früheren Zustand wieder herzustellen, auch denunzierte er den Bürgermeister und den Ortsvorsteher litem. Letztere aber beriefen sich wieder auf einen Auftrag des Landrats, welcher dazu die Genehmigung der Regierung eingeholt hatte und ausführte, daß die Passage unter dem Ueberbau zu einem öffentlichen Wege gehöre. Der gegen die Klage erhobene Komp.-Konfl. wurde für begründet und der ordentliche Rechtsweg für unzulässig erachtet, denn, wenn man auch mit Kläger annehmen wolle, daß der Raum unter dem Ueberbau ihm eigentümlich gehöre, so sei die Landespolizeibehörde doch befugt gewesen, aus Gründen des öffentlichen Wohles und zur Herstellung einer notwendigen Passage die Absperrung zu verbieten, und gegen eine solche landespolizeiliche Anwendung finde keine auf Aufhebung derselben gerichtete Klage gegen die Ortsobrigkeit oder deren Beauftragte statt, sondern nur eine Entschädigungsklage, wenn solche sonst begründet werden könne. Die Regierung, der Landrat und die Ortsbehörden seien befugt gewesen, im Wege der administrativen Exekution den Abbruch vornehmen zu lassen, der Antrag des Klägers gehe dahin, dies wieder aufzuheben und die Absperrung der von der Regierung für notwendig erachteten Passage wieder herzustellen, eine solche gerichtliche Klage gegen eine polizeiliche Maßnahme sei unstatthaft. Das Ges. vom 11. Mai 1842 lasse in § 1 den ordentlichen Rechtsweg gegen landespolizeiliche Verfügungen zwar zu, allein mit der Modifikation im § 4, daß eine Wiederherstellung des früheren (auf landespolizeiliche Anordnung abgeänderten) Zustandes niemals verlangt werden könne, wenn solche nach dem Ermessen der Polizeibehörde unzulässig sei.

2. Soweit es sich hier um einen Klageanspruch gegen **Beamte** handelt, dürfte hier nur ein „Konflikt“ im Sinne des § 8 der Einleitung vorliegen. Im Uebrigen handelt es sich hier, weil die Oeffentlichkeit der Passage streitig ist, um eine Inanspruchnahme eines Weges für den öffentlichen Verkehr im Sinne des § 56 des Zust.-Ges. v. 1. 8. 83, worüber jetzt ebenfalls nicht der ordentliche Richter, sondern der Verwaltungsrichter entscheidet. Ein Weg, der unstreitig Privatweg ist, kann zwangsweise die Eigenschaft eines öffentlichen nur im Enteignungsverfahren erhalten. Indessen kann die Wegepolizeibehörde die Anlegung eines neuen öffentlichen Weges von dem **Wegebaupflichtigen** fordern und für denselben die Richtung eines vorhandenen offenkundigen Privat-

wegs wählen, indem sie dem Wegebaupflichtigen (in diesem Falle voraussichtlich die Gemeinde), wenn er nicht selbst der Eigentümer des Privatwegs ist, die Erwerbung desselben, event. im Enteignungverfahren, überläßt. Eine solche Forderung fällt unter die, den Bau eines öffentlichen Weges betreffenden Anordnungen und ist von der „Inanspruchnahme eines Weges für den öffentlichen Verkehr“ sorgfältig zu unterscheiden. (Siehe Endurteile des O.=V.=G. vom 15. Dezember 1883 — Entsch.=Bd. X. S. 188, Parey, Rechtsgrundsätze des O.=V.G., Stammwerk S. 340, 341 Nr. 56 Ziffer 2, desgl. vom 16. Februar 1884 — Entsch.=Bd. X. S. 209, P. a. a. O. S. 342 Nr. 59 —). Wegen der „Inanspruchnahme eines Weges für den öffentlichen Verkehr“ vergl. auch Endurteil des O.=V.=G. vom 11. März 1885 — Entsch.=Bd. XII. S. 268, Parey, Rechtsgrundsätze, Stammwerk S. 346 Nr. 68 —.

Nr. 167. Erk. vom 26. November 1853 (Min.=Bl. d. i. V. 1854, S. 44 u. Just.=Min.=Bl. S. 94)

Bei Streitigkeiten über die Notwendigkeit von Pfarr= und Kirchenbauten ist der ordentliche Rechtsweg für zulässig*) und der dieserhalb erhobene Kom.=Konfl. für unbegründet*) zu erachten. Vergl. die wesentlich verschiedenen Fälle oben sub Nr. 6 und 12. Eine Bezirksregierung hatte durch Interimistikum entschieden, daß die Notwendigkeit vorhanden sei, die Wirtschaftsgebäude auf dem Pfarrgehöfte durch einen Anbau an der Scheune, durch den Neubau eines Stallgebäudes und den Neubau des alten Stallgebäudes zu erweitern. In dem Resolut ist zugleich das Nähere festgesetzt wegen Ausführung des Baues, sowie wegen der Kosten, welche aus der Kirchenkasse entnommen, im Falle der Insuffizienz aber von dem Patron zu ²/₃, von dem Eingepfarrten, der außerdem die Hand= und Spanndienste zu leisten hätte, zu ¹/₃ hergegeben werden sollten. Die Gemeinde bestritt die Notwendigkeit des Baues und klagte, nachdem der Rekurs an das Ministerium als verspätet zurückgewiesen war, gegen die Pfarre mit dem Antrage: zu erkennen, daß die Pfarre nicht für befugt zu erachten, die Vergrößerung und Erweiterung der auf dem Pfarrgehöfte stehenden Wirtschaftsgebäude zu verlangen, event. dieselben zu verurteilen, die im Wege der interimistischen Festsetzung von der Gemeinde aufgebrachten Beiträge zu erstatten. Der Komp.=Konfl. wurde für unbegründet erachtet: Zwar habe es kein Bedenken, die zunächst nur von Kirchenbauten handelnden §§ 707—709 Tit. 11 Teil II A.=L.=R.'s auch auf Pfarrbauten anzuwenden, denn, wenn auch der von den Beiträgen zu den Pfarrbauten handelnde § 790 allerdings nur zunächst nur auf die §§ 710 ff. hinweise, so rechtfertige doch die gesetzlich ansgesprochene Gleichstellung der Pfarrgüter mit den Kirchengütern hinsichtlich ihrer äußeren Rechte (§ 774) wie nicht minder die hier entschieden zutreffende Analogie und die Allerh. Kabinets=Ordre vom 18. Februar 1805 (N. C. C. XI. S. 2933), die in der Praxis konstant, die Anwendbarkeit der §§ 707—709 auf Pfarrbauten vollkommen, allein diese gesetzliche Vorschriften begründen den Komp.=Konfl. nicht. Dieselben, insbesondere die §§ 707—709, stehen offenbar im unmittelbaren Zusammenhange und besagen, wie es nicht deutlicher hätte geschehen können, daß auch über die Notwendigkeit eines kirchlichen Baues, wenn die Interessenten darüber streiten, der ordentliche Richter entscheiden soll. Bei der Entscheidung der geistlichen Oberen hat es nur in dem Falle sein Bewenden, wenn unter den Interessenten ein Streit nicht obwaltet. Liegt aber ein solcher Streit vor, so soll von den geistlichen Oberen die gütliche Regulierung der Sache versucht und — falls solche nicht gelingt — wegen der Notwendigkeit, der Art und der Kosten des

*) Auf S. 44 des Min.=Blattes für innere Verwaltung von 1854 steht unrichtig: „unzulässig“.

Baues vorläufige Festsetzung getroffen, die definitive Entscheidung aber dem ordentlichen Richter überlassen werden. In dem Ministerial-Erlaß vom 27. Mai 1829 (Min.-Bl. d. i. V. 1840, S. 291) ist über die vorliegende Frage überhaupt nichts entschieden worden. Die auf die Schulbauten bezüglichen Vorschriften wegen des Verwaltungsstreitverfahrens finden auf kirchliche Bauten bis jetzt noch keine Anwendung. Vergl. Nr. 3 des Ministerial-Erlasses vom 13. Januar 1874 (Min.-Bl. d. i. V. S. 97) und Erk. des Gerichtshofes zur Entsch. der Komp.-Konfl. vom 12. Februar 1881 (Zentralblatt für die Unterrichts-Verwaltung S. 426), Art. 23, Nr. 2 des Ges. vom 3. Juni 1876 (G.-S. S. 125) „einstweilige Entscheidungen", also nicht definitive Entscheidungen.

Nr. 168. Erk. vom 26. November 1853 (Just.-Min.-Bl. 1854 S. 16).

1. Der Ober-Staatsanwalt gehört zu den Provinzial-Verwaltungsbehörden und ist als solche zur Einlegung des Komp.-Konfl. befugt.

2. Ueber die Gesetzmäßigkeit und Zweckmäßigkeit einer polizeilichen Beschlagnahme ist der ordentliche Rechtsweg nicht zulässig. Es handelte sich um die Beschlagnahme von angeblich gestohlenem Wollenzeuge bei einem Schneider, welcher daraus ein Kleidungsstück anfertigen sollte. Das dem Schneider hierdurch entgangene Arbeitslohn wollte derselbe gegen den beschlagnehmenden Beamten, den Polizeianwalt, einklagen.

Nr. 169. Erk. vom 26. November 1853 (Just.-Min.-Bl. 1854 S. 21).

Wenn die Gemeindevertretung selbst eine Anordnung der Aufsichtsbehörde, welche einen von der ersteren geschlossenen Jagdverpachtungs-Vertrag mißbilligt und die Abschließung eines neuen veranlaßt hat, anfechten will, so kann dies nicht im ordentlichen Rechtswege geschehen. (Vergl. oben Nr. 130 f.)

Nr. 170. Erk. vom 26. November 1853 (Just.-Min.-Bl. 1854 S. 23).

Ueber den Antrag auf Entschädigung wegen polizeilicher Anordnungen, welche von der vorgesetzten Behörde als unzulässig wieder aufgehoben werden, ist der ordentliche Rechtsweg zulässig. (§ 6 des Ges. vom 11. Mai 1842.)

Nr. 171. Erk. vom 26. November 1853 (Just.-Min.-Bl. 1854 S. 45).

Gegen die exekutivische Einziehung von Pfarrabgaben, welche auf notorischer Ortsverfassung beruhen, ist der ordentliche Rechtsweg nicht zulässig. (Kab.-Ordre vom 19. Juni 1836 — Ges.-S. S. 198. —) Vergl. Ges. vom 24. Mai 1861. §§ 15 u. 16 — Ges.-S. S. 241. — Siehe Nr. 167 f.

Nr. 172. Erk. vom 26. November 1853 (Just.-Min.-Bl. 1854 S. 71).

Die Entscheidung beschäftigt sich mit der Frage: inwieweit über die Verpflichtung, Beiträge zum Synagogenbau zu leisten, in der Rhpr. der ordentliche Rechtsweg zulässig ist. Vergl. §§ 54 u. 160 des Zust.-Ges. v. 1. 8. 83.

Nr. 173. Erk. vom 26. November 1853 (Just.-Min.-Bl. 1854 S. 95).

Gegen die exekutivische Einziehung von Kirchenabgaben ist der ordentliche Rechtsweg nicht zulässig. Vergl. das Erk. sub 171 und Kries, Kirchenrecht, Danzig 1887, S. 11 ff.

Nr. 174. Erk. vom 17. Dezember 1853 (Min.-Bl. d. i. V. 1854 S. 30).

Die gerichtliche Possessorienklage gegen polizeiliche Verfügungen ist unzulässig. Kläger hatte auf dem Schweinemarkte zwei Schweine gekauft, es entspann sich aber über den Besitz dieser Thiere ein Streit mit dem Verklagten, welcher behauptete, dieselben von dem Händler früher erkauft zu haben. In diesen Streit mischte sich der Bürgermeister als Polizeibehörde mit der Anordnung, daß die Schweine vorläufig bis zur richterlichen Entscheidung des Streites dem Verklagten in Verwahrsam überwiesen werden sollten. Es handelte sich um eine polizeiliche Verfügung, gegen welche Einwendungen aus § 2 ff. des Ges. vom 11. Mai 1842 nicht erhoben werden konnten. Der dieserhalb erhobene „Konflikt" wurde für begründet erachtet (cf. oben die Einleitung § 8). Vergl. die Endurtheile des O.=V.=G. vom 1. und 8 April 1885 (Entsch.=Bd. XII. S. 397 u. 401, Parey, Rechtsgrundsätze des O.=V. G., Stammwerk S. 254, Nr. 78).

Nr. 175. Erk. vom 17. Dezember 1853 (Min.=Bl. d. i. V. S. 42 u. Just.=Min.=Bl. 1854 S. 83).

Der ordentliche Rechtsweg über die von der beteiligten Dienstbehörde angeordnete Entlassung eines widerruflich angenommenen Beamten aus seinem dienstlichen Verhältnisse ist unzulässig.

Jemand war mit Genehmigung der Regierung zu Düsseldorf auf Grund eines von dem Gewerbe=Gerichts=Präsidenten mit ihm abgeschlossenen Vertrages als Gewerbe=Gerichts=Sekretär eingestellt, jedoch nur provisorisch, weil ihm die dazu nach dem Regulativ v. 18. November 1840 erforderliche Qualifikation fehle, die von dem Gewerbegericht angestrebte definitive Anstellung wurde von der Regierung und dem Finanzminister abgelehnt. Inzwischen hatte jedoch der Gewerbe=Gerichts=Präsident mit dem Sekretär einen neuen Vertrag abgeschlossen, wodurch dessen Dienstzeit auf anderweite fünf Jahre festgesetzt und in Ermangelung einer vorhergehenden sechsmonatlichen Kündigung eine jedesmalige Verlängerung auf drei Jahre und eine Erhöhung seines bis dahin bezogenen Gehaltes von 130 Thaler auf 180 Thaler jährlich festgesetzt wurde. Dieser Vertrag erhielt die Genehmigung der Regierung nicht, vielmehr wurde dem Sekretär nunmehr eröffnet, daß er nach 6 Monaten die Funktion als Sekretär aufzugeben habe. Der Betroffene klagte nun bei dem ordentlichen Gericht gegen das Gewerbegericht mit dem Antrage: 1) die Kündigung wieder aufzuheben, 2) ihn, den Kläger, in der Stelle als Sekretär bis zum Ablauf der vertragsmäßigen Frist als Sekretär zu behalten, 3) ihm das rückständige Gehalt von 50 Thalern zu zahlen.

Der hiergegen von der Regierung erhobene Komp.=Konfl. richtete sich nur gegen den Klageantrag sub 2, und derselbe wurde für begründet erachtet. Zwar genügt dazu nicht der von der Regiernng in Bezug genommene § 83 des Disziplinarges. v. 21. Juli 1852 (vergl. den Kommentar von F. Seydel, Berlin 1883 S. 260), weil aus demselben an sich noch nicht folgt, daß einem auf diese Weise entlassenen Beamten der Rechtsweg auch dann verschlossen sei, wenn er die Rechtsbeständigkeit seiner Entlassung z. B. mit der Behauptung bestreitet, daß er nicht auf Probe oder auf Kündigung, sondern definitiv angestellt gewesen, oder daß ihm — wie Kläger dies namentlich unter Berufung auf die mit ihm schriftlich geschlossenen Dienstkontrakte behauptet — vertragswidrig zu früh gekündigt worden sei, allein es muß doch anerkannt werden, daß die Regierung Recht hat, wenn sie einen gerichtlichen Prozeß über die Beibehaltung des Klägers im Dienst für unstatthaft erachtet.

Das Verhältnis zwischen dem Staate und den öffentlichen Beamten, es mögen dieselben zu den unmittelbaren oder nur zu den mittelbaren Staatsdienern zu rechnen sein, ist zwar ein Vertragsverhältnis, allein nicht ein nach den Grundsätzen des Privatrechtes, sondern nach denen des öffentlichen Rechtes zu beurteilendes. Soweit letzteres den ordentlichen Gerichten nicht ausdrücklich die Kognition über die dienstliche Stellung der Beamten eingeräumt hat, wie dies z. B. bei den Amtsverbrechen oder bei denjenigen gemeinen Verbrechen geschehen ist, welche gesetzlich den Verlust des Amtes als Strafe nach sich ziehen, steht die rechtliche Beurteilung über die Fortdauer oder über die Auflösung dieses Verhältnisses nicht den Gerichten als solchen, sondern lediglich den betreffenden Dienst- und Disziplinarbehörden zu. Diese haben zwar hierbei formell und materiell die ihnen zur Sicherung der Beamten als Richtschnur vorgezeichneten Bestimmungen der Disziplinargesetze zu beachten, zu denen unter anderen auch jener § 83 gehört, ob aber eine solche Behörde in einem gegebenen Falle diese gesetzlichen Bestimmungen richtig angewendet habe oder nicht, und ob namentlich der Kläger, wie er behauptet, seines Dienstverhältnisses zu früh enthoben worden sei, hierüber zu entscheiden sind gesetzlich nicht die ordentlichen Gerichte, sondern allein die vorgesetzten höheren Dienstbehörden kompetent. Aus den geschlossenen Dienstverträgen läßt sich das Gegenteil nicht folgern, da diese wenn auch ungewöhnliche aus dem Privatrecht entlehnte Form des Dienstvertrages denselben nicht in einen blos privatrechtlichen verwandeln konnte. (Vergl. auch die Erkenntnisse desselben Gerichtshofes vom 30. Oktober 1858 — Just.-Min.-Bl. 1859, S. 172 — und vom 8. März 1879 — Eisenbahn-Verordnungsblatt S. 51.) Vergl. auch § 5 des Ges. vom 24. Mai 1861 — G.-S. S. 241 —, Art. VII, Abs. 2 der V. vom 16. September 1867 — G.-S. S. 1515 —, speziell wegen der Gewerbe-Gerichts-Sekretaire § 14 des Ges. vom 3. März 1879 (G.-S. S. 99).

Nr. 176. Erk. vom 17. Dezember 1853 (Just.-Min.-Bl. 1854 S. 121).

Zur Regulierung der auf Mühlengrundstücken haftenden Abgaben sind die Generalkommissionen und nicht die ordentlichen Gerichte zuständig. (§ 205 der V. vom 20. Juni 1817 — G.-S. S. 195 — § 7 der V. vom 30. Juni 1834 — G.-S. S. 99 —, §§ 1 und 2 des Ges. vom 11. März 1850 — G.-S. S. 146 —).

Nr. 177. Erk. vom 17. Dezember 1853 (Just.-Min.-Bl. 1854 S. 122).

In einem Falle, in welchem die Verbindlichkeit zur Entrichtung von Beiträgen für die Gemeindeschule auf Grund eines speziellen Rechtstitel bestritten wurde, war der ordentliche Rechtsweg für zulässig erachtet worden. Vergl. jetzt §§ 46 und 160 des Zust.-Ges. v. 1. 8. 83.

Nr. 178. Erk. vom 17. Dezember 1853 (Just.-Min.-Bl. 1854 S. 130).

Die Frage: inwiefern über die Verbindlichkeit zur Unterhaltung einer Landstraße der ordentliche Rechtsweg zulässig sei, wurde in diesem Falle auf Grund des § 5 des Ges. vom 11. Mai 1842 für die Zulässigkeit entschieden. Der von der wegepolizeilichen Verfügung Betroffene wollte statt seiner den Fiskus für verpflichtet angesehen wissen. Sofern es sich bei solchen Fragen um die Verpflichtung aus öffentlichem Rechte handelt, würde jetzt Abs. 5 in § 56 des Zust.-Ges. v. 1. 8. 83 zur Anwendung kommen. Vergl. auch § 10 (am Schlusse) der Einleitung zu diesem Buche.

Nr. 179. Erk. vom 17. Dezember 1853 (Just.-Min.-Bl. 1854 S. 131).

In einer Streitsache betreffend die Einziehung von Gemeindebeiträgen zu den Kosten des jüdischen Kultus in Westf. wurde der ordentliche Rechtsweg für nicht zulässig erachtet. Vergl. jetzt §§ 54 und 160 des Zust.-Ges. v. 1. 8. 83.

Nr. 180. Erk. vom 14. Januar 1854 (Min.-Bl. d. i. V. S. 65 und Just.-Min-Bl. S. 164).

Gegen Strafverbote der Polizeibehörden ist der ordentliche Rechtsweg nicht zulässig. Dem Redakteur eines Tageblattes wurde auf Grund des Preß.-Ges.

vom 12. Mai 1851 der Verkauf seines Blattes wegen mangelnder Genehmigung der Bezirksregierung unter Androhung von Strafe verboten. Der gegen die gerichtliche Klage des Betroffenen erhobene Komp.-Konfl. wurde auf Grund des § 20 des Polizeiverwaltungsgesetzes für begründet erachtet. Der § 5 des Ges. vom 14. Mai 1852 und Artikel 136 des Ges. vom 3. Mai 1852 finde auf Fälle der vorliegenden Art keine Anwendung, denn dieselben bezögen sich auf Bestrafungen wegen Uebertretungen auf Grund einer dieserhalb erhobenen Anklage resp. auf diejenigen Kontraventionen, welche den Gegenstand eines administrativen Strafverfahrens bilden, um welche es sich hier überall nicht handle. Das Ges. vom 14. Mai 1852 ist ersetzt durch das Ges. vom 23. April 1883 (G.-S. S. 65), die Rechtsmittel gegen Zwangsbefugnisse sind jetzt geregelt durch § 132 ff. des L.-V.-Ges. v. 30. 7. 83 (G.-S. S. 228).

Nr. 181. Erk. vom 14. Januar 1854 (Just.-Min.-Bl. S. 133).

In einer Streitsache betreffend die Verpflichtung der Elementarschullehrer im Stettiner Regierungsbezirk bei der dort bestehenden Schullehrer-Witwenkasse wurde der ordentliche Rechtsweg für zulässig erachtet. Der publizistischen Seite der amtlichen Stellung der klagenden Lehrer und denjenigen Amtspflichten, welche aus dieser entsprungen — und über die, wenn sie in Frage ständen, allerdings nur der Dienstbehörde die Kognition zugestanden werden könnte — ließ sich die hier in Rede stehende angebliche Verbindlichkeit der Kläger nicht beizählen. Das Elementarschullehrer-Amt als solches wird dadurch nicht im Mindesten berührt, vielmehr betrifft die obige Frage lediglich die privatrechtliche Seite des Verhältnisses.

Nr. 182. Erk. vom 14. Januar 1854 (Just.-Min.-Bl. S. 139).

In einer Streitsache betreffend Ansprüche der Adjazenten an Eisenbahnen auf Herstellung oder Verbreitung von Wegen, Gräben und Triften und auf Entschädigung für das dazu abgetretene Land wurde der ordentliche Rechtsweg nur hinsichtlich der Entschädigungsfrage für zulässig erachtet. § 14 des Ges. vom 3. November 1838 — G.-S. S. 508 —, vergl. jetzt § 14 des Enteignungsges. vom 11. Juni 1874 und § 150 des Zust.-Ges. v. 1. 8. 83.

Nr. 183. Erk. vom 14. Januar 1854 (Just.-Min.-Bl. S. 165).

Gerichtliche Klagen auf Erstattung der von einem Magistrat im Aufsichtswege verhängten und eingezogenen Ordnungsstrafen sind unzulässig. (§ 20 des Polizeiverwaltungsges. vom 11. März 1850, § 21 des Ges. vom 21. Juli 1852 — Ges.-S. S. 465 —).

Nr. 184. Erk. vom 14. Januar 1854 (Just.-Min.-Bl. S. 179).

Ueber den Anspruch auf Erstattung zu viel erhobener Staats-Einkommensteuer findet der ordentliche Rechtsweg nicht statt. (§ 26 des Ges. v. 1. Mai 1851).

Nr. 185. Erk. vom 14. Januar 1854 (Just.-Min.-Bl. S. 180).

Ueber die Frage: ob ein Fußsteig ein öffentlicher sei oder nicht, ist der ordentliche Rechtsweg nicht zulässig. (§ 56 Abs. 4 (Schlußsatz) des Zust.-Ges. v. 1. 8. 1883).

Nr. 186. Erk. vom 14. Januar 1854 (Just.-Min.-Bl. S. 186).

Betreffend die Frage: bis zu welchem Zeitpunkte die Zuständigkeit der Generalkommission in gutsherrlich bäuerlichen Regulierungen, Ablösungen u. s. w. fortdauert, wurde Folgendes ausgeführt: Nach § 170 der V. vom 20. Juli 1817 wird das

Auseinandersetzungsverfahren erst durch den vollzogenen und von der Generalkommission bestätigten Rezeß, also erst durch die Bestätigung derselben dergestalt beendigt, daß vorbehaltlich der im § 171 a. a. O. erwähnten Gegenstände und vorbehaltlich der nach § 205 der Auseinandersetzungsbehörde aus dem bestätigten Rezesse noch binnen Jahresfrist nach dem Realisationstermine zustehenden Exekution die Zuständigkeit der Generalkommission aufhört. Es beruht auf einer Verwechselung der Ausführung der Auseinandersetzung, die nach § 205 unter Umständen auch vor der Bestätigung des Rezesses erfolgen kann, und die allerdings sich daran knüpfenden sonstigen rechtlichen Wirkungen mit dem erst durch die Bestätigung des Rezesses eintretenden förmlichen Abschlusse des Auseinandersetzungs-Verfahrens, wenn seitens der Gerichte aus § 87 der Ablösungs-Ordnung vom 2. März 1850 hinsichtlich der Beendigung des Regulirungsverfahrens andere Schlüsse gezogen werden.

Nr. 187. Erk. vom 14. Januar 1854 (Just.-Min.-Bl. S. 283).

Gegen Anordnungen der Polizeibehörden zur Beseitigung spezieller belästigender Mißstände ist der ordentliche Rechtsweg nicht zulässig. Es handelte sich um polizeiliche Zwangsbefugnisse im Sinne der §§ 132 ff. des L.-V.-Ges. vom 30. Juli 1883.

Nr. 188. Erk. vom 4. Februar 1854 (Min.-Bl. d. i. V. S. 148 und Just.-Min.-Bl. S. 291).

Die Regierung zu Münster hatte als Landespolizeibehörde die Pflasterung einer Wegestrecke angeordnet und ausgeführt. Hiergegen haben die in dieser Verfügung Betroffenen klagend ausgeführt, daß sich ihre wegebaulichen Verpflichtungen nach Münster'schem Wegerechte darauf beschränkten, die fragliche Wegestrecke mittels Bohlen und Faschinen auszubessern, daß sie aber nicht verpflichtet seien, Chausseen resp. Dammstraßen anzulegen und zu unterhalten, die durch Anlage einer solchen Straße vielmehr dem Staate zur Last fielen. Hierauf gestützt forderten sie von dem Fiskus die Erstattung der von ihnen eingezogenen Summe.

Der gegen die gerichtliche Klage erhobene Komp.-Konfl. wurde für begründet erachtet, denn es handle sich hier gar nicht um einen Angriff gegen eine polizeiliche Verfügung, sondern um einen Anspruch an den Staatsfiskus (§ 5 des Ges. vom 11. Mai 1842). Worauf die Annahme der Königl. Regierung beruhe, daß die Klage gegen den „sogenannten Polizei-Fiskus" gerichtet sei, sei nicht zu ersehen.

Es handelte sich auch nicht um eine gegen eine polizeiliche Verfügung gerichtete Negatorienklage. Die Frage, ob die von den Klägern in Bezug genommene Münster'sche Regierung denselben einen Rechtstitel gebe, von dem Fiskus die durch polizeiliche Anorderung veranlaßten Kosten erstattet zu erhalten, sei hier nicht zu untersuchen, denn es sei dies ein Argument, welches für die Entscheidung in der Sache selbst von Bedeutung sein könne, hier handle es sich aber lediglich um die Prozeßfähigkeit des Anspruchs. Zu Chausseebauten kann kein Wegebaupflichtiger gezwungen werden. (Endurtheile des O.-V.-G. vom 14. Juni 1879 — Entsch. Bd. V S. 222 —, vom 29. Januar 1881 — Entsch. Bd. VII S. 256 —, Parey, Rechtsgrundsätze des O.-V.-G., Stammwerk S. 316—318 Nr. 26 Ziff. 7.)

Nr. 189. Erk. vom 4. Februar 1854 (Min.-Bl. d. i. V. S. 164 und Just.-Min.-Bl. S. 318).

1. Der ordentliche Rechtsweg ist gegen die von den Militairbehörden zum Schutze der Festungswerke angeordneten Maßregeln nicht zulässig.

In der gerichtlichen Klage eines Magistrats gegen den durch die Kommandantur vertretenen Fortifikationsfiskus trug Kläger vor, daß zur Sicherheit des Publikums längs des eine städtischen Promenade begrenzenden Stadtgrabens ein Geländer habe gezogen werden müssen und daß die Nothwendigkeit dieses Geländers lediglich durch fortifikatorische Maßregeln, nämlich durch das Ausmauern der Contre-escarpe hervorgerufen worden und daß deswegen zwischen der Stadt und der Kommandantur ein Uebereinkommen getroffen sei, wonach von der letzteren die Unterhaltung des Geländers wenigstens theilweise übernommen worden sei. Dieses Geländer, mit dessen Wiederherstellung man eben beschäftigt sei, werde aber nicht unmittelbar längs des Stadtgrabens, wo das alte Geländer gestanden, sondern von einem der Thore in liegender Richtung gegen den Stadtgraben geführt, so daß ein Dreieck abgeschnitten werde, welches man dem Besitze und Genusse des Publikums entziehe. Klagend wurde beantragt, den Fortifikations-Fiskus für schuldig zu erachten, das auf dem gedachten Platze neu aufgestellte Geländer, soweit es nicht am Rande des Festungsgrabens an Stelle des alten belegen und dort wieder aufzustellen, sofort wieder fortzuschaffen. Der hingegen von dem Kriegsministerium erhobene Komp.-Konfl. wurde damit begründet, daß die Bestimmung der Richtung einer Schutzwehr zur Sicherung von Festungswerken und zur Verhütung von Unglücksfällen beim unbefugten Betreten derselben eine „militair-polizeiliche" Anordnung sei. Der Kompetenzgerichtshof hat anerkannt, daß diejenige Instanz, welche über die Fortifikationswerke und deren Schutz zu befinden hat, eine solche Anordnung, wie die hier in Streit befangene, definitiv treffen kann. Wenn dabei auch richtig ist, daß Einrichtungen, die der vermeintliche Eigentümer oder Besitzer auf seinem eigenen Grund und Boden macht, keine polizeilichen Maßregeln seien, so ist demnach unzweifelhaft, daß die Anwendung einer polizeilich nothwendigen Maßregel auch hinsichtlich des noch streitigen (siehe unter sub 2) Eigenthums und Besitzes erfolgen kann, daß mithin der Fortifikations-Fiskus, während er selbst mit dem Magistrat über Eigenthum und Besitz in Streit begriffen ist, dasjenige, was aus militairischen Rücksichten nothwendig ist, auf dem streitigen Grund und Boden ausführen kann. Der polizeiliche Charakter der hier getroffenen Maßregel tritt aber dadurch klar hervor, daß der Magistrat, wie er selbst anführt, die Fortifikationsbehörde um baldige Herstellung des schadhaften Geländers „im Interesse der öffentlichen Sicherheit" ersucht hat. Mag nun allerdings die Fortifikationsbehörde, auf das ihrerseits in Anspruch genommene Eigethum gestützt, die Veränderung in der Richtung zum Schutze der Festungswerke (Magistrat hatte offenbar den Schutz des Publikums im Auge) ohne Zuziehung des Magistrats angeordnet haben, und mag auch zugegeben werden, daß, so lange das Recht an Grund und Boden selbst noch im Streit befangen war, ein vorgängiges Benehmen mit dem ganzen Theile, der seinerseits in Besitz zu sein behauptete (d. i. der Magistrat), in der Ordnung gewesen wäre, so kann dadurch der polizeiliche Charakter der Maßregel, die als solche um der öffentlichen Sicherheit (des Publikums) willen vom Magistrat selbst in Antrag gebracht war, sich nicht ändern. Der Anspruch des letztern als vermeintlichen Eigentümer löst sich, wenn er in der Hauptsache obsiegen sollte, in einen Entschädigungsanspruch auf; eine Klage gegen die zum Schutze der Festungswerke (?) nöthig befundene Maßregel kann nicht zugelassen werden, weil es hierbei, wie auch immer in der Hauptsache entschieden werden mag, sein Bewenden behalten muß.

2. Was die Streitigkeit über die Eigentums- und Besitzverhältnisse in diesem Falle betrifft, so ist auf einen andern Vorgang zurückzugreifen, welcher in derselben Klage des Magistrats zur Sprache kam. Die Kommandantur hatte nämlich auf der gedachten Promenade mehrere hundert Klaftern Holz auffahren

lassen, wodurch die freie Passage theilweise erschwert wurde. Dieserhalb klagte der Magistrat auf Wegräumung dieses Hindernisses und wegen Besitzstörung. Auch diese Maßregel wurde seitens des Beklagten als eine „rein militairische" bezeichnet, jedoch wurde gegen das verurtheilende richterliche Erk. der Komp.-Konfl. nicht eingelegt, so daß, da das Rechtsmittel der Nichtigkeitsbeschwerde noch offen war, die Eigentums- und Besitzfrage unentschieden blieb.

3. Der Komp.-Konfl. muß auch dann noch zugelassen werden, wenn nur noch die Nichtigkeitsbeschwerde die Instanz bildet, vor der Erledigung der letzteren liegt ein rechtskräftiges Erk. noch nicht vor (!).

Nr. 190. Erk. vom 4. Februar 1854 (Min.-Bl. d. i. V. S. 172).

Es handelte sich um die Herstellung einer Brücke, von welcher die durch polizeiliche Anordnung betroffene Dorfgemeinde behauptete, daß nach § 11 Tit. 15 Thl. II. A.-L.-R.'s der Fiskus der verpflichtete sei. Hätte die gerichtlich klagende Gemeinde der Absicht Ausdruck gegeben, das Rechtsverhältniß zwischen ihr und dem Fiskus festzustellen, so würde hier der § 5 des Ges. vom 11. Mai 1842 zur Anwendung gekommen sein. Diese Voraussetzung traf aber keineswegs zu, vielmehr ließ die Wortfassung der Klageschrift nur die Absicht erkennen, die von dem Landratsamte erlassene und in höherer Instanz aufrecht erhaltene „polizeiliche Verfügung" zu beseitigen. Das war aber nach § 2 desselben Gesetzes nicht zulässig, denn unter den in § 2 erwähnten „besonderen gesetzlichen Vorschriften" ist nicht jede noch so allgemeine Gesetzesstelle gemeint, sondern es ist damit gesagt, daß jene besonderen gesetzlichen Vorschriften ein jus singulare, eine Ausnahme von der allgemeinen Gesetzesregel ausdrücken sollen.

Heute würde die Gemeinde nach § 56 des Zust.-Ges. v. 1. 8. 83 die Klage gegen die wegepolizeiliche Verfügung im Verwaltungsrechtswege zu richten haben und in demselben Verfahren würde dann auch darüber zu entscheiden sein, ob Fiskus an Stelle der Dorfgemeinde der Verpflichtete sei. Fiskus müßte natürlich zu diesem Zwecke beigeladen werden.

Nr. 191. Erk. vom 4. Februar 1854 (Just.-Min.-Bl. S. 203).

Zur Feststellung streitiger Provinzial-Staatsschulden ist der ordentliche Rechtsweg unzulässig, weil diese definitive Feststellung durch die V. vom 17. Januar 1820 Nr. 11, 19 und 20 (G.-S. S. 13) dem Schatzministerium, durch Kabinets-Ordre vom 2. November 1822, §§ 5, 16 (G.-S. S. 229) der Hauptverwaltung der Staatsschulden übertragen ist. Vergl. auch § 6 des Ges. vom 24. Februar 1850 (G.-S. S. 58).

Nr. 192. Erk. vom 4. Februar 1854 (Just.-Min.-Bl. S. 295).

Gegen wegepolizeiliche Anordnungen sind possessorische Klagen unzulässig.

Es handelte sich um die polizeilich angeordnete Bepflanzung eines Weges mit Pappeln, was sich die Adjazenten nicht gefallen lassen wollten und weshalb sie gerichtlich auf Wiederwegnahme der Bäume klagten. Die petitorische Klage wurde für zulässig erachtet. (Vergl. § 55 des Zust.-Ges. v. 1. 8. 83 und Endurteil O.-V.-G. vom 5. Juni 1886 — Entsch. XIII. S. 308 —, Parey, Rechtsgrundsätze des O.-V.-G., I. Ergänzungsbd., S. 88, Nr. 75.)

Nr. 193. Erk. vom 4. Februar 1854 (Just.-Min.-Bl. S. 325).

Die Entscheidung betraf das Eigentum an Grundstücken, welche zur Anlage von Eisenbahnen verwendet worden sind. Es handelte sich um die Herausgabe eines solchen Grundstückes, der Kompetenzgerichtshof hielt den ordentlichen Rechtsweg für zulässig, soviel den Streit über das Eigentum betraf, sofern es sich jedoch um den Antrag auf Räumung handelte, war der ordentliche Rechtsweg nicht gegeben. Nach §§ 8—11 des Eisenbahngesetzes vom 3. November 1838 (G.-S. S. 507) haben nur die Verwaltungsbehörden darüber zu befinden, welche Grundstücke zu dem Bahnkörper zu verwenden sind.

Nr. 194. Erk. vom 4. Februar 1854 (Just.-Min.-Bl. S. 331).

Es handelte sich um einen Streit zwischen Wegebaupflichtigen und dem Fiskus wegen einer im Zuge der staatlichen Landstraße liegenden Brücke. (A. L.-R. II, 15, § 11.) Aus dem Zusammenhange ergab sich, daß es sich lediglich um einen Angriff gegen eine wegepolizeiliche Verfügung handelte (§ 56 des Zust.-Ges. v. 1. 8. 83 und § 10 der Einleitung zu diesem Buche).

Nr. 195. Erk. vom 11. Februar 1854 (Just.-Min.-Bl. S. 238).

Ueber Streitigkeiten, welche die Herausgabe säkularisirter Stiftsgüter zum Gegenstande haben, ist der ordentliche Rechtsweg nicht zulässig. §§ 35, 36, 41 der V. v. 26. Dezember 1808 (N. C. C. XII, S. 679), Kabinets-Ordre vom 4. Februar 1823 (G.-S. S. 21), Kabinets-Ordre vom 4. Dezember 1831 (G.-S. S. 251).

Nr. 196. Erk. vom 8. April 1854 (Min.-Bl. d. i. V. S. 120 und Just.-Min.-Bl. S. 355).

Ansprüche der Feldmesser auf Gebühren und Auslagen für im amtlichen Auftrage gelieferte Arbeiten können gegen den Fiskus im ordentlichen Rechtswege nicht geltend gemacht werden.

Dieser Grundsatz ist bestätigt durch die §§ 48 und 49 des Ministerial-Erlasses vom 26. August 1885 (Wochenschrift „Selbstverwaltung" Jahrgang 1885 S. 364).

Nr. 197. Erk. vom 8. April 1854 (Min.-Bl. S. 168 und Just.-Min.-Bl. S. 320).

Ueber die Frage: wer als „Armer" im gesetzlichen Sinne zu betrachten sei, ist der ordentliche Rechtsweg ausgeschlossen. Es handelte sich um einen zerlumpten Bettler, welchen ein Magistrat mit Kleidungsstücken versehen hatte. Die dafür ausgelegten Kosten konnte er weder von dem Orts- noch von dem Landarmenverbande wieder erhalten.

Nach Lage der heutigen Gesetzgebung ist die Bedingung des Erstattungsanspruches vor Allem, daß das Eintreten der öffentlichen Armenpflege geboten war und daß der vorläufig unterstützende Armenverband, innerhalb der der öffentlichen Armenpflege überhaupt gestellten Aufgabe, nicht über das Maß des Notwendigen hinausgegangen ist. Die Beurteilung der Frage, ob in diesem Sinne Hülfsbedürftigkeit vorgelegen habe, unterliegt dem freien Ermessen der Spruchbehörden in Streitsachen zwischen Armenverbänden. (Wohlers, Kommentar zum Reichsgesetze vom 6. Juni 1870, Berlin 1887, S. 61). Ob die notwendigste Kleidung auch unter den Begriff der Hülfsbedürftigkeit im Sinne des § 1 des preußischen Ausführungsgesetzes vom 8. März 1871 fällt, müssen ebenfalls jene Spruchbehörden entscheiden und zwar nach Lage der Sache. Wird die Frage verneint, so fallen die betreffenden Kosten der Gemeinde als Polizeikosten zur Last (§ 3 des Polizeiverwaltungsgesetzes vom 11. März 1850).

Nr. 198. Erk. vom 8. April 1854 (Just.-Min.-Bl. S. 270).

Gegen Expropriationen, welche zu öffentlichen Zwecken ausgeführt worden sind, ist die Vindikationsklage unzulässig. Es handelte sich um die Verwendung eines ehemaligen Begräbnißplatzes als Bauplatz für eine Kaserne. Vergl. Enteignungsgesetz vom 11. Juni 1874 und § 150 des Zust.-Ges. vom 1. 8. 83.

Nr. 199. Erk. vom 8. April 1854 (Just.-Min.-Bl. S. 307).

Ueber die Einziehung der nach dem Steuerfuße ausgeschriebenen Beiträge zu den Kultuskosten (Küsterlohn) in der Rhpr. ist der ordentliche Rechtsweg unzulässig. Wegen der Reklamationen gegen kirchliche Abgaben, vergl. Nr. 7 des Ministerial-Erlasses vom 15. Januar 1881 (Kirchl. Ges.- u. Verordn.-Bl. S. 10), § 58 der Verwaltungs-Ordnung vom 15. December 1886.

Nr. 200. Erk. vom 8. April 1854 (Just.-Min.-Bl. S. 316).

Ueber die Einziehung von Beiträgen zu dem Gehalte der rheinischen Gemeindevorsteher ist der ordentliche Rechtsweg nicht gestattet. Es handelt sich lediglich um ländliche Gemeinde-Abgaben in Gemäßheit der §§ 34 u. 160 des Zust.-Ges. vom 1. 8. 83.

Nr. 201. Erk. vom 8. April 1854 (Just.-Min.-Bl. S. 338).

Die Entscheidung betrifft die Kompetenz der Auseinandersetzungsbehörden bei Gemeinheitstheilungen und Ablösungen in den zum ehemaligen Großherzogthum Berg gehörigen Landestheilen. § 7 der V. vom 30. Juni 1834 (G.-S. S. 99), § 24 des Ges. vom 19. Mai 1851 (G.-S. S. 379).

Nr. 202. Erk. vom 8. April 1854 (Just.-Min.-Bl. S. 367).

Ueber die Verbindlichkeit zur Entrichtung von Zollgefällen in der Rhpr. wurde der ordentliche Rechtsweg für unzulässig erachtet.

Vergl. das Erk. Nr. 53, §§ 35, 36 der V. vom 26. Dezember 1808 (N. C. C. XII S. 679), Kab.-Ord. vom 18. November 1828 (G.-S. 1829 S. 16), § 3 der V. vom 24. November 1843 (G.-S. S. 352).

Nr. 203. Erk. vom 29. April 1854 (Min.-Bl. d. i. V. S. 167 u. Just.-M.-Bl. S. 347.)

In den Fällen, wo bei Verteilung allgemeiner Lasten und Abgaben, namentlich des Militair-Vorspanns bei einer Mobilmachung, Jemand über die Gebühr belastet zu sein behauptet und deshalb Vergütigung von den Verpflichteten verlangt, ist der ordentliche Rechtsweg zulässig und der gegen die gerichtliche Klage erhobene Komp.-Konfl. für unbegründet zu erachten.

Die Entscheidung stützte sich auf §§ 78, 79 Tit. 14 Th. II. A. L. R. und auf den Grundsatz, daß der Militair-Vorspann zu den allgemeinen Anlagen oder Lasten gehöre, welchen sämtliche Einwohner des Staates oder alle Mitglieder einer gewissen Klasse derselben nach der bestehenden Landes-Verfassung unterworfen sind. Dieser Grundsatz erleidet heute insofern eine Abänderung, als die Vorspannleistungen nach Maßgabe des Reichsgesetzes über die Naturalleistungen für die bewaffnete Macht im Frieden vom 13. Februar 1875 (R.-G.-Bl. S. 52) beziehungsweise des Reichsgesetzes vom 21. Juni 1887 (R.-G.-Bl. S. 245) zu den Gemeindelasten im Sinne der §§ 18 und 34 des Zust.-Ges. v. 1. 8. 83 nicht mehr zu rechnen sind, während die in § 3 des Reichsges. über die Kriegsleistungen vom 13. Juni 1873 (R.-G.-Bl. S. 129) allerdings unter den Begriff der Gemeindeabgaben fallen. Im Uebrigen ist aber auch in diesem Falle nicht mehr der ordentliche Rechtsweg, sondern nach § 160 des Zust.-Ges. der Verwaltungs-Rechtsweg zulässig.

Nr. 204. Erk. vom 29. April 1854 (Just.-M.-Bl. S. 361).

In einer Streitigkeit unter den Mitgliedern einer Landgemeinde über die gegenseitige Beitragspflichtigkeit derselben zu den Gemeinde- und Sozietätslasten (Kirche und Schule) wurde der ordentliche Rechtsweg für zulässig erachtet auf Grund der §§ 78 ff. Tit. 14 Th. II. und §§ 31, 37—45 Tit. 7 A. L. R. Vergl. Erk. sub Nr. 58.

Heute würde man jede dieser Arten von Lasten für sich und besonders zu behandeln haben. Kommunallasten § 34, Schullasten § 46 und für beide § 160 des Zuständigkeitsgesetzes vom 1. August 1883. Wegen der Reklamationen gegen Kirchenabgaben vergl. Nr. 7 des Ministerialerlasses vom 15. Januar 1881 (K.-Ges. u. V.-Bl. S. 10) und § 58 der Verwaltungs-Ordnung vom 15. Dezember 1886.

Nr. 205. Erk. vom 29. April 1854 (Just.-Min.-Bl. S. 371).

Ueber vermeintliche Ansprüche auf Entschädigung für die zur Ungebühr erfolgte Einziehung von Gemeinde-Abgaben ist der ordentliche Rechtsweg im vorliegenden Falle für zulässig erachtet worden. Es handelte sich um das in den Landgemeinden der Provinz Westf. früher erhobene „Dienst-Pflug- und Rauhhühnergeld.“ Daran schloß sich die Frage: ob der Kläger eine, seiner Angabe nach von ihm teils unmittelbar, teils durch Vermittelung der verklagten Gemeindebehörde an den Fiskus gezahlte grundherrliche Abgabe von der Gemeinde deshalb erstattet verlangen konnte, weil die Gemeinde die vom Fiskus zur Erstattung dieser Abgabe geleistete Zahlung in Empfang genommen hatte. Das Fundament dieses Anspruchs bestand in der vom Kläger behaupteten privatrechtlichen Natur der von ihm gezahlten Abgabe und in der von ihm behaupteten Geschäftsbesorgung seitens der Gemeinde. Das eine, wie das andere, war ein privatrechtlicher Titel.

Nr. 206. Erk. vom 29. April 1854 (Just.-Min.-Bl. S. 379).

Ueber die Frage: inwiefern Staatsbeamte auf Grund des Ges. vom 11. Juli 1822 (Ges.-S. S. 184) auf Beiträge zu den Landwehr-Pferdegeldern Anspruch machen können, wurde der ordentliche Rechtsweg für zulässig erachtet. Der Rechtsgrundsatz ist gegenstandslos geworden durch die §§ 25 ff. des Reichsges. vom 13. Juni 1873 (R.-Ges.-Bl. S. 129). Die betreffenden Kosten tragen nicht mehr die Gemeinden, sondern das Reich.

Nr. 207. Erk. vom 3. Juni 1854 (Min.-Bl. d. i. V. S. 243 u. Just.-Min.-Bl. S. 394).

Entschädigungsklagen gegen Gendarmen wegen Handlungen und Maßregeln, welche sie vermöge ihrer Amtsgewalt vollzogen haben, können nicht im ordentlichen Rechtswege zum Austrag gebracht werden.

Ein Gendarm hatte auf seiner Patrouille einem Schwarzviehhändler den Gewerbeschein wegen angeblicher Unvollständigkeit abgenommen. Später erhielt der Händler den Schein von dem wegen seiner Vernehmung requirirten Landrat zurück, weil zur Fortnahme des Scheines kein Grund vorgelegen hätte. Der Komp.-Gerichtshof entschied, nachdem der Händler auf Entschädigung gegen den Gendarm gerichtlich geklagt hatte, daß der Beamte vollständig innerhalb seiner Befugnisse gehandelt habe. Es lag hiernach ein einfacher Konflikt vor, über welchen heute das Ober-Verwaltungsgericht zu entscheiden haben würde (§ 8 der Einleitung).

Nr. 208. Erk. vom 3. Juni 1854 (Just.-Min.-Bl. S. 375).

Gegen strompolizeiliche Anordnungen sind possessorische Klagen unzulässig. Fiskus hatte eine ihm unbestritten zustehende Servitutsberechtigung an einem Privatgrundstücke angeblich dergestalt überschritten, daß die Kläger dies als eine Anmaßung des vollen Eigentumsrechtes ansahen und deshalb die Besitzstörungsklage erhoben. Es lag aber doch nur eine strompolizeiliche Verfügung vor, für deren Beurteilung die §§ 95 Nr. 1 und 158 Abs. 2 des Zust.-Ges. v. 1. 8. 83

maßgebend sind: vergl. auch die Ges. vom 20. August 1883 (G.-S. S. 332) und vom 31. Mai 1884 (G.-S. S. 303).

Nr. 209. Erk. vom 3. Juni 1854 (Just.-Min.-Bl. S. 381).

Gegen polizeiliche Verfügungen, welche im Interesse der Landes- und Strompolizei angeordnet worden sind, ist der ordentliche Rechtsweg nicht zulässig. Der verklagte Fiskus hatte gelentlich der Schiffbarmachung der Ruhr im öffentlichen Interesse Einrichtungen getroffen, wodurch sich die Nachlaßmasse des Landgrafen von Hessen, als Besitzerin der Herrschaft Broich, beeinträchtigt fühlte.

Nr. 210. Erk. vom 3. Juni 1854 (Just.-Min.-Bl. S. 387).

Gegen die Einziehung von Gemeindeabgaben in der Rhpr. ist der ordentliche Rechtsweg unzulässig. Mit Genehmigung der Aufsichtsbehörde hatte die Gemeinde beschlossen, eine Gemeindeabgabe zu erheben, welche während der Badesaison von Jedem bezahlt werden sollte, welcher die dortigen Mineralbäder gegen Bezahlung verabreiche. Auf Rückzahlung dieser exekutivisch eingezogenen Abgabe klagte ein Gastwirth, (er hätte reklamiern sollen, heute in Gemäßheit der §§ 34 und 160 des Zust.-Ges. v. 1. 8. 83).

Nr. 211. Erk. vom 3. Juni 1854 (Just.-Min.-Bl. S. 392).

Gegen polizeiliche Verfügungen über die Beerdigung von Leichnamen auf einem Begräbnisplatze können Besitzstörungsklagen nicht angebracht werden. Ein katholischer Kirchenvorstand wollte nicht dulden, daß auf einem zwar katholisch eingeweihten, aber doch der Stadtgemeinde gehörenden Begräbnisplatze (Simultankirchhofe) Beerdigungen nach evangelischem Ritus stattfänden. Gleichwohl wurde demnächst auf Befehl der Regierung eine solche evangelische Leichenfeier auf dem Kirchhofe veranstaltet und zwar unter polizeilichem Beistande und nicht ohne Excesse seitens der Katholiken. Nunmehr klagte der katholische Geistliche gegen den evangelischen wegen Besitzstörung, jedoch wurde diese Klage für unzulässig erachtet. Es handelte sich um polizeiliche Verfügungen und Zwangsbefugnisse im Sinne der §§ 127 ff. und §§ 132 ff. des L.-V.-G. vom 30. Juli 1883.

Nr. 212. Erk. vom 3. Juni 1854 (Just.-Min.-Bl. S. 399).

Bei Streitigkeiten über die Rechtsbeständigkeit von Jagdpachtverträgen welche von Gemeindebehörden mit dritten Personen abgeschlossen worden sind' wurde der ordentliche Rechtsweg für zulässig erachtet. ,

Ein Landrat hatte einen zwischen dem Magistrat und einem Jagdkundigen abgeschlossenen Vertrag aufgehoben, weil die Jagdnutzung nicht öffentlich ausgeboten und zur Lizitation gestellt sei. Hiervon seitens des Magistrats in Kenntnis gesetzt, klagte der Jagdpächter unter Berufung auf § 10 des Jagdpolizeiges. vom 7. März 1850 auf Anerkennung seines vertragsmäßigen Rechtes. Der hiergegen erhobene Komp.-Konfl. stützte sich auf einen Ministerial-Erlaß vom 4. August 1852 (Min.-Bl. d. i. V. S. 175), wozu der Kompetenzgerichtshof jedoch Folgendes bemerkte: Allerdings sei in jenem Erlasse ausgesprochen, daß die Jagdpachtkontrakte zwar nicht der landrätlichen Bestätigung zu ihrer Gültigkeit bedürfen, daß aber der Landrat befugt sei, einen derartigen Vertrag aufzuheben und für ungültig zu erklären. Allein, wenn darin diese Befugnis aus dem Aufsichtsrechte über die Gemeindebehörden hergeleitet werde, vermöge dessen dafür Sorge zu tragen sei, daß diese gesetzwidrige Geschäfte nicht abschließen, und wenn ferner dabei nur von denjenigen Fällen die Rede sei, in denen die Verträge entweder den Bestimmungen des Jagdpolizeiges. geradezu zuwiderlaufen, oder auf irgend welchen Nebenwegen dessen Intentionen zu vereiteln geeignet oder wohl gar bestimmt seien, so scheine die Absicht jenes Erlasses nur dahin zu gehen, daß von Seiten der Landräte der Ausführung solcher Jagdpachtkontrakte, die sie für nicht zu Recht bestehend erachten, durch Einschreiten gegen die ihrer Aufsicht unterworfenen Gemeindebehörden Einhalt gethan werde, ohne daß dritten Personen, welche die Rechtsbeständigkeit des Vertrages behaupten möchten, die Verfolgung ihrer vermeintlichen Rechte aus demselben im Wege Rechtens verschränkt würde. Ein Ministerialerlaß sei übrigens kein Ges.

Nr. 213. Erk. vom 16. September 1854 (Min.-Bl. d. i. V. S. 242 u. Just.-Min.-Bl. S. 423)

Ueber die Frage: zu welchem Gemeinde-Verbande ein Grundstück gehört, ist der ordentliche Rechtsweg nicht zulässig. Jemand besaß in einer benachbarten städtischen Feldflur Feld- und Wiesengrundstücke und sollte deshalb zu dem Gehalte des dort angestellten Feldhüters beitragen, weil die städtischen Behörden beschlossen hatten, daß diese Besoldung von den Besitzern der in der Feldflur belegenen Grundstücke nach Maßgabe ihres Besitztums aufgebracht werden sollten. Vorausgesetzt, daß die dem Kläger zugehörigen Grundstücke unbestritten in dem städtischen Gemeindebezirk liegen, worüber nur die Verwaltungsbehörden entscheiden konnten, handelt es sich immer um eine Kommunalabgabe, hinsichtlich welcher Streitigkeiten in der Regel nicht von dem ordentlichen Richter entschieden werden können.

Streitigkeiten über die bestehenden Grenzen der Stadtbezirke werden jetzt nach § 9 des Zust.-Ges. v. 1. 8. 83 im Verwaltungsstreitverfahren entschieden, wegen der Reklamationen in städtischen Abgabenangelegenheiten ist der § 18 a. a. O. maßgebend.

Nr. 214. Erk. vom 16. September 1854 (Min.-Bl. d. i. V. S. 258 u. Just.-Min.-Bl. S. 428).

Wegen Erhebung städtischer Steuern, welche mit Genehmigung der vorgesetzten Regierung von dem Magistrate angeordnet sind, ist der ordentliche Rechtsweg nicht zulässig.

In Breslau wurde von den in die Stadt eingeführten Brennmaterialien (Holz, Torf, Kohlen u. s. w.), Bier und Wildpret eine Eingangssteuer erhoben. Ueber die Erhebung dieser Steuer war ein von dem Provinzial-Steuer-Direktor erlassenes Regulativ von 1852 ergangen, nach dessen § 9 für ausgeführtes Brennmaterial Vergütigung der Steuer stattfinden sollte. Dazu erließ der Magistrat eine Bekanntmachung, nach deren § 2 auf diese Steuervergütigung nur solche Niederlagen und Händler Anspruch machen konnten, welche über ihren Handel und ihre Versendungen Buch führen, auch wurde nach § 5 dieser Bekanntmachung die betreffende Vergünstigung nur mit dem ausdrücklichen Vorbehalt des Widerrufs erteilt und sollte Jedem, welcher die Maßregel zur Uebervorteilung der städtischen Kasse mißbrauchen würde, sofort entzogen werden.

Letzteres geschah einem Kohlenhändler, weil er bei einem Kohlentransport doppelt deklariert hatte. Auf die gerichtliche Klage mit dem Antrage auf Auszahlung der inzwischen fällig gewordenen Rücksteuer wurde der Komp.-Konfl. für begründet erachtet, weil auch diese Rücksteuer unter den Begriff der allgemeinen Anlagen im Sinne der §§ 2, 3, 78, 79, Tit. 14, Teil II A. L.-R. fielen. Die Frage wegen der Rücksteuern stehe mit dem städtischen Besteuerungsrechte in unmittelbarer Beziehung. Jetzt dürfte die Erledigung dieses Streites ebenfalls nach § 18 des Zust.-Ges. v. 1. 8. 83 erfolgen, denn die verweigerte Rückerstattung steht in ihren Wirkungen einer „Heranziehung“ vollständig gleich.

Nr. 215 Erk. vom 16. September 1854 (Min.-Bl. d. i. V. S. 259 u. Just.-Min.-Bl. S. 430).

Ueber die Frage: welches Rechtsverhältniß unter den Mitgliedern einer Dorfgemeinde in Ansehung der Beitragspflicht zu den gemeinen Lasten auf Grund spezieller Rechtstitel oder allgemeiner Gesetze besteht, und: welche Mitglieder im gesetzlichen Sinne zu d.n Gespann haltenden Wirthen zu zählen sind, ist der ordentliche Rechtsweg zulässig und der gegen eine Klage auf Befreiung gerichtete Komp.-Konfl. ist für unbegründet zu erachten.

Dieser Grundsatz kam zur Anwendung, als die mit gespannfähigem Ackerland angesessenen Büdner einer Dorfschaft sich weigerten, zu den Gemeindespanndiensten beizutragen und dieserhalb von den Bauern und Kossäthen mit dem Antrage gerichtlich verklagt wurden, die Beklagten für schuldig zu erachten, Gemeinde-Spanndienste — ausgenommen zu den Kirchen-, Pfarr- und Schulbauten — zu leisten.

Heute ist in diesen Angelegenheiten an die Stelle des ordentlichen Rechtsweges in Gemäßheit des § 34 des Zust.-Ges. vom 1. 8. 1883 der Verwaltungsrechtsweg getreten, jedoch ist zu bemerken, daß die auf Reklamation gegen direkte Steuern bezüglichen Vorschriften des Gesetzes vom 18. Juni 1840 (G.-S. S. 140) und des Gesetzes vom 12. April 1882 (G.-S. S. 297) auf Gemeindedienste (Hand- und Spanndienste) keine Anwendung finden (Endurtheil des O.-V.-G. vom 1. März 1879 — Entsch. Bd. V. S. 99, Parey, Rechtsgrundsätze des O.-V.-G., Stammwerk S. 120 Nr. 32 —). Im vorliegenden Falle handelt es sich um einen Streit in Gemäßheit des Abs. 3, in § 34, welcher aber nunmehr ebenfalls im Verwaltungsstreitverfahren zum Austrag zu bringen ist. (Vergl. § 160 des Zust.-Ges. vom 1. 8. 83).

Nr. 216. Erk. vom 16. September 1854 (Just.-Min.-Bl. S. 405).

Ueber Streitigkeiten, welche das Eigentum einzelner Mitglieder einer rheinischen Landgemeinde an dem ihnen zugeteilten Loosholze, oder die Gewährung einer Entschädigung dafür zum Gegenstande haben, ist der ordentliche Rechtsweg zulässig. Im Auftrage des Landrates hatte der Bürgermeister das Loosholz verkauft, um daraus den Wert des von andern Gemeindemitgliedern gelieferten Roggens zu decken. Die sich hieraus entwickelnden Rechtsfragen waren rein privatrechtlicher Natur.

Nr. 217. Erk. vom 16. September 1854 (Just.-Min.-Bl. S. 418).

Streitigkeiten unter Mitgliedern einer Gemeinde oder mit dem Vorstande derselben über die Verteilung der Gemeindenutzungen sind dem ordentlichen Rechtswege auch dann entzogen, wenn die Verteilung schon ausgeführt worden ist. Es handelte sich um Verteilung von Rotthecken zur Lohegewinnung. Vergl. jetzt §§ 18, 34 und 160 des Zust.-Ges. v. 1. 8. 83.

Nr. 218. Erk. vom 16. September 1854 (Just.-Min.-Bl. S. 438).

Streitigkeiten über solche Leistungen der Gemeindemitglieder an Kirche und Schule, welche nicht auf allgemeinen gesetzlichen Bestimmungen oder Orts-Observanzen, sondern auf rezeßmäßigem Uebereinkommen beruhen, sind dem ordentlichen Rechtswege unterworfen. Der Streit bezog sich auf die Auslegung eines von der Generalkommission bestätigten Regulirungs-Rezesses von 1826, nach welchem seitens der Dorfschaft den Geistlichen und Lehrern ein gewisses Quantum Deputatholz angefahren werden mußte. Die Gemeinde hatte gegen den Fiskus auf teilweise Befreiung von dieser Auflage geklagt.

Nr. 219. Erk. vom 7. Oktober 1854 (Min.-Bl. d. i. V. 1855 S. 11 u. Just-Min.-Bl. S. 452).

Ueber die Verpflichtung der Eisenbahn-Gesellschaften, die benachbarten Grundbesitzer gegen Gefahren und Nachteile in der Benutzung ihrer Grundstücke zu sichern, ist der ordentliche Rechtsweg unzulässig. (§ 14 des Eisenbahn-Gesetzes vom 3. November 1838.) Die Eisenbahn-Gesellschaften sind zur Entrichtung und Unterhaltung aller Anlagen verpflichtet, welche die Regierung (jetzt der Regierungspräsident) an Wegen, Ueberfahrten, Triften, Einfriedigungen, Bewässerungs- und Vorflutsanlagen u. s. w. nötig sind, damit die benachbarten Grundbsietzer gegen Gefahren und Nachteile in der Benutzung ihrer Grundstücke gesichert werden. Diese Verpflichtung der Eisenbahn-Gesellschaften ist aber — sofern sie nicht auf einen speziellen privatrechtlichen Titel begründet wird — gesetzlich von der Kognition des Regierungspräsidenten (§ 18 des L.-V.-G. vom 30. Juli 1883) abhängig gemacht und deshalb der ordentliche Rechtsweg ausgeschlossen (Ministerial-Erlaß vom 14. November 1853 — Min.-Bl. d. i. V. S. 287, 288). Dieser Grundsatz besteht noch heute, es ist also in diesen Fragen auch für das Verwaltungsstreitverfahren kein Raum. Vergl. § 158 des Zust.-Ges. v. 1. 8. 83, Endurteil des O.-V.-G. vom 3. März 1883 (Entsch. Band IX, S. 394, Parey, Rechtsgrundsätze des O.-V.-G., Stammwerk S. 246, Nr. 61). Was in dieser Entscheidung von dem § 14 des Eisenbahngesetzes gesagt ist, gilt auch von dem § 14 des Enteignungsgesetzes vom 11. Juni 1874. Der daselbst geordnete Instanzenzug bleibt durch die jetzt geltende Verwaltungsgesetzgebung unberührt. Bemerkenswert ist es, daß es sich in diesem Falle um eine Pferde-Eisenbahn handelte.

Nr. 220. Erk. vom 7. Oktober 1854 (Min.-Bl. d. i. V. 1855 S. 13 und Just.-Min.-Bl. 1855 S. 7).

Die Ansprüche der bei Abschätzung der Mobilmachungspferde zugezogenen Taxatoren an Diäten und Reisekosten sind vom ordentlichen Rechtswege nicht ausgeschlossen. Dieser Grundsatz dürfte auch jetzt noch Platz greifen, wenigstens hinsichtlich der Taxatoren, welche nicht Beamte sind. Vergl. §§ 16, 25 und 35 des Pferde-Aushebungs-Reglements vom 12. Juni 1875 (abgedruckt in den Amtsblättern), Bekanntmachung vom 27. Oktober 1881 (Armee-Verordnungs-Blatt S. 266) und vom 4. Oktober 1883 (a. a. O. S. 171).

Nr. 221. Erk. vom 7. Oktober 1854 (Just.-Min.-Bl. S. 424).

Gegen Verfügungen der Polizeibehörden, durch welche Jemanden das Halten einer Privatschule untersagt und die Schließung der Schule angeordnet wird, ist der ordentliche Rechtsweg nicht zulässig. (§ 2 und 18 der Regierungsinstruktion vom 23. Oktober 1817, §§ 127 ff. des L.-V.-G. 30. Juli 1883).

Nr. 222. Erk. vom 7. Oktober 1854 (Just.-Min.-Bl. S. 443).

Streitigkeiten über die Verbindlichkeit, zu den Kultuskosten einer Kirchengemeinde beizutragen, sind im Allgemeinen vom ordentlichen Rechtswege ausgeschlossen. Durch die Behauptung, daß man aus dem Parochialverbande ausgetreten sei, wird die Zulässigkeit des ordentlichen Rechtsweges nicht begründet.

Wegen der kirchlichen Reklamationen vergl. jetzt Nr. 7 des Ministerialerlasses vom 15. Januar 1881 und § 58 der Verwaltungs-Ordnung vom 15. Dezember 1886. Wegen des Austrittes aus der Kirche vergl. jetzt Ges. vom 14. Mai 1873 (G.-S. S. 207), §§ 3 und 4.

Nr. 223. Erk. vom 7. Oktober 1854 (Just.-Min.-Bl. S. 446).

Die Einziehung von Gerichtskosten und Gerichtsschreibereigebühren von einem Andern als dem Extrahenten konnte damals in der Rhpr. nur auf Grund richterlicher Entscheidung erfolgen; Streitigkeiten darüber waren daher dem ordentlichen Rechtswege unterworfen.

Nr. 224. Erk. vom 7. Oktober 1854 (Just.-Min.-Bl. 1855, S. 13).

Gegen die Anordnungen der Verwaltungsbehörden über die Benutzung, Teilung und Verwaltung der Begräbnisplätze für verschiedene Konfessionen ist der ordentliche Rechtsweg nicht zulässig. Derartige Teilungen waren in der Rhpr. zulässig auf Grund eines Dekretes vom 12. Juni 1804.

Nr. 225. Erk. vom 7. Oktober 1854 (Just.-Min.-Bl. 1855, S. 18).

Ansprüche an den Staat aus vertragsmäßigen Verbindlichkeiten, welche während der ehemaligen Fremdherrschaft in den neu- und wieder eroberten Provinzen von den früheren Gouvernements eingezogen worden, sind dem ordentlichen Rechtswege nicht unterworfen; dies gilt namentlich von dem im Jahre 1807 von der französischen Verwaltung vorgenommenen Verkauf der Domanialrenten.

Nr. 226. Erk. vom 7. Oktober 1854 (Just.-Min.-Bl. 1855, S. 35).

Gegen polizeiliche Verfügungen, durch welche Jemand einen vorgenommenen Bau abzuändern, aufgefordert und im Falle der Unterlassung in eine Ordnungsstrafe genommen wird, ist der ordentliche Rechtsweg nicht zulässig. Vergl. §§ 127 ff. und §§ 132 ff. des L.-V.-G. vom 30. Juli 1883.

Nr. 227. Erk. vom 7. Oktober 1854 (Just.-Min.-Bl. 1855, S. 43).

Gegen die Einziehung städtischer Kommunalabgaben, welche vom Magistrat ausgeschrieben und von der vorgesetzten Regierung (Aufsichtsbehörde) genehmigt sind, ist der ordentliche Rechtsweg ausgeschlossen. §§ 18 und 160 des Zust.-Ges. v. 1. 8. 83.

Nr. 228. Erk. vom 16. Dezember 1854 (Min.-Bl. d. i. V. 1855, S. 81 und Just. Min.-Bl. 1855, S. 88).

Der Anspruch auf Schadenersatz, welchen ein Grundeigentümer erhebt, weil ihm in Folge der Versagung von Schutzanlagen seitens der Eisenbahn-Verwaltung Erschwerungen in der Wirtschaftsführung entstehen, kann im ordentlichen Rechtswege geltend gemacht werden.

Ein Gutsbesitzer, dessen Gut von der Eisenbahn durchschnitten wird, hatte die letztere gerichtlich verklagt mit dem Antrage, den Fiskus zu verurteilen, daß er dem Kläger die Kosten der Unterhaltung von vier Hülfshütern, einschließlich der für dieselben erforderlichen Wohnung bezahle, wenn er es nicht vorziehen sollte, statt dessen die Kosten der Bewährung der Bahn, soweit sie durch die Feldmark führt, mit einem Zaun zu bezahlen oder diese Bemühung selbst auszuführen. Die Alternative war also in das Belieben des Fiskus gestellt, ohne darüber eine gerichtliche Entscheidung zu begehren. Es handelt sich also um einen Entschädigungsanspruch, über welchen nach § 11 des Eisenbahngesetzes vom 3. November 1838 der ordentliche Rechtsweg zulässig ist.

Dieser Grundsatz ist noch heute maßgebend. (Siehe Eger's Kommentar zum Enteignungsgesetze vom 11. Juni 1874, Breslau 1887, S. 412.)

Nr. 229. Erk. vom 16. Dezember 1854 (Min.-Bl. d. i. V. 1855 S. 85 und Just.-Min.-Bl. 1855, S. 129).

Gegen Beamte kann aus Handlungen oder Aeußerungen bei Ausübung ihres Amtes eine Injurienklage nur dann gestellt werden, wenn in den Handlungen oder Aeußerungen eine zur gerichtlichen Verfolgung geeignete Ueberschreitung ihrer Amtsbefugnisse zu finden ist. Ein Landrat sollte in einem an das Ortsgericht erlassenen Dekrete den Kläger verleumderischer Weise beleidigt haben. Jetzt Konfliktssache (Einleitung § 8).

Nr. 230. Erk. vom 16. Dezember 1855 (Just.-Min.-Bl. 1885 S. 51).

Die polizeiliche Beschlagnahme von Sachen hindert nicht, Eigentumsansprüche an denselben im ordentlichen Rechtswege geltend zu machen. Eine Kiste mit Kleidungsstücken war polizeilich mit Beschlag belegt worden, weil der Eigentümer verdächtig war, dieselben seinem fahnenflüchtigen Sohne nachsenden zu wollen. Auf die gegen die beteiligten Beamten erhobene Klage wurde entschieden, daß, soweit die Klage auf Anerkennung des Eigentums von der polizeilich in Beschlag genommenen Kiste und ihrem Inhalt und auf Herausgabe derselben oder Zahlung ihres Wertes gerichtet war, der ordentliche Rechtsweg zulässig sei, hinsichtlich des Anspruchs auf Entschädigung dagegen unzulässig. Es kollidierten hier Privatinteressen mit polizeilichen Verfügungen, denn die Kiste gehörte nicht dem Fahnenflüchtigen, sondern dessen Vater, welchen aber die Strafe der Fahnenflucht (Vermögenseinziehung) nicht treffen konnte.

Nr. 231. Erk. vom 16. Dezember 1854 (Just.-Min.-Bl. 1855 S. 58).

Die ehemals von einigen Städten der Mark Brandenburg zu entrichtende Urbede hat die Natur einer Grundsteuer, deshalb sind Streitigkeiten über die Erhebung derselben vom ordentlichen Rechtswege ausgeschlossen. Wegen der jetzt zulässigen Rechtsmittel siehe Parey, Verwaltungsrecht, Berlin 1887, Bd. II S. 75.

Nr. 232. Erk. vom 16. Dezember 1854 (Just.-Min.-Bl. 1855 S. 74).

1. Gegen eine polizeiliche Verfügung, wodurch zum Zwecke der Wegschaffung eines polizeiwidrig errichteten Gebäudes eine Geldstrafe angedroht worden, ist der ordentliche Rechtsweg nicht zulässig. (§§ 127 ff. und §§ 132 des L.-V.-Ges. v. 30. 7. 83.

2. Der Komp.-Konfl. ist zwar ausgeschlossen, wenn ein rechtskräftiges Urteil vorliegt, als solches konnte aber nach rheinischem Rechte ein friedensrichterliches Urteil letzter Instanz nicht ohne weiteres gelten, wenngleich der Kassationsrekurs gegen dasselbe nicht wegen jeder Gesetzesverletzung zulässig war; der Komp.-Konfl. erschien daher statthaft, wenn derselbe vor Ablauf der Frist zur Einlegung des Kassationsrekurses erhoben worden.

Nr. 233. Erk. vom 16. Dezember 1854 (Just.-Min.-Bl. 1855 S. 81.)

Für die Entscheidung von Streitigkeiten zwischen einer rheinischen Gemeinde und einem Gemeindebeamten über das demselben vertragsmäßig gebührende Gehalt wurde der ordentliche Rechtsweg für zulässig erachtet. Dieser unter der Herrschaft der Gemeinde-Ordnung vom 11. März 1850 entstandene Grundsatz dürfte sich jetzt schwerlich aufrecht erhalten lassen. Siehe § 32 Nr. 4 des Zust.-Ges. vom 1. 8. 83 und § 121 des L.-V.-G. v. 30. Juli 1883.

Nr. 234. Erk. vom 16. Dezember 1854 (Just.-Min.-Bl 1855 S. 89).

Klagen, welche die Feststellung der Verbindlichkeit des Fiskus zur Unterhaltung einer Brücke zum Gegenstande haben, sollten von dem ordentlichen Rechtswege ebensowenig ausgeschlossen sein, wie die Streitigkeiten darüber: ob ein bestehender Weg nach den gesetzlichen Kriterien eine Landstraße und demgemäß vom Fiskus zu unterhalten sei. Diese Grundsätze sind jetzt nach § 56 des Zust.-Ges. v. 1. 83. in Verbindung mit den Anführungen in § 10 der Einleitung zu diesem Buche nicht mehr aufrecht zu erhalten.

Nr. 235. Erk. vom 3. Februar 1855 (Min.-Bl. S. 87 und Just.-Min.-Bl. S. 130).

Ein westfälischer Amtmann hatte einem Schlächterlehrling, welcher sich in der Gemeindeversammlung eingefunden hatte und sich ungeziemend betrug, die Mütze vom Kopf geschlagen, ihn geschlagen und einen Schlingel genannt: Es handelte sich um einen Konflikt (§ 8 der Einleitung).

Nr. 236. Erk. vom 3. Februar 1855 (Min.-Bl. d. i. V. S. 88 u. Just.-Min.-Bl. S. 131).

Ein westfälischer Amtmann hatte im Termin einen Anwesenden mit mehrfachen Schimpfworten beleidigt „Großmaul, großmäuliger Kerl und Heide“ und ihn dann noch zur Thür hinausgeworfen. Es handelte sich also um einen Konflikt im Sinne des § 8 der Einleitung. Diesmal wurde übrigens der ordentliche Rechtsweg für zulässig erachtet.

Nr. 237. Erk. vom 3. Februar 1855 (Min.-Bl. d. i. V. S. 70 u. Just.-Min.-Bl. S. 99).

Gegen exekutivische Anordnungen der Militairbehörden über die Gewährung von Naturalquartier für Militairpferde ist der Rechtsweg nicht gestattet. Es handelt sich hierbei nicht um polizeiliche Verfügungen im Sinne des Ges. vom 11. Mai 1842, sondern um Akte der Servis- und Kommunalverwaltung.

Derartige Angelegenheiten erledigen sich jetzt nach § 51 des Zust.-Ges. v. 1. 8. 83.

Nr. 238. Erk. vom 3. Februar 1855 (Just.-M.-Bl. S. 108).

Die Befugnis der Regierungen, einen Fährpächter nach abgelaufener Pachtzeit zu exmittiren, setzt ein Zeitpachtverhältnis voraus. Im vorliegenden Falle handelte es sich nicht um Zeitpacht, sondern um eine durch landesherrliches Privilegium begründete, zu e m p h y t e u t i s c h e n Rechten verliehene Fährgerechtigkeit, deren Ausübung dem Berechtigten seitens der Verwaltungsbehörde untersagt worden war Der ordentliche Rechtsweg wurde für zulässig erachtet.

Nr. 239. Erk. vom 17. Februar 1855 (Min.-Bl. d. i. V. S. 68 u. Just.-Min.-Bl. S. 155).

Streitigkeiten über die Verbindlichkeit, zu den kirchlichen Bedürfnissen einer Gemeinde beizusteuern, sind dem ordentlichen Rechtswege nicht unterworfen, das Prozeß-Verfahren ist aber zulässig, wenn die Partei behauptet, vermöge ihrer Eigenschaft als Staatsbeamter von der Parochie ihres Wohnortes eximirt und demgemäß von den Parochiallasten befreit zu sein.

Die Entscheidung stützt sich auf §§ 283—287 Tit. 11 Teil II A. L.-R. Diese Bestimmungen sind aber aufgehoben durch Ges. vom 3. Juni 1876 (G.-S. S. 154), vergl. dazu den Erlaß des Evangelischen Ober-Kirchenrates vom 25. März 1886 (Kirchliches Ges.- und Verordnungsblatt S. 57, und Kries „Preußische Kirchengesetzgebung“, Danzig 1887 S. 27 am Schluß der Anm. 1).

Nr. 240. Erk. vom 17. Februar 1855 (Min.-Bl. d. i. V. S. 134 u. Just.-Min.-Bl. S. 145).

Klagen suspendirter Gemeindebeamten, daß ihnen während ihrer Amtssuspension zu viel von ihrem Diensteinkommen entzogen worden sei, können nach aufgehobener Suspension im Wege des Zivilprozesses geltend gemacht werden. Kläger hatte behauptet, daß seinem Stellvertreter während der Suspension zu viel von dem innebehaltenen Gehalte gezahlt worden sei. Dieser

Grundsatz ist aufrecht erhalten (vergl. Seydel, Kommentar zu dem Ges. vom 11. Juli 1852, Berlin 1883, S. 194).

Nr. 241 Erk. vom 17. Februar 1855 (Min.-Bl. d. i. V. S. 117 u. Just.-Min.-Bl. S. 155).

Es handelte sich um einen Konflikt in einer Anklagesache gegen einen schlesischen Gerichtsschulzen, welcher das durch Köpfen von Weiden gewonnene Holz im Interesse der Gemeinde verwendet hatte. (Vergl. Einleitung § 8).

Nr. 242. Erk. vom 17. Februar 1855 (Just.-Min.-Bl. S. 121).

Die Frage: ob eine Zivilgemeinde in den Landesteilen des linken Rheinufers verpflichtet sei, eine dem katholischen Bevölkerungs-Verhältnisse und dessen voraussichtlicher Vermehrung entsprechende katholische Kirche zu bauen, ist im ordentlichen Rechtswege zu entscheiden. Dagegen ist die Bestimmung der Frist, in welcher der Bau angefangen und vollendet sein muß, sowie überhaupt die Ausführung des Baues Sache der Verwaltungsbehörden. § 4 des Ges. vom 14. März 1845. G.-S. S. 163. Vergl. § 13 des Gesetzes vom 14. März 1880 (Ges.-S. S. 225).

Nr. 243. Erk. vom 17. Februar 1855 (Just.-Min.-Bl. S. 135).

Streitigkeiten über die Notwendigkeit und über die Art eines Kirchenbaues oder einer Kirchenreparatur, desgleichen über die Verpflichtung, zu den Baukosten beizutragen, sind dem ordentlichen Rechtswege unterworfen. Dagegen ist ein gerichtliches Prozeßverfahren über die Verbindlichkeit, zu anderen kirchlichen Bedürfnissen der Gemeinde, insbesondere zur Deckung eines Kirchenkassen-Defizits beizusteuern, unzulässig. Durch die Behauptung, daß man aus der Kirche ausgetreten sei und dadurch aufgehört habe, dem Parochialverbande der Gemeinde anzugehören, wird der ordentliche Rechtsweg nicht begründet.

Allg. Landrecht II. 11. §§ 708 ff., 757 ff., Kab.-O. vom 18. Februar 1805 (N. C. C. XI. S. 2933), §§ 36, 41 der V. vom 26. Dezember 1808 (N. C. C. XII. S. 679). Gesetz vom 14. Mai 1873 (betrifft den Austritt aus Kirche — G.-S. S. 207 —).

Nr. 244. Erk. vom 17. Februar 1855 (Just.-Min.-Bl. S. 168)

Gegen sanitätspolizeiliche Verfügungen der Behörden ist eine Possessorienklage unzulässig. Es handelte sich um die Anlegung eines Entsumpfungsgrabens auf einem Privatgrundstücke aus sanitätspolizeilichen Gründen. §§ 127 ff. des L.-V.-G. vom 30. Juli 1883.

Nr. 245. Erk. vom 10. März 1855 Min.-Bl. d. i. V. S. 114 u. Just.-Min-Bl. S. 161.

Konfliktssache in einem Zivilprozesse gegen einen Postrat, welcher seitens des Klägers dafür verantwortlich gemacht werden sollte, daß er die Verhaftung des letzteren wegen Diebstahls an Makulatur veranlaßt hatte, wodurch Kläger stellenlos geworden war (§ 8 der Einleitung).

Nr. 246. Erk. vom 10. März 1855 (Min.-Bl. d. i. V. S. 125 u. Just.-Min.-Bl. S. 178).

Ueber die Befugnis der Chausseebau-Gesellschaften, auf den benachbarten Grundstücken nach dem zum Chausseebau erforderlichen Material an Kies, Sand und Steinen graben zu dürfen, sowie über die Ausführung und den Umfang dieser Befugnis ist der ordentliche Rechtsweg unzulässig, dagegen ist die Entschädigungsfrage dem ordentlichen Rechtswege unterworfen. Die Entscheidung stützt sich auf die Vorschriften in dem kurmärkischen Edikte vom 18. April 1792 (Rönne, Wegegesetze, Breslau 1852 S. 207). Diese Vorschriften sind jetzt ersetzt durch §§ 50—53 des Enteignungsges. vom 11. Juni 1874 (Ges.-S. S. 221) in Verbindung mit §§ 150 und 151 des Zust.-Ges. v. 1. 8. 83.

Nr. 247. Erk. vom 10. März 1855 (Min.-Bl. d. i. V. S. 170 u. Just.-Min.-Bl. S. 218).

Die Frage: inwiefern Streitigkeiten in Vorfluts-Angelegenheiten (Grabenräumungen) dem ordentlichen Rechtswege unterworfen sind, ist jetzt durch den §§ 65 und 66 des Zust.-Ges. v. 1. 8. 83 geregelt.

Es handelte sich im vorliegenden Falle um eine polizeiliche Anordnung zur Räumung eines Grabens behufs Abführung des Wassers aus einem in der Königl. Forst belegenen See nach gewissen Teichen. Kläger hatte sich geweigert, der Anordnung der Behörde Folge zu leisten, worauf dieselbe die Räumung des Grabens im Wege der Exekution ausführen ließ und die Kosten von dem Kläger einzog. Diese Kosten wurden nunmehr gerichtlich gegen den Fiskus eingeklagt mit der klägerischen Behauptung, daß auf seinem Grundstücke niemals ein Graben existirt habe, der jetzt vorhandene nicht *geräumt*, sondern auf Anordnung der Behörde erst neu angelegt sei. Da er sich nicht für verbunden hielt, sich dies gefallen zu lassen, so trug er klagend darauf an, den Fiskus zu verurteilen, daß er seine, des Klägers, Befreiung von der Verpflichtung, den Graben auf seinem Grundstücke zu dulden, anerkenne und den kurz vorher gezogenen Graben wieder zuwerfe. Der erste Richter wies die Klage wegen Unzuständigkeit des Gerichtes ab, wogegen die Appellation eingelegt wurde. Nunmehr erhob die Regierung den Komp.-Konfl., den sie auf das „sogenannte" *) Vorfluts-Edikt vom 15. November 1811 gründete, nämlich auf die §§ 10 und 19, wobei bemerkt wurde, durch diese Bestimmungen sei der ordentliche Rechtsweg ausgeschlossen sowohl bei Entscheidung der Frage:

> ob zur Ablassung von Teichen oder Seeen überhaupt Vorflut zu gestatten, ob also auch die Ziehung eines neuen Grabens notwendig sei,

als auch darüber:

> wann und wie die Räumung eines bereits vorhandenen Grabens bewirkt werden sollte.

Nur ein unter den *Beteiligten* etwa stattfindender Streit über die Verpflichtung zur Räumung unterliege der richterlichen Entscheidung. Dieser Fall sei aber nicht Gegenstand der Klage, indem Kläger nicht einmal behauptet habe, daß ihm jene Verpflichtung nicht obliege (!).

Dieser Komp.-Konfl. wurde für unbegründet und der ordentliche Rechtsweg für zulässig erachtet mit folgender Begründung:

Von den beiden Bestimmungen — §§ 10 und 19 des Ges. v. 15. November 1811 — passe die zweite im § 19 enthaltene nicht auf den vorliegenden Fall. Dieser (außerdem jetzt durch § 68 Abs. 2 des Zust.-Ges. v. 1. 8. 83 aufgehobene) Paragraph stehe in genauem Zusammenhange mit den unmittelbar vorhergehenden §§ 15—18 und beziehe sich lediglich auf das Verfahren für Fälle, in denen ein Grundbesitzer sich des auf seinen Ländereien stehenden Wassers entledigen wolle. Der Provokant soll sich in Ermangelung gütlicher Einigung an die Provinzial-Polizeibehörde wenden (jetzt an den Kreis-(Stadt-) Ausschuß) und die Bedingungen nachweisen, von welchen das Gesetz die Gestattung der Vorflut abhängig macht. Der Antrag soll demnächst durch eine Lokaluntersuchung näher erörtert und auf Grund derselben von derselben Behörde bestimmt werden, ob die Ablassung des Wassers überhaupt stattfinden kann und unter welchen Modalitäten sie ausgeführt werden müsse. Wollen sich die Interessenten — so bestimmte früher der § 19 — dieser Bestimmung nicht unterwerfen, so findet dagegen keine gerichtliche Klage, sondern nur die Berufung an die höhere Polizeibehörde statt (jetzt der Antrag auf mündliche Verhandlung im Verwaltungsstreitverfahren an den Kreis-(Stadt-)Ausschuß).

---

*) Es muß nämlich nicht heißen „Edikt", sondern „Gesetz".

Es ergebe sich hieraus, daß die Vorschriften des § 19 wegen des Ausschlusses des **ordentlichen** Rechtsweges nicht anders zur Anwendung kommen könne, als wenn das im § 15 ff. angeordnete Provokations-Verfahren zum Zweck einer Entwässerungs-Anlage vorhergegangen und darin von der zuständigen Behörde gemäß § 18 Entscheidung getroffen sei. Ein solches Verfahren habe im vorliegenden Falle nicht stattgefunden, vielmehr sei die Gemeinde auf Antrag des Oberförsters in der oben angegebenen Weise zur Herstellung des Grabens gezwungen worden.

Aber auch der § 10 des Vorflutsgesetzes lasse den beklagten Fiskus im Stich, denn nach dieser Vorschrift sei nur über das „Wann" und „Wie" der Räumung eines Grabens der ordentliche Rechtsweg absolut ausgeschlossen, dagegen sei derselbe über die **Verpflichtung** der Räumung wohl zulässig, denn die Polizeibehörde habe in Streitfällen über die Verpflichtungsfrage nur interimistisch zu entscheiden und nach § 5 des Gesetzes vom 11. Mai 1842 stehe es dem Grundbesitzer, der sich dadurch in seinen Rechten verletzt fühle, frei, gegen den Extrahenten der polizeilichen Verfügung auf gerichtliche Feststellung seiner Rechte anzutragen. Im vorliegenden Falle sei der Domainen- und Forstfiskus der Extrahent und es werde nun zwischen ihm, als dem oberhalb belegenen Grundbesitzer, und dem Kläger, als dem unterhalb belegenen, darüber gestritten, ob ersterer berechtigt sei, von letzterem zu verlangen, daß er auf seinem Grundstücke einen Wasser-Abzugsgraben dulde und unterhalte. Dies sei an und für sich eine rein privatrechtliche Frage, gleichwohl würde — wenigstens über die Verpflichtung zur „**Duldung**" des Grabens — die Regierung (jetzt der Kreis- (Stadt-) Ausschuß) nach §§ 18, 19 des Ges. vom 15. November 1811 definitiv und mit Ausschluß des ordentlichen Rechtsweges zu entscheiden haben, wenn das im § 15 ff angeordnete Verfahren vorangegangen wäre.

Diese bedeutsame Entscheidung ist durch die neue Gesetzgebung noch nicht beeinflußt worden, denn der § 66 des Zust.-Ges. v. 1. 8. 83 hat immer zur unerläßlichen Voraussetzung, daß überhaupt ein Graben vorhanden ist, welcher geräumt werden könnte. Dies war aber nicht der Fall, vielmehr hatte der Forstfiskus als Privatperson und keineswegs als Polizeibehörde in das Eigentum des Klägers einen Eingriff gethan, gegen den er sich auch heute nicht im Verwaltungsstreitverfahren, sondern nur im ordentlichen Rechtswege mit der Besitzstörungsklage würde schützen können.

Nr. 248. Erk. vom 10. März 1855 (Just.-Min.-Bl. S. 140).

Gegen die von der Polizeibehörde angeordnete Fortschaffung eines auf unerlaubte Weise ausgeführten Wasserbaues, eines am Haff angelegten Bollwerkes zur Sicherung und Trockenlegung eines Stück Landes, ist der ordentliche Rechtsweg nicht zulässig; dagegen ist derselbe insoweit gestattet, als es sich um einen Streit über das Eigentum an jenem Stücke Landes handelt. §§ 127 ff. des L.-V.-G. vom 30. Juli 1883.

Nr. 249. Erk. vom 10. März 1855 (Just.-Min.-Bl. S. 162).

Die Ordnungsstrafen, welche eine Polizeibehörde androht, um die Befolgung ihrer befehlenden Verfügungen (z. B. den von ihr angeordneten Umbau eines fehlerhaft konstruierten und deshalb gefahrdrohenden Balkons) zu **erzwingen**, sind Akte der ihr zustehenden Exekutivgewalt, wogegen der ordentliche Rechtsweg in der Regel nicht zulässig ist. Heute nennt man jene „Ordnungsstrafe" im Sinne der §§ 132 ff. des L.-V.-G. vom 30. Juli 1883 „Zwangsmittel".

Nr. 250. Erk. vom 10. März 1855 (Just.-Min.-Bl. S. 169).

Wenn mehrere Gemeinden zu einem Schulverbande gehören und unter den Mitgliedern derselben über die Aufbringung und Verteilung der Schulabgaben Streitigkeiten entstehen, so waren dieselben früher dem ordentlichen Rechtswege unterworfen. Vergl. jetzt §§ 46 und 160 des Zust.-Ges. v. 1. 8. 83.

Nr. 251. Erk. vom 10. März 1855 (Just.-Min.-Bl. S. 186).

Gegen die von den Verwaltungsbehörden angeordnete exekutivische Beitreibung rückständiger Küstergebühren ist der Rechtsweg unzulässig. Es handelte sich hier um Reklamationen gegen kirchliche Abgaben. Nr. 7 des Ministerial-Erlasses vom 15. Januar 1881, § 58 der Verwaltungs-Ordnung vom 15. Dezember 1886.

Nr. 252. Erk. vom 10. März und 22. September 1855 (Min.-Bl. d. i. V. 1856 S. 19 und 54 und Just.-Min.-Bl. 1856 S. 11 und 13).

Streitigkeiten darüber, ob der Staat berechtigt ist, als Beihülfe der ihm obliegenden Unterhaltung der Landstraßen von den betreffenden städtischen Gemeinden oder sonstigen Einwohnern der an der Straße liegenden Gegend Hand- und Spanndienste zu fordern, sind im ordentlichen Rechtswege zu entscheiden. (A. L.-R. II, 14 § 81, 15 § 1).

Die Frage, ob ein Weg als ein öffentlicher anzusehen sei, d. h. ob derselbe als ein solcher für den öffentlichen Verkehr notwendig und mithin dazu frei zu halten sei, gehöre lediglich in das Gebiet der Verwaltung (jetzt der Verwaltungsgerichtsbarkeit. § 56 des Zust.-Ges. v. 1. 8. 83), daraus folge aber nicht, daß auch die Verwaltungsbehörden und nicht die Gerichte darüber zu entscheiden hätten, wenn zwischen einer Privatperson und dem Fiskus darüber Streit entstehe, ob ein bestehender Weg nach den gesetzlich darüber aufgestellten Kriterien als ein öffentlicher und zwar als eine L a n d s t r a ß e zu betrachten und mithin nach § 11, Tit. 15, Teil II A. L.-R. vom Staat zu unterhalten sei. Auch diese letztere Frage ist jetzt nach § 56 a. a. O. dem Verwaltungswege überwiesen.

Die Verpflichtung, derartige Dienste zu leisten, ist nicht von dem Besteuerungsrechte abzuleiten. (§ 15, Tit. 13, Teil II A. L.-R.). Der Grund, aus welchem den Einwohnern der an der Straße liegenden Gegend die Verpflichtung zur Leistung von Hand- und Spanndiensten auferlegt ist, ist lediglich in dem Vorteil zu suchen, welchen sie von der Straße ziehen. (§ 16, Tit. 15, Teil II A. L.-R.).

Nr. 253. Erk. vom 14. April 1855 (Min.-Bl. d. i. V. S. 183 u. Just.-Min.-Bl. S. 304).

Die Entscheidung betrifft die Aufbringung der Kosten der örtlichen Polizei-Verwaltung in einer preußischen Stadt.

In dieser Angelegenheit finden zwar in diesem Augenblicke (April 1889) innerhalb der gesetzgebenden Körperschaften Verhandlungen über eine durchgreifende Neuregelung statt, welche bei dem Erscheinen dieses Buches voraussichtlich schon zu einem legislatorischen Ergebnisse geführt haben werden, indessen ist das in dem Erkenntnisse enthaltene Material doch von so hohem Werte, daß dessen Mitteilung in dieser Sammlung immerhin von einigem Interesse sein dürfte.

Der Magistrat hat gegen das Polizei-Präsidium Klage erhoben in folgenden 3 Punkten, hinsichtlich welcher der ordentliche Rechtsweg für zulässig und der dagegen erhobene Komp.-Konfl. für unbegründet erachtet worden ist:

I. Kläger setzt voraus, daß die Stadt nach § 3 des Polizei-Verwaltungs-

Gesetzes vom 11. März 1850 nur die wirklich verausgabten Kosten der örtlichen Polizei-Verwaltung nach Abzug der aus dieser Verwaltung gezogenen Einnahmen und mit Ausschluß der Gehälter der von der Staatsregierung angestellten Polizeibeamten zu bestreiten verpflichtet sei. Der Kläger hält deshalb durch die bloße Ansetzung von Kosten im Etat des Polizei-Präsidiums die Stadt noch nicht für verpflichtet, diese Etatspositionen zu bezahlen, er verlangt vielmehr den Nachweis, daß die Verwendung solcher Kosten für die örtliche Polizei-Verwaltung der Stadt und nicht etwa für andere Zwecke erfolgt sei, und beruft sich zur Begründung dieses Verlangens auf den Umstand, daß das Polizei-Präsidium nicht bloß die Lokal-Polizei in der Stadt, sondern auch die Lokal-Polizei in anderen Gemeinden zu verwalten habe und außerdem auch die Landes-polizei-Behörde sei. Der Magistrat verlangt ferner einen Nachweis der aus der örtlichen Polizei-Verwaltung gezogenen Einnahmen, weil unter den im § 3 des Polizei-Verwaltungs-Gesetzes vom 11. März 1850 den Gemeinden auferlegten Polizei-Verwaltungskosten nicht die Brutto-Kosten, vielmehr nur die Netto-Kosten gemeint sein könnten. Indem der Magistrat sich für berechtigt hält, diese verschiedenen Nachweise und zu dem Ende die Vorlegung der über die Einnahmen und Ausgaben der Polizei-Verwaltung geführten Rechnungen zu fordern, bemerkt er ausdrücklich, daß er solche nicht zu dem Zwecke verlange, um die Notwendigkeit oder Nützlichkeit der zu dem polizeilichen Zwecke gemachten Verwendungen einer Prüfung zu unterwerfen, daß vielmehr die Entscheidung hierüber den Staatsbehörden allein obliege. Gegenstand einer besonderen Erörterung sind bei diesem Klagepunkte I. die Kosten des Nachtwachdienstes, des Feuerlöschwesens und der polizeilichen Straßen-Reinigungs-Einrichtungen. Magistrat will auf diese Kosten die Vorschriften jenes § 3 angewendet wissen und verlangt demgemäß von der Besoldung der für jene Polizei-Verwaltungszweige angestellten Beamten entbunden zu werden, während seitens der Staatsbehörde behauptet wird, daß auf Grund von Vergleichs-Verhandlungen, welche zwischen dem Staate und der Stadt geschwebt und durch eine Allerhöchste Kabinets-Ordre vom 31. Dezember 1838 ihren Abschluß erhalten haben, die Stadt (in ihrem damaligen Umfange. Zusatz des Verfassers) zur Tragung sämmtlicher Kosten der drei gedachten Verwaltungszweige nach Abzug eines aus der Staatskasse dazu bewilltigten Zuschusses von 33 000 Thlrn. jährlich, verpflichtet sei. Der Klageantrag war bei diesem I. Klagepunkte dahin gerichtet, den Fiskus zu verurteilen:

1) Die über die Einnahmen und Ausgaben der Polizei-Verwaltung in den Jahren 1850, 1851 und 1852 geführten Rechnungen, einschließlich der über die Verwaltung des Nachtwacht-, Feuerlösch-, und polizeilichen Straßenreinigungs-Wesens geführten besonderen Rechnungen und die ferneren Rechnungen alljährlich dem Magistrat vorzulegen und demselben dabei nachzuweisen, welche durch dieselben veranlaßten Kosten durch die Verwaltung der **hiesigen** Ortspolizei erwachsen sind.
2) Der Gemeinde diejenigen Summen zu erstatten, von denen sich bei erfolgender Vorlage der Rechnungen herausstellen werde, daß sie an die bei dem Nachtwacht-, Feuerlösch- und polizeilichen Straßenreinigungs-Wesen angestellten Personen unter dem Namen von Gehalt, Besoldung oder Remuneration oder als pars salarii gezahlt seien, auch die beiden entsprechenden Positionen des Ausgabe-Etats in Zukunft auf die Staatskasse zu übernehmen.

Der von dem Polizei-Präsidium erhobene Kom.-Konfl. stützt sich zunächst auf § 1 der Instruktion für die Ober-Rechnungs-Kammer vom 18. Dezember 1824, der Kompetenzgerichtshof führte aber aus, daß die Wirksamkeit der Ober-

Rechnungs-Kammer durch diesen Antrag gar nicht berührt werde, denn es werde über keinen Gegenstand, über welchen verfassungsmäßig die Ober-Rechnungs-Kammer zu entscheiden habe, die Entscheidung des ordentlichen Richters begehrt, und es könne deshalb in den instruktionsmäßigen Befugnissen der genannten Behörde kein Grund gefunden werden, die Kognition des ordentlichen Richters über diesen Klagantrag des Magistrats auszuschließen.

Desgleichen wurde die allgemeine Behauptung, daß die Bestimmungen darüber, wann eine Königliche Verwaltungsbehörde Rechnung zu legen habe, immer nur im administrativen Wege erfolgen, mithin niemals zur Kompetenz der ordentlichen Gerichte gehören könne, mit dem Ausspruche zurückgewiesen: die Verpflichtung zur Rechnungslegung könne aus verschiedenen Privat-Rechtsverhältnissen entspringen, welche nicht nur zwischen mehreren Privatpersonen, sondern ebensowohl zwischen dem Fiskus *) einerseits und einer Privatperson andererseits vorkommen können und thatsächlich nicht selten vorkommen. In allen solchen Fällen sei die Rechnungslegung eine lediglich privatrechtliche Verbindlichkeit, welche deshalb auch gegen eine fiskalische Verwaltungsbehörde im ordentlichen Rechtswege geltend gemacht werden könne.

Im Uebrigen verlange der Magistrat gar keine „Rechnungslegung", sondern die einfache Vorlegung oder Edition gewisser Rechnungen, welche er zu dem Zwecke fordern, um daraus die nötige Information zur näheren Substantiierung seiner Ansprüche an den Fiskus zu schöpfen. Eine solche Editionsforderung sei an und für sich unzweifelhaft zur gerichtlichen Kognition geeignet, gleichviel, ob sie gegen den Fiskus oder gegen eine (andere) Privatperson gerichtet werde. Wenn Magistrat neben der Vorlegung der Rechnungen auch den Nachweis verlange, welche den verwalteten Kosten durch die Verwaltung der (hiesigen) Orts-Polizei erwachsen sind, so beruhe das auf dem Umstande, daß das Polizei-Präsidium außer der Orts-Polizei der Stadt die Orts-Polizei einiger benachbarten Gemeinden verwalte und zugleich die Stellung einer Landes-Polizeibehörde habe. **) Da die durch diese verschiedenen Funktionen entstandenen Kosten in den verlangten Rechnungen wahrscheinlich nicht von einander gesondert seien, so sei für die Zwecke des Magistrats außer der Edition der Rechnungen die spezielle Bezeichnung derjenigen Ausgabe-Positionen erforderlich, welche auf die Orts-Polizei der von dem Kläger vertretenen Stadt fallen. Der ganze Zusammenhang der Klageschrift ergebe deutlich, daß unter dem in dem Klageantrage geforderten „Nachweise" weiter nichts, als eine solche spezielle Bezeichnung der auf die Orts-Polizei der (klagenden) Stadt verwendeten Kosten, nicht aber eine Justifikation dieser Ausgaben zu verstehen sei. Die von dem Magistrat behauptete Verbindlichkeit des Fiskus zu den erwähnten, den Inhalt der Rechnungen ergänzenden näheren Angaben stehe mit der Verpflichtung zur Edition der Rechnungen selbst auf gleicher Linie und sei ebensowenig, wie die letztere, gesetzlich vom ordentlichen Rechtswege ausgeschlossen, wogegen das Verlangen einer Justifikation der durch die Orts-Polizei-Verwaltung entstandenen Ausgaben zur gerichtlichen Kognition nicht geeignet sein würde, indem die Verwaltungsbehörde ohne Beeinträchtigung ihrer Kompetenz nicht dazu angehalten

*) Derselbe wird in Zivilprozessen ebenfalls als „Privatperson" angesehen. § 34 der der Verordnung vom 26. Dezember 1808 (N. C. C. XII, S. 679).

**) Dieser Zustand hat sich zwar teilweise seit Einführnng der Kreisordnung vom 13. Dezember 1872 geändert, es ist aber nach den jetzigen Bestrebungen der Staatsbehörde Aussicht auf Wiederherstellung jenes Zustandes vorhanden, deshalb werden die hierauf bezüglichen Bemerkungen ausschließlich auch wieder von Bedeutung werden. Zum Teil ist dies sogar noch heute der Fall.

werden könne, die ihr gebührenden Festsetzungen dem ordentlichen Richter gegenüber zu rechtfertigen.

Hinsichtlich des zweiten Teiles des I. Klageantrages betreffend die Erstattung der Kosten für ausgezahlte Gehälter (oben sub 2) sei der Komp.-Konfl. ebenfalls unbegründet, denn diese Forderung beruhe auf der Bestimmung im § 3 des Polizei-Verwaltungs-Gesetzes vom 11. März 1850, wonach die Gehälter der von der Staatsregierung angestellten Orts-Polizei-Verwaltung nicht den Gemeinden, sondern der Staatskasse zur Last fallen. Die Entscheidung über diese reine Geldfrage könne — im Falle eines Streites — dem ordentlichen Richter nicht entzogen werden.

II. Dieser Antrag lautete:

Daß der Fiskus für nicht berechtigt zu erachten, noch nach der Emanation des Ges. vom 11. März 1850 3000 Thaler für die Bettelpolizei und 8110 Thaler für Unterhaltung von 30 Fußgendarmen aus der Stadtkasse zu erheben, und schuldig sei, der Kommune zu gestatten, die hierauf seit dem Jahre 1850 geleisteten Zahlungen gegen seine verausgabten sachlichen Kosten der Orts-Polizei-Verwaltung zur Kompensation zu bringen.

Auch dieser auf ein Reskript vom 18. Juli 1799 (Rabe's Sammlung, Bd. V S. 500) gestützte Anspruch sei prozeßfähig, denn der auf jenes Reskript gestützte Satz könne nur dann in Betracht kommen, wenn durch eine Allerhöchste Ordre bestimmt wäre, daß die Stadt diejenigen Zahlungen, welche den Gegenstand des Streites bilden, auch noch nach Publikation des Ges. vom 11. März 1850 neben den durch letzteres ihr auferlegten Kosten hat entrichten sollen. So liege aber die Sache nicht, es frage sich vielmehr, ob die Stadt von einer Verpflichtung, welche ihr in den Jahren 1824, 1825 und 1838 durch spezielle landesherrliche Verfügungen auferlegt sei, durch das Ges. vom 11. März 1850 entbunden sei. Diese Frage sei der Entscheidung des ordentlichen Richters nicht entzogen. Es komme dazu, daß für die vom Magistrat behauptete Befreiung der Stadt von jener früheren Verbindlichkeit, außer dem Gesetze vom 11. März 1850, auch ein angebliches Abkommen mit dem Polizei-Präsidium, also ein rein privatrechtlicher Titel, geltend gemacht werde, welcher als solcher unzweifelhaft der richterlichen Kognition anheimfalle.

III. Dieser Klagepunkt betrifft die auf Kosten der Stadt und im Interesse des Feuerlöschwesens eingerichtete Telegraphenleitung, welche aber auch zu staatspolizeilichen Zwecken benutzt werde, wofür allerdings die Stadt eine Entschädigung erhalte. Die letztere sei aber wegen der erheblichen Anlagekosten nicht ausreichend und deshalb werde klagend beantragt:

Den Fiskus für schuldig zu erachten, die Hälfte der auf die Einrichtung der elektro-magnetischen Haupt-Telegraphen-Anlage verwendeten, sowie die Hälfte der zur Unterhaltung derselben ferner erforderlichen Kosten zu tragen und der Kommune deshalb die Hälfte der Einrichtungskosten zu erstatten.

Der hiergegen erhobene, ebenfalls unbegründete Komp.-Konfl. stützte sich auf Artikel 99 der Verfassung vom 31. Januar 1850, die Unrichtigkeit dieses Grundes ergebe sich aber daraus, daß das den Staatshaushalt regulierende Ges. nicht den Zweck habe, Streitigkeiten über die Frage zu entscheiden, ob eine Ausgabe gesetzlich von der Staatskasse oder von einer dritten Person getragen werden müsse.

Nr. 254. Erk. vom 14. April 1855 (Just.-Min.-Bl. S. 187).

Gegen Verfügungen der Polizeibehörde, durch welche dem Eigentümer eines Grundstückes die Wegräumung einer von ihm auf der Dorfstraße gepflanzten Hecke aufgegeben wird, ist der ordentliche Rechtsweg nicht zulässig. Sofern es sich dagegen um das Eigentum an dem betreffenden Teile der Dorfstraße und der darauf gepflanzten Hecke handelt, war früher der ordentliche Rechtsweg gegeben. Dies hat sich geändert durch den vorletzten Absatz in § 127 des L.-V.-G. v. 30 Juli 1883.

Nr. 255. Erk. vom 14. April 1855 (Just.-Min.-Bl. S. 201).

Diese Entscheidung ist seit der Aufhebung der Mahlsteuer gegenstandslos geworden. Ges. v. 25. Mai 1873. (G.-S. S. 222).

Nr. 256. Erk. vom 14. April 1855 (Just.-Min.-Bl. S. 215).

Viehtreiber, denen von der Polizeibehörde des Ortes wegen mangelnder Legitimation oder aus einem andern polizeilichen Grunde ein Stück Vieh abgepfändet worden, können die Rückgabe desselben oder Erstattung des Schadens im Wege des gerichtlichen Prozesses nicht erlangen. Es macht dabei keinen Unterschied, wenn auch der Polizeibeamte bei der Pfändung sich in seiner amtlichen Eigenschaft nicht zu erkennen gegeben oder sich überhaupt nicht als Beamter bezeichnet hat. Vergl. §§ 10 und 77 des Feld- und Forst-Polizei-Ges. v. 1. April 1880 (G.-S. S. 230), dazu Daude's Kommentar, Berlin 1885, vergl. auch §§ 127 ff. des L.-V.-G. v. 30. Juli 1883.

Nr. 257. Erk. vom 14. April 1855 (Just.-Min.-Bl. S. 222).

Wenn ein Grundbesitzer, welcher vom Fiskus ein Grundstück gegen einen vertragsmäßig festgestellten Grundzins erworben hat, unter Berufung auf kontraktliche Stipulationen Remissionen beansprucht, so ist darüber im ordentlichen Rechtwege zu entscheiden. (§§ 35, 41 der V. v. 26. Dezember 1808. (N. C. C. XII S. 679).

Nr. 258. Erk. vom 12. Mai 1855 (Just.-Min.-Bl. S. 238).

Ist einem von dem Staate besoldeten Pfarrer von den zu seiner Pfarrei gehörenden Gemeinden ein Zusatzgehalt bewilligt worden, so bildet die freiwillige Uebernahme derselben einen privatrechtlichen Titel, und es ist daher über Streitigkeiten, welche wegen der Aufbringung des Zusatzgehaltes entstehen, im ordentlichen Rechtswege zu entscheiden.

Nr. 259. Erk. vom 12. Mai 1855 (Just.-Min.-Bl. S. 323).

Streitigkeiten zwischen dem Fiskus und einer Privatperson darüber, wem von beiden die Pflasterung eines Weges obliege und wer von ihnen die Kosten dafür zu tragen habe, waren früher dem ordentlichen Rechtswege unterworfen, ohne daß es darauf ankam, ob für den Klageantrag die negatorische Form gewählt war. Vergl. jetzt Abs. 5 im § 56 des Just.-Ges. v. 1. 8. 83 und § 10 (am Schlusse) der Einleitung zu diesem Buche.

Nr. 260. Erk. vom 9. Juni 1855 (Min.-Bl. d. i. V. S. 189 u. Just.-Min.-Bl. S. 330).

Die Entscheidung über die Verpflichtung der Eisenbahngesellschaften zur Ausführung der in Folge des Eisenbahnbaues für notwendig erachteten Schutzanlagen (§ 14 des Eisenbahngesetzes vom 3. November 1838, ist dem ordentlichen Rechtswege entzogen, denn hierbei ist jetzt der Regierungspräsident zuständig. Vergl. oben das Erk. sub Nr. 219.

In dem § 14 a. a. O. wird nicht unterschieden zwischen Schutzanlagen auf dem zu expropriirenden Grundstücke und Schutzanlagen auf dem Lande, welches dem Grundbesitzer verbleibt. Ein solcher Unterschied ist in dem Gesetze nirgends angedeutet, vielmehr geht der Sinn desselben dahin, daß die benachbarten Grundbesitzer **vollständig** gegen Gefahren und Nachteile in der Benutzung ihrer Grundstücke gesichert und deshalb **alle** Schutzanlagen, welche von dem Regierungspräsidenten zum Zwecke dieser Sicherstellung für nötig befunden werden, von der Eisenbahngesellschaft ausgeführt und unterhalten werden sollen — gleichviel, ob dergleichen Schutzanlagen auf dem der Gesellschaft zufallenden Lande oder auf benachbarten Grundstücken eingerichtet werden müssen. Am wenigsten kann dies hinsichtlich der im Gesetze ausdrücklich erwähnten **Bewässerungs- und Vorfluts-Anlagen** bezweifelt werden, welche nach der Natur der Sache fast in allen Fällen nicht bloß auf dem zu expropriirenden, sondern auch auf dem dem Grundbesitzer verbleibenden Lande auszuführen sein werden, wenn der Zweck, dieselben zu bewässern oder zu entwässern, erreicht werden soll. Dasselbe gilt von allen übrigen im § 14 genannten Schutzanlagen.

Nr. 261. Erk. vom 9. Juni 1855 (Min.-Bl. d. i. V. S. 194 und Just.-Min.-Bl. S. 370).

Gegen Anordnungen der Regierung (Schulaufsichtsbehörde), durch welche die von der Schulgemeinde aufzubringenden Leistungen in Beziehung auf die Heizung der Schulstube und der Schullehrer-Wohnung geregelt werden, ist der ordentliche Rechtsweg unzulässig.

Die mit dem Komp.-Konfl. angefochtene Klage war gegen den zeitigen Inhaber der Schulstelle gerichtet, von welchem behauptet wurde, er habe bei seiner Anstellung vertragsmäßig für seine Person auf dasjenige verzichtet, was ihm dotationsmäßig zukomme und sich mit einem geringen Holzquantum befriedigt erklärt. Dieser Nachweis konnte aber aus den Akten nicht erbracht werden, vielmehr handelte es sich lediglich darum, daß die Klägerin die Befugniß der Regierung bestritt, jene Leistungen anderweit zu reguliren und dem Verklagten ein Mehreres dotationsmäßig zuzulegen, als ihm bis dahin zustand. Diese Befugniß darf im ordentlichen Rechtswege nicht angefochten werden. (§ 18 der Regierungsinstruktion vom 23. Oktober 1817). Der ordentliche Rechtsweg würde nur zulässig sein über die Frage, ob ein behauptetes vertragsmäßiges Abkommen rechtsgültig zu Stande gekommen sei und welche rechtliche Folgen sich für die Kontrahenten daraus ergeben. Im Uebrigen würde durch ein richterliches Urteil über diese privatrechtliche Frage an sich der Befugniß der Aufsichtsbehörde nicht vorgegriffen werden, nötigen Falles im öffentlichen Interesse einzuschreiten und die Gemeinde zu dem anzuhalten, was das Bedürfniß erheischt. Heute würde sich eine solche Angelegenheit im Wege der Zwangsetatisirung in Gemäßheit des § 48 des Zust.-Ges. v. 1. 8. 83 erledigen.

Nr. 262. Erk. vom 9. Juni 1855 (Min.-Bl. d. i. V. S. 244 und Just.-Min.-Bl. S. 384).

Streitigkeiten zwischen einer Gutsherrschaft und einer Gemeinde darüber, ob die erstere wider ihren Willen mit der letzteren einen gemeinschaftlichen Armenverband zu bilden und demgemäß zu den Kosten der Armenpflege in dem Gemeindebezirke beizutragen verpflichtet sei, sind im ordentlichen Rechtswege zu entscheiden.

Die Entscheidung nimmt Bezug auf § 34 des Armenpflegegesetzes vom 31. Dezember 1842 (an dessen Stelle jetzt der § 39 des Zust.-Ges. v. 1. 8. 83 getreten ist), hieraus folge aber nicht, daß die Verwaltungsbehörde auf das Recht zur Entscheidung der hier vorliegenden Streitigkeit einen Anspruch hätte. Dies trifft auch noch heute zu, denn Gegenstand des Verwaltungsstreitverfahrens sind nur Armenstreitsachen über die öffentliche Unterstützung Hilfsbedürftiger, mithin nur solche, welche auf eine Bestimmung des **öffentlichen** Armenrechts gestützt werden, dagegen nicht solche, die sich auf dem Boden des Zivilrechtes bewegen. Vergl. Erk. des Bundesamts für das Heimatwesen vom 28. Februar 1880 (Entsch.-Bd. XII. S. 113). Von einer öffentlich-rechtlichen Grundlage des Rechtsverhältnisses konnte im vorliegenden Falle um so weniger die Rede sein, als der angeblich bestehende einheitliche Armenverband zwischen Gut und Gemeinde lediglich auf einer landrätlichen Anordnung beruhte (vergl. jetzt §§ 9 ff. des preußischen Armengesetzes vom 8. März 1871).

Nr. 263. Erk. vom 9. Juni 1855 (Just.-Min.-Bl. S. 310.)

Ansprüche an den Staat aus Verträgen, die von der fremdherrlichen (französischen) Verwaltung zur Zeit der letzteren in der Rhpr. eingezogen sind, können im ordentlichen Rechtswege nicht geltend gemacht werden; dies gilt auch von einer Garantieklage, die wider den Fiskus auf einen solchen Vertrag begründet werden soll.

Nr. 264. Erk. vom 22. September 1855 (Just.-Min.-Bl. 1856, S. 4).

Streitigkeiten über solche zur städtischen Kommunalkasse fließenden Einnahmen, welche auf Grund eines geschlossenen Vergleichs erhoben werden, also auf einem privatrechtlichen Titel beruhen, sind im ordentlichen Rechtswege durch die Gerichte zu entscheiden. Es macht dabei keinen Unterschied, wenn der Vergleich im Aufsichtswege von der vorgesetzten landesherrlichen Behörde bestätigt worden ist. Heute dürften für diesen Fall die §§ 18, 21 und 160 des Zust.-Ges. vom 1. August 1883 zur Anwendung gelangen.

Nr. 265. Erk. vom 22. September 1855

(identisch mit dem Erk. vom 10. März 1855 (Min.-Bl. d. i. V. 1856, S. 19 und 54 und Just.-Min.-Bl. 1856, S. 11 und 13).

Nr. 266. Erk. vom 22. September 1855 (Min.-Bl. d. i. V. 1856 S. 47 und Just.-Min.-Bl. 1856 S. 20).

Wenn bauliche Anlagen den öffentlichen Verkehr einer Stadtgemeinde hemmen und deshalb von Seiten der Polizeibehörde untersagt werden, so ist gegen dergleichen Anordnungen der ordentliche Rechtsweg unzulässig, dagegen sind Streitigkeiten, über das Eigentum des zu den baulichen Anlagen bestimmten Platzes, sowie die Entschädigungsansprüche, welche aus der Untersagung des Baues hergeleitet werden, dem ordentlichen Rechtswege unterworfen.

Der Bürgermeister einer westfälischen Stadt untersagte einem Hausbesitzer die Ziehung einer Mauer auf seinem Hofe, weil dadurch der öffentliche Verkehr auf einer längst bestehenden Straße gehemmt werde. Diese Anordnung wurde mit der Bemerkung begleitet, der Bau müsse unterbleiben, möge der Hausbesitzer Eigentümer des betreffenden Platzes sein oder nicht. Damit war der polizeiliche Charakter der behördlichen Anordnung ausgesprochen, gegen welche der ordentliche Rechtsweg nicht zulässig war. Ein der Stadtgemeinde zustehendes Wegerecht über den betreffenden Platz war keineswegs in Anspruch genommen worden, sondern es war nur die Oeffentlichkeit der qu. Straße seitens der Polizeiverwaltung behauptet, was aber der Hauseigentümer bestritt. Somit lag hier ein Fall vor, welcher heute nach § 56 des Zust.-Ges. v. 1. 8. 83 als „Inanspruchnahme eines Weges für den öffentlichen Verkehr" zu behandeln wäre. —

Dieselbe Klage gegen die Stadtgemeinde enthielt aber noch den selbständigen Antrag, zu erkennen, daß der bezeichnete Platz Eigentum des Klägers sei. Dieser Antrag ist ein privatrechtlicher und deshalb an sich ein prozeßfähiger.

Dagegen kann die Stadtgemeinde in dem betreffenden Rechtsstreite wohl den Einwand erheben, daß das Eigentum zu Gunsten der Stadt ein beschränktes sei, denn eine juristische Person kann eine Wegeberechtigung ebensowohl erwerben, als eine physische; hat diese Erwerbung im privatrechtlichen Wege durch Vertrag, Verjährung u. s. w. stattgefunden, dann kann dieselbe, ungeachtet ihrer kommunalen Natur, sowohl agendo als excipiendo vor Gericht geltend gemacht werden, wenn sie gleich, wegen der Beteiligung aller Bewohner der Gemeinde in Bezug auf die Ausübung ein Merkmal der Oeffentlichkeit an sich tragend, sich darin von anderen öffentlichen Gemeindewegen, welche durch Anordnung der kompetenten Behörden als solche angelegt und sanktionirt werden, äußerlich nicht unterscheidet.

Diese Unterscheidung ist auch heute noch wichtig für die Entschädigungsfrage, denn wenn ein hinsichtlich seiner Oeffentlichkeit streitiger Weg für den öffentlichen Verkehr in Anspruch genommen oder im Verwaltungsstreitverfahren für einen öffentlichen erklärt werden soll, so ist zur Begründung der Klage gegen eine solche Verfügung der Nachweis des freien Eigentums zunächst nicht unerläßlich, vielmehr genügt es, daß anderweit dargethan wird, daß der Weg kein öffentlicher ist. (Endurteil des O.-V.-G. vom 11. März 1885 — Entsch. Bd. XII. S. 268, Parey, Rechtsgrundsätze des O.-V.-G., Stammwerk., S. 346 Nr. 68 —), ist aber der Weg erst ein unstreitiger Privatweg, so kann derselbe zwangsweise nur im Enteignungsverfahren in einen öffentlichen umgewandelt werden. Anderseits kann ein solcher Privatweg dadurch zu einem öffentlichen gemacht werden, daß die Wegepolizeibehörde den Wegebaupflichtigen (in diesem Falle voraussichtlich die Stadtgemeinde) zwingt, das betreffende Terrain, event. im Wege der Enteignung, zu erwerben. Zu beachten ist bei diesen Angelegenheiten auch das sogenannte Fluchtliniengesetz vom 2. Juli 1875 (G.-S. S. 561) nebst der Instruktion vom 28. Mai 1876 (Min.-Bl. d. i. V. S. 131).

Nr. 267. Erk. vom 22. September 1855 (Min.-Bl. d. i. V. 1856 S. 4 und Just.-Min.-Bl. 1855, S. 427).

Bei Einziehung der kommunalständischen Abgaben in Neuvorpommern ist über den Einwand, daß die dortigen Beamten vermöge eines ihnen (aus der Schwedenzeit) zustehenden Privilegiums von den Beiträgen zu dergleichen Abgaben befreit seien, im ordentlichen Rechtswege zu entscheiden.

Die kommunalständischen Verbände in Pommern sind aufgehoben (Ges. vom 18. Januar 1881 — G.-S. S. 7 —), die Verwaltung derselben ist auf die Provinzialverbände übergegangen (§ 128 der Pr.-O. vom 29. Juni 1875) und gegen die Veranlagung zu den Provinzialabgaben reklamiert man jetzt gemäß § 112 a. a. O. und § 1 des Zust.-Ges. vom 1. August 1883.

Nr. 268. Erk. vom 6. Oktober 1855 (Min.-Bl. d. i. V. S. 225 u. Just.-Min.-Bl. S. 407).

Die Entscheidung handelt von dem Unterschied zwischen Komp.-Konfl., welche auf Grund des Ges. vom 8. April 1847 (G.-S. S. 170) und Konflikten, welche auf Grund des Ges. vom 13. Februar 1854 (G.-S. S. 86) erhoben werden, sowie über die Unzulässigkeit von Regreß-Klagen gegen Beamte, welche als Organe ihrer vorgesetzten Behörde deichpolizeiliche Maßregeln zur Ausführung bringen.

In diesem Falle handelt es sich sowohl um einen Komp.-Konfl., wie um einen Konflikt, der letztere wurde aber für erledigt angesehen, nachdem der erstere für begründet erachtet war. Es handelte sich um eine deichpolizeiliche Anordnung, nach welcher eine schadhafte Deichstrecke im Wege der Exekution ausgebessert und die dazu erforderliche Erde aus dem Acker des Klägers entnommen worden war. Es gelangte hierbei der Grundsatz zur Anwendung, daß eine possessorische Klage gegen polizeiliche Verfügungen nicht zulässig sei. Vergl. jetzt §§ 127 ff. des L.-V.-Ges. vom 30. Juli 1883, event. § 96 Ziffer 2 und § 97 des Zust.-Ges. vom 1. August 1883.

Nr. 269. Erk. vom 6. Oktober 1855 (Min.-Bl. d. i. V. 1856 S. 18 Just.-Min.-Bl. S. 419).

1. Die Entscheidung der Frage: ob ein Weg als ein öffentlicher anzusprechen, d. h. ob derselbe als solcher für den öffentlichen Verkehr notwendig und mithin dazu frei zu halten sei, gehört in das Gebiet der Verwaltung (siehe jetzt § 56 Abs. 1 des Zust.-Ges. v. 1. 8. 83.)

2. Dagegen waren früher Streitigkeiten zwischen einer Privatperson und dem Fiskus darüber, ob ein bestehender Weg als ein öffentlicher und zwar als eine Landstraße zu betrachten und demgemäß vom Staate zu unterhalten sei, im ordentlichen Rechtswege von den Gerichten zu entscheiden (siehe jetzt Abs. 5 im § 56 v. a. O. und § 10 der Einleitung zu diesem Buche).

Nr. 270. Erk. vom 6. October 1855 (Min.-Bl. d. i. V. 1856 S. 46 und Just.-Min.-Bl. 1856 S. 29).

Gegen landesherrlich genehmigte Beschlüsse der ehemaligen Kreisstände, durch welche Gemeinden zu gewissen Lasten verpflichtet werden, kann ein Einspruch im Wege Rechtens nur aus solchen Gründen erhoben werden, aus welchen der ordentliche Rechtsweg gegen die Einziehung allgemeiner Staats- und Kommunalabgaben zulässig ist.

Die Behauptung der betreffenden Gemeinde, daß in der Vertheilung der betreffenden Last (Steinlieferungen zu Chausseebauten) für sie eine Ueberbürdung liege, konnte unter keinen Umständen eine Klage gegen den Fiskus rechtfertigen, sondern war nur bei Streitigkeiten unter den Kontribuenten nach A.-L.-R. II 14*) §§ 9 und 79 zu berücksichtigen.

Vergl. jetzt § 19 der verschiedenen Kreisordnungen.

Nr. 271. Erk. vom 6. Oktober 1855 (Just.-Min.-Bl. 1856 S. 23).

Wenn die Instandsetzung eines öffentlichen Weges von der Wegepolizeibehörde angeordnet und demgemäß ausgeführt war, so konnte früher derjenige Grundbesitzer, welcher darin einen Eingriff in seine Privatrechte zu finden glaubte, Entschädigung dafür im Wege des Zivilprozesses nachsuchen; dagegen konnte die Wiederherstellung des früheren Zustandes, soweit derselbe nach dem Ermessen der Polizeibehörde zulässig war, im ordentlichen Rechtswege nicht gefordert werden. Vergl. jetzt den letzten Abs. im § 56 des Zust.-Ges. v. 1. 8. 83.

Nr. 272. Erk. vom 6. Oktober 1855 (Just.-Min.-Bl. 1856 S. 63.)

Streitigkeiten über die Repartition der Einquartierungslast im Frieden und über die zur Ausführung derselben angeordneten Maßregeln waren früher vom ordentlichen Rechtswege ausgeschlossen. Dagegen war der Rechtsweg zulässig, wenn die Art der Einquartierung und die dafür zu zahlende Vergütigung auf einem Vertragsverhältnisse beruhte und darüber Streit entstand.

Diese Grundsätze sind durch die jetzt geltende Reichsgesetzgebung erheblich abgeändert worden, vergl. die denselben Gegenstand betreffenden Entscheidungen nach Anleitung des Inhaltsverzeichnisses und der Register.

Nr. 273. Erk. vom 20. Oktober 1855 (Just.-Min.-Bl. 1856 S. 7).

Bei Streitigkeiten über Abgaben, welche angeblich vermöge notorischer

*) In dem Min.-Bl. S. 47 steht irrtümlich „15".

Orts- oder Bezirks-Verfassung an einen Kirchenbeamten zu entrichten sind, war der ordentliche Rechtsweg in diesem Falle nicht ausgeschlossen. Es handelte sich um eine Klage von Mitgliedern einer lutherischen Gemeinde gegen eine evangelisch-lutherische Gemeinde, deren Zweck dahin ging, auszuführen, daß Kläger nicht verpflichtet seien, eine gewisse Kornabgabe an den Totengräber zu leisten. Der ordentliche Rechtsweg wurde in Gemäßheit der Kabinets-Ordre vom 19. Juni 1836 (G.-S. S. 198) deshalb für zulässig erachtet, weil die Merkmale einer bestehenden Bezirks- oder Ortsverfassung nicht nachzuweisen waren. Die den Komp.-Konfl. erhebende Regierung hatte gar nicht einmal behauptet, daß die Besitzungen der Kläger solche waren, an welchen die fragliche Abgabe von jeher entrichtet sei, es liege auch der Fall überhaupt nicht so, daß derselbe unter die Besteuerung der Kabinets-Ordre vom 19. Juni 1836 subsummirt werden könne. Um den Begriff einer auf notorischer Orts- oder Bezirksverfassung beruhenden Verbindlichkeit darzustellen, sei gar nicht erforderlich, daß die diesfallsige Verbindlichkeit eine durchaus allgemeine sei, auf allen Grundstücken ohne Unterschied ruhe, damit sich aber eine Orts- oder Bezirks-Verfassung bilde, sei unerläßlich, daß bestimmte, in sich erkennbare Merkmale gegeben seien, welche darüber entscheiden müßten, zu welcher Klasse, ob zu der verpflichteten oder zu der befreiten, dieses oder jenes Grundstück zu rechnen sei. Ohne ein solches entscheidendes Merkmal lasse sich von einer Bezirks- oder Ortsverfassung nicht sprechen, da vielmehr nur davon die Rede sein könne, ob auf diesem oder jenem Grundstücke die fragliche Leistung als Realabgaben ruhe. Hierzu ist zu vergleichen Ges. v. 24. Mai 1861, §§ 15 und 16 (G.-S. S. 241).

Nr. 274. Erk. vom 20. Oktober 1855 (Min.-Bl. d. i. V. S. 248 u. Just.-Min.-Bl. S. 399).

Die Frage: ob und welche Sicherungs-Anlagen in Folge des Eisenbahnbaues notwendig sind, ist von der Regierung (dem Regierungspräsidenten) zu entscheiden, dagegen unterliegt die Frage: wer die Kosten solcher für nötig befundenen Anlagen zu tragen hat, ob die Eisenbahngesellschaft oder die Gutsbesitzer, der Entscheidung im ordentlichen Rechtswege (§ 14 des Eisenbahnges. vom 3. November 1838).

Bei Anlegung der durch die Ländereien des Klägers gehenden Eisenbahn wurden sowohl ein über dieselben führender Weg, als ein diesen Weg durchschneidender Graben, über den damals über diesem Punkte eine Brücke führte, dergestalt in ihrer Richtung verändert, daß sie sich gegenwärtig an einem anderen von der Eisenbahn entfernter liegenden Punkte durchschneiden. Die Eisenbahn-Verwaltung ließ an diesem neuen Durchschnittspunkte nicht wieder eine Brücke, sondern nur eine Furth durch den Graben anlegen, welche jedoch zu Zeiten nur mit Lebensgefahr zu passieren sein sollte. Das Landratsamt verlangte deshalb von dem Kläger die Erbauung einer Brücke und dies gab Veranlassung zur Anstellung der gerichtlichen Klage gegen den Eisenbahn-Fiskus mit dem Antrage, den letzteren zur Erbauung der qu. Brücke oder Erstattung der daraus erwachsenden Kosten zu verurteilen.

Heute würde Kläger nach § 56 des Zust.-Ges. v. 1. 8. 83 gegen die Verfügung der wegepolizeilichen Verfügung Einspruch zu erheben und dann event. im Verwaltungsstreitverfahren gegen die Eisenbahn oder die sonst aus öffentlichem Rechte Wegebaupflichtigen zu klagen haben.

Nr. 275. Erk. vom 20. Oktober 1855 (Just.-Min.-Bl. S. 401).

1. Auch in Neuvorpommern sind Streitigkeiten über Majestäts- und Hoheitsrechte vom ordentlichen Rechtswege ausgeschlossen.

2. Ansprüche der Gemeindebeamten auf Dienstgehalt und Emolumente, welche auf einem vertragsmäßigen Abkommen mit der Gemeinde beruhen, können im ordentlichen Rechtswege geltend gemacht werden. Ob der Vertrag von der vorgesetzten Regierung genehmigt ist oder nicht, macht keinen Unterschied.

Nr. 276. Erk. vom 20. Oktober 1855 (Just.-Min.-Bl. S. 411).

Streitigkeiten über die Frage: in welcher Art die Schulabgaben in einer Ortsgemeinde aufzubringen seien, sind von dem ordentlichen Rechtswege ausgeschlossen, dagegen galt früher der Grundsatz, es sei über den Einwand, daß die Eigenschaft als Staatsbeamter von der Verpflichtung, zu den Schulabgaben beizutragen, befreie, im ordentlichen Rechtswege zu entscheiden. Letzteres ist heute nicht mehr zutreffend aus §§ 46 und 160 des Zust.-Ges. v. 1. 8. 1883.

Nr. 277. Erk. vom 20. Oktober 1855 (Just.-Min.-Bl. 1856 S. 43).

Wenn ein Beamter Beiträge zu kirchlichen Zwecken nur deshalb verweigert, weil er von der ordentlichen Parochie seines Wohnortes eximiert und deshalb zur Entrichtung von Kirchen-Abgaben nicht verpflichtet sei, so gebührte früher die Entscheidung über einen solchen Rechtsstreit den ordentlichen Gerichten. (A. L.-R. Theil II. Tit. 11 § 283; dazu vergl. aber Ges. vom 3. Juni 1876 — G.-S. S. 154 —).

Nr. 278. Erk. vom 20. Oktober 1855 (Just.-Min.-Bl. 1856, S. 68).

Bei Defekten von Kassenbeamten sind die Verwaltungsbehörden zur Vollstreckung der Exekution nur gegen den Defektanten und den zum Ersatze sonst verpflichteten Beamten befugt. Gegen dritte Personen, welche als Bürgen oder als Besitzer eines zur Kaution gestellten Grundstückes verpflichtet sind, müssen sie dagegen ihre Ansprüche im ordentlichen Rechtswege geltend machen. V. v. 24. Januar 1844 § 15 (G.-S. S. 54).

Nr. 279. Erk. vom 24. November 1855 (Min.-Bl. d. i. V. 1856 S. 92 und Just-Min.-Bl. 1856 S. 59).

Forstbeamte sind bei Ausübung ihrer amtlichen Befugnisse zur Ueberwachung von Jagdkontraventionen auf das ihnen angewiesene Jagdrevier beschränkt und können sich daher auf ihre amtliche Eigenschaft nicht berufen, wenn sie wegen Betretung eines fremden Jagdreviers mit der Schießwaffe auf Grund des § 347 Nr. 11 des preußischen Strafgesetzbuches (jetzt § 368 Nr. 10 des Reichs-Strafgesetzbuches) in Anspruch genommen werden. Konfliktssache nach § 8 der Einleitung.

Nr. 280. Erk. vom 24. November 1855 (Just.-Min.-Bl. 1856 S. 50).

Siehe das Erk. vom 24. März 1859, betreffend die Festsetzung einer Alignementslinie.

Nr. 281. Erk. vom 24. November 1855 (Just.-Min.-Bl. 1856 S. 54).

Streitigkeiten über Abgaben, welche einzelne Gemeinde-Mitglieder nach einem Gemeinderatsbeschlusse in einer rheinischen Landgemeinde an den Gemeinde-Empfänger dafür zu entrichten haben, daß sie ihr Vieh auf die Gemeindeweide treiben, sind dem ordentlichen Rechtswege unterworfen. Die Gemeinde forderte diese sogenannte „Abgabe" gar nicht aus dem Besteuerungsrechte, sondern als eine vorausbestimmte Vergütigung dafür, daß gestattet wurde, Vieh auf die Gemeindeweide zu treiben und zwar nach der Stückzahl des aufgetriebenen Viehes. Leistung und Gegenleistung beruhen in solchen Fällen auf einem Vertragsverhältnisse, bei welchem die Gemeinde für eine Art von Pachtzins die Benutzung der Gemeindeweide gestattet, und der Einzelne durch Eintreiben des Viehes in die Gemeindeweide die Entrichtung des Pachtzinses übernimmt. Ueber das Zustandekommen eines derartigen Vertrages kann nur der ordentliche Prozeßrichter entscheiden.

Nr. 282. Erk. vom 12. Januar 1856 (Min.-Bl. d. i. V. S. 86).

Zur Entscheidung von Streitigkeiten zwischen Verpächtern und Pächtern über die Verpflichtung die Kosten der in Folge einer Separation angeordneten Graben-, Wege- und Brückenbauten zu tragen, sind nicht die ordentlichen Gerichte, sondern die Auseinandersetzungsbehörden zuständig.

(Vergl. § 22 der Konflikts-Verordnung vom 1. August 1879, § 7 der V. vom 30. Juni 1834 — Ges.-S. S. 96 — Schneider, Landeskulturgesetzgebung, Berlin 1879, S. 50 ff.).

Nr. 283. Erk. vom 12. Januar 1856 (Min.-Bl. d. i. V. S. 114 u. Just.-Min.-Bl. S. 90).

Wenn ein Beamter seine Amtsbefugnisse nicht im Bewußtsein der Rechtswidrigkeit seines ungerechtfertigten Verfahrens, sondern aus Irrtum überschreitet, um Jemanden widerrechtlich zu einer Handlung, Duldung oder Unterlassung zu nöthigen, so ist sein Verfahren nicht zur gerichtlichen Verfolgung, sondern nur zur disziplinarischen Verfolgung geeignet. Konfliktssache, siehe § 8 der Einleitung zu diesem Buche.

Nr. 284. Erk. vom 12. Januar 1856 (Just.-Min.-Bl. S. 70).

Gegen Verfügungen der Bergbehörden, durch welche der eigenmächtige Betrieb des Bergbaues auf einem gewissen Punkte Jemandem, dessen Mutung nicht als annehmbar befunden worden ist, untersagt wird, findet eine Possessorienklage nicht statt. Vergl. Allgemeines Bergges. vom 24. Juni 1865 (G.-S. S. 705) §§ 70 und 196 ff.

Nr. 285. Erk. vom 12. Januar 1856 (Just.-Min.-Bl. S. 78).

Die Rückgewähr des in Folge wegepolizeilicher Anordnung zur Fahrstraße verwendeten Grundeigentums kann im ordentlichen Rechtswege nicht verlangt werden, dagegen ist über den Antrag auf Regulierung der verdunkelten Grenze ein zivilgerichtliches Prozeßverfahren zulässig. Die verlangte Grenzregulierung war für die Entschädigungsfrage präjudiziell, vergl. den letzten Absatz im § 56 des Zust.-Ges. v. 1. 8. 83.

Nr. 286. Erk. vom 12. Januar 1856 (Just.-Min.-Bl. 1857 S. 397).

Amtsüberschreitung eines Bürgermeisters. Verhaftung eines Gewerbetreibenden wegen verweigerter Verlassung des Marktstandes. Konfliktssache, § 8 der Einleitung zu diesem Buche.

Nr. 287. Erk. vom 9. Februar 1856 (Min.-Bl. d. i. V. S. 120 und Just.-Min.-Bl. S. 96).

Bei Entschädigungs-Ansprüchen für aufgehobene Zeitungs-Privilegien ist der ordentliche Rechtsweg nicht zulässig. Privilegien sind Ausflüsse der gesetzgebenden Gewalt, also eines Majestätsrechtes, gegen welches eine gerichtliche Klage schon nach § 36 der V. vom 26. Dezember 1808 (N. C. C. XII, S. 693 und 694) unzulässig war, sofern nicht in den Gesetzen selbst eine Entschädigung ausdrücklich vorgesehen ist. Vergl. Allerh. Kab.-Ordre vom 4. Dezember 1831. Vergl. Parey, Verwaltungsrecht Teil II, S. 54 und 102.

Nr. 288. Erk. vom 23. Februar 1856 (Just.-Min.-Bl. S. 99).

Die Feststellung des Besitzstandes unter den über das Eigentum an einem Wege streitenden Parteien durch ein vorläufiges Erkenntnis des ordentlichen Gerichtes steht dem Erlasse und der Vollstreckung wegepolizeilicher Anordnungen nicht entgegen, und der ordentliche Rechtsweg gegen dergleichen Anordnungen ist nicht zulässig. In einem Zivilprozesse war entschieden, daß einer Schulgemeinde eine Wegegerechtigkeit zu einem sogenannten Schulwege nicht zustehe, gleichwohl nahm die Wegepolizeibehörde den betreffenden Weg für den öffentlichen Verkehr in Anspruch und erließ nach dieser Richtung hin verschiedene, auf die Offenhaltung des Weges zu Schulzwecken bezügliche Zwangsverfügungen. Vergl. Abs. 1 im § 56 des Zust.-Ges. v. 1. 8. 1883.

Nr. 289. Erk. vom 23. Februar 1856 (Just.-Min.-Bl. S. 117).

Wenn durch Verfügung der Polizeibehörde die Sperrung eines Weges, welcher zur Umgehung einer städtischen Chausseegeld-Hebestelle geeignet ist, angeordnet wird, so kann von den dadurch beeinträchtigten Personen zwar gegen die betreffende Stadtgemeinde auf Freigebung des Weges oder auf Einräumung des unentgeltlichen Gebrauchs der Chaussee im ordentlich-gerichtlichen Prozeßverfahren geklagt werden, dagegen ist der ordentliche Rechtsweg gegen die Polizeibehörde wegen Fortnahme der aufgestellten Warnungstafeln und Aufhebung der Sperre unzulässig. In letzterer Beziehung vergl. § 57 des Zust.-Ges. v. 1. 8. 83.

Nr. 290. Erk. vom 23. Februar 1856 (Just.-Min.-Bl. 1857, S. 397.)

Siehe Erkenntnis vom 12. Januar 1856 (Just.-Min.-Bl. 1857, S. 397).

Nr. 291. Erk. vom 23. Februar 1856 (Just.-Min.-Bl. 1857 S. 400).

Konfliktssache nach § 8 der Einleitung zu diesem Buche. Amtsüberschreitung eines Oberförsters, Ausschließung eines bestraften Individuums von dem Bietungstermine.

Nr. 292. Erk. vom 23. Februar 1856 (Just.-Min.-Bl. 1857 S. 405).

Konfliktssache nach § 8 der Einleitung zu diesem Buche. Amtsüberschreitung eines Bürgermeisters, verletzende Aeußerungen.

Nr. 293. Erk. vom 8. März 1856 (Min.-Bl. d. i. V. S. 152 u. Just.-Min.-Bl. S. 127).

Gegen die im wege- und sicherheitspolizeilichen Interesse getroffenen Anordnungen der Polizeibehörden ist eine gerichtliche Klage auf Wiederherstellung des früheren Zustandes unzulässig.

Ein oft wiederholter Grundsatz. Im vorliegenden Falle handelte es sich um die im wegepolizeilichen Interesse bewirkte Beseitigung eines Brunnens, welcher an der Grenze der Dorfstraße stand, und auf dessen Benutzung die Nachbarn ein Recht zu haben glaubten.

Nr. 294. Erk. vom 8. März 1856 (Just.-Min.-Bl. S. 119).

Wenn die Höhe des Wasserstaues einer Mühle durch polizeiliche Anordnungen der Regierung bestimmt ist, so kann der betheiligte Mühlenbesitzer, welcher sich dadurch in seinem Rechte verletzt glaubt, zwar die Anerkennung des Rechtes zu einem anderen Wasserstau, nicht aber die Gewährung dieses Rechtes im Wege des ordentlichen gerichtlichen Prozesses verlangen. Vergl. Abs. 3 in § 67 des Zust.-Ges. v. 1. 8. 83.

Nr. 295. Erk. vom 8. März 1856 (Just.-Min.-Bl. S. 131).

Konfliktssache im Sinne des § 8 der Einleitung zu diesem Buche. Dieselbe betrifft die Ueberschreitung der Amtsbefugnisse eines Försters bei dem Gebrauche der Schußwaffe gegen einen Forstkontravenienten. Der Fortgang der eingeleiteten gerichtlichen Untersuchung wurde für statthaft erachtet.

Nr. 296. Erk. vom 8. März 1856 (Just.-Min.-Bl. S. 138).

1. Die Entscheidung von Privatstreitigkeiten über den Nachdruck eines Gesangbuches, welches zum kirchlichen Gebrauche bestimmt ist, gebührt nicht den Kirchenbehörden, sondern den ordentlichen Gerichten. Siehe die zur Ausführung des Artikel 4, Nr. 6 der Reichsverfassung ergangene Gesetzgebung.

2. Das Ges. vom 8. April 1847 über das Verfahren bei Komp.-Konfl. zwischen den Gerichten und Verwaltungsbehörden findet nicht bloß in Zivilprozessen, sondern auch in Untersuchungssachen Anwendung.

Nr. 297. Erk. vom 8. März 1856 (Just.-Min.-Bl. 1857 S. 406).

Konfliktssache nach § 8 der Einleitung zu diesem Buche. Mißhandlung eines Besuchenden seitens des Pförtners eines Krankenhauses.

Nr. 298. Erk. vom 8. März 1856 (Just.-Min.-Bl. 1857 S. 408).

Konfliktssache nach § 8 der Einleitung zu diesem Buche. Verletzende Aeußerungen seitens eines Gerichtsscholzen.

Nr. 299. Erk. vom 5. April 1856 (Min.-Bl. d. i. V. S. 122 u. Just.-Min.-Bl. S. 186)

Der Rechtsweg gegen Anordnungen der Regierung bezüglich der den städtischen Polizeibeamten zu gewährenden Besoldung ist unzulässig.

In der betreffenden (rheinischen) Gemeindeordnung wurden nach der damals geltenden Gemeinde-Ordnung vom 11. März 1850 (§ 53) die Gemeindebeamten ernannt, deren Besoldung aber wurde (§ 60) von dem Gemeinderate festgesetzt, so daß eine Mitwirkung der Regierung hier nicht vorgesehen war, gleichwohl wurde eine solche aber gefolgert aus § 4 des Polizeiverwaltungsges. vom 11. März 1850. Dasselbe Argument würde auch zutreffen hinsichtlich der nach der Städte-Ordnung vom 30. Mai 1853 anzustellenden Polizeibeamten, denn dieselben werden von dem Magistrat nach Vernehmung der Stadtverordneten ernannt (§ 56 Nr. 6) und deren Gehalt wird von den Stadtverordneten festgesetzt (§ 64). Eine Genehmigung der Regierung (jetzt des Regierungspräsidenten) ist nur vorgesehen hinsichtlich der Bürgermeister und der besoldeten Magistratsmitglieder. In Betreff der anderen Provinzen vergl. Studt & Braunbehrens (Brauchitsch) Theil I S. 209 und 210, Ausgabe von 1889. Auch hier ist die Ansicht ausgesprochen, daß die von den Gemeindebehörden anzustellenden Polizeibeamten nicht unter die Vorschrift des § 13 des Zust.-Ges. v. 1. 8. 83 fallen, denn deren „Bestätigung" bestimme sich nicht nach dem Gemeindeverfassungsges., sondern regele sich nach den besonderen Vorschriften im § 4 des Polizeiverwaltungsges. vom 11. März 1850 beziehungsweise § 4 der V. vom 20. September 1867 (G.-S. S. 1529).

Nr. 300. Erk. vom 5. April 1856 (Just.-Min.-Bl. S. 155).

Gegen Anordnungen der Regierung, durch welche ein Weg zum Vizinalweg erklärt und der Benutzung der Gemeinde überwiesen wird, findet der ordentliche Rechtsweg nicht statt. Nach der jetzt gebräuchlichen Ausdrucksweise handelte es sich um die Inanspruchnahme eines Privatweges für den öffentlichen

Verkehr (Abth. 1 in § 56 des Zust.-Ges. v. 1. 8. 83). Wegen der Entschädigung vergl. den letzten Absatz jenes § 56.

Nr. 301. Erk. vom 5. April 1856 (Just.-Min.-Bl. S. 178).

Streitigkeiten über die Frage: ob ein Wasserlauf als ein Privatgewässer oder als ein öffentlicher Fluß zu erachten sei und ob die Reinigung und Unterhaltung desselben demgemäß dem Privateigentümer oder dem Fiskus obliege, sind dem ordentlichen Rechtswege unterworfen.

Nach Hahn's Wasserrecht, Breslau 1886, S. 23 ist dieser Grundsatz noch heute aufrecht erhalten, vergl. jedoch § 66 des Zust.-Ges. v. 1. 8. 83.

Nr. 302. Erk. vom 5. April 1856 (Just.-Min.-Bl. 1857 S. 412).

Konfliktssache. § 8 der Einleitung zu diesem Buche.

Verletzende Aeußerungen eines Dorfschulzen in der Gemeindeversammlung.

Nr. 303. Erk. vom 5. April 1856 (Just.-Min.-Bl. 1858 S. 67 und 68).

Konfliktssachen. § 8 der Einleitung zu diesem Buche.

Züchtigungsrecht der Lehrer und Geistlichen.

Nr. 304. Erk. vom 3. Mai 1856 (Min.-Bl. d. i. V. S. 259 und Just.-Min.-Bl. S. 207).

Gegen eine polizeiliche Verfügung, in Gemäßheit welcher der Magistrat einer Stadt, als Polizeibehörde, die Sperrung einer Passage im öffentlichen Interesse beseitigen läßt, kann der dadurch betroffene Grundeigentümer den ordentlichen Rechtsweg selbst dann nicht beschreiten, wenn er sich auf einen früheren Vertrag beruft, wobei der Magistrat nicht als Polizeibehörde, sondern als Vertreter eines Kämmerei-Grundstückes fungierte.

Vergl. das Erk. vom 3. November 1847 (Min.-Bl. d. i. V. 1848 S. 97). Verträge, welche mit dem Magistrat in seiner Eigenschaft als Kommunalbehörde geschlossen sind, können niemals der Durchführung einer von demselben Magistrat in seiner Eigenschaft als Polizeibehörde getroffenen Anordnung entgegenstehen und sind jedenfalls nicht geeignet, den ordentlichen Rechtsweg gegen die polizeiliche Verfügung für zulässig zu erachten.

Im vorliegenden Falle handelte es sich um eine mit dem Magistrat als Besitzer eines Kämmerei-Grundstückes vereinbarte Grenzregulierung und Aufstellung einer diesem Zweck dienende Barrière; da letztere seitens der Polizeiverwaltung als ein Verkehrshindernis angesehen wurde, so wurde deren Beseitigung angeordnet, und hiergegen konnte der ordentliche Rechtsweg nicht beschritten werden.

Nr. 305. Erk. vom 3. Mai 1856 (Just.-Min.-Bl. S. 161).

Gegen polizeiliche Verfügungen der städtischen Behörde ist eine Besitzstörungsklage unzulässig. Es handelte sich um die Einziehung eines Privatgrundstückes zur Anlegung einer Straße. Vergl. jetzt Gesetz vom 2. Juli 1875 (G.-S. S. 561) und die dazu ergangene Instruktion vom 28. Mai 1876 (Min.-Bl. d. i. V. S. 131).

Nr. 306. Erk. vom 3. Mai 1856 (Just.-Min.-Bl. S. 171).

Wenn die Durchstechung eines Dammes von der Landespolizeibehörde im Interesse des allgemeinen Wohles angeordnet und ein Dritter dadurch in seinem Eigentum beeinträchtigt wird, so ist über die dafür zu gewährende Entschädigung der ordentliche Rechtsweg zulässig. Der Staats-Ministerialbericht vom 16. November 1831 (Allerh. Kabinets-Ordre vom 4. Dezember 1831) erläutert die §§ 74 und 75 der Einleitung zum Allg. Landrecht dahin, daß darin der

Grundsatz zu finden sei, daß, wenn das Interesse der Gesamtheit der Einwohner des Staates eine Einrichtung in der Verwaltung erfordere, die das Privat-Eigentum des Einzelnen gefährde, die Entschädigung des Einzelnen aus dem Gesamtvermögen zu leisten sei, und schließt deren Anwendbarkeit in Bezug Maßregeln der innern Verwaltung nur für die Fälle aus, in denen der Landesherr (jetzt die gesetzgebenden Faktoren) erforderlich gefunden hat, eine solche Maßregel unmittelbar durch einen Akt der Gesetzgebung anzuordnen, ohne daß die Verpflichtung zum Schadenersatze aus dem Staatsvermögen besonders festgesetzt worden.

Nr. 307. Erk. vom 3. Mai 1856 (Just.-Min.-Bl. S. 187).

Streitigkeiten darüber: ob der Besitzer eines Sees, welcher innerhalb des Jagdbezirks einer Gemeinde gelegen ist, zur eigenen Ausübung des Jagdrechtes auf dem See berechtigt ist (§ 2 lit. c. des Jagd-Polizei-Ges. vom 7. März 1850) sollten dem ordentlichen Rechtswege unterworfen sein. Vergl. jetzt § 105 Nr 2 des Zust.-Ges. v. 1. 8 83.

Nr. 308. Erk. vom 3. Mai 1856 (Just.-Min.-Bl. S. 206).

Wenn von der städtischen Polizeibehörde einem Hausbesitzer eine bestimmte Handlung (Auspumpen des Kellerwassers auf die Straße bei Frostwetter) untersagt und bei Uebertretung des Verbotes die angedrohte Strafe festgesetzt wird, so ist hiergegen eine Berufung auf den ordentlichen Rechtsweg nicht zulässig. Vergl. § 132 ff. des L.-V.-Ges. v. 30. 7. 83.

Nr. 309. Erk. vom 3. Mai 1856 (Just.-Min.-Bl. S. 235).

Wenn eine Auseinandersetzungsbehörde nach § 8 der V. vom 30. Juni 1834 ihre Vermittelung auf solche Geschäfte ausdehnt, deren Regulirung zwar in keinem notwendigen Zusammenhange mit dem Hauptgegenstande der bei ihr anhängigen Auseinandersetzung steht, welche aber zu besseren Regulirung des Hauptgeschäftes gereichen, und die dabei betheiligten Interessenten gegen eine Vermittelung keinen Widerspruch erheben, so steht der Auseinandersetzungsbehörde sowohl die Verhandlung als auch die Entscheidung über die dabei entstehenden Streitigkeiten zu. Siehe Schneider, Landeskulturgesetze, Berlin 1879, S. 52, 53.

Nr. 310. Erk. vom 7. Juni 1856 (Min.-Bl. d. i. V. S. 195 und Just.-Min.-Bl. S. 231).

Wenn ein schulpflichtiges Kind in eine andere, als die ordentliche Ortsschule, gesendet und das Schulgeld für dasselbe auf polizeiliche Anordnung zu Gunsten des Lehrers der Ortsschule eingezogen worden ist, so ist hiergegen der ordentliche Rechtsweg nicht zulässig. Der Vater eines solchen Kindes hatte das für den Lehrer der ordentlichen Ortsschule von ihm eingezogene Schulgeld im Wege des Zivilprozesses zurückgefordert, weil sein Kind diese Schule nicht besuchte und weil nach einem Reskript vom 28. Juli 1827 ein Schulzwang in dem Sinne nicht stattfinde, daß die Kinder einer bestimmten Schule angehören sollen, vielmehr liege den Eltern im Allgemeinen nur die Pflicht ob, für den gehörigen Unterricht der Kinder zu sorgen. Dies mag zutreffend sein, allein ebenso berechtigt ist auch das Verlangen der Schul-Aufsichtsbehörde, daß ihr zunächst die Prüfung der gehörigen Beobachtung etwaiger Kontrol-Maßregeln zusteht, wenn ein Kind in eine andere, als die ordentliche Ortsschule, gesendet werden solle. Von derartigen Kontrol-Maßregeln sei hier gar nicht die Rede, indem es vielmehr auf Sicherstellung der Einnahmen des Lehrers der ordentlichen Ortschule abgesehen sei; da indeß der § 1 der Allerh. Kabinets-Ordre vom 19. Juni 1836 (G.-S. S. 198) die exekutivische Einziehung des Schulgeldes im Verwaltungswege gestatte und ein Fall, wo nach dem § 3 der gedachten Ordre der ordentliche Rechtsweg zulässig wäre, nicht vorliege, so sei der Komp.-Konfl. begründet. Soweit ein Schulgeld nach § 4 des Ges. vom 14. Juni 1888 (G.-S. S. 240) noch erhoben werden kann, wird derselbe mit Genehmigung des Kreisausschusses bezw. Bezirksausschusses festgestellt. Im Uebrigen vergl. das Endurteil des O.-V.-G. vom 12. Mai 1877 (Entsch.-Bd. II S. 212, Parey, Rechtsgrundsätze des O.-V.-G., Stammwerk S. 188 Nr. 9).

Danach würde dem betreffenden Vater nur der ordentliche Rechtsweg übrig bleiben, wenn dem nicht der § 160 des Zust.-Ges. v. 1. 8. 83 entgegen stünde.

Nr. 311. Erk. vom 7. Juni 1856 (Min.-Bl. d. i. V. S. 255 nebst Ministerialerlaß vom 12. Oktober 1856 [a. a. O. S. 254] und Just.-Min.-Bl. S. 270).

1. Es fragt sich: inwiefern nach den Vorschriften der Städte-Ordnung vom 30. Mai 1853 die Verwendung der Nutzungen des Bürgervermögens zu Kommunal-Verwaltungsbedürfnissen zulässig sei (§§ 49, 50 Nr. 4 der Städte-Ordnung, Deklaration vom 26. Juli 1847 — G.-S. S. 327 —, Oertel, Städte-Ordnung, Liegnitz 1883 S. 127). Nach dieser Deklaration macht das Bürger-Vermögen (auf dem Lande Gemeindeglieder-Vermögen), dessen Nutzungen den einzelnen Gemeinde-Mitgliedern oder Einwohnern, vermöge dieser ihrer Eigenschaft — also aus einem in der Gemeinde-Verfassung liegenden öffentlich-rechtlichen Titel und nicht aus einem privatrechtlichen Titel — zukommen, einen Teil des Gemeinde-Vermögens aus, weshalb auch nach §§ 49, 50 Nr. 4 in Verbindung mit §§ 11 und 36 der Städte-Ordnung die Stadtbehörden mit Genehmigung der Regierung (jetzt des Bezirksausschusses — § 16 Abs. 3 des Zust.-Ges. v. 1. 8. 83 —) befugt erscheinen, die Verwendung der Nutzungen von dem Bürger-Vermögen (Gemeindeglieder-Vermögen) zur Deckung der Lasten und Abgaben der Stadtgemeinde zu beschließen und dergestalt die Benutzung des Bürgervermögens zur Bestreitung der Bedürfnisse des Kommunal-Haushaltes eintreten zu lassen.

Was man also auf dem Lande „Gemeindeglieder-Vermögen" nennt, heißt in den Städten „Bürger-Vermögen"; um das letztere handelt es sich in dieser Entscheidung.

2. Gegen den von der Regierung (Bezirksausschuß) genehmigten Beschluß der städtischen Behörden, daß die zum Bürgervermögen gehörigen Hütungsplätze nicht mehr den Bürgern zur Hütung überlassen, sondern zur Erfüllung der Bedürfnisse des Kommunal-Haushaltes für Rechnung der Kämmerei-Kasse verpachtet werden sollen, ist ein Widerspruch im ordentlichen Rechtswege nur insofern zulässig, als derselbe auf einem speziellen privatrechtlichen Titel beruht; es kann aber als ein solcher Titel ein Anspruch, welcher lediglich in den Verhältnissen des Beteiligten als Mitglied der Gemeinde, also in dem Kommunalverbande seinen Grund hat, nicht angesehen werden.

Gegen die Beschlüsse des Bezirksausschusses findet jetzt nur die Beschwerde in Gemäßheit des § 121 des L.-V.-Ges. vom 30. Juli 1883 statt. Handelt es sich aber um Streitigkeiten über die Teilnahme an den Nutzungen des gemeinschaftlichen Vermögens der Separationsinteressenten oder der Eigentümer der Gemeindefeldmark (Ackerbürgerschaft), so unterliegen dieselben der Rechtsprechung des ordentlichen Richters und nicht des Verwaltungsrichters. (Endurteil des O.-V.-G. vom 17. November 1877 — Entsch. Bd. III. S. 82, Parey, Rechtsgrundsätze des O.-V.-G., Stammwerk S. 114 und 115 Nr. 21 Ziffer 9 —).

Das Verwaltungsstreitverfahren findet nur statt, wenn es sich um Nutzungen am Gemeindevermögen handelt (§ 18 Nr. 1 und § 160 des Zust.-Ges.

v. 1. 8. 83), welche den Berechtigten in ihrer Eigenschaft als Gemeindeglieder zustehen nicht dagegen, wenn Nutzungen in Frage stehen, welche lediglich auf privatrechtlichen Titeln beruhend, freies Privateigentum des Einzelnen sind. Jenes ist „Bürgervermögen", dieses im Gegensatze dazu „Interessentenvermögen".

3. Hinsichtlich der Bedürfnisfrage bei einer solchen Veränderung der Benutzungsart des Gemeindevermögens (oder des Bürgervermögens als Teil desselben) ist in Erwägung zu ziehen, ob die Zahl der Nutzungsberechtigten, z. B. durch Veränderungen in den Gemeinde-Angehörigkeits- und in den Niederlassungs-Verhältnissen, so groß geworden oder sonst die Behandlung der in Rede stehenden Gemeinde-Nutzungen von der Art ist, daß dieselbe für die einzelnen Teilnehmer nur noch einen geringen Wert haben, oder bei der Fortdauer der bisherigen Nutzungsweise die Devastation der Substanz zu besorgen steht, mithin eine Beschlußnahme wegen künftiger Verwendung solcher Gemeinde-Nutzungen zur Bestreitung der Bedürfnisse des Kommunalhaushaltes im wohlerstandenen Interesse des Gemeindewesens liegt.

4. Letzteres kommt namentlich vielfach vor hinsichtlich der Verwaltung der Gemeindewaldungen, deshalb ist auch in dieser Beziehung jetzt besondere Fürsorge getroffen. (§ 16 Abs. 2 des Zust.-Ges. v. 1. 8. 83, Ges. vom 14. Aug. 1876 — G.-S. S. 373 —).

5. Im vorliegenden Falle hatten die hütungsberechtigten Haus- und Ackerbesitzer gegen den Magistrat die gerichtliche Klage mit dem Antrage erhoben (Possessorienklage):

ihn (den Kläger) in der Ausübung seines Hütungsrechtes zu schützen und dem Verklagten jede Besitzstörung bei Strafe zu untersagen.

Der hiergegen erhobene Komp.-Konfl. wurde aus obigen Gründen für begründet erachtet.

Nr. 312. Erk. vom 7. Juni 1856 (Just.-Min.-Bl. S. 243).

Gegen wegepolizeiliche Anordnungen der Verwaltungsbehörden ist der ordentliche Rechtsweg ausgeschlossen. Wenn jedoch von dem beteiligten Grundbesitzer behauptet wird, daß eine solche Anordnung einen Eingriff in sein Privatrecht enthalte, für welchen nach den gesetzlichen Vorschriften Entschädigung gewährt werden müsse, so ist hierüber so wie über die Art der Entschädigung im Rechtsverfahren vor den ordentlichen Gerichten zu entscheiden. Vergl. jetzt § 56, insonderheit den letzten Absatz des Zust.-Ges. v. 1 8. 83.

Nr. 313. Erk. vom 7. Juni 1856 (Just.-Min.-Bl. S. 246).

Nach den in der Altmark geltenden Provinzialgesetzen gehören alle hinsichtlich des Deichwesens entstehenden Streitigkeiten zur Kompetenz der mit der Leitung der Deichangelegenheiten betrauten Landespolizeibehörden; daher ist der ordentliche Rechtsweg in dergleichen Fällen ausgeschlossen. Vergl. §§ 97 und 152 des Zust.-Ges. v. 1. 8. 83.

Nr. 314. Erk. vom 7. Juni 1856 (Just.-Min.-Bl. S. 250).

Nach dem für die ländliche Feuer-Versicherungs-Sozietät des Regierungsbezirks geltenden Reglement vom 30. Dezember 1837 (Ges.-S. 1838 S. 153) sind Streitigkeiten darüber, ob Jemand mit der von ihm behaupteten oder mit einer geringeren Summe bei der Sozietät versichert ist, im ordentlichen Rechtswege zu entscheiden. Vergl. das revidirte Reglement vom 18. November 1860 (Ges.-S. S. 561), Allerh. Erlaß vom 27. Februar 1865 (Ges.-S. S. 105), desgl. vom 13. November 1869 (Ges.-S. S. 1159).

Nr. 315. Erk. vom 7. Juni 1856 (Just.-Min.-Bl. S. 275).

Bei Anlegung von Chausseen in der Rhpr. mußte die Expropriation der dazu erforderlichen Grundstücke nach rheinischem Rechte auf gerichtlichem Wege erfolgen, und die dortigen ordentlichen Gerichte hatten sowohl über die Entschädigungsansprüche der beteiligten Grundbesitzer, als auch über die Förmlichkeiten der Eigenthumsentziehung, mithin auch über die Possessorienklagen, welche gegen eine ungesetzliche außergerichtliche Besitznahme der betreffenden Grundstücke gerichtet waren, zu entscheiden. Vergl. Enteignungsges. vom 11. Juni 1874 und §§ 150—153 des Zust.-Ges. v. 1. 8 83.

Nr. 316. Erk. vom 7. Juni 1856 (Just.-Min.-Bl. S. 287).

Wenn eine Regierung in der Rhpr. die Aufforstung von Wildland im Interesse der Gemeinden anordnet und die dazu erforderlichen Leistungen nach Maßgabe der direkten Steuern auf die Gemeinde-Eingesessenen verteilt, so ist über den Einwand der letzteren, daß sie gesetzwidrig dazu herangezogen seien, nicht im Wege Rechtens, sondern im Verwaltungswege zu entscheiden. Es handelte sich um die Heranziehung zu Gemeindelasten im Sinne der §§ 18, 21 und 160 des Zust.-Ges. v. 1. 8. 83.

Nr. 317. Erk. vom 7. Juni 1856 (Just.-Min.-Bl. S. 323).

1. Gegen Anordnungen der gerichtlichen Polizei ist der Rechtsweg nur in solchen Fällen zulässig, in welchen derselbe rücksichtlich anderer polizeilicher Verfügungen gestattet ist.

2. Der General-Prokurator in Köln wurde als Provinzialchef der gerichtlichen Polizei den Provinzial-Verwaltungsbehörden beigezählt und daher zur Einlegung des Komp.-Konfl. für befugt erachtet.

Nr. 318. Erk. vom 27. September 1856 (Min.-Bl. d. i. V. 1857 S. 2 und Just.-Min.-Bl. 1856, S. 369).

Forderungen einer Pfarre für beständige dingliche Abgaben, welche an dieselbe zu entrichten sind, unterliegen der Entscheidung im ordentlichen Rechtswege nur alsdann, wenn die angebliche Befreiung auf Vertrag, Privilegium oder Verjährung beruht.

Es handelte sich um ein von den Wohnhäusern im Orte an die Pfarre zu zahlendes Neujahrsgeld, welches auch von einem Halbspännerhof entrichtet wurde, nunmehr aber auch von einem zu einem Altsitzerhause umgebauten und zu Zeiten an fremde Personen vermieteten Stallgebäude gefordert und exekutivisch eingezogen war. Der auf die Klage gegen die Pfarre erhobene Komp.-Konfl. wurde begründet erachtet auf Grund der Allerhöchsten Kabinets-Ordre vom 19. Juni 1836 (G.-S. S. 198). Kläger hatte behauptet, daß das betreffende Haus kein der fraglichen Abgabe unterliegendes Objekt bilde, daß ihn vielmehr die Entrichtung derselben für seinen Halbspännerhof von der Verpflichtung befreie, dieselbe auch von jenem Hause an die Pfarre zu zahlen. Die Prüfung dieser, die objektive Steuerbarkeit des Hauses bestreitenden Behauptung liegt aber außer der gesetzlich normirten Kompetenz der Gerichte, vielmehr lediglich im Ressort der Verwaltungsbehörde.

Die Nr. 3 der Kabinets-Ordre von 1836 ist inzwischen aufgehoben durch § 16 des Gesetzes vom 24. Mai 1861 (G.-S. S. 241). Im Uebrigen sind diese Abgaben nach § 6 des Ablösungsgesetzes vom 2. März 1850 für ablösbar erklärt, auch dürfte diese Ablösung nunmehr nach Maßgabe des Gesetzes vom 27. April 1872 (G.-S. S. 417) wohl überall erfolgt sein. (Kries, preußische Kirchengesetzgebung, Danzig 1887, S. 77).

Nr. 319. Erk. vom 27. September 1856 (Min.-Bl. d. i. V. 1857, S. 3 und Just.-Min.-Bl. 1856, S. 347).

Gegen Anordnungen der Regierung als Schulaufsichtsbehörde, durch welche mit Rücksicht auf die veränderten Umstände der ursprünglich festgesetzte Feuerungsbedarf für eine Schule anderweit normirt wird, ist ein Widerspruch im ordentlichen Rechtswege unzulässig. Die von einer derartigen Anordnung betroffene Schulgemeinde berief sich auf das von dem Lehrer bei seiner Anstellung unterschriebene Einkommensverzeichnis (Matrikel, Genußzettel) und klagte gegen den Lehrer gerichtlich mit dem Antrage, sich mit dem ursprünglich festgesetzten Betrage des Schulholzgeldes zu begnügen. Die Befugnis der Regierung zur angemessenen Bestimmung des Feuerungsmaterials ist aber der richterlichen Entscheidung nicht unterworfen (§ 18 der Regierungs-Instruktion vom 23. Oktober 1817), und deshalb war der von der Regierung erhobene Komp.-Konfl. für begründet zu erachten.

Vergl. oben das Erkenntnis sub Nr. 261.

Nr. 320. Erk. vom 27. September 1856 (Min.-Bl. d. i. V. 1857, S. 9 und Just.-Min.-Bl. 1857, S. 5).

Wenn gegen eine polizeiliche Strafverfügung auf gerichtliche Entscheidung provoziert und in dem darauf eingeleiteten Untersuchungsverfahren von Seiten der Polizeibehörde der Einwand der Inkompetenz des ordentlichen Gerichts erhoben, derselbe aber demnächst rechtskräftig verworfen wird, so ist die Erhebung des Komp.-Konfl. unzulässig. Begründet war diese Entscheidung durch Bezugnahme auf § 2 des Ges. vom 8. April 1847. An die Stelle des letzteren ist jetzt § 4, Abs. 2 des Ges. vom 1. August 1879 (siehe die obige Einleitung § 6) getreten; vergl. § 645 der deutschen Zivil-Prozeß-Ordnung vom 30. Januar 1877, auch § 293 a. a. O.

Nr. 321. Erk. vom 27. September 1856 (Min.-Bl. d. i. V. 1857, S. 10 und Just.-Min.-Bl. 1856 S. 354).

Wider einen Polizeibeamten, welcher bei einer der Hehlerei verdächtigen Person Waaren und andere Gegenstände in Beschlag genommen hat, kann aus dem Grunde, weil durch die eingeleitete Untersuchung eine strafbare Handlung des Besitzers nicht festgestellt worden ist, von Seiten des letzteren eine gerichtliche Klage auf Entschädigung nicht erhoben werden. Konfliktssache nach § 8 der Einleitung zu diesem Buche.

Nr. 322. Erk. vom 27. September 1856 (Just.-Min.-Bl. S. 378).

Streitigkeiten, welche nach Beendigung des Auseinandersetzungsverfahrens über die Auslegung des abgeschlossenen Rezesses entstehen, sind nicht von den Auseinandersetzungsbehörden, sondern von den Gerichten zu entscheiden. §§ 20 ff. der V. vom 20. Juni 1817 (G.-S. S. 165), §§ 168—170 der Gemeinheits-Teilungs-Ordnung vom 7. Juni 1821 (G.-S. S. 73).

Nr. 323. Erk. vom 27. September 1856 (Just.-Min.-Bl. 1857 S. 413).

Konfliktssache, § 8 der Einleitung zu diesem Buche.
Amtsüberschreitung eines Polizeidieners wegen Mißhandlung eines Markt-Kontravenienten.

Nr. 324. Erk. vom 27. September 1856 (Just.-Min.-Bl. S. 428).

Konfliktssache, § 8 der Einleitung zu diesem Buche.
Rechtswidrige Verhaftung durch einen Bürgermeister.

Nr. 325. Erk. vom 4. Oktober 1856 (Min.=Bl. d. i. V. 1857 S. 4 und Just.=Min.=Bl. 1856. S. 383).

Wenn eine westfälische Stadtgemeinde sich durch einen von der Aufsichtsbehörde genehmigten Beschluß des Gemeinderates verpflichtet hat, die sämtlichen Kosten des städtischen Schulwesens aus der Kämmereikasse zu bestreiten und dieselben als eine von den Mitgliedern der Gemeinde zu tragende Kommunallast in den Stadthaushalts=Etat aufzunehmen, so können die Forensen eine Befreiung von der Verbindlichkeit, zu diesen Abgaben beizutragen, im ordentlichen Rechtswege nicht geltend machen.

Dieser lediglich die Prozeßfähigkeit derartiger Ansprüche betreffende Satz ist auch heute noch insofern zutreffend, als nunmehr die Forensen in Gemäßheit der §§ 46 und 160 des Zust.=Ges. v. 1. 8. 83 gegen ihre Heranziehung zu den Schullasten rechtzeitig Einspruch zu erheben und dann event. die Reklamation einzulegen haben. Vergl. die Endurteile des O.=V.=G. vom 28. November 1877 (Entsch. Bd. III S. 125), vom 12. und 16. Februar 1881 (Entsch. Bd. VII S. 224 und 227, Parey, Rechtsgrundsätze des O.=V.=G., Stammwerk S. 189, 190 Nr. 12).

Nr. 326. Erk. vom 4. Oktober 1856 (Min.=Bl. d. i. V. S. 46 u. Just.=Min.=Bl. 1857, S. 21).

Wenn die Aufhebung eines öffentlichen Anstoß erregenden Konkubinats durch den Bürgermeister des Ortes unter Androhung von Strafe angeordnet wird, so ist diese Verfügung eine polizeiliche und deren Anfechtung im ordentlichen Rechtswege daher unzulässig.

Heute sind gegen derartige Verfügungen die Rechtsmittel aus §§ 127 ff. des L.=V.=G. vom 30. Juli 1883 gegeben. Vergl. Endurteil vom 16. Mai 1881 (Entsch. Band VII, S. 370, Parey, Rechtsgrundsätze des O.=V.=G., Stammwerk S. 240, Nr. 49), ferner Endurteil vom 7. Mai 1881 und 5. Mai 1883 (Parey und Wiedemann, Rechtsgrundsätze des O.=V.=G., S. 66, 67.)

Nr. 327. Erk. vom 4. Oktober 1856 (Min.=Bl. d. i. V. 1856, S. 59 und Just.=Min.=Bl. 1857, S. 12).

Streitigkeiten zwischen einem Weideberechtigten und dem servitutpflichtigen Waldeigentümer darüber, in welchem Umfange das Hütungsrecht des ersteren durch Ausübung der Schonungsbefugnis des letzteren eingeschränkt werden darf, gehören zur Kompetenz der Auseinandersetzungsbehörden, auch wenn mit dem Antrage auf Schlichtung dieser Streitigkeiten nicht zugleich eine Provokation auf Ablösung des Hütungsrechtes verbunden ist. Die Auseinandersetzungsbehörden sind verpflichtet, derartige Angelegenheiten zur Erörterung und Entscheidung zu bringen. (§ 29 des Landes=Kultur=Ediktes vom 14. September 1811 — G.=S. S. 300 —, §§ 31—34 der V. vom 30. Juni 1834 — G.=S. S. 96 —, Schneider, „Landeskulturgesetzgebung", Berlin 1879, S. 147 ff.)

Nr. 328. Erk. vom 4. Oktober 1856 (Just.=Min.=Bl. S. 363).

1. Die Provokation auf Anstellung einer gerichtlichen Klage ist unzulässig, wenn der Anspruch selbst, um welchen es sich handelt, vom ordentlichen Rechtswege ausgeschlossen ist (jetzt Feststellungsklage).

2. Gegen Forderungen städtischer Kassen für rückständiges Schulgeld findet der ordentliche Rechtsweg in der Regel nicht statt. Der Einwand, daß die Rückstände älter als zwei Jahre sind, begründet von dieser Regel keine Ausnahme. Vergl. Abs. 5 im § 46 und 160 des Zust.=Ges. v. 1. 8. 83.

Nr. 329. Erk. vom 4. Oktober 1856 (Just.-Min.-Bl. S. 386).

Streitigkeiten über die Leistung von Abgaben, welche vermöge notorischer Orts- und Bezirksverfassung oder nach Herkommen und Gewohnheit an geistliche Institute entrichtet werden, sind vom ordentlichen Rechtswege ausgeschlossen, sofern der Einwand der Befreiung nicht auf Vertrag, Privilegium oder Verjährung gegründet wird. Es handelte sich um „Opfergeld".

Die Behauptung des Schuldners, daß er einer anderen Konfession angehöre, ist solchen Abgaben gegenüber, welche nicht aus dem Parochialverbande fließen, sondern als eine dingliche Last auf allen Grundstücken des Bezirks ohne Unterschied der Religion ihrer Besitzer haften, nicht als ein „Privilegium" anzusehen, welches die ausnahmsweise Zulassung des Rechtsweges begründen könnte.

Ueber die Frage: ob eine geistliche oder kirchliche Abgabe auf notorischer Orts- und Bezirksverfassung oder auf Herkommen und Gewohnheit beruht, hat nicht das Gericht, sondern die betreffende Verwaltungsbehörde zu entscheiden.

A. L.-R. II, 11, §§ 260, 261, Kries, Kirchenrecht, Danzig, 1887, S. 24.

Nr. 330. Erk. vom 4. Oktober 1856 (Just.-M.-Bl. 1857 S. 6).

Die Befreiung von der Verbindlichkeit, zu den Schulunterhaltungskosten einer Gemeinde beizutragen, konnte früher nur unter denselben Voraussetzungen im ordentlichen Rechtswege geltend gemacht werden, unter welchen dieser gegen die Verbindlichkeit zur Entrichtung allgemeiner Abgaben zulässig war. Der Einwand, daß Jemand als Gutsherrschaft zu den Schulkosten der Gemeinde beizusteuern nicht verflichtet sei, war zur Entscheidung im ordentlichen Rechtswege nicht geeignet.

Jetzt §§ 46 und 160 des Zust.-Ges. vom 1. 8. 83.

Nr. 331. Erk. vom 4. Oktober 1856 (Just.-Min.-Bl. 1857 S. 36).

Gegen polizeiliche Verfügungen, durch welche ein streitiger Weg für einen öffentlichen erklärt und die Benutzung desselben Jedermann freigegeben wird, ist eine Possessorienklage auch dann unzulässig, wenn dieselbe nicht gegen die Polizeibehörde, sondern gegen einen dritten gerichtet ist. § 56 des Zust.-Ges. v. 1. 8. 83.

Nr. 332. Erk. vom 4. Oktober 1856 (Just.-Min.-Bl. 1857 S. 47).

Gegen strompolizeiliche Anordnungen der betreffenden Verwaltungsbehörde findet die Anstellung einer Possessorienklage zum Schutze eines im Besitze behaupteten Fischereirechtes nicht statt.

Nr. 333. Erk. vom 25. Oktober 1856 (Min.-Bl. d. i. V. 1857 S. 18 und Just.-Min.-Bl. 1856 S. 371).

1. Die Entscheidung von Rechtsstreitigkeiten über die Frage, ob die auf einem Mühlengrundstücke haftenden Abgaben gewerblicher Natur und deshalb gesetzlich aufgehoben seien, gehört zur Kompetenz der Auseinandersetzungsbehörden. (§ 2 des Ablösungsges. vom 11. März 1850).

2. Durch die in Gemäßheit der V. vom 13. Juni 1853 erfolgte Sistierung des Ablösungsverfahrens über die an Kirchen, Pfarren und Schulen zu entrichtenden Reallasten ist die Rechtsanhängigkeit desselben bei den Auseinandersetzungsbehörden nicht beseitigt, und daher haben die letzteren auch während der Sistierung des Verfahrens in Prozessen über die einstweilige Fortentrichtung der Abgaben zu entscheiden (§ 65 des Ablösungsges. vom 11. März 1850, V. vom 13. Juni 1853 — G.-S. 1854 S. 160 —, Bericht vom 22. Juni 1855 — Min.-Bl. d. i. V. S. 141 —).

Nr. 334. Erk. vom 25. Oktober 1856 (Min.-Bl. d. i. V. 1857 S. 44 und Just.-Min.-Bl. 1857 S. 54).

1. Streitigkeiten über die Frage: ob dem Besitzer eines Schulzenhofes die Verbindlichkeit obliege, die mit der Verwaltung des Schulzenamtes verbundenen baaren Auslagen aus eigenen Mitteln zu tragen, sind dem ordentlichen Rechtswege unterworfen, dagegen gehört die Entscheidung darüber, ob die gemachten Ausgaben notwendig gewesen, zur Kognition der Verwaltungsbehörden.

Die mit dem Besitze gewisser Grundstücke verbundene Berechtigung und Verpflichtung zur Verwaltung des Schulzenamtes ist aufgehoben, die Entscheidung also in dieser Beziehung gegenstandslos (§§ 36—45 der altländischen Kr.-O., Instruktion vom 20. September 1873 — Min.-Bl. d. i. V. S. 258 —).

2. Hatte der Schulzenhofbesitzer gleichwohl derartige, ihm zur Last fallende Ausgaben aus der Gemeindekasse geleistet, so war dies doch nicht als ein Kassendefekt im Sinne der V. vom 24. Januar 1844 (G.-S. S. 52) anzusehen, denn diese V. bezieht sich nur auf den Fall, daß sich bei einer Kasse, einem Magazin u. s. w. ein Defizit an dem rechnungsmäßigen Sollbestande vorfindet, nicht aber auf solche Fälle, in dem es sich gar nicht um ein Defizit in der Kasse, dem Magazin u. s. w., sondern darum handelt, daß dem zur Disposition darüber berechtigten Beamten die Anweisung von Zahlungen oder sonstigen Verausgabungen schuld gegeben wird, welche auf die Kasse, das Magazin u. s. w. nicht hätten angewiesen werden sollen. Daß die V. von 1844 auch den Fall vor Augen hätte, wo der Beamte wegen derartiger zur Ungebühr erfolgter Anweisungen in Anspruch genommen und nicht die Richtigkeit der Kasse, sondern die Rechtmäßigkeit gewisser Verwaltungsakte angefochten wird, findet sich in derselben nirgends angedeutet. Dieser Grundsatz bleibt auch heute noch für Kassenverwaltungen von Bedeutung.

Nr. 335. Erk. vom 25. Oktober 1856 (Min.-Bl. d. i. V. 1857 S. 65 und Just.-Min.-Bl. 1857 S. 108).

1. Die Erhebung des Konfliktes nach dem Ges. vom 13. Februar 1854 ist auch in dem Falle zulässig, wenn ein Beamter von der Polizeibehörde durch ein vorläufiges Strafmandat einer Uebertretung für schuldig erklärt worden ist und gegen diese Straffestsetzung auf gerichtliches Erkenntnis provozirt hat.

2. Die Entscheidung darüber, ob ein Baubeamter, welcher in einem dringenden Falle am Sonntage Bauarbeiten vornehmen läßt, sich dadurch einer Uebertretung der bestehenden Vorschriften über die Heilighaltung der Sonntage schuldig gemacht hat, gebührt nicht den ordentlichen Gerichten, sondern den vorgesetzten Verwaltungsbehörden.

Konfliktssachen siehe § 8 der Einleitung zu diesem Buche.

Nr. 336. Erk. vom 25. Oktober 1856 (Min.-Bl. d. i. V. 1857 S. 68 und Just.-Min.-Bl. 1857 S. 119).

Streitigkeiten über Natural- und Geldprästationen, welche an Geistliche und Kirchenbeamte zu entrichten sind und auf altem Herkommen beruhen, sind zur Erörterung und Entscheidung im ordentlichen Rechtswege nur unter denselben Voraussetzungen geeignet, unter welchen der Rechtsweg über die Verbindlichkeit zur Entrichtung allgemeiner Abgaben zulässig ist.

In einem westfälischen Dorfe hatten der Pfarrer und der Küster für gewisse kirchliche Funktionen Anspruch auf Einladung zu jährlich sechs Mahlzeiten bei den Einwohnern, welche der Reihe nach Gastgeber sein sollten. An Stelle der Mahlzeiten sollte eine Geldvergütigung treten. Da einige Gemeindemitglieder seit Jahren weder das Eine nach das Andere geleistet hatten, so wurde gegen sie die Exekution vollstreckt und hiergegen erhoben sie gerichtliche Klage auf Rückzahlung des Geleisteten.

Der Komp.-Konfl. gründete sich auf die Allerh. Kab.-Ordre vom 19. Juni 1836 Nr. 1—3. Vergl. die Erläuterung zu dem Erk. sub Nr. 318.

Nr. 337. Erk. vom 25. Oktober 1856 (Min.-Bl. d. i. V. 1857 S. 114 und Just.-M.-Bl. 1857 S. 175.)

Gegen Anordnungen der Polizeibehörde, welche die Räumung eines Privatflusses betreffen, ist der ordentliche Rechtsweg nicht zulässig, und darüber, ob die Räumung ordnungsmäßig erfolgt ist, hat die Verwaltungsbehörde zu entscheiden. Auf die gegen die exequirende Stadtgemeinde gerichtete Klage wurde der Komp.-Konfl. erhoben und für begründet erachtet, weil es sich lediglich um eine polizeiliche, auf Grund des § 7 des Ges. vom 28. Februar 1843 erlassene Verfügung handele und die Stadtgemeinde bei dieser Angelegenheit nur insofern in Betracht komme, als sie die fraglichen, durch die polizeiliche Verfügung entstandenen Kosten auf Requisition der Polizeibehörde habe beitreiben lassen, nachdem sie solche vorher an die empfangsberechtigten Arbeiter vorschußweise berichtigt habe.

Heute würde sich diese Angelegenheit nach § 66 des Zust.-Ges. v. 1. 8. 83, erledigen.

Nr. 338. Erk. vom 25. Oktober 1856 (Just.-Min.-Bl. 1857 S. 78).

Gegen Anordnungen der Landespolizeibehörde, welche die Verbindlichkeit des Privatbesitzers einer Wegezollgerechtigkeit zur Unterhaltung eines Weges betreffen, ist der ordentliche Rechtsweg und insbesondere eine Negatorienklage nicht zulässig; will der Kläger eine solche darauf begründen, daß die Verpflichtung zur Wegebesserung von einer Gemeinde durch V e r t r a g übernommen worden sei, so kann er gegen die anderweit Verpflichteten, nicht aber gegen die Polizeibehörde g e r i c h t l i c h e Klage erheben. (Die Verwaltungsklage in Gemäßheit des Absatz 5 im § 56 des Zust.-Ges. v. 1. 8. 83 würde hier nicht zulässig sein, weil es sich nicht um eine ö f f e n t l i c h-rechtliche Verpflichtung handelt). Der Umstand, daß bei Abschließung des Vertrages, auf welchen Kläger sich berief, ein fiskalischer Beamter — nicht als Kontrahent, sondern nur in Ausübung des landesherrlichen Oberaufsichtsrechtes — mitgewirkt hatte, war nicht geeignet, um ausnahmsweise ein Klagerecht gegen den Fiskus zu begründen.

A. L.-R. II. 15 §§ 138—140.

Nr. 339. Erk. vom 25. Oktober 1856 (Just.-Min.-Bl. 1857 S. 110).

Gegen polizeiliche Anordnungen, welche die Räumung oder Erweiterung eines Abzugsgrabens betreffen, findet eine Klage auf Wiederherstellung des früheren Zustandes nicht statt, vielmehr kann im geeigneten Falle nur ein Entschädigungsanspruch im ordentlichen Rechtswege geltend gemacht werden (§ 56 des Zust.-Ges. v. 1. 8. 83. und § 10 der Einleitnng zu diesem Buche). Eine Regreßklage gegen den Polizeibeamten, welcher die angefochtene polizeiliche Anordnung getroffen hat, ist nur alsdann zulässig, wenn die betreffende Verfügung demnächst von seiner vorgesetzten Behörde gemißbilligt worden ist (§ 6 des Ges. vom 11. Mai 1842 — G.-S. S. 192 —).

Nr. 340. Erk. vom 25. Oktober 1856 (Just.-Min.-Bl. 1857 S. 117).

Gegen die Verbindlichkeit zur Entrichtung öffentlicher Abgaben und Gefälle (in diesem Falle Zollgefälle für eingeschwärzte Seidenwaaren) kann der Einwand der Verjährung im ordentlichen Rechtswege nur dann geltend gemacht werden, wenn der Schuldner behauptet, daß er eine Steuerexemtion durch Verjährung erworben habe, nicht aber, wenn der Einwand dahin gerichtet ist, daß die Steuerforderung des Fiskus wegen Ablaufs der Verjährungsfrist erloschen sei. Auf den § 7 des Ges. vom 18. Juni 1840 (G.-S. S. 140) konnte sich Kläger also nicht berufen.

Wegen des Rechtsschutzes in Zoll-Angelegenheiten vergl. jetzt Parey, Verwaltungsrecht, Berlin 1887, Bd. II S. 82 § 185.

Nr. 341. Erk. vom 25. Oktober 1856 (Just.-Min.-Bl. 1857 S. 173).

Die Entscheidung handelt von der Verbindlichkeit zur Entrichtung eines von einer westfälischen Stadtgemeinde geforderten Einzugsgeldes (§ 51 der westfälischen Städteordnung vom 19. März 1856). Der Grundsatz ist gegenstandslos geworden infolge der Abschaffung des Einzugsgeldes durch die Ges. vom 14. Mai 1860 (G.-S. S. 327) und vom 2. März 1867 (G.-S. S. 361).

Nr. 342. Erk. vom 25. Oktober 1856 (Just.-Min.-Bl. 1857 S. 415).

Konfliktssache, § 8 der Einleitung zu diesem Buche.
Amtsüberschreitung eines Dorfschulzen durch beleidigende Aeußerungen.

Nr. 342a. Erk. vom 25. Oktober 1856 (Just.-Min.-Bl. 1857 S. 422).

Konfliktssache, § 8 der Einleitung zu diesem Buche.
Injurien seitens der Beamten.

Nr. 343. Erk. vom 5. und 22. November 1856 (Min.-Bl. d. i. V. 1858, S. 37).

Drei Erkenntnisse, betreffend die Frage: inwiefern gegen Lehrer und Geistliche wegen Ueberschreitung des Züchtigungsrechtes das ordentlich-gerichtliche Verfahren zulässig sei.

Konfliktssachen, siehe § 8 der Einleitung zu diesem Buche.

Nr. 344. Erk. vom 22. November 1856 (Min.-Bl. d. i. V. 1857, S. 88).

Gegen Anordnungen der Verwaltungsbehörde, durch welche, zur Deckung eines von dem Gemeindesteuer-Einnehmer gemachten Defektes, Beiträge auf die einzelnen Mitglieder der Gemeinde nach Maßgabe der veranlagten Klassensteuer repartirt und eingezogen werden, ist der ordentliche Rechtsweg unzulässig.

Ein Gemeinde-Klassensteuererheber (anscheinend ein von der Gemeinde angestellter Erheber der staatlichen Klassensteuer) hatte ein Defekt von ca. 3000 Thalern gemacht. Dies machte der Landrat im Kreisblatte bekannt mit einer Verfügung des Inhalts, daß diese Defekte von den betreffenden Gemeinden aufgebracht und gedeckt werden sollten, und zwar sollte die defektirte Summe nach Maßgabe der veranlagten Klassensteuer auf die Gemeinde repartiert werden; dabei wurden die betreffenden Ortsvorstände angewiesen, die der Gemeinde auf diese Weise aufgebürdeten Beträge in derselben Weise, wie Kommunalbeträge zu repartieren, von ihnen einzuziehen und bis zu einem bestimmten Termine an die Kreiskasse abzuführen. Auf welche gesetzliche Vorschriften sich diese Maßregel stützte, ist nicht zu ersehen, jedoch dieselbe wurde buchstäblich ausgeführt, und der Gerichtshof zur Entscheidung der Komp.-Konfl. begnügte sich, als einer der Exequierten Widerspruch und gerichtliche Klage erhob, damit, festzustellen, daß hier eine steuerartige Leistung vorliege, gegen welche der Rechtsweg nicht zuzulassen sei. Auch der Kläger hatte nichts angeführt, was auf eine Bemängelung des landrätlichen Verfahrens schließen ließ, er beschränkte sich vielmehr auf die Behauptung, daß er selbst mit seinem Gute keine Gemeinde bilde und daß er nicht nötig habe, für seine Dienstboten Vergütigungen für Defekte mit zu bezahlen. Unter diesen Umständen hatte der Kompetenzgerichtshof anscheinend keine Veranlassung auf eine nähere Prüfung des landrätlichen Verfahrens einzugehen. Daß es sich übrigens hier um Kommunallasten handelte, wurde anerkannt. Heute dürfte unter diesen Umständen der § 34 des Zust.=Ges. v. 1. 8. 83 zur Anwendung gelangen, wenn die Kommunalaufsichtsbehörde es nicht vorziehen sollte, zu prüfen, ob der Landrat überhaupt befugt war, zur Ausgleichung des Defektes etwas anderes zu thun, als was die V. vom 24. Januar 1844 (G.=S. S. 52) vorschreibt.

Nr. 345. Erk. vom 22. November 1856 (Just.=M.=Bl. 1857 S. 126).

Wenn Entschädigungsansprüche an den Staat für die Aufhebung der auf einer Chaussee vorkommenden Brücken= und Fährgeld=Berechtigung erhoben werden, so ist die Festsetzung des Entschädigungsquantums auf administrativem Wege mit Ausschließung des ordentlichen Rechtsweges zu bewirken. (§ 14 der V. vom 16. Juni 1838 — G.=S. S. 353 —).

Nr. 346. Erk. vom 22. November 1856 (Just.=Min.=Bl. S. 167).

Die Bestimmung darüber: ob eine Straße anzulegen oder eine schon bestehende Straße in Stand zu setzen sei, gebührt den Verwaltungsbehörden; dagegen gehört die Entscheidung darüber, wem die Kosten des Baues oder der Reparatur zur Last fallen, zur Kompetenz der ordentlichen Gerichte. Vergl. § 56 des Zust.=Ges. v. 1. 8. 83, event. auch Ges. vom 2. Juli 1875 (G.=S. S. 561).

Nr. 347. Zwei Erk. vom 22. November 1856 (Just.=Min.=Bl. 1857 S. 202 und 203).

1. Wenn Staatsbeamte zur Zahlung von städtischen Kommunalsteuern aufgefordert werden, und den Einwand erheben, daß sie nach dem Ges. vom 11. Juli 1822 die verlangten Abgaben entweder gar nicht oder nicht in der geforderten Höhe zu leisten verpflichtet seien, so war früher darüber im ordentlichen Rechtswege zu entscheiden, vergl. aber jetzt §§ 18, 21 und 160 des Zust.=Ges. v. 1. 8. 83.

2. Desgleichen fand über die Verbindlichkeit zur Entrichtung von Schulbaukosten der ordentliche Rechtsweg statt, jetzt siehe §§ 47, 49 und 160 desselben Zust.=Ges.

Nr. 348. Erk. vom 22. November 1856 (Just.=Min.=Bl. 1857 S. 207).

Den Auseinandersetzungsbehörden steht das Recht zur Vollstreckung der von ihnen bestätigten Rezesse zu, wenn innerhalb Jahresfrist nach eingetretenem Realisationstermine von den Interessenten der Antrag auf Vollstreckung bei ihnen erhoben worden ist. Wird ein solcher Antrag demnächst zurückgenommen, nachdem bereits Instruktion darüber eingeleitet worden ist, so hört die Zuständigkeit der Auseinandersetzungsbehörden nur insofern auf, als mit der Zurücknahme des Antrages von dem Extrahenten zugleich auf die streitigen Ansprüche verzichtet und die Auseinandersetzung dadurch wieder zu einem völlig geordneten Zustande zurückgeführt wird.

Nr. 349. Erk. vom 22. November 1856 (Just.=Min.=Bl. 1857 S. 218).

Gegen Anordnungen der Verwaltungsbehörden, durch welche die Besitzer von Grundstücken zu Schulbeiträgen herangezogen werden, war früher der ordentliche Rechtsweg zulässig, sobald der Einwand der Befreiung auf eine durch Privilegium gewährte Immunität gegründet war, jetzt vergl. §§ 46 und 160 des Zust.=Ges. v. 1. 8. 83.

Nr. 350. Erk. vom 22. November 1856 (Just.-Min.-Bl. 1857 S. 422).

Konfliktssache nach § 8 der Einleitung zu diesem Buche.
Injurienklagen gegen Beamte.

Nr. 351. Erk. vom 22. November 1856 (Just.-Min.-Bl. 1858 S. 71).

Konfliktssache, § 8 der Einleitung zu diesem Buche.
Züchtigungsrecht der Geistlichen und Lehrer.

Nr. 352. Erk. vom 3. Januar 1857 (Min.-Bl. d. i. V. S. 124 u. Just.-Min.-Bl. S. 231).

Eine Anfechtung der im Wege der Säkularisation erfolgten Einziehung von Stiftungskapitalien kann im ordentlichen Rechtswege nicht erfolgen. Es handelte sich um Stiftungskapitalien, welche 1810 unter der westfälischen Fremdherrschaft säkularisirt und später angeblich auf Preußen übergegangen waren. Säkularisationen sind Souverainitäts-Akte (Landeshoheits-Akte) und unterliegen in ihren Folgen und Wirkungen nicht der Entscheidung des nur mit Privatrechtsstreitigkeiten befaßten Richters. (§§ 35, 36 der V. vom 26. Dezember 1808 N. C. C. XII. S. 679 —, Allerh. Kabinetsordre vom 4. Dezember 1831 G.-S. S. 255 —), auch die Ausführung eines solchen Souverainitäts-Aktes kann gerichtlich nicht angefochten werden. Die vollziehenden Verwaltungsbehörden sind die Organe des Landesherrn, und gegen diesen, in seiner Eigenschaft als Souverain, giebt es keinen Prozeß.

Nr. 353. Erk. vom 3. Januar 1857 (Just.-Min.-Bl. S. 249).

Gegen Anordnungen der Königlichen Eisenbahn-Kommissariate, durch welche die Direktionen der in ihrem Bezirke befindlichen Eisenbahngesellschaften zur Einsendung monatlicher Zusammenstellungen der Betriebseinnahmen aufgefordert werden, ist der ordentliche Rechtsweg unzulässig. (Ges. vom 3. Januar 1838 § 46 G.-S. S. 515). Vergl. Zirkular-Erlaß vom 14. Juni 1875 (Min.-Bl. d. i. V. S. 164), desgl. vom 7. November 1877 (a. a. O. 1878 S. 10).

Nr. 354. Erk. vom 3. Januar 1857 (Just.-Min.-Bl. S. 287).

Streitigkeiten über eine Holzberechtigung sind dem ordentlichen Rechtswege unterworfen, wenn der Klageantrag nur auf eine Feststellung des Umfanges und des Gegenstandes derselben, nicht aber auf eine Anfechtung polizeilicher Anordnungen gerichtet ist.

Nr. 355. Erk. vom 3. Januar 1857 (Just.-Min.-Bl. S. 302).

Die Entscheidung der Frage: ob eine streitige Pfarr- oder Kirchenabgabe vermöge einer gesetzlichen oder auf notorischer Orts- oder Bezirksverfassung beruhenden Verbindlichkeit zu entrichten ist, gebührt den Verwaltungsbehörden. Wird diese Frage bejaht, so kann ein Anspruch auf Befreiung von dieser Verbindlichkeit im Wege Rechtens nur aus denjenigen besonderen Gründen geltend gemacht werden, aus denen dies bei öffentlichen Abgaben möglich ist. (§ 15 des Ges. vom 24. Mai 1861 G.-S. S. 241).

Nr. 356. Erk. vom 3. Januar 1857 (Just.-Min.-Bl. S. 343).

Streitigkeiten, welche Befreiung von öffentlichen oder Kommunallasten zum Gegenstande haben, sind zur Erörterung und Entscheidung im ordentlichen Rechtswege nicht geeignet, wenn zur Begründung der Befreiung zwar auf eine frühere rechtskräftige Entscheidung als auf einen besonderen Rechtstitel oder auf fünfzigjährige Verjährung Bezug genommen wird, übrigens aber der Umfang der in der neuen Klage beanspruchten Befreiung mit der älteren Entscheidung nicht im Einklange steht und die vorgeschützte Verjährung nicht nach Maßgabe der §§ 656—659 Teil I Tit. 9 A.-L. substantiirt ist. Es handelte sich um das Verlangen der Einwohner einer städtischen selbstständigen Nebengemeinde (Schloßfreiheit), von den Servis- und Einquartierungslasten und allen rein städtischen, schon vor der Einführung der Städteordnung von 1854 stattgefundenen Kommunallasten gänzlich verschont zu bleiben, während die Stadtverwaltung für befugt erachtet wurde, alle Abgaben zu erheben, wobei es sich um die Erreichung polizeilicher Zwecke handelte.

Soweit es sich um wirkliche städtische Kommunallasten handelte, würden jetzt die §§ 18 und 160 des Zust.-Ges. v. 1. 8. 83 zur Anwendung kommen; hinsichtlich der Einquartierungslast gelten jetzt die betreffenden Reichsgesetze (vergl. „Einquartierung" in den Registern).

Nr. 357. Erk. vom 24. Januar 1857 (Min.-Bl. d. i. V. S. 145 und Just.-Min.-Bl. S. 271).

Wenn der Besitzer einer Windmühle behauptet, daß durch die erfolgte Anpflanzung hoher Bäume seiner Mühle der nötige Wind benommen werde und wenn er aus diesem Grunde auf Wegschaffung der Bäume anträgt, so ist im Falle des Widerspruchs darüber im ordentlichen Rechtswege zu entscheiden. Es bezog sich die Beschwerde des Müllers auf Pappeln und Kastanien, mit denen eine fiskalische Chaussee erst nach Aufstellung der Mühle bepflanzt war. A.-L.-R. II 15 § 247 und V. vom 18. November 1819 (G.-S. S. 250).

Nr. 358. Erk. vom 24. Januar 1857 (Min.-Bl. d. i. V. S. 194 u. Just.-Min.-Bl. S. 306).

Wenn in einer Gemeinde zur Aufbringung des Gehaltes des evangelischen Pfarrers von sämtlichen Bewohnern des Pfarrbezirkes Beiträge geleistet werden, demnächst aber der jüdische Besitzer eines Grundstückes, dessen früherer Eigentümer zur evangelischen Gemeinde gehörte, die Zahlung der Pfarrabgabe verweigert, weil er als Jude nicht zum Parochialverbande gehöre, so ist über diesen Einwand im ordentlichen Rechtswege zu entscheiden.

Es ist — so führt der Kompetenzgerichtshof aus — hier nicht von einer Abgabe die Rede, welcher sämtliche Einwohner des Ortes resp. des Pfarrbezirkes unterworfen sind, sondern von einer auf die Pfarrgenossen, je nachdem sie Hausbesitzer, Gewerbtreibende oder Tagelöhner sind, verschieden repartierten Abgabe, und ein Haus, dessen Besitzer früher als Pfarrgenosse beitrug, ist in jüdische Hände übergegangen. Allerdings trifft die Abgabe sämtliche Mitglieder einer gewissen Klasse, allein es handelt sich um die Einziehnng von Jemandem, der nicht zu dieser Klasse gehört, und darauf kann das Ges. nicht bezogen werden. Die Frage: ob Jemand zu einem gewissen Kommunal- oder Parochialverbande gehöre, ist hier nicht streitig, auch steht das Gegenteil fest; Kläger sind nicht als Mitglieder des Verbandes, sondern als jüdische Besitzer eines Hauses, dessen früherer Besitzer dem Parochialverbande angehörte, herangezogen.

Abgesehen von der Prozeßfähigkeit, welche allein den Gegenstand dieser Entscheidung bildet, dürfte auf den § 9 des Ges. vom 14. Mai 1873 (G.-S. S. 207) hinzuweisen sein.

Nr. 359. Erk. vom 24. Januar 1857 (Just.-Min.-Bl. S. 225).

Wenn bei dem Bau einer städtischen Kirche ein Teil der Baukosten von der Stadt in ihrer Eigenschaft als Patron der Kirche übernommen und demnächst auf sämtliche Einwohner der Stadt als Kommunallast verteilt worden ist, so kann der Einwand der Befreiung von diesen Beiträgen nur alsdann im ordentlichen Rechtswege geltend gemacht werden, wenn dieselbe auf Vertrag,

Verjährung oder Privilegium begründet wird. Rechtsanwälte als solche können auf eine Befreiung von den Kommunalabgaben keinen Anspruch machen. Dieser Rechtsgrundsatz gründet sich auf A. L.-R. II. 17, § 283, welcher aber durch Ges. vom 3. Juni 1876 (G.-S. S. 154) aufgehoben ist.

Nr. 360. Erk. vom 24. Januar 1857 (Just.-Min.-Bl. S. 242).

Gegen Verfügungen der Regierungsbehörden, durch welche eine Erhöhung der den städtischen Polizeibeamten von Seiten der Gemeinde bewilligten Besoldung angeordnet wird, ist der ordentliche Rechtsweg unzulässig (§ 19 des Zust.-Ges. v. 1. 8. 83).

Nr. 361. Erk. vom 24. Januar 1857 (Just.-Min.-Bl. S. 251).

Streitigkeiten über solche Abgaben, welche nach dem Zeugnisse der betreffenden Regierungen vermöge einer auf Observanz beruhenden Verbindlichkeit an öffentliche Schulen zu entrichten sind, können nicht im ordentlichen Rechtswege zum Austrag gebracht werden (§§ 46 und 160 des Zust.-Ges. v. 1. 8. 83).

Nr. 362. Erk. vom 24. Januar 1857 (Just.-Min.-Bl. S. 279).

Wenn rückständige Mühlenabgaben eingeklagt werden und von dem Verklagten unter anderem der Einwand erhoben wird, daß dieselben gewerblicher Natur seien, so ist hierüber durch die Auseinandersetzungsbehörden zu entscheiden. Alle übrigen Einwendungen unterliegen, sobald die Ablösung der Abgaben erfolgt, der Entscheidung des ordentlichen Richters.

Nr. 363. Erk. vom 24. Januar 1857 (Just.-Min.-Bl. S. 290).

Streitigkeiten, welche die Feststellung des Umfanges einer auf Grund der Verjährung in Anspruch genommenen Holzberechtigung in einer königlichen Forst, sowie die Art der Ausübung derselben zum Gegenstande hatte, sind von dem ordentlichen Rechtswege im Allgemeinen und nur deshalb nicht ausgeschlossen, weil nach der Behauptung des Verpflichteten die Modalitäten der Holzberechtigung in Konflikt mit den neueren forstfiskalischen Vorschriften würden treten können. (A. L.-R. I, 22, §§ 197 ff., §§ 226 ff.

Nr. 364. Erk. vom 24. Januar 1857 (Just.-Min.-Bl. S. 336).

Streitigkeiten, welche über die Verbindlichkeit zur Zahlung von Kosten in Auseinandersetzungssachen unter den Parteien entstehen, sind im ordentlichen Rechtswege zu entscheiden; dagegen gehören Beschwerden über die Richtigkeit der Kosten und über die Art der Einziehung, insbesondere die Entscheidung der Frage, ob die Kosten oder ein gewisser Betrag derselben von der rechten Person gefordert und beigetrieben worden sind, zum Ressort der Verwaltungsbehörden. (V. vom 20. Juni 1817, §§ 209 ff. — G.-S. S. 196 —, Regulativ vom 25. April 1836, § 13 — G.-S. S. 187 —, V. v. 24. November 1843, § 1, Nr. 7 — G.-S. S. 351 —.)

Nr. 365. Erk. vom 24. Januar 1857 (Just.-Min.-Bl. 1858, S. 75).

Konfliktssache, § 8 der Einleitung zu diesem Buche.
Züchtigungsrecht der Geistlichen und Lehrer.

Nr. 366. Erk. vom 7. März 1857 (Just.-Min.-Bl. S. 298).

Wenn durch die Stiftungsurkunde über eine Familienstiftung, welche neben dem Interesse einer bestimmten *Familie* zugleich einen *öffentlichen* Zweck im Auge hat, Privatrechte begründet oder aus derselben hergeleitet, von der Stiftungsbehörde aber nicht anerkannt werden, so ist der darüber entstehende

Streit — sofern nicht etwa von dem Stifter eine besondere Anordnung hinsichtlich der Komp. getroffen worden ist — nicht von der Stiftungsbehörde, sondern von den ordentlichen Gerichten zu entscheiden. Es handelte sich um ein Studentenstipendium, auf dessen Genuß ein Jüngling ein jus quaesitum zu haben glaubte.

Nr. 367. Erk. vom 7. März 1857 (Just.-Min.-Bl. S. 363).

Wenn ein Polizeibeamter wegen amtlicher Handlungen im Wege des Prozesses zur Gewährung eines Schadenersatzes belangt und der dagegen erhobene Komp.-Konfl. nach Maßgabe des Ges. vom 11. Mai 1842 (G.-S. S. 192) für begründet erachtet wird, so ist eine materielle Prüfung der Frage: ob der Beamte die Grenzen seiner Amtsbefugnisse überschritten habe, und ob daher auch der auf Grund des Ges. vom 13. Februar 1854 (G.-S. S. 86) erhobene Konflikt für gerechtfertigt zu erachten sei, nicht weiter erforderlich. Vergl. jetzt Ges. v. 1. 8. 1879 (G.-S. S. 573) und § 11 des Einführungsgesetzes zum deutschen Gerichtsverfassungsgesetze vom 27. Januar 1877.

Nr. 368. Erk. vom 7. März 1857 (Just.-Min.-Bl. S. 430 und 1858 S. 77).

Konfliktssache, § 8 der Einleitung zu diesem Buche.
Ueberschreitung des Züchtigungsrechtes seitens eines Pfarrers.

Nr. 369. Erk. vom 18. April 1857 (Min.-Bl. d. i. V. S. 191 u. Just.-Min.-Bl. S. 390).

Wenn mehrere Ortschaften zur Unterhaltung einer gemeinsamen Schule zu einem Schulverbande vereinigt sind, so ist die Frage, auf welche Personen sich dieser Verband erstreckt, nicht von den ordentlichen Gerichten, sondern von den Verwaltungsbehörden zu entscheiden.

An die Stelle der Verwaltungsbehörden sind jetzt nach § 49 des Zust.-Ges. v. 1. 8. 83 event. die Verwaltungsgerichte getreten.

Nr. 370. Erk. vom 18. April 1857 (Min.-Bl. d. i. V. 1858 S. 10 u. Just.-Min.-Bl. S. 445).
[Vergl. oben Nr. 274].

Wenn bei dem Bau von Eisenbahnen Kommunikationswege nach den Grundstücken der Adjazenten angelegt werden, so hat die Regierung über die Breite und die Steigerungsverhältnisse derselben zu bestimmen, und der ordentliche Rechtsweg hierüber ist nicht zulässig, dagegen unterliegen Entschädigungsansprüche, welche von den Adjazenten wegen der Anlage und Beschaffenheit der Wege erhoben werden, der Entscheidung des ordentlichen Richters.

Kläger fühlte sich dadurch beschwert, daß ein von ihm zu wirtschaftlichen Fuhren zu benutzender und über den Eisenbahndamm mittelst beiderseitig aufgeschütteten Rampen führender Kommunikationsweg zu schmal sei, als daß ein Ausbiegen sich begegnender Fuhrwerke möglich sei, ferner dadurch, daß die neu geschaffenen Steigerungsverhältnisse nicht gestatteten, so große Lasten über den neuen Weg zu führen, als dies früher, vor Anlegung der Rampen, möglich war. In letzterer Beziehung verlangte er entweder Wiederherstellung des früheren Zustandes oder Entschädigung für die ihm aus dem jetzigen Zustande erwachsenden höheren Bewirtschaftungskosten. Nur wegen dieser Entschädigungsfrage wurde ihm der ordentliche Rechtsweg gestattet. Nach dem heute geltenden Rechte dürfte nichts weiter übrig bleiben, als die Wegepolizeibehörde, event. deren Aufsichtsinstanzen, in das Interesse zu ziehen, damit die Angelegenheit sodann in Gemäßheit des § 56 des Zust.-Ges. vom 1. 8. 83 ihre Erledigung finde.

Vergl. die Endurteile des O.-V.-G. vom 18. November und 28. Februar 1882 (Entsch. des O.-V.-G. Band IX. S. 186 und 202 — in der Anmerkung — Parey, Rechtsgrundsätze des O.-V.-G., Stammwerk, S. 43 und 44).

Nr. 371. Erk. vom 18. April 1857 (Just.-Min.-Bl. S. 351).

Der Anspruch eines Gemeindemitgliedes auf Teilnahme an den ländlichen Gemeindenutzungen in der Rhpr. war früher dann zur Entscheidung im ordentlichen Rechtswege geeignet, wenn der Anspruch auf einem speziellen Rechtstitel beruhte. Dagegen war der ordentliche Rechtsweg unzulässig, wenn das Recht der Teilnahme blos durch die Aufnahme in die Mitgliedschaft der Gemeinde begründet war. Vergl. jetzt §§ 34 und 160 des Just.-Ges. v. 1. 8. 83.

Nr. 372. Erk. vom 18. April 1857 (Just.-Min.-Bl. S. 381).

Konfliktssache, § 8 der Einleitung zu diesem Buche.

Amtsüberschreitung seitens eines Königl. Försters durch vorsätzliche und unbefugte Körperverletzung.

Nr. 373. Erk. vom 18. April 1857 (Just.-Min.-Bl. S. 388).

Bei Meliorationsverbänden der Wiesenbesitzer werden die Beiträge zur Einrichtung und Unterhaltung der gemeinschaftlichen Anlagen von den Mitgliedern der Genossenschaft nach Verhältnis ihrer beteiligten Flächen aufgebracht. Entstehen Streitigkeiten über die Verteilung und Einziehung dieser Beiträge, so ist der Rechtsweg nur unter denselben Voraussetzungen zulässig, unter welchen derselbe bei Einziehung von Kommunalabgaben gestattet ist.

Vergl. jetzt § 53 des Gesetzes vom 1. April 1879 (G.-S. S. 297) und § 160 des Just.-Ges. v. 1. 8. 83.

Nr. 374. Erk. vom 18. April 1857 (Just.-Min.-Bl. S. 431).

Konfliktssache, § 8 der Einleitung zu diesem Buche.

Amtsüberschreitung seitens eines Polizeibeamten.

Nr. 375. Erk. vom 30. Mai 1857 (Just.-Min.-Bl. S. 446).

Wenn Jemand von dem Magistrate einer Stadt zu einem besoldeten Gemeindeamte gewählt, demnächst aber in dies Amt nicht eingewiesen wird und deshalb Entschädigung für die ihm entzogenen Diensteinkünfte verlangt, so ist darüber im ordentlichen Rechtswege zu entscheiden.

Nr. 376. Zwei Erkenntnisse vom 30. Mai 1857 (Just.-Min.-Bl. S. 437 u. 439).

Konfliktssache, § 8 der Einleitung zu diesem Buche.

Amtsüberschreitungen und Injurien seitens eines Gerichtsschulzen.

Nr. 377. Erk. vom 18. April 1857 (Just.-Min.-Bl. 1858 S. 5).

Die Regierungen sind befugt, die in Disziplinaruntersuchungen wider Verwaltungsbeamte entstandenen Kosten auf administrativem Wege einzuziehen. Weder über den Betrag der Kosten, noch über die Art der exekutiven Beschlagnahme ist die Entscheidung der ordentlichen Gerichte zulässig. Siehe Seydel, Kommentar zu dem Ges. vom 21. Juli 1852, Berlin 1883, S. 161.

Nr. 378. Erk. vom 18. April 1857 (Just.-Min.-Bl. 1858 S. 47).

1. Die Allerhöchste Ordre vom 19. Juni 1836, betreffend die Einziehung der Kirchen-, Pfarr-, und Schulabgaben (G.-S. S. 198) findet auch in der Rhpr. Anwendung. Vergl. Ges. vom 24. Mai 1861 (G.-S. S. 241).

2. Streitigkeiten über die Einziehung von Pfarrabgaben, welche auf notorischer Orts- oder Bezirksverfassung beruhen, sind vom ordentlichen Rechtswege ausgeschlossen. Siehe Reklamationen gegen kirchliche Abgaben nach dem Register.

3. Die Entscheidung darüber, ob eine Pfarrabgabe auf notorischer Orts- oder Bezirksverfassung beruht, gebührt den Verwaltungsbehörden. Siehe Erk. vom 3. Januar 1857 (Just.-Min.-Bl. S. 302).

Nr. 379. Erk. vom 18. April 1857 (Just.-Min.-Bl. 1858 S. 79).

Konfliktssache, § 8 der Einleitung zu diesem Buche.
Züchtigungsrecht der Lehrer.

Nr. 380. Erk. vom 30. Mai 1857 (Just.-Min.-Bl. 1858 S. 7).

Gegen polizeiliche Anordnungen, welche die Wegschaffung einer die öffentliche Sicherheit oder den Verkehr gefährdenden Anlage (in diesem Falle auf der Dorfaue angelegte Kalkgrube) zum Gegenstande haben, ist der ordentliche Rechtsweg unzulässig. (§§ 127 ff., 132 ff. des L.-V.-G. vom 30. Juli 1883).

Nr. 381. Erk. vom 30. Mai 1857 (Just.-Min.-Bl. 1858 S. 13).

Wenn mehrere Gemeindemitglieder sich zu einer Haubergsgesellschaft vereinigen und es demnächst streitig wird, ob ein bestimmtes Holzgrundstück zu der Gemeinschaft gehöre, so haben hierüber nicht die Verwaltungsbehörden, sondern die ordentlichen Gerichte zu entscheiden. Vergl. Ges. vom 14. März 1881 (G.-S. S. 261) und die Ausführungsinstruktion vom 26. April 1881 (Min.-Bl. d. i. V. S. 134).

Nr. 382. Erk. vom 30. Mai 1857 (Just.-Min.-Bl. 1858 S. 15).

Wenn ein Verwaltungsbeamter auf Requisition des Gerichtes gegen einen Jagdkontravenienten die Konfiskation der von demselben gebrauchten Jagdgeräte vollstrecken läßt und wenn demnächst von einem Dritten behauptet wird, daß ihm das Eigentum derselben zustehe, so bleibt diesem zwar unbenommen, sein Eigentumsrecht im Wege des Interventionsprozesses geltend zu machen, die Klage kann jedoch nicht gegen den Verwaltungsbeamten, von welchem die Konfiskation der Jagdgeräte bewirkt worden ist, gerichtet werden. Konfliktssache, § 8 der Einleitung zu diesem Buche.

Nr. 383. Erk. vom 30. Mai 1857 (Just.-Min.-Bl. 1858, S. 132).

Ueber die Frage: Ob ein Staatsbeamter verpflichtet ist, seine Ehefrau bei der allgemeinen Wittwen-Verpflegungsanstalt zu versichern und welche Zwangsmittel in Anwendung zu bringen sind, um ihn zur Erfüllung dieser Verpflichtung anzuhalten, findet der ordentliche Rechtsweg nicht statt. § 36 der V. vom 26. Dezember 1808 (N. C. C. XII S. 679.)

Nr. 384. Erk. vom 4. Juli 1857 (Min.-Bl. d. i. V. 1858 S. 18 u. Just.-Min.-Bl. S. 61).

Streitigkeiten darüber, welchem von mehreren Armenverbänden die Verpflegung eines Armen obliege, sind im ordentlichen Rechtswege zu entscheiden. Die Entscheidung stützte sich auf § 34 des preußischen Armenpflegeges. vom 31. Dezember 1842. Im vorliegenden Falle handelte es sich aber lediglich um einen Streit zwischen einer Stadtgemeinde und einem Gutsbesitzer darüber, ob die Personen, welche die in lite befangenen Beträge als Armenverpflegung genossen haben, dem Armenverbande der Stadt oder dem des Gutes angehörig gewesen sind, weil die Gebäude, in denen die Unterstützten wohnten, auf städtischem oder gutsherrlichem Terrain belegen waren. Die Entscheidung hierüber erfolgt aber jetzt auf Grund des § 41 des Reichsgesetzes vom 6. Juni 1870 und zwar in Preußen durch den Bezirksausschuß *endgültig*. Vergl. jedoch Wohlers, Entscheidungen des Bundesamtes für das Heimatwesen Bd. IV

S. 106 und Bd. XV S. 119, desgl. dessen Kommentar zum Reichsges. vom 6. Juni 1870, Berlin 1887, S. 156 ff., desgl. Kommentar von Eger, Breslau 1884, S. 226 ff., desgl. Krech, Berlin und Leipzig 1885, S. 51. — Hiernach ist der ordentliche Rechtsweg über die obige Frage jetzt ausgeschlossen, vergl. auch §§ 38 und 51 des Reichsges., § 39 des Zust.-Ges. v. 1. 8. 83.

Nr. 385. Erk. vom 4. Juli 1857 (Just.-Min.-Bl. 1858 S. 103).

In der Rhpr. werden die Kosten für die aus sanitätspolizeilichen Rücksichten angeordnete Entsumpfung einer Wiese von der betreffenden Regierung auf die beteiligten Gemeindemitglieder verteilt. Der ordentliche Rechtsweg ist bei Streitigkeiten wegen solcher Beiträge nicht zulässig. (Rheinisches Entsumpfungsges. vom 16. September 1807). Die Angelegenheit läßt sich als polizeiliche Verfügung (§ 127 ff. des L.-V.-Ges. v. 30. 7. 83) auffassen, oder auch als Abgaben-Reklamationssache (§§ 18, 34 und 160 des Zust.-Ges. v. 1. 8. 83).

Nr. 386. Erk. vom 4. Juli 1857 (Just.-Min.-Bl. 1859 S. 244).

Konfliktssachen § 8 der Einleitung zu diesem Buche Amtsüberschreitung eines Polizeiinspektors, Verhaftung wegen Hazardspiels, Injurien.

Nr. 387. Erk. vom 24. Oktober 1857 (Min.-Bl. d. i. V. 1858 S. 105 und Just.-Min.-Bl. 1858 S. 187).

Wenn Jemand seine schulpflichtigen Kinder mit Genehmigung der vorgesetzten Aufsichtsbehörde in eine andere, als die ordentliche Schule des Ortes schickt und gleichwohl von dem Ortsschullehrer, unter Berufung auf seine Vokation, wegen Zahlung von Schulgeld in Anspruch genommen wird, so ist darüber, ob diese Forderung begründet ist, nicht im ordentlichen Rechtswege, sondern von der Verwaltungsbehörde zu entscheiden.

Die Zuständigkeit der Verwaltungsgerichte ist jetzt anerkannt in Absatz 5 des § 46 des Zust.-Ges. v. 1. 8. 83, vergl. außerdem die Erläuterungen zu dem oben sub Nr. 310 mitgeteilten Erkenntnisse.

Nr. 388. Erk. vom 24. Oktober 1857 (Just.-Min.-Bl. 1858 S. 109).

Wenn zur Beitreibung rückständiger Beiträge das administrative Exekutionsverfahren eingeleitet und in dem dagegen von seiten der Pflichtigen versuchten gerichtlichen Verfahren der Komp.-Konfl. eingelegt worden ist, so kann darüber, ob die Exekution während der Verhandlungen über den Komp.-Konfl. fortgesetzt werden dürfe, der ordentliche Rechtsweg nicht gestattet werden.

Nr. 389. Erk. vom 24. Oktober 1857 (Just.-Min.-Bl. 1858 S. 173).

Entschädigungsansprüche, welche darauf beruhen, daß durch die Ausführung einer polizeilichen Verfügung angeblich ein Eingriff in das Privateigentum geschehen sei, sollen im ordentlichen Rechtswege zur Erledigung gebracht werden. Es handelte sich um Beschädigungen (Abhauen von Bäumen) infolge der polizeilich angeordneten Räumung eines Baches. Die Klage war gegen die Regierung und gegen die Gemeinde gerichtet, soweit es sich dabei um öffentlich-rechtliche Angelegenheiten im Sinne des § 66 des Zust.-Ges. v. 1. 8. 83 handelte, dürfte heute der ordentliche Rechtsweg nicht zulässig sein.

Nr. 390. Erk. vom 24. Oktober 1857 (Just.-Min.-Bl. S. 175).

Streitigkeiten, welche in der Provinz Schlesien über die zur Regulierung der großen Flüsse oder zum Schutze ihrer Ufer erforderlichen Wasserbauten entstehen, sind vom ordentlichen Rechtswege ausgeschlossen. Dagegen sind Entschädigungsansprüche, welche aus dergleichen Bauanlagen hergeleitet werden, dem ordentlichen Rechtswege unterworfen. Vergl. jetzt § 9 des Gesetzes vom 20. August 1883 (G.-S. S. 333) und Ministerial-Erlaß vom 7. September 1883 (Min.-Bl. d. i. V. S. 237).

Nr. 391. Erk. vom 24. Oktober 1857 (Just.-Min.-Bl. S. 178).

Streitigkeiten über die Entrichtung von Pfarrabgaben, welche auf notorischer Ortsverfassung beruhen, sind vom ordentlichen Rechtswege ausgeschlossen. Auch der Einwand des Verpflichteten, daß die ortsüblichen Regeln bei seiner Heranziehung zu der Pfarrabgabe unrichtig angewendet worden sein, ist zur Entscheidung im ordentlichen Rechtswege nicht geeignet. Vergl. die zahlreichen ähnlichen Fälle nach dem Register.

Nr. 392. Erk. vom 24. Oktober 1857 (Just.-Min.-Bl. 1858 S. 187).

Wenn Jemand seine schulpflichtigen Kinder mit Genehmigung der vorgesetzten Aufsichtsbehörde in eine andere als die ordentliche Schule des Ortes schickt und gleichwohl von dem Ortsschullehrer, unter Berufung auf seine Vokation, wegen Zahlung in Anspruch genommen wird, so ist darüber, ob diese Forderung begründet ist, nicht im ordentlichen Rechtswege, sondern von der Verwaltungsbehörde zu entscheiden. Vergl. das Erk. vom 7. Juni 1856 (Just.-Min.-Bl. S. 231).

Nr. 393. Erk. vom 24. Oktober 1857 (Just.-Min.-Bl. 1859 S. 250).

Konfliktssachen, § 8 der Einleitung zu diesem Buche.

Nr. 394. Erk. vom 7. November 1857 (Min.-Bl. d. i. V. S. 72 und Just.-Min.-Bl. 1858 S. 126).

Wenn die Unterhaltung des Straßenpflasters in einer Stadt nach der bestehenden Observanz (vergl. Endurtheil des O.-V.-G. vom 18. März 1880 — Entsch. Bd. VI S. 212, Parey, Rechtsgrundsätze des O.-V.-G., Stammw. S. 322 Nr. 30 —) den Hausbesitzern obliegt, und von den städtischen Behörden demnächst mit Genehmigung der vorgesetzten Regierung (vergl. § 16 Abs. 3 des Zust.-Ges. v. 1. 8. 83) in betreff der Aufbringung und Repartition dieser Kommunallast eine neue Regulierung vorgenommen wird, infolge deren anstatt der Naturalleistung von den Verpflichteten gewisse Geldbeiträge zu entrichten sind, so können Einwendungen dagegen im ordentlichen Rechtswege nur insofern geltend gemacht werden, als von den Verpflichteten eine Exemtion auf Grund eines speziellen Rechtstitels behauptet wird.

Glaubt der Kläger, die erfolgte neue Regulierung von dem Gesichtspunkte aus anfechten zu dürfen, daß dadurch das Kommunalinteresse beinträchtigt und von der Kommunalbehörde unbefugter Weise der Kommune etwas aufgebürdet sei, was ihr gar nicht obliege, so kann dies nur im Wege der Beschwerde an die vorgesetzte Administrativbehörde geschehen. Es handelt sich dabei um einen Akt der Kommunalverwaltung, dessen Beurteilung von jenem Gesichtspunkte aus nach Maßgabe der Städte-Ordnung vom 30. Mai 1853 (§§ 76 77) den vorgesetzten Administrativbehörden anheimfällt und der richterlichen Kognition nicht unterliegt. Sofern aber der Kläger in seinem besonderen Interesse die Gültigkeit des Regulativs und damit die Rechtsmäßigkeit der auf Grund derselben ihm auferlegten Leistung ansieht, liegt darin ein Bestreiten seiner Verbindlichkeit zu deren Entrichtung und nicht die Behauptung eines besonderen Befreiungsgrundes, wie solche nach §§ 78, 79 Tit. 14 Teil II Allg. Landr. zur Begründung des ordentlichen Rechtsweges gefordert wird.

Reklamationen wegen Heranziehung zu den städtischen Gemeindelasten unterliegen jetzt den §§ 18 u. 160 des Zust.-Ges. v. 1. 8. 83; an die Stelle des § 77 der Städte-Ordnung ist der § 15 des Zust.-Ges. getreten, und die Frage, ob durch einen Beschluß der Gemeindebehörden das Wohl der Stadt verletzt wird, kann jetzt nur nach § 17 Ziff. 1 a. a. O. zum Austrag gebracht werden. (Vergl. den Kommentar zum Zuständigkeitsgesetze von Parey, im „Preußischen Archiv", Berlin 1884, S. 351, Anm. 3).

Der ordentliche Rechtsweg findet über die obigen Fragen überhaupt nicht mehr statt.

Nr. 395. Erk. vom 7. November 1857 (Min.-Bl. d. i. V. S. 107 u. Just-Min.-Bl. 1858 S. 192).

Wenn bei der Umpflasterung einer Straße von Seiten der Polizeibehörde für notwendig befunden wird, den Straßendamm niedriger zu legen, und dadurch für einzelne Hausbesitzer Nachteile entstehen, so können diese zwar Entschädigung, nicht aber Wiederherstellung des früheren Zustandes verlangen; die Berufung auf § 187, Tit. 8, Teil I, A. L.-R. ist nicht geeignet, die Zulässigkeit des ordentlichen Rechtsweges zu begründen.

Das Gesetz vom 11. Mai 1842 bezieht sich auf polizeiliche Dispositionen aller Art, ohne seine Anwendbarkeit von deren vorangegangener schriftlicher Eröffnung an die Beteiligten abhängig zu machen.

Der § 187 a. a. O. enthält nur eine allgemeine gesetzliche Vorschrift, durch welche die privatrechtlichen Verhältnisse zwischen benachbarten Grundbesitzern geregelt werden, nicht eine besondere, die Polizeibehörde in ihren Dispositionen beschränkende gesetzliche Bestimmung, wie solche der § 2 des Ges. vom 11. Mai 1842 voraussetzt.

Demgemäß würden jetzt gegen die obige polizeiliche Anordnung nur die in §§ 127 ff. des L.-V.-G. vom 30. Juli 1883 gegebenen Rechtsmittel zulässig sein.

Nr. 396. Erk. vom 7. November 1857 (Min.-Bl. d. i. V. 1858, S. 108 und Just.-Min.-Bl. 1858 S. 193).,

Ueber die Frage: ob Eisenbahn-Gesellschaften in Berlin verpflichtet sind, zur Mietssteuer beizutragen, ist der ordentliche Rechtsweg nicht zulässig,

Der Anspruch des besteuernden Magistrats gründete sich auf § 4 der Städte-Ordnung vom 30. Mai 1853, nach dessen Absatz 3 auch die Heranziehung juristischer Personen, die im Stadtbezirke Grundeigentum besitzen oder ein stehendes Gewerbe betreiben, zu städtischen Lasten gestattet ist.

Das die Mietssteuererhebung in Berlin begründende Servis-Reglement vom 26. Januar 1815 ist kein Privilegium für bestimmte Personen oder Sachen, sondern ein allgemeines Steuergesetz, über dessen Auslegung man streiten kann, wobei aber die Entscheidung in letzter Instanz der Verwaltung (jetzt nach § 18 des Zust.-Ges. vom 1. 8. 1883 der Verwaltungsgerichten) gebührt. Die zur Mietssteuer herangezogene Eisenbahn-Gesellschaft würde also auch heute ihre Befreiung nicht im ordentlichen Rechtswege, sondern auf Grund jenes § 18 und des § 160 jenes Zust.-Ges. durchsetzen können.

Nr. 397. Erk. vom 7. November 1857 (Just.-Min.-Bl. 1858, S. 30).

1. Wenn Jemandem durch polizeiliche Verfügung eine bestimmte Handlung, z. B. die Abhaltung von Tanzmusik, untersagt worden ist, derselbe aber diesem Verbote zuwider handelt und deshalb von der Polizeibehörde in Strafe genommen wird, so ist hiergegen die Berufung auf den ordentlichen Rechtsweg nicht zulässig. Die Behauptung, daß die Strafe vorher nicht angedroht worden sei,

konnte die Zulässigkeit des ordentlichen Rechtsweges nicht begründen. Vergl. jetzt §§ 132 ff. des L.-V.-G. vom 30. Juli 1883.

2. Ueber die Zulässigkeit oder Unzulässigkeit des ordentlichen Rechtsweges konnte von den ordentlichen Gerichten nicht nur durch Erkenntnis, sondern in den geeigneten Fällen auch durch bloßes Dekret entschieden werden.

Nr. 398. Erk. vom 7. November 1857 (Just.-Min.-Bl. 1858 S. 145).

Wenn ein früher in Hohenzollern angestellter, später bei der Vereinigung dieser Lande mit der preußischen Monarchie in den diesseitigen Staatsdienst übernommener Verwaltungsbeamter demnächst nach den Bestimmungen des Ges. vom 21. Juli 1852 pensioniert wird, so ist der ordentliche Rechtsweg dagegen nicht zulässig.

Vergl. §§ 88 ff. und 100 des angeführten Gesetzes.

Nr. 399. Erk. vom 7. November 1857 (Just.-Min.-Bl. 1858 S. 195).

Streitigkeiten über Natural- und Geldprästationen, welche an Geistliche zu entrichten sind und auf altem Herkommen beruhen, sind zur Erörterung und Entscheidung im ordentlichen Rechtswege nicht geeignet. Daß die Verbindlichkeit im Hypothekenbuche eingetragen worden, macht darin keinen Unterschied. Siehe Erk. vom 25 Oktober 1856 (Just.-Min.-Bl. 1857 S. 119).

Nr. 400. Erk. vom 7. November 1857 (Just.-Min.-Bl. 1858 S. 210).

Streitigkeiten über die Frage: ob die in der Rheinschifffahrts-Konvention den Rheinschiffen zugesicherte Befreiung von gewissen Abgaben sich auch auf städtische Einkommensteuer und auf die Gewerbesteuer erstreckte oder ob sie zu deren Entrichtung verpflichtet waren, mußte im ordentlichen Rechtswege entschieden werden.

Die gedachte Konvention vom 31. März 1831 (G.-S. S. 96) dürfte jetzt ersetzt sein durch den Rhein-Schifffahrts-Akt vom 17. Oktober 1868 (G.-S. S. 1869 S. 798).

Nr. 401. Erk. vom 7. November 1857 (Just.-Min.-Bl. 1859 S. 259).

Konfliktssachen, § 8 der Einleitung zu diesem Buche.

Nr. 402. Erk. vom 21. November 1857 (Min.-Bl. d. i. V. 1858 S. 74 und Just.-Min.-Bl. 1858 S. 164).

Wenn durch Beschluß der städtischen Behörden mit Genehmigung der vorgesetzten Regierung (jetzt des Bezirksausschusses) Gemeinde-Vermögen, dessen Ertrag bisher an einzelne Mitglieder der Stadtgemeinde (Bürgervermögen) vertheilt worden, in Kämmerei-Vermögen verwandelt wird, so ist der ordentliche Rechtsweg dagegen nicht zulässig.

Im Wesentlichen kommen hierbei dieselben Grundsätze zur Anwendung, welche oben bei dem Erkenntnisse sub Nr. 311 mitgeteilt wurden, der vorliegende Fall unterliegt nur insofern einer abweichenden Beurteilung, als es sich um Brennholz- und Hütungs-Nutzungen der Gemeinde-Eingesessenen an einem städtischen Gemeindewalde handelte (§ 16 Abs. 2 des Zust.-Ges. v. 1. 8. 83, Ges. vom 14. August 1876 — G.-S. S. 373 —).

Nr. 403. Erk. vom 21. November 1857 (Min.-Bl. d. i. V. S. 165 und Just.-Min.-Bl. 1858 S. 199).

Wenn gegen den Rendanten einer Kirchenkasse Ordnungsstrafen verhängt werden, weil er dem Befehle des Landrates, die für Ausführung einer polizeilichen Maßregel entstandenen Auslagen aus der Kirchenkasse zu erstatten, nicht Folge leistet, so ist der ordentliche Rechtsweg dagegen unzulässig und der Einwand des Rendanten, daß er ohne Anweisung des ihm vorgesetzten Kirchenrates keine Zahlung aus der Kirchenkasse leisten dürfe, ist nicht geeignet, um den ordentlichen Rechtsweg zu begründen.

In einer rhein. Ortschaft bestand eine Simultan-Kirche für Protestanten und Katholiken. Seitens der Regierung war die Anordnung getroffen, daß die Katholiken den bei besonderen Gelegenheiten in der Kirche angebrachten Schmuck nach Beendigung der kirchlichen Feierlichkeit und vor dem Beginn des Gottesdienstes der Protestanten wieder beseitigen sollten. Dies war in einem Falle nicht geschehen und deshalb ließ der Landrat den Schmuck beseitigen, wofür 1 Taler Kosten entstanden waren, welche der Rendant aus der Kirchenkasse bezahlen sollte.

Der Kompetenz-Gerichtshof hielt dies für gerechtfertigt in dem Ausspruche: Die exekutivische Einziehung vertritt unter allen Umständen die sonst zu einer Zahlung erforderliche Autorisation. Es hätte die Exekution allerdings auch gegen den Kirchenvorstand, anstatt gegen den Inhaber der Kasse, auf Ausstellung der Zahlungsanweisung gerichtet werden können, allein es hing von der die Exekution leitenden Behörde ab, gegen wen zu verfahren, und der Kassenführer kann sich mit diesem Einwande nicht schützen, weil die Exekution die Anweisung seiner Vorgesetzten vertritt; auch enthalte das in Bezug genommene Dekret vom 30. Dezember 1809 keine ausdrückliche Vorschrift, daß der Kirchenrechner ohne Auftrag des Kirchenvorstandes keine Zahlungen leisten dürfe. Vergl. A. L.-R. II, 11 § 687, § 20 Nr. 3 und 11 des Gesetzes über die Verwaltung in den katholischen Kirchengemeinden vom 20. Juni 1875 (G.-S. S. 241), § 50 Nr. 8 a. a. O.

Nr. 404. Erk. vom 21. November 1857 (Just.-Min.-Bl. 1858, S. 79).

Konfliktssache, § 8 der Einleitung zu diesem Buche.
Züchtigungsrecht der Geistlichen und Lehrer.

Nr. 405. Erk. vom 21. November 1857 (Just.-Min.-Bl. 1858, S. 205.)

Der Eigentümer eines eingedeichten Grundstückes ist berechtigt, seine Entschädigungsansprüche für den von ihm zu der Deichanlage hergegebenen Grund- und Boden im ordentlichen Rechtswege geltend zu machen. Dem Deichamte steht nur die Befugnis einer interimistischen Festsetzung des Schadensbetrages zu.

Vergl. §§ 96, 97 und 152 des Zust.-Ges. vom 1. 8. 83.

Nr. 406. Erk. vom 21. November 1857 (Just.-Min.-Bl. 1858 S. 207).

Die Frage: ob gegen die von einer Regierung in der Rheinprovinz verfügte administrative Exekution der ordentliche Rechtsweg zulässig sei, konnte früher nur nach der für die Rhpr. ergangenen Exekutions-Ordnung entschieden werden, auch wenn der Prozeß bei einem Gerichte außerhalb der Rhpr. anhängig gemacht worden war. Jetzt gelten für ganz Deutschland dieselben Vorschriften über Zwangsvollstreckung.

Nr. 407. Erk. vom 9. Januar 1858 (Min.-Bl. d. i. V. S. 21 u. Just.-Min.-Bl. S. 91).

1. Dasselbe betrifft die Befugnis der Zivil-Dienstbehörde bei Erhebung von Konflikten bei Ansprüchen wegen Handlungen, welche von Gensdarmen bei Ausübung oder in Veranlassung der Ausübung ihrer Dienstverrichtungen vorgenommen sind, und die Unzulässigkeit des Rechtsweges bei Ansprüchen wegen solcher Handlungen.

Bei dieser Angelegenheit entstanden zunächst Zweifel darüber: ob der Konflikt auf Grund des Gesetzes vom 13. Februar 1854 von dem Chef der Gensdarmerie zu erheben gewesen, und ob, wenn dies der Fall sein sollte, die Entscheidung der Sache vor dem Gerichtshof für Komp.-Konfl. und nicht vielmehr zufolge § 6 des Gesetzes vom 13. Februar 1854 vor den dort bezeichneten Gerichtshof für Militär-Konflikte gehören werde. Dieser Zweifel wurde dadurch gelöst, daß der Minister des Innern die Erklärung abgab, er wolle den Konflikt seinerseits aufnehmen. Dies geschah auch mit Recht, wie sich aus der Gensdarmerie-Verordnung vom 30. Dezember 1820 und der Dienstinstruktion von demselben Tage (G.-S. S. 1 und 10) ergiebt. Aus der Verordnung sind die §§ 2, 12, 17 und 18 Abs. 2 zu beachten.

Im Uebrigen handelt es sich lediglich um einen Konflikt in Gemäßheit des § 8 der Einleitung zu diesem Buche.

Nr. 408. Erk. vom 9. Januar 1858 (Just.-Min.-Bl. S. 212).

Siehe Erk. vom 7. November 1857 (Just.-Min.-Bl. 1858, S. 218).

Nr. 409. Zwei Erkenntnisse vom 9. Januar 1858 (Just.-Min.-Bl. S. 250 u. 251).

Die von den Schaukommissionen und Schauämtern in der Rhpr. getroffenen Anordnungen zur Räumung und Instandhaltung der nicht schiffbaren Flüsse und Abzugsgräben sind als polizeiliche Verfügungen anzusehen, gegen welche eine Possessorienklage unzulässig ist. Weigern sich die beteiligten Grundbesitzer, den Anordnungen der Schau-Kommissionen nachzukommen, so können die Kosten der Ausführung durch administrative Exekution von ihnen eingezogen werden, ohne daß der ordentliche Rechtsweg dagegen zulässig wäre. Vergl. § 66 des Zust.-Ges. v. 1. 8. 83.

Nr. 410. Erk. vom 9. Januar 1858 (Just.-Min.-Bl. 1859, S. 261).

Konfliktssache, § 8 der Einleitung zu diesem Buche.

Nr. 411. Erk. vom 30. Januar 1858 (Min.-Bl. d. i. V. S. 160 u. Just.-Min.-Bl. S. 216).

Wenn unter den Parteien Streit darüber obwaltet, ob das Eigentum eines bestimmten Armenfonds der Kirche oder der Ortsgemeinde zusteht, so ist die Sache dem ordentlichen Rechtswege unterworfen, dagegen ist die Frage, wem die Verwaltung und die Beaufsichtigung eines solchen Armenfonds gebühre, administrativer Natur und deshalb von den Verwaltungsbehörden zu entscheiden.

Wegen der kirchlichen Armenpflege vergl. § 17 der Synodal-Ordnung vom 10. September 1873, wegen der stiftungsmäßigen Armenfonds, siehe Eger's Kommentar zum Reichsgesetze vom 6. Juni 1870, Breslau 1884 S. 36 Note 4. Stiftungen gehören zu den „öffentlichen Anstalten", deren Beaufsichtigung nach A. L.-R. II 13 § 13 und II 6 § 3 zu den Magistrats- und Hoheitsrechten gehört (Parey, Preußisches Verwaltungsrecht, Band II S. 63 64).

Nr. 412. Erk. vom 30. Januar 1858 (Min.-Bl. d. i. V. S. 178 u. Just.-Min.-Bl. S. 267).

Streitigkeiten über die Verbindlichkeit zu Beitragsleistungen für kirchliche Bauten sind dem ordentlichen Rechtswege unterworfen; dies ist aber nicht der Fall, wenn es sich um die Einziehung von Beiträgen zur Deckung eines Kirchenkassen-Defizits handelt, auch steht die Entscheidung darüber, ob Jemand zur Parochie einer bestimmten kirchlichen Gemeinde gehört, den Verwaltungsbehörden zu.

Die Streitigkeiten über die Kirchenbaupflicht erledigen sich nach A. L.-R. Tit. 11 Teil II §§ 708, 709 und 760 durch die Allerh. Kabinets-Ordre vom

18. Februar 1805 (N. C. C. XI. S. 2933) und jetzt auch durch den Ministerialerlaß vom 13. Januar 1874 (Min.-Bl. d. i. V. S. 97).

Die Beiträge zur Deckung des Kirchen-Kassen-Defizits sieht der Kompetenzgerichtshof an als allgemeine Umlagen im Sinne der §§ 78, 79, Tit. 14, Teil II. A. L.-R.

So wenig nach diesen Vorschriften die Behauptung, daß Jemand nicht zu den Einwohnern des preußischen Staates oder nicht zu der Klasse der Gewerbtreibenden gehöre, dazu angethan ist, demselben den ordentlichen Rechtsweg über die Verbindlichkeit zur Entrichtung der ihm auferlegten Einkommen- oder Gewerbesteuer zu eröffnen, ebensowenig wird durch die Behauptung, daß Jemand einer gewissen Kommune oder Partei angehöre, die Zulässigkeit des ordentlichen Rechtsweges über die Verbindlichkeit zur Entrichtung der aus dem Kommunalverbande oder Parochialverbande fließenden Abgaben begründet, sofern diese Behauptung nicht durch eine auf Vertrag, Privilegium oder Verjährung erworbene Exemtion von diesem Verbande und den daraus entspringenden Lasten, sondern lediglich auf allgemein gesetzliche Bestimmungen gestützt wird.

Hinsichtlich des letzten Grundsatzes ist zu bemerken, daß der Kläger behauptet hatte, er wohne gar nicht in der betreffenden Parochie, sondern sei in einem andern Orte eingepfarrt (§ 293 Tit. 11 Teil II A. L.-R.). Bei dieser Sachlage würde jetzt die Reklamation zu erheben sein. Nr. 7 des Ministerial-Erlasses vom 15. Januar 1881 (Kirchl. Ges.- und V.-Blatt S. 10), § 58 der Verwaltungs-Ordnung vom 15. Dezember 1886 (Kries, Kirchengesetzgebung, Danzig 1887 S. 411).

Nr. 413. Erk. vom 30. Januar 1858 (Min.-Bl. d. i. V. S. 182 u. Just.-Min.-Bl. S. 282)

Wenn ein Schulvorstand zur Beseitigung des unordentlichen Schulbesuches die Anwendung körperlicher Züchtigung beschlossen hat, so findet gegen den Präses des Schulvorstandes, welcher in Ausführung dieses Beschlusses ein Kind, ohne die Grenzen der Schulzucht zu überschreiten, gezüchtigt hat, eine gerichtliche Verfolgung nicht statt.

Konfliktssache siehe § 8 der Einleitung zu diesem Buche.

Nr. 414. Erk. vom 30. Januar 1858 (Just.-Min.-Bl. S. 110).

Wenn bei dem Ausscheiden eines Geistlichen und bei der Auseinandersetzung über die Pfarreinkünfte desselben Defekte sich ergeben, und diese nach der V. vom 24. Januar 1844 durch Beschluß der vorgesetzten Aufsichtsbehörde festgesetzt werden, so ist der ordentliche Rechtsweg dagegen zulässig, auch wenn seit der Insinuation des Beschlusses bereits eine längere Zeit als Jahresfrist verstrichen ist.

Nr. 415. Erk. vom 30. Januar 1858 (Just.-Min.-Bl. S. 235).

Gegen polizeiliche Verfügungen ist der ordentliche Rechtsweg zwar in soweit zulässig, als es sich um die Feststellung eines streitigen Eigentumsrechts handelt, nicht aber zu dem Zwecke, um die Anordnungen der Polizeibehörde anzufechten und die Wiederherstellung des früheren Zustandes zu erwirken. Vergl. Erk. vom 8. März 1856 (Just.-Min.-Bl. S. 127).

Nr. 416. Erk. vom 30. Januar 1858 (Just.-Min.-Bl. S. 284).

Streitigkeiten über Beiträge zur Kirchenkasse und über andere Leistungen an Kirchen und Geistliche, wie z. B. Tischgroschen, Umgangsgelder u. s. w., welche auf notorischer Ortsverfassung beruhen, sind vom ordentlichen Rechtswege ausgeschlossen. Der Einwand der Zahlungspflichtigen, daß sie als Alt-

Lutheraner einer anderen Konfession angehören und deshalb von den Beiträgen befreit seien, ist nicht geeignet, den ordentlichen Rechtsweg zu begründen. Wird die Klage von solchen fremden Konfessionsverwandten auf Befreiung von allen Beiträgen und Leistungen, welche aus dem Parochialverbande fließen, gerichtet, so ist der Antrag in dieser Allgemeinheit zu unbestimmt und kann deshalb nicht Gegenstand der Entscheidung des ordentlichen Prozeßrichters sein. Vergl. die Erk. vom 17. Februar 1855 (Just.-Min.-Bl. S. 135) vom 4. Oktober 1856 (a. a. O. S. 386) vom 3. Januar 1857 (a. a. O. S. 302).

Nr. 417. Erk. vom 30. Januar 1858 (Just.-Min.-Bl. S. 391).

Gegen die Anordnung der Wegepolizeibehörde, durch welche die Sperrung eines streitigen Weges untersagt wird, ist der ordentliche Rechtsweg ebensowenig zulässig, als über die Frage, ob der streitige Weg für einen Privatweg oder für einen öffentlichen zu erachten sei.

Vergl. § 56 des Zust.-Ges. v. 1. 8. 83.

Nr. 418. Erk. vom 13. Februar 1858 (Min.-Bl. d. i. V. S. 186 u. Just.-Min.-Bl. S. 275).

Gegen die Erhebung städtischer Steuer, insbesondere der Kommunal-Einkommensteuer, welche mit Genehmigung der vorgesetzten Regierung von der Stadtbehörde angeordnet worden, ist der ordentliche Rechtsweg unzulässig, wenn eine Befreiung davon aus einem besonderen Rechtstitel (Vertrag, Privilegium, Verjährung) in Anspruch genommen, oder wenn Prägravation behauptet wird. Der Einwand des Steuerschuldners, daß sein Grundstück nicht im Stadtbezirke liege und er daher nicht zur Stadtgemeinde gehöre, ist nicht geeignet, um den ordentlichen Rechtsweg zu begründen, vielmehr wird die Zuständigkeit der Verwaltungsbehörden durch alle diese Fragen nicht berührt.

An die Stelle dieser letzteren Behörden sind jetzt die in §§ 18 und 160 des Zust.-Ges. vom 1. 8. 83 genannten Einspruchs- und Reklamationsbehörden getreten, welche auch über den Einwand zu entscheiden haben, daß der Reklamant nicht im Stadtbezirke wohne und deshalb auch nicht zur Stadtgemeinde gehöre. Siehe § 10 der Einleitung zu diesem Buche.

Nr. 419. Erk. vom 13. Februar 1858 (Min.-Bl. d. i. V. S. 206 u. Just.-Min.-Bl. S. 271).

Wenn zum Bau einer städtischen Kirche ein Teil der Baukosten von den städtischen Behörden als Patronatslast übernommen und demnächst auf sämmtliche Einwohner der Stadt verteilt worden ist, so ist gegen die Einziehung dieser Beiträge so wenig, wie gegen andere Kommunal-Abgaben der ordentliche Rechtsweg zulässig; auch der Einwand des Klägers, daß er als Jude einen Beitrag zu den Patronatslasten für die städtische Kirche zu leisten nicht verpflichtet sei, desgleichen, daß der von der Stadt übernommene Patronats-Anteil mehr als das gesetzliche Quantum betrage, ist nicht geeignet, um den ordentlichen Rechtsweg zu begründen.

In vorliegendem Falle sollte die eine Hälfte der erforderlichen Kosten als Patronatsbeitrag von sämmtlichen Einwohnern, die zur Entrichtung der städtischen Kommunallasten verpflichtet sind, eingezogen werden, die andere Hälfte dagegen nur von den zur Kirchengemeinde gehörenden Personen resp. Familien, mithin nicht von Katholiken und Juden; deshalb war auch die Klage des jüdischen Mitbürgers nur gegen den ersten Teil des Beschlusses und dessen Ausführung erhoben.

Vergl. jetzt §§ 140 und 141, Titel 11, Teil II A. L.-R.'s; dazu für evangelische Kirchen § 31, Nr. 6 der Synodal-Ordnung vom 10. September 1873. (Erk. des Gerichtshofes zur Entscheidung der Komp.-Konfl. vom 8. Januar 1881

— Kirchl. Gesetz- und Verordnungsblatt S. 42 ff. —). Gegen einen für vollstreckbar erklärten Umlagebeschluß (Art. 3 des Ges. vom 25. Mai 1874) der Gemeinde-Organe ist der ordentliche Rechtsweg unzulässig. (Erkenntnisse desselben Gerichtshofes vom 14. Januar und 13. Mai 1882 — Kirchliches Gesetz- und Verordnungs-Blatt S. 49 und 72 —). Vergl. auch §§ 27, 49—58 der Verwaltungs-Ordnung vom 15. Dezember 1886.

Nr. 420. Erk. vom 13. Februar 1858 (Min.-Bl. d. i. V. S. 224 u. Just.-Min.-Bl. S. 325).

Die Regulierung der Dotation katholischer Schullehrer in Schlesien ist Sache der Regierung, und der ordentliche Rechtsweg gegen die von ihr vorgenommene Feststellung der von dem Dominium und der Gemeinde zu entrichtenden Beiträge ist unzulässig; auch die Berufung auf die Vokation (Genußzettel) des Schullehrers, wenn dieselbe weiter nichts als die Bezugnahme auf die mit der Stelle verbundene Emolumenten enthält, kann den ordentlichen Rechtsweg nicht begründen.

Es handelte sich um eine Negatorienklage, welche das von der Regierung mit höheren Beiträgen herangezogene Dominium gegen den Schulvorstand anstellt hatte.

Die Entscheidung stützt sich auf § 18 der Regierungs-Instruktion vom 23. Oktober 1817, §§ 12, 16 und 25 des schlesischen Schulreglements vom 18. Mai 1801 (Neue Korn'sche Ediktensammlung Band VII, Nr. 132, S. 266.) Heute würden nur die §§ 46 und 160 des Zust.-Ges. vom 1. 8. 83 Platz greifen.

Nr. 421. Erk. vom 13. Februar 1858 (Min.-Bl. d. i V. S. 235 u. Just.-Min.-Bl. S. 332).

Wenn die Polizeibehörde die Anlegung eines Fußweges aus polizeilichen Rücksichten für nötig erachtet, so kann dagegen auf Beseitigung desselben und Wiederherstellung des früheren Zustandes im ordentlichen Rechtswege nicht geklagt werden, dagegen ist über den Antrag auf Anerkennung des Eigentums von einem Teile des Fußweges der ordentliche Rechtsweg zulässig.

Vergl. die Erläuterungen zu dem Erkenntnisse sub Nr. 266 dieser Sammlung, auch § 10 der Einleitung zu diesem Buche.

Nr. 422. Erk. vom 13. Februar 1858 (Just.-Min.-Bl. S. 254).

Wenn in Folge eines besonderen Gesetzes Strom- und Deich-Regulierungen ausgeführt werden und die Deichlast für die davon betroffenen Niederungen dadurch gesteigert wird, so kann ein Entschädigungsanspruch für die entstehenden Mehrkosten von den beteiligten Gemeinden nur alsdann im ordentlichen Rechtswege geltend gemacht werden, wenn ihnen in dem betreffenden Gesetze eine solche Entschädigung ausdrücklich zugesichert worden ist.

Vergl. Erk. vom 9. Februar 1856 (Just.-Min.-Bl. S. 87).

Nr. 423. Erk. vom 13. Februar 1858 (Just.-Min.-Bl. S. 317).

Wenn die Deichbehörde es für angemessen erachtet, zum Schutze des Dammes, statt der in der Deichordnung vorgeschriebenen Kopfweiden, Pappelbäume auf den Damm pflanzen zu lassen, so kann von den benachbarten Grundbesitzern nicht auf Fortnahme derselben, sondern höchstens auf Entschädigung im ordentlichen Rechtswege geklagt werden.

Es handelt sich um eine deichpolizeiliche Verfügung im Sinne der §§ 127 ff. des L.-V.-G. vom 30. Juli 1883.

Nr. 424. Erk. vom 13. Februar 1858 (Just.-Min.-Bl. S. 327).

Wenn die Kultur einer Wiese von der Polizeibehörde auf Grund einer erlassenen Wiesenordnung angeordnet wird, so können die dadurch entstehenden Kosten von den Wiesenbesitzern im Wege der administrativen Exekution eingezogen werden, ohne daß der ordentliche Rechtsweg dagegen zulässig wäre. Polizeiliche Verfügung im Sinne der §§ 127 ff. und 132 ff. des L.-V.-G. vom 30. Juli 1883.

Nr. 425. Erk. vom 3. April 1858 (Min.-Bl. d. i. V. S. 236 und Just.-Min.-Bl. S. 363).

Wenn bei vorhandenem Wassermangel das Wasser eines Privatbaches auf Anordnung der Polizeibehörde aufgestaut und der städtischen Wasserleitung zugeführt wird, um die Bewohner der Stadt mit dem nötigen Wasser zu versehen, so ist gegen eine solche Anordnung die Possessorienklage unzulässig. Kläger hatte sich darauf berufen, daß ihm durch den Aufstau seines Privatbachs das Wasser zur Tränke für sein Vieh entzogen werde. Der Kompetenzgerichtshof führte aus, daß nach §§ 2 und 4 des Gesetzes vom 11. Mai 1842 selbst in den Fällen, in welchen ein Prozeß gegen polizeiliche Verfügungen gestattet ist, eine Possessorienklage nicht zulässig sei. Der Umstand, daß der verklagte Magistrat sich auf ein besseres Recht berufen würde, wenn petitorisch geklagt worden wäre, könnte nur insofern von Erheblichkeit sein, als in solchem Falle das Rechtsverhältniß zum Zweck der davon abhängigen Entschädigungsforderung durch richterliches Urteil festgestellt werden müßte; in dem Possessorienprozesse sei dieser Umstand völlig unerheblich.

Nach heutigen Anschauungen handelt es sich lediglich um eine polizeiliche Verfügung im Sinne der §§ 127 ff. des Zust.-Ges. v. 1. 8. 83. Vergl. die Erläuterungen zu § 99 Tit. 8, Teil I A. L.-R.'s bei Hahn, „Vorfluth, Ent- und Bewässerung, Deichwesen", Breslau 1886, S. 3, Anm. 7.

Nr. 426. Erk. vom 3. April 1858 (Just.-Min.-Bl. S. 339).

1) Die das Rechtsverfahren hemmende Wirkung der Erhebung des Komp.-Konfl. beginnt mit der Uebersendung des Konfliktsbeschlusses an die betreffende Gerichtsbehörden, nicht erst mit der Zustellung des Beschlusses an die Parteien. (Ges: vom 8. April 1847 — G.-S. S. 170 — §§ 4, 5, 8 und 19). Vergl. Verordnung vom 1. August 1879 (G.-S. S. 572).

2) Nach der rheinischen Prozeß-Ordnung war die Erhebung des Komp.-Konfl. auch gegen solche Erk. zulässig, welche zwar in letzter Instanz ergangen, hinsichtlich der Kompetenzfrage aber der Berufung unterworfen waren. (§ 4 der Verordnung vom 1. August 1879. § 2 des Ges. vom 8. April 1847, deutsches Gerichts-Verfassungsgesetz vom 27. Januar 1877, § 17, Nr. 4).

3) Die Befugniß zur Erhebung des Komp.-Konfl. kann durch den Willen der beteiligten Parteien weder ausdrücklich noch stillschweigend aufgehoben werden.

4) Die Kompetenz der Generalkommissionen erstreckt sich in den bei ihnen anhängigen Auseinandersetzungen auch auf Streitigkeiten über rückständige Prästationen. Vergl. die Erk. vom 22. November 1851 (Just.-Min.-Bl. 1852 S. 5) und vom 11. Juni 1853 (Just.-Min.-Bl. S. 253).

5) Die Verordnung vom 13. Juni 1853 (G.-S. S. 524), betreffend die Sistierung des Ablösungsverfahrens hinsichtlich der von Kirchen, Pfarren und Schulen zu entrichtenden Reallasten, hatte nicht den Zweck, die Rechtshängigkeit des Auseinandersetzungsverfahrens zu beseitigen und die Kompetenz der Gerichte für die darauf bezüglichen Streitigkeiten wieder herzustellen, vielmehr sollte nur das Verfahren einstweilen gehemmt, in der Kompetenz der Auseinandersetzungsbehörde aber nichts geändert werden. Vergl. Erk. vom 25. Oktober 1856 Just.-Min.-Bl. S. 371).

Nr. 427. Erk. vom 3. April 1858 (Just.-Min.-Bl. S. 361).

Die Beschlagnahme von Gegenständen wegen unbefugten Hausierens ist eine polizeiliche Maßregel und daher der ordentliche Rechtsweg zur Erlangung einer Entschädigung für eine angeblich ungerechtfertigte Beschlagnahme nur in den Fällen gestattet, in welchen der ordentliche Rechtsweg gegen polizeiliche Verfügungen überhaupt gestattet ist. Hausier-Regulativ vom 28. April 1824 § 26 (G.-S. S. 133). Den Begriff des „Hausierens" kennt die Reichs-Gewerbe-Ordnung vom 21. Juni 1869 nicht, sondern einen „Gewerbebetrieb im Umherziehen", was aber dasselbe bedeutet.

Nr. 428. Erk. vom 3. April 1858 (Just.-Min.-Bl. S. 370.)

Die Festsetzung der Strafe gegen Chausseegelderheber, welche, den gesetzlichen Vorschriften zuwider, unterlassen, den Schlagbaum schleunigst zu öffnen, sobald der Postillon das übliche Signal gibt, steht nicht der vorgesetzten Disziplinarbehörde, sondern den kompetenten Gerichten zu. §§ 3 und 28 des Ges. vom 21. Juli 1852. Dazu Kommentar von Seidel, Berlin 1883, S. 121.

Nr. 429. Erk. vom 17. April 1858 (Min.-Bl. d. i. V. S. 244 u. Just.-Min.-Bl. S. 353).

Wenn jemand Eingeweide von geschlachtetem Vieh unversteuert in die Stadt bringt und dieselben deshalb von der Steuerbehörde in Beschlag genommen werden, so ist der ordentliche Rechtsweg darüber, ob dergleichen Eingeweide steuerfrei seien und die Beschlagnahme demzufolge ungesetzlich sei, nicht zulässig, vielmehr steht die Entscheidung darüber den Steuerbehörden zu. Die Mahl- und Schlachtsteuer ist als *staatliche* Steuer durch Ges. vom 25. Mai 1873 (G.-S. S. 222) aufgehoben, und es kann nur die Schlachtsteuer als Gemeindesteuer forterhoben werden. Wegen der Rechtsmittel gegen überhobene Gemeinde-Schlachtsteuern u. s. w. sind jetzt die örtlichen Schlachsteuer-Regulative maßgebend. (§§ 2 und 3 des oben gedachten Ges.)

Nr. 430. Erk. vom 17. April 1858 (Just.-Min.-Bl. S. 258).

Wenn zum Bau einer öffentlichen Straße im ostrheinischen Bezirke Privat-Eigentum abgetreten werden muß, so ist der ordentliche Rechtsweg darüber, ob der Eigentümer für den überlassenen Grund und Boden Entschädigung verlangen könne, zulässig, über die Frage aber, wie hoch diese Entschädigung zu bemessen sei, unzulässig. Naussauische V. vom 25. und 26. August 1812, Enteignungsges. vom 11. Juni 1874 (G.-S. S. 221).

Nr. 431. Erk. vom 17. April 1858 (Just.-Min.-Bl. S. 318).

Gegen Anordnungen und Verbote der Regierung, welche sich auf einen fiskalischen Forst beziehen, kann von einem Servitutberechtigten der Possessorienprozeß angestellt werden, wenn die von der Regierung erlassenen Anordnungen nicht sowohl in *forstpolizeilichem* Interesse, als vielmehr zur Förderung *privatrechtlicher* Zwecke und zum Schutze des fiskalischen *Eigentums* getroffen worden sind.

Nr. 432. Erk. vom 17. April 1858 (Just.-Min.-Bl. 1858 S. 334).

Streitigkeiten über die Frage, welche Abgaben die Mitglieder einer Gemeinde an Kirchen, Schulen und deren Beamte nach notorischer Ortsverfassung zu entrichten haben, sind vom ordentlichen Rechtswege ausgeschlossen. Ebenso ist in dem Falle, wenn ältere Rückstände angeblich unrechtmäßiger Weise im Wege der administrativen Exekution eingezogen worden sind, nur der Rekurs an die vorgesetzte Verwaltungsbehörde, nicht aber der ordentliche Rechtsweg zulässig. Siehe Erk. vom 22. November 1851 (Just.-Min.-Bl. 1852 S. 14.)

Nr. 433. Erk. vom 17. April 1858 (Just.-Min.-Bl. S. 382).

Streitigkeiten, welche unter den Interessenten einer Auseinandersetzung über den Kostenpunkt entstehen, müssen von den Auseinandersetzungsbehörden, mit Ausschluß des ordentlichen Rechtsweges, zum Austrag gebracht werden; es macht dabei keinen Unterschied, ob der Anspruch eines Beteiligten gegen die Uebrigen auf einer vertragsmäßigen Verabredung über die Aufbringung der Kosten oder auf einem anderen Rechtsgrunde beruht. Regulativ vom 25. April 1836, §§ 5 7 u. 13 (G.-S. S. 181).

Nr. 434. Erk. vom 17. April 1858 (Min.-Bl. d. i. V. S. 74 u. Just.-Min.-Bl. S. 239).

Gegen die nach der V. vom 24. Januar 1844 (G.-S. S. 52) angeordnete Beschlagnahme des Vermögens eines Kassenbeamten kann den Erben desselben, soweit sich die Beschlagnahme auf Nachlaßgegenstände beschränkt, der ordentliche Rechtsweg nur in demselben Maße, wie den Beamten selbst gestattet werden. Es folgt dies aus der allgemeinen Rechtsregel, daß die das Vermögen betreffenden Rechtsverhältnisse durch den Tod nicht verändert werden, sondern auf den Nachlaß übergehen (A. L.-R. I, 9, § 362), insbesondere in Beziehung auf Verpflichtung zum Ersatze eines aus unerlaubten Handlungen entstandenen Schadens, deshalb ist es auch unerheblich, daß die V. von 1844 nur von dem Verfahren gegen die Beamten und nicht von deren Erben spricht, denn es können ja auch noch andere Personen, z. B. der Konkurs-Kurator — an die Stelle des Defektanten treten.

Durch das Aufhören des Dienstverhältnisses wird weder die durch dasselbe herbeigeführte Verbindlichkeit, noch auch die eigentümliche Natur derselben irgendwie verändert. Das in der V. von 1844 angeordnete Verfahren kann auch gegen pensionierte und sonst bei ihrem Leben aus dem Dienste geschiedene Beamte zur Anwendung kommen.

Anders verhält es sich mit dem eigenen Vermögen der Erben. In Bezug auf die Benefizialerben ergiebt sich dies von selbst, aber auch wenn die Erben die Erbschaft ohne Vorbehalt angetreten haben, ist ihr Rechtsverhältnis zu der Behörde doch ein anderes, als dasjenige des Nachlasses. Im Uebrigen liegt die Entscheidung der Frage: ob die Erben für die Schulden des Erblassers aus eigenem Vermögen aufkommen, ob sie sich der Beschlagnahme ihres eigenen Vermögens zur Sicherstellung des Defekts ihres Erblassers unterwerfen müssen, nicht innerhalb des Bereiches der V. von 1844, sondern gehört zur Kognition des ordentlichen Richters.

Vergl. §§ 134 ff. des Reichsbeamtengesetzes vom 31. März 1873 (R.-G.-Bl. S. 61), Ges. vom 17. Juni 1880 (G.-S. S. 271).

Nr. 435. Erk. vom 19. Juni 1858 (Min.-Bl. d. i. V. 1859, S. 80 und (Just.-Min.-Bl. 1859, S. 84).

Wenn das Vermögen eines Gymnasiums oder einer anderen höheren Unterrichts-Anstalt nicht ausreicht, um die Pensionen für die Lehrer und Beamten desselben zu berichtigen, so steht die Entscheidung darüber, wer den erforderlichen Zuschuß zu leisten habe, dem Oberpräsidenten der Provinz zu, und gegen die Festsetzung desselben ist der ordentliche Rechtsweg nur alsdann gestattet, wenn auf Grund eines speziellen Rechtstitels die Befreiung von Beiträgen zu den gedachten Pensionen in Anspruch genommen wird. Die betreffende Anstalt war städtischen Patronats, jedoch hatte der Staat in Folge der Bewilligung eines namhaften jährlichen Zuschusses zu den Kosten der Anstalt ein Kompatronat für sich in Anspruch genommen und die betreffenden Rechte auch unbeanstandet ausgeübt. Aus letzterem Grunde stellte der Magistrat, als durch die V. vom 28. Mai 1846 (G.-S. S. 214) den Lehrern an den höheren Unterrichts-Anstalten ein Pensionsanspruch eingeräumt wurde, gegen den Fiskus die gerichtliche Klage mit dem Antrage an, den durch den Oberpräsidenten und das Provinzial-Schulkollegium vertretenen Fiskus zu verurtheilen, zu den betreffenden Pensionen einen Beitrag zu leisten. Hierbei war auch Bezug genommen auf die Instruktion zur Ausführung des vorstehend genannten Ges. vom 22. Febr. 1847 (Min.-Bl. d. i. V. S. 44), in welcher allerdings gesagt ist, daß auch die Staatskasse nach Verhältnis der Zuschüsse, welche sie zur wirklichen Unterhaltung einzelner Lehranstalten leiste, sowohl laufende Beiträge zu den Pensionsfonds entrichten, als etwaige Zuschüsse behufs Deckung eintretender Defizits zahlen müsse. Das A. L.-R. rede zwar von „Schulpatronaten" nicht, indessen seien hier §§ 568 und 605, Titel 11, Teil II A. L.-R. analog anwendbar. Das fiskalische Kompatronat beruhe auf einem Vertrage und deshalb sei in diesem Falle auch der § 6 der V. vom 28. Mai 1846 hier nicht anwendbar. Der Kompentenzgerichtshof konnte sich dieser Ansicht nicht anschließen, folgerte vielmehr aus den §§ 4—8, 16—18 des gedachten Gesetzes das Gegenteil. Die Einführung des sogenannten fiskalischen Kompatronats sei eine allgemeine Verwaltungsmaßregel gewesen, also von Aufsichtswegen und nicht durch Vertrag mit den Patronen erfolgt. Ein ordentlicher Rechtstitel, aus welchem die Befreiung von den Festsetzungen des Oberpräsidenten abgeleitet werden könne, wurde dem Klageantrage entsprechend in dem Umstande gefunden, daß durch die Maßnahmen der Regierung ein wirkliches Kompatronat entstanden sei und daß dieses den im § 8 der V. von 1846 erwähnten speziellen Rechtstitel bilde. Außerdem handle es sich hier nicht um einen Prozeß gegen die Verwaltungs- und Aufsichtsbehörde, sondern gegen den Fiskus als Interessenten. In dieser Beziehung wurde also die Prozeßfähigkeit des Anspruches um so mehr anerkannt, als das Ges. von 1846 zur Beantwortung der hier vorliegenden speziellen Frage keine Bestimmung enthält und als auch solche in anderen Gesetzen nicht nachzuweisen ist.

Nr. 436. Erk. vom 19. Juni 1858 (Just.-Min.-Bl. S. 246.)

Streitigkeiten über die Zahlung öffentlicher Abgaben (hier handelte es sich um einen Pfarrdezem) sind im allgemeinen vom ordentlichen Rechtswege ausgeschlossen; wenn aber ein Steuerpflichtiger behauptet, daß die von ihm gezahlte Steuer einem anderen zur Last falle und sie deshalb von diesem zurückfordert, so ist darüber im ordentlichen Rechtswege zu entscheiden. A. L.-R. II 14, §§ 78, 79. Der Dezem ist jetzt ablösbar (Ges. vom 27. April 1872 — G.-S. S. 417 —).

Nr. 437. Erk. vom 19. Juni 1858 (Just.-Min.-Bl. S. 387).

Streitigkeiten über den Umfang des einer Eisenbahngesellschaft durch Königliche V. verliehenen Expropriationsrechtes sind vom ordentlichen Rechtswege ausgeschlossen. Die Frage, ob ein bestimmtes Grundstück der Expropriation unterworfen sei, ist lediglich von den Verwaltungsbehörden zu entscheiden. Ges. vom 3. November 1838, § 8 Nr. 5, § 11 (G.-S. S. 507), Enteignungeſ. vom vom 11. Juni 1874, §§ 150—153 des Just.-Ges. v. 1. 8. 83.

Nr. 438. Erk. vom 19. Juni 1858 (Just.-Min.-Bl. 1859 S. 46).

Wenn bei dem Bau einer Eisenbahn nach vorgängigem Expropriationsverfahren die betreffende Eisenbahngesellschaft von der Verwaltungsbehörde in den Besitz des expropriierten Landes eingewiesen ist, so ist eine Besitzstörungsklage von dem früheren Grundbesitzer hiergegen nicht zulässig. § 11 des Ges. vom 3. November 1838 (G.-S. S. 508). Erk. vom 28. Dezember 1850 (Just.-Min.-Bl. 1851, S. 67).

Nr. 439. Erk. vom 23. Juni 1858 (Min.-Bl. d. i. V. S. 156 u. Just.-Min.-Bl. S. 260).

Die Bestimmung und Anweisung des Emeritengehaltes für einen dienstunfähigen Elementar-Schullehrer steht der betreffenden Regierung zu, und gegen deren Anordnung ist der ordentliche Rechtsweg nicht zulässig. Elementarlehrer an einer städtischen Schule sind zu den besoldeten Gemeindebeamten im Sinne des § 65 der Städte-Ordnung vom 30. Mai 1853 **nicht** zu rechnen.

Die Entscheidung stützt sich auf § 18 der Regierungs-Instruktion vom 23. Oktober 1817. Vergl. jetzt §§ 14, 15 des Gesetzes vom 6. Juli 1885 (G.-S. S. 298). Wegen der Beamtenqualität der Lehrer vergl. Artikel III des Gesetzes vom 31. März 1882 (G.-S. S. 133).

Nr. 440. Erk. vom 23. Juni 1858 (Min.-Bl. d. i. V. 1859, S. 5 und Just.-Min.-Bl. 1858 S. 430).

Wenn zwischen verschiedenen Gemeinden, die zu einem gemeinschaftlichen (politischen) Kommunalverbande, aber nicht zu einem gemeinschaftlichen Armenverbande gehören, Streit darüber entsteht, welche von ihnen für den Unterhalt eines Ortsarmen zu sorgen habe, so ist darüber der ordentliche Rechtsweg zulässig. Dieser Grundsatz läßt sich nach § 39 des Zust.-Ges. vom 1. 8. 83 nicht mehr aufrecht erhalten.

Nr. 441. Erk. vom 23. Juni 1858 (Min.-Bl. d. i. V. 1859 S. 7 und Just.-Min.-Bl. 1858 S. 389).

Wenn von einer Druckschrift, deren Inhalt von der betreffenden Gerichtsbehörde für strafbar erachtet und deshalb auf deren Vernichtung erkannt worden ist, nachträglich bei einer Privatperson Exemplare vorgefunden und polizeilich in Beschlag genommen werden, so kann von dem Besitzer derselben zwar nicht auf Rückgabe derselben, wohl aber auf Entschädigung dafür im ordentlichen Rechtswege geklagt werden.

Von der Beschlagnahme von Druckschriften handeln jetzt die §§ 23—29 des Reichs-Preßgesetzes vom 7. Mai 1874 (R.-G. Bl. S. 65), ferner §§ 11—15, 26 u. 27 des Reichs-Ges. vom 21. Oktober 1878 (R.-G.-Bl. S. 351), Geschäfts-Regulativ vom 4. November 1878 (R.-Z.-Bl. S. 601), Reichsgesetz vom 18. März 1888 (R.-G.-Bl. S. 109). Die Entscheidungen der Reichs-Kommission sind **endgültig**.

Nr. 442. Erk. vom 23. Juni 1858 (Just.-Min.-Bl. S. 293).

Die General-Landschafts-Direktionen gehören nicht zu den Provinzial-Verwaltungsbehörden, welche zur Erhebung des Komp.-Konfliktes in Rechtsstreitigkeiten befugt sind. Ges. vom 8. April 1847 § 3 (G.-S. S. 170).

Nr. 443. Erk. vom 23. Juni 1858 (Just.-Min.-Bl. S. 347).

Gegen Verfügungen der Polizeibehörde, durch welche die Wegschaffung der am Ufer eines öffentlichen Flusses befindlichen Weidenpflanzungen im strompolizeilichen Interesse angeordnet wird, ist der ordentliche Rechtsweg, soweit die Klage auf Schutz im Besitze gerichtet ist, unzulässig. Wenn dagegen von dem Uferbesitzer ein Eigentumsrecht an der Weidenpflanzung behauptet und wegen Wegschaffung derselben ein mit der vermeintlichen Besitzstörung nicht in Verbindung stehender Entschädigungsanspruch aufgestellt wird, so kann derselbe im ordentlichen Rechtswege geltend gemacht werden. (Ges. vom 20. August 1883 G.-S. S. 333.)

Nr. 444. Erk. vom 23. Juni 1858 (Just.-Min.-Bl. 1859 S. 237, 271, 278).

Konfliktssachen, § 8 der Einleitung zu diesem Buche. Das erste dieser drei Erk. ist dadurch bemerkenswert, daß der darin aufgestellte Rechtsgrundsatz wegen der Amtsqualität der Geistlichen von dem Königlichen Oberverwaltungsgerichte nicht acceptiert worden ist. Vergl. Endurteil des O.-V.-G. vom 4. Oktober 1881 — Entsch. Bd. VIII S. 391 —, Parey, Rechtsgrundsätze des O.-V.-G., Stammwerk S. 459 Nr. 2.

Nr. 445. Erk. vom 23. Juni 1858 (Just.-Min.-Bl. 1859 S. 7).

Gegen die Einziehung einer Kirchensteuer ist, insofern die Befreiung von derselben nicht auf Grund eines Vertrages oder eines Privilegiums oder der Verjährung behauptet wird, der ordentliche Rechtsweg nicht gestattet. Der Einwand des Zahlungspflichtigen, daß er als Forense zur Entrichtung der Steuer nicht verbunden sei, kann eine Ausnahme hierzu nicht begründen.

Siehe Erk. vom 4. Oktober 1856 (Just.-Min.-Bl. S. 383.)

Nr. 446. Erk. vom 2. Oktober 1858 (Min.-Bl. d. i. V. 1859 S. 86 und Just.-Min.-Bl. 1859 S. 77).

Wenn in einer Stadt die evangelischen Elementarschulen, soweit die Kosten dafür nicht durch das Schulgeld aufkommen, von der Stadtgemeinde durch Zuschüsse aus der Kämmerei-Kasse unterhalten werden und die Regierung es für angemessen erachtet, daß für die katholische Schule in gleicher Art von der Kommune gesorgt werde, so ist gegen eine solche Anordnung der ordentliche Rechtsweg nicht zuläsig.

Kläger in dieser Angelegenheit war der Magistrat, Verklagte die katholische Kirchen- und Schulgemeinde, welcher die Regierung das Recht zugesprochen hatte, jene Zuschüsse zu verlangen.

Der Kompetenzgerichtshof führte aus, die Verfügung der Regierung betreffe einen Gegenstand der Schulverwaltung, zugleich aber auch eine städtische Gemeinde-Angelegenheit und unterliege deshalb nach § 76 der Städte-Ordnung vom 30. Mai 1853 (jetzt § 19 des Zust.-Ges. v. 1. 8. 83) nicht einer Entscheidung des ordentlichen Richters.

Nr. 447. Erk. vom 2. Oktober 1858 (Min.-Bl. d. i. V. 1859 S. 133 und Just.-Min.-Bl. 1859 S. 132).

Wenn der Bürgermeister eines Ortes dem Eigentümer eines Hauses wegen der Baufälligkeit und Feuersgefahr desselben verbietet, einen Mieter in seine Behausung aufzunehmen und diese Aufnahme demungeachtet erfolgt, so ist der Bürgermeister als Polizei-Obrigkeit des Ortes berechtigt, den eingezogenen Mieter auf Kosten des Hauseigentümers zu exmittiren, und die dadurch entstehenden Kosten von dem letzteren exekutivisch einziehen zu lassen, ohne daß der ordentliche Rechtsweg dagegen zulässig ist.

Es handelte sich hier lediglich um eine polizeiliche Verfügung im Sinne der §§ 127 ff. des L.-V.-G. vom 30. Juli 1883.

Nr. 448. Erk. vom 2. Oktober 1858 (Just.-Min.-Bl. 1859 S. 53).

1. Die Bestimmungen des A. L.-R. II. 14. §§ 78, 79 betreffend die Prozeßfähigkeit von Streitigkeiten über die Entrichtung allgemeiner Staatsabgaben,

haben, (soweit sie jetzt überhaupt noch Anwendung finden, vergl. z. B. § 160 des Just.-Ges. vom 1. August 1883) auch in Neuvorpommern Geltung. Siehe Erk. vom 20. Oktober 1855 (Just.-Min.-Bl. S. 401).

2. Die in §§ 78, 79 enthaltenen Vorschriften finden auch auf indirekte Steuern und namentlich auf die Eingangsabgaben Anwendung. Siehe Erk. vom 8. April 1854 (Just.-Min.-Bl. S. 367).

3. Wird von dem Zahlungspflichtigen gegen die Einziehung der Steuern und Abgaben der Einwand der Verjährung erhoben, so ist der ordentliche Rechtsweg zulässig, wenn der Schuldner behauptet, daß er eine Steuer-Exemtion durch Verjährung erworben habe. Dagegen ist der Einwand, daß die Steuerforderung des Fiskus wegen Ablaufs der Verjährungsfrist erloschen sei, nicht geeignet, den ordentlichen Rechtsweg zu begründen. Siehe Erk. vom 25. Oktober 1856 (Just.-Min.-Bl. 1857 S. 117).

Nr. 449. Erk. vom 2. Oktober 1858 (Just.-Min.-Bl. 1859 S. 61).

Gegen die Anordnung der Polizeibehörde, durch welche die Benutzung eines streitigen Fußweges im öffentlichen Interesse freigegeben wird, ist der Possessorienprozeß unzulässig.

Siehe Erk. vom 4. Oktober 1856 (Just.-Min.-Bl. 1857 S. 36).

Nr. 450. Erk. vom 2. Oktober 1858 (Just.-Min.-Bl. 1859 S. 94).

Die Teilung eines von mehreren Gemeindemitgliedern gemeinschaftlich besessenen Waldes unterliegt den Vorschriften der Gemeinheitsteilungs-Ordnung (siehe §§ 112 und 16) vom 7. Juni 1821 (G.-S. S. 53). Die Ausführung einer solchen Teilung gehört daher, mit Ausschließung der ordentlichen Gerichte, zur Kompetenz der Auseinandersetzungsbehörden.

Nr. 451. Erk. vom 2. Oktober 1858 (Just.-Min.-Bl. S. 278—286).

Konfliktsachen, § 8 der Einleitung zu diesem Buche.

Nr. 452. Erk. vom 30. Oktober 1858 (Min.-Bl. d. i. V. S. 159 und Just.-Min.-Bl. 1859 S. 124).

Gegen die von den Verwaltungsbehörden im polizeilichen Interesse festgesetzte Richtung eines Kommunikationsweges ist der Rechtsweg nur unter den in §§ 2—6 des Ges. vom 11. Mai 1842 angeführten Voraussetzungen zulässig.

Es handelte sich um eine wegepolizeiliche Verfügung, durch welche angeordnet war, daß einer von zwei, die Verbindung zwischen zwei Ortschaften bildenden Wegen auf Veranlassung der Regierung von der Forstverwaltung kassiert und der andere als Ersatz für die angeblich frühere Landstraße (auf dem ersten Wege) bestimmt war.

Diese Angelegenheit würde jetzt nach § 56 des Just.-Ges. v. 1. 8. 83 zu erledigen sein und zwar auch mit Ausschluß des ordentlichen Rechtsweges (vergl. § 10 der Einleitung zu diesem Buche).

Nr. 453. Zwei Erk. vom 30. Oktober 1858 (Min.-Bl. d. i. V. 1859 S. 125 u. 127 und Just.-Min.-Bl. 1859 S. 116 u. 118).

Dieselben behandeln die Frage, inwiefern gegen Festsetzungen der Königlichen Regierung über die Abfindungssumme, welche ein im Großherzogtum Posen wohnender Jude bei Verlegung seines Wohnsitzes in eine andere Provinz an den Korporations-Verband seines Wohnortes zur Ablösung seines Anteils von den Korporations-Verpflichtungen zu zahlen habe, der ordentliche Rechtsweg zulässig ist.

Die auf diesen Gegenstand bezügliche Gesetzgebung hat sich inzwischen vollständig geändert; maßgebend sind jetzt allein außer dem Gesetze vom 28. Juli 1876 (G.=S. S. 353) die §§ 54 und 160 des Zust.=Ges. vom 1. 8. 83, nach welchen als Rechtsmittel gegen Heranziehung zu den Synagogen=Beiträgen nur der Weg der Steuer=Reklamation gegeben ist.

Nr. 454. Erk. vom 30. Oktober 1858 (Min.=Bl. d. i. V. 1859 S. 92 und Just.=Min.=Bl. 1859 S. 302).

Die Entscheidung darüber, ob die Kosten für die Verpflegung und Heilung eines wegen zwecklosen Umhertreibens arretirten und demnächst erkrankten fremden Vagabunden als polizeiliche Kosten der Ortspolizeibehörde oder als Armenpflegekosten dem Landarmenfonds zur Last fallen, steht der Provinzial=Regierung zu und gegen die Verfügung derselben ist der ordentliche Rechtsweg unzulässig.

Vergl. die Erläuterungen zu dem oben sub Nr. 197 mitgetheilten Erk. vom 8. April 1854.

Nr. 455. Erk. vom 30. Oktober 1858 (Just.=Min.=Bl. S. 85).

Die Kompetenz der General=Kommissionen erstreckt sich in den bei ihnen anhängigen Auseinandersetzungen auch auf die Entscheidung von Streitigkeiten über rückständige Abgaben und Lasten und auf die exekutivische Beitreibung derselben. Wird die Exekution vollstreckt, die Rechtmäßigkeit des Verfahrens aber von dem Schuldner angefochten, weil nicht er, sondern sein Vorbesitzer die Rückstände zu berichtigen habe, und deshalb ein Entschädigungsanspruch geltend gemacht, so haben die Generalkommissionen auch darüber zu entscheiden.

A. L.=R. II. 7 § 484 (?), V. vom 20. Juni 1817 § 3 (G.=S. S. 162), V. vom 30. Juni 1834 § 7 (G.=S. S. 99).

Nr. 456. Erk. vom 30. Oktober 1858 (Just.=Min.=Bl. 1859 S. 107).

Diese Entscheidung betrifft das aufgehobene städtische Einzugsgeld. Siehe die Erk. vom 25. Oktober 1856 (Just.=Min.=Bl. 1857 S. 117 und 173).

Nr. 457. Erk. vom 30. Oktober 1858 (Just.=Min.=Bl. 1859 S. 110).

Die Generalkommissionen sind nicht befugt, wegen Uebertretungen, welche in einem, dem Auseinandersetzungsverfahren unterliegenden Feld= oder Walddistrikt angeblich begangen sind, Strafen festzusetzen, vielmehr steht die Beurtheilung der Strafbarkeit verübter Forstkontraventionen lediglich den Gerichten zu. Ebenso haben die letzteren zu entscheiden, wenn von dem Angeschuldigten die Zivil=Einrede erhoben wird, daß sie zu der ihnen als Frevel zur Last gelegten Handlung berechtigt gewesen seien.

Nr. 458. Erk. vom 30. Oktober 1858 (Just.=Min.=Bl. 1859 S. 141).

Nach § 2 des Jagdpolizeigesetzes vom 7. März 1850 (G.=S. S. 165) ist der Besitzer zur eigenen Ausübung des Jagdrechtes auf seinem Grund und Boden befugt, wenn die Besitzung einen land= und forstwirtschaftlich benutzten Flächenraum von wenigstens 300 Morgen einnimmt und in ihrem Zusammenhange durch kein fremdes Grundstück unterbrochen wird. Entstehen zwischen dem Pächter einer Gemeindejagd und einem in der Gemeinde angesessenen Eigentümer Streitigkeiten darüber, ob in Ansehung seines Grundstückes diese Bedingungen vorhanden sind, so war darüber früher im ordentlichen Rechtswege zu entscheiden. Vergl. jetzt § 105 des Zust.=Ges. v. 1. 8. 83.

Nr. 459. Erk. vom 30. Oktober 1858 (Just.-Min.-Bl. 1859 S. 148).

Die Entscheidung darüber, ob ein streitiger Weg als ein Kommunikationsweg anzusehen sei oder nicht, gebührt den Verwaltungsbehörden, und der ordentliche Rechtsweg darüber ist nicht zulässig.

Siehe §§ 56 und 158 des Zust.-Ges. v. 1. 8. 83 und § 10 der Einleitung zu diesem Buche.

Nr. 460. Erk. vom 30. Oktober 1858 (Just.-Min.-Bl. 1859 S. 172).

1) Ansprüche der Staatsdiener wegen vermeintlich entzogener Diensteinkünfte waren früher vom ordentlichen Rechtswege ausgeschlossen. Der Einwand des betreffenden Beamten, daß seine Anstellung auf einem Vertragsverhältnisse mit der betreffenden Behörde beruhe, war nicht geeignet, den ordentlichen Rechtsweg zu begründen. Vergl. nunmehr das Gesetz vom 24. Mai 1861 (G.-S. S. 241).

2) Wird ein Beamter, welcher auf Probe, Kündigung oder sonst auf Widerruf angestellt ist, von der Behörde, welche seine Anstellung verfügt hat, ohne ein förmliches Disziplinarverfahren entlassen, so ist gegen eine solche Maßregel die Berufung auf richterliche Entscheidung ebenfalls unzulässig. § 83 des Gesetzes vom 21. Juli 1852 (G.-S. S. 483). Siehe zu diesem Gesetze den Kommentar von Seydel, Berlin 1883, S. 262.

Nr. 461. Erk. vom 30. Oktober 1858 (Just.-Min.-Bl. 1859 S. 211).

Gegen die von dem Magistrate einer Stadt getroffene polizeiliche Anordnung, durch welche das Befahren eines Platzes mit Fuhrwerk untersagt wird, ist der ordentliche Rechtsweg unzulässig. Wird durch die getroffene Anordnung dem Kläger jedoch zugleich eine ihm zustehende Fahrgerechtigkeit entzogen, so bleibt ihm freigestellt, seine Entschädigung dieserhalb im ordentlichen Rechtswege geltend zu machen.

Nr. 462. Erk. vom 30. November 1858 (Just.-Min.-Bl. 1859 S. 279).

Konfliktssache, § 8 der Einleitung zu diesem Buche.

Nr. 463. Erk. vom 13. Oktober 1858 (Min.-Bl. d. i. V. 1859, S. 176 und Just.-Min.-Bl. 1859 S. 216).

Beschwerden über die Untersagung des Gewerbebetriebes, insbesondere über die Beschränkung des Kleinhandels mit Getränken, sowie die darauf gegründeten Entschädigungsansprüche ohne Unterschied, ob die Schankgerechtigkeit auf einer ehemaligen Realberechtigung oder auf einer späteren Konzession beruht, sind von dem ordentlichen Rechtswege ausgeschlossen.

Heute bezeichnet man die auf einfacher polizeilicher Erlaubniß (Konzession) beruhenden Schankgewerbebetriebe überhaupt nicht mehr als „Schankgerechtigkeiten". Im Uebrigen unterliegen jetzt beide Arten des Gewerbebetriebes der Vorschrift, in § 114 des Zust.-Ges. v. 1. 8. 83, mit der einzigen Abweichung, daß bei den Real-Schankberechtigungen die Prüfung der Nützlichkeits- und Bedürfnißfrage ausgeschlossen ist und nur die Beschaffenheit des Lokales und die persönliche Qualifikation noch polizeilich in Betracht kommt. Neue derartige Real-Gewerbeberechtigungen können überhaupt nicht mehr begründet werden.

Vergl. Endurt. des O. V.-G. vom 28. November 1877 (Entsch. Band III, S. 249, Parey, Rechtsgrundsätze des O. V.-G., Stammwerk S. 359 Nr. 16).

Nr. 464. Erk. vom 13. November 1858 (Min.-Bl. d. i. V. 1859, S. 148 und Just.-Min.-Bl. 1859, S. 154).

Gegen die von einer Polizeibehörde ergangene, in der höheren Verwaltungs-instanz bestätigte Verfügung, durch welche einem Ortsarmen eine höhere Unterstützung angewiesen wird, als ihm von der Ortsgemeinde bewilligt worden, ist der ordentliche Rechtsweg unzulässig.

Derartige Angelegenheiten werden jetzt nach § 41 des Zust.-Ges. v. 1. 8. 83 erledigt.

Nr. 465. Erk. vom 13. November 1858 (Min.-Bl. d. i. V. 1859 S. 121 und Just.-Min.-Bl. 1859, S. 149).

Wenn die Regierung die einem städtischen Gemeindebeamten (in diesem Falle einem Kämmerei-Kassenrendanten) von dem Magistrat kontraktlich zugesicherte Besoldung für unzulänglich erachtet und deshalb im öffentlichen Interesse, zur Sicherung einer zweckmäßigen Verwaltung, die Anordnung erläßt, daß dem Gemeindebeamten ein höheres Gehalt angewiesen werde, so ist gegen eine solche Anordnung der ordentliche Rechtsweg auch dann nicht zulässig, wenn sich der Beamte beim Eintritt in den Dienst mit seinem damaligen Gehalte ausdrücklich einverstanden erklärt haben sollte.

Unter Ziffer X der Regierungs-Instruktion zur Städte-Ordnung vom 30. Mai 1853 (Min.-Bl. d. i. V. S. 138) ist gesagt, daß § 64 jener Städte-Ordnung der Regierung (jetzt dem Bezirksausschusse) zwar nur hinsichtlich der Bürgermeister und besoldeten Magistratsmitglieder ein Gehalts-Festsetzungs-Recht beilege, daß sich jedoch diese Befugniß nach § 78 der Städte-Ordnung (jetzt § 19 des Zust.-Ges. v. 1. 8. 83) auch auf die Prüfung der Gehälter anderer städtischer Beamten erstrecke. Es beruhe dies auf dem Aufsichtsrechte, mithin auf einer öffentlichen rechtlichen Grundlage, wogegen der ordentliche Rechtsweg nach § 36 der Verordnung vom 26. Dezember 1808 nicht gestattet sei. Hätte z. B. die Aufsichtsbehörde ein dem Verklagten kontraktmäßig beigelegtes Gehalt wider dessen Willen als unverhältnißmäßig hoch, herabsetzen wollen, so würde demselben die Verfolgung seiner kontraktlichen Ansprüche gegen die Gemeinde im ordentlichen Rechtswege nicht verschlossen werden können, wenn aber umgekehrt die Aufsichtsbehörde der Stadtgemeinde zur Sicherung einer zweckmäßigen Verwaltung die Gewährung einer höheren als der kontraktlichen Besoldung zur Pflicht macht, so ist dabei von der Verletzung irgend eines Privatrechtes nicht die Rede, sondern lediglich von der Erfüllung einer Pflicht, welche die Aufsichtsbehörde im öffentlichen Interesse der ihrem Aufsichtsrechte unterworfenen Gemeinde auferlegt, die aus dem Vertrage mit einem Dritten doch keinen privatrechtlichen Titel herleiten kann, jener Anordnung der Aufsichtsbehörde den Gehorsam zu versagen.

Nr. 466. Erk. vom 13. November 1858 (Min.-Bl. d. i. V. 1859 S. 197 und Just.-Min.-Bl. 1859 S. 188).

Ansprüche der Staatsbeamten auf Gewährung einer Gehaltszulage sind gleich anderen Streitigkeiten über Diensteinkünfte derselben von dem ordentlichen Rechtswege ausgeschlossen.

Dieser Grundsatz hat durch das Ges. vom 24. Mai 1861 (G.-S. S. 241) §§ 1—8 eine Aenderung erfahren; vergl. auch Ges. vom 16. September 1867 (G.-S. S. 1515), wegen der Reichsbeamten §§ 149 ff. des Ges. vom 31. März 1873 (R.-G.-Bl. S. 61), Ges. vom 25. Mai 1887 (R.-G.-Bl. S. 194).

Nr. 467. Erk. vom 13. November 1858 (Just.-Min.-Bl. 1859 S. 155).

Ansprüche, welche eine Privatperson, aus einem Staatsvertrage gegen einen der bei dessen Abschlusse beteiligten Staaten, als zur Ausführung oder Erfüllung des Staatsvertrages gehörig, erheben zu können glaubt, können im ordentlichen Rechtswege nicht geltend gemacht werden. Art. 49 der Wiener Kongreßakte vom 9. Juni 1815.

Nr. 468. Erk. vom 13. November 1858 (Just.-M.-Bl. 1859 S. 162).

Wenn der Vorsteher einer Schule die Leitung derselben einem anderen kontraktlich überträgt und der letztere demnächst in seinen vertragsmäßigen Rechten von dem Vorsteher der Schule gestört zu sein behauptet, so kann er im Wege der Possessorienklage Schutz gegen fernere Störungen der Art verlangen, und es ist darüber — jedoch mit Vorbehalt der von der vorgesetzten Aufsichtsbehörde der Schulanstalt etwa zu treffenden Anordnungen (!) — von den ordentlichen Gerichten zu entscheiden.

Nr. 469. Erk. vom 13. November 1858 (Min.-Bl. d. i. V. S. 219).

Die Entscheidung darüber, ob eine streitige Kirchenabgabe auf notorischer Orts-Observanz beruhe, gebührt den Verwaltungsbehörden. Wird die Verbindlichkeit zur Zahlung der Abgabe mit Rücksicht auf einen früher geschlossenen Vertrag bestritten, so ist der ordentliche Rechtsweg darüber nur alsdann zulässig, wenn der Zahlungspflichtige behauptet, daß ihm durch den Vertrag die Befreiung von der Kirchenabgabe zugestanden sei. Siehe Erk. vom 3. Januar 1857 (Just.-Min.-Bl. S. 302).

Nr. 470. Erk. vom 13. November 1858 (Just.-Min.-Bl. 1859 S. 231).

Diese Entscheidung betrifft das aufgehobene städtische Einzugs- oder Eintrittsgeld. Siehe Erkenntniß vom 30. Oktober 1858 (Just.-Min.-Bl. S. 107).

Nr. 471. Erk. vom 13. November 1858 (Just.-Min.-Bl. 1859 S. 307).

Streitigkeiten über Einziehung von Pfarr-Abgaben, welche auf notorischer Ortsverfassung beruhen, sind vom ordentlichen Rechtswege ausgeschlossen.

Der Einwand des Zahlungspflichtigen, daß er ein neuer Ansiedler in der Gemeinde sei und daß nach Inhalt seines Kaufkontraktes keine dingliche Lasten auf seinem Grundstücke haften, ist nicht geeignet, den ordentlichen Rechtsweg zu begründen. Siehe Erkenntniß vom 3. Januar 1857 (Just.-Min.-Bl. S. 302).

Nr. 472. Erk. vom 13. November 1858 (Just.-Min.-Bl. 1859 S. 287).

Konfliktsache, § 8 der Einleitung zu diesem Buche.

Nr. 473. Erk. vom 11. Dezember 1858 (Min.-Bl. d. i. V. 1862, S. 103 und Just.-Min.-Bl. 1864, S. 19).

Der § 79 T. II Tit. 15 A. L.-R. verpflichtet den Staat nur zur Instandhaltung der Wasserstraße, nicht des ganzen Strombettes, deshalb kann eine Entschädigungsklage wegen Unglücksfälle, die sich außerhalb des Fahrwassers zugetragen haben, gegen den betreffenden Beamten nicht zugelassen werden.

Ein Schiffer verunglückte in einem Kahne auf der Warthe und zwar beim Durchfahren durch die am rechten Ufer gelegene dritte Oeffnung einer früheren Brücke, welche beim letzten Eisgange abgetragen wurde, deren Joche aber stehen geblieben waren. Weil seitens der Beamten der Strombauverwaltung an diesen Jochen angeblich nicht die erforderlichen Warnungszeichen angebracht seien, sollten dieselben für den Unglückfall verantwortlich gemacht werden. Auf den erhobenen Konflikt (oben Einleitung § 8), welcher damit begründet wurde, daß den Verklagten überhaupt „keine Unterlassung der ihnen obliegenden Amtspflichten zur Last falle", indem nur die eigentliche Wasserstraße durch die

Beamten von Hindernissen frei gehalten werden dürfe und daselbst, sofern dies nicht möglich, die erforderlichen Warnungszeichen anzubringen seien, der verunglückte Kahn sich aber außerhalb der Wasserstraße befunden habe, hat der damals noch zuständige Kompetenzgerichtshof diesen „Konflikt“ für begründet erachtet (§ 3 des Ges. vom 13. Februar 1854 — G.=S. S. 86 —), heute würde über diesen Fall das Ober=Verwaltungsgericht zu befinden haben, welches sich über den § 79 lit. 15 Teil II A. L.=R.'s in dem Endurteil vom 15. April 1884 (Ensch.=Bd. XI S. 234, Parey, Rechtsgrundsätze des O.=V.=G., Stammwerk S. 287 Nr. 32) ausführlich ausgesprochen hat.

Nr. 474. Erk. vom 11. September 1858 (Min.=Bl. d. i. V. 1859 S. 296 und Just.=Min.=Bl. 1859 S. 367).

Nutzungsrechte der Gemeindemitglieder, welche denselben aus keinem anderen Rechtstitel, als aus dem ihrer Eigenschaft als Mitglieder oder Einwohner einer bestimmten Gemeinde zustehen, gehören zum Gemeindevermögen, und die Verfügung darüber steht in der Provinz Westf. der Gemeindeversammlung zu. Die von der Gemeindeversammlung in dieser Beziehung gefaßten und durch die vorgesetzte Kommunal=Aufsichtsbehörde genehmigten Beschlüsse können von den einzelnen Mitgliedern der Gemeinde im ordentlichen Rechtswege nicht angefochten werden.

Die Besitzer von Sohlstätten in einer westf. Landgemeinde hatten sich das Recht erworben, aus dem früheren gräflichen Walde ihren ganzen Brennholzbedarf gegen eine geringe, an den Förster zu entrichtende Anweisungsgebühr zu entnehmen. Später hat die Gemeinde das Eigentum an diesem Wald erworben und das frühere sogenannte Anweisegeld erhöht. Hiergegen klagte ein Sohlstättenbesitzer mit dem Antrage, sein Holz gegen Erlegung des früheren, geringeren Anweisegeldes entnehmen zu dürfen. Auf den hiergegen erhobenen Komp.=Konfl. wurde dieser für begründet erachtet. Deklaration vom 26. Juli 1847 (G.=S. S. 327, siehe Oertel, Städteordnung, Liegnitz 1883 S. 127), § 51 der westf. Landgemeinde=Ordnung vom 19. März 1856 (G.=S. S. 265), desgl. § 52 a. a. O. (vergl. jetzt § 34 Nr. 1 des Zust.=Ges. v. 1. 8. 83) und § 56 a. a. O. (jetzt aufgehoben durch Ges. vom 24. Juni 1861 — G.=S. S. 446 — und abermals abgeändert durch Ges. vom 2. März 1867 — G.=S. S. 361 —. Als ein privatrechtlicher Titel konnte hiernach der Anspruch des Klägers nicht angesehen werden, es würde also heute die Entscheidung lediglich nach Maßgabe des § 34 Nr. 1 des Zust.=Ges. v. 1. 8. 83 zu treffen sein. —

Nr. 475. Erk. vom 11. Dezember 1858 (Min.=Bl. d. i. V. S. 250 und Just.=Min.=Bl. 1859 S. 332).

Streitigkeiten darüber, welcher von mehreren Armenverbänden die Verpflegung eines Armen zu übernehmen zu habe, sind von den ordentlichen Gerichten zu entscheiden, dagegen ist der ordentliche Rechtsweg über den Betrag der Verpflegungskosten unzulässig, denn die Höhe derselben ist im Verwaltungswege festzusetzen.

Für die Entscheidung dieser Fragen sind jetzt die § 39—44 (160) des Zust.=Ges. v. 1. 8. 83 maßgebend.

Nr. 476. Erk. vom 11. Dezember 1858 (Min.=Bl. d. i. V. 1859 S. 116 und Just.=Min.=Bl. 1859 S. 174).

Betreffend die Frage, ob bei Streitigkeiten über Leistungen der Gutsherrschaften zu Schulbauten der ordentliche Rechtsweg zugelassen werden könne, hat der Kompetenzgerichtshof in dieser Entscheidung eine bejahende Antwort erteilt. Handle es sich um Bildung neuer Schulsozietäten, so gebühre der Verwaltungsbehörde die Entscheidung, nicht aber wenn von der Bestreitung der Baukosten in einer bestehenden Schulsozietät die Rede sei.

Diese Bedenken sind heute durch die §§ 47, 49 und 160 des Zust.=Ges. v. 1. 8. 83 erledigt. Zahlreiche Beispiele findet man in den Parey'schen Rechtsgrundsätzen des O.=V.=G., Stammwerk S. 207 ff., I. Ergänzungsband S. 77 ff., II. Ergänzungsband S. 49 ff.

Nr. 477. Erk. vom 11. Dezember 1858 (Just.=Min.=Bl. 1859 S. 292).

Wenn die Deichbehörde zum Schutze des Deiches die Anpflanzung von Weidenbäumen auf einem benachbarten Grundstücke für notwendig erachtet, so ist gegen die Ausführung einer solchen Maßregel der ordentliche Rechtsweg und insbesondere die Anstellung einer Possessorienklage unzulässig. Dagegen bleibt dem Eigentümer des Grundstückes unbenommen, seine Entschädigungsansprüche im ordentlichen Rechtswege geltend zu machen. Gesetz vom 28. Januar 1848, §§ 9, 18, 20, 25 (G.=S. S. 54). Siehe Erkenntniß vom 13. Februar 1858 (Just.=Min.=Bl. S. 317).

Nr. 478. Erk. vom 11. Dezember 1858 (Just.=Min.=Bl. 1859, S. 165).

Pfarr= und Schulabgaben, welche auf notorischer Ortsverfassung beruhen, sind im Verwaltungswege einzuziehen. Der Einwand, daß die streitige Abgabe durch Verabredung der Zahlungspflichtigen ganz oder teilweise auf ein anderes Grundstück oder auf eine abgezweigte Parzelle übertragen sei, ist nicht geeignet, den ordentlichen Rechtsweg zu begründen, sobald diese Uebertragung nicht mit Zustimmung des Empfangsberechtigten erfolgt ist.

Wegen der Schulabgabe vergl. §§ 46 und 160 des Zust.=Ges. v. 1. 8. 83, im Uebrigen Erkenntniß vom 3. Januar 1857 (Just.=Min.=Bl. S. 302).

Nr. 479. Erk. vom 11. Dezember 1858 (Just.=Min.=Bl. 1859 S. 190).

Die Auseinandersetzungsbehörden im ehemaligen Großherzogtum Berg haben in den bei ihnen anhängigen Ablösungen auch über solche Streitigkeiten zu entscheiden, welche unter den Interessenten über die den Gegenstand der Ablösung bildenden Servitutberechtigungen, insbesondere über deren Existenz und Umfang, bestehen.

Nr. 480. Erk. vom 12. Februar 1859 (Min.=Bl. d. i. V. S. 241 und Just.=Min.=Bl. S. 340).

Wenn ein Schullehrer Entschädigung dafür verlangt, daß ihm die in Naturalien zu berichtigenden Schulabgaben nicht zur rechten Zeit entrichtet worden seien, so ist darüber im ordentlichen Rechtswege zu entscheiden.

Es handelte sich nicht etwa um einen Streit über die Verpflichtung des vom Lehrer verklagten Schulgemeindemitgliedes zur Entrichtung der Schulabgabe an sich, sondern Kläger behauptete nur, daß der Verklagte, weil er ihm die Naturalien nicht, wie er schuldig gewesen, pränumerando entrichtet habe, also sich in mora solvendi et dandi befinde, nach Verlauf so langer Zeit nicht mehr dieselben in natura abführen dürfe, sondern den höheren Marktpreis, den sie in den einzelnen Fälligkeitsterminen gehabt hätten, ihm zahlen müsse, es lag also hier ein privatrechtlicher prozeßfähiger Entschädigungsanspruch vor.

Hätte die Schulaufsichtsbehörde die Zahlungsmodalitäten bei Festsetzung der Abgabe zugleich bestimmt, insbesondere, daß nur postnumerando zu zahlen sei, so wäre der ordentliche Rechtsweg ausgeschlossen gewesen; dies war aber nicht geschehen, vielmehr hatte sie, als der Streit bereits ausgebrochen war, nur bestimmt, daß vom nächsten Fälligkeitstermine ab pränumerando gezahlt werden solle. Dagegen war vorher über den Zeitpunkt der Entrichtung der Abgaben überhaupt nichts festgesetzt. Rückwirkende Kraft konnte die spätere Festsetzung der Regierung nicht haben.

Der vorliegende Streit eignete sich ebensowenig zur Entscheidung der Regierung, als dies der Fall wäre, wenn etwa Kläger behauptete, Verklagter habe ihm verdorbenes Getreide geliefert, oder wenn er angäbe, er habe, weil Verklagter nicht zur rechten Zeit geliefert, das nötige Brotkorn zu den damaligen höheren Preisen ankaufen müssen. Der Grundsatz: daß über die Verpflichtung zu solchen Abgaben der ordentliche Rechtsweg nicht zulässig sei, wird in allen Fällen einer Entschädigungsforderung wegen unterbliebener oder nicht gehörig geleisteter Erfüllung seiner Verpflichtungen gar nicht berührt.

Nr. 481. Erk. vom 12. Februar 1859 (Min.-Bl. d. i. V. S. 205 und Just-Min.Bl. S. 309).

In einer rheinischen Stadt bestand ein Gymnasium, dessen Unterhaltung unbestritten der Stadtgemeinde oblag. Deshalb fand auch auf diese Anstalt der § 4 der V., betreffend die Pensionirung der Lehrer und Beamten vom 28. Mai 1846 (G.-S S. 214) Anwendung, d. h. die Stadt war unzweifelhaft verpflichtet, die Pensionen ihrer Gymnasiallehrer aufzubringen (vergl. auch die Allerh. Kabinetts-Ordre vom 13. März 1848 — G.-S. S. 113 —). Unter Bezugnahme auf die Vokationsurkunde eines (nachher disziplinarisch beseitigten und mit einem Theile der ihm event. zustehenden Pension entlassenen) Oberlehrers, in welcher es hieß:

> „Bei treuer und gewissenhafter Erfüllung werden dem N. N. zugesichert .... c. für den Fall späterer Quieszirung der Genuß der aus der Stadtkasse zu beziehenden Pension u. s. w."

weigerte sich der Magistrat, die Pension auszuzahlen und klagte, nachdem er zur Zahlung gezwungen war, gegen den Oberlehrer auf Rückgewähr. Der hiergegen erhobene Komp.-Konfl. erschien begründet. Denn jedenfalls durfte die Disziplinarentscheidung, nach welcher dem Lehrer eine Unterstützung als Pension auf Lebenszeit zuerkannt war, im ordentlichen Rechtswege nicht angegriffen werden, dasselbe gilt aber auch von der Festsetzung der Unterstützung als Pension. Näheres siehe in Seydel's Komentar zu dem Disziplinargesetze vom 21. Juli 1852, Berlin 1883, S. 87.

Nr. 482. Erk. vom 12. Februar 1859 (Min.-Bl. d. i. V. S. 193 u. Just.-Min.-Bl. S. 294).

Das in dem Gesetze vom 8. April 1847 vorgeschriebene Verfahren bei Kompetenz-Konflikten findet keine Anwendung zwischen den Gerichten und Verwaltungsbehörden auf die unter den Mitgliedern eines Kredit-Vereines oder einer andern Privat-Gesellschaft entstandenen Streitigkeiten, vielmehr ist in solchen Fällen über die Zulässigkeit oder Unzulässigkeit des Rechtsweges von den ordentlichen Gerichten zu entscheiden.

Den General-Landschafts-Direktionen steht die Erhebung eines Konfliktes nach § 3 des obigen Gesetzes (jetzt § 5 des Ges. vom 1. August 1879) nicht zu (Erk. des Gerichtshofes zur Entscheidung der Komp.-Konfl. vom 23. Juni 1858). Es handelte sich um die angebliche Verletzung des § 49 des Rentenbankgesetzes vom 2. März 1850.

Nicht jede irgendwo angeordnete Ausschließung des ordentlichen Rechtsweges kann auch in dem Wege des zu erhebenden Komp.-Konfl. zur Geltung gebracht werden, vielmehr ist der Weg dieser Geltendmachung von der Natur derjenigen Bestimmung abhängig, durch welche die Ausschließung des ordentlichen

Rechtsweges ausgeschlossen worden ist. Das Verhältnis, in welchem die Besitzer der zu einem landschaftlichen System verbundenen bepfandleihten Güter sowohl unter einander, als auch zu der korporativen Gesamtheit stehen, welche sich regelmäßig bilden und in Schlesien mit dem Namen „Landschaft“, in anderer Provinzen mit dem Namen „Ritterschaft“ bezeichnet wird, ist in allen seinen Beziehungen ein rein privatrechtliches, ein Schuld- und Sozietätsverhältnis dieser Charakter derselben wird auch nicht etwa dadurch beseitigt, daß von jeher der Staat für diese Korporationen ein besonderes Interesse an den Tag gelegt, daß namentlich er selbst ihre Gründung, wo sie bestehen, angeregt und durch die Schenkung bedeutender Betriebsfonds möglich gemacht, daß er ihnen erhebliche Privilegien (Sonderrechte) und zugleich Verfassungen verliehen hat, die in ihren organischen Einrichtungen und besonders in den darin angeordneten leitenden Behörden den Verfassungen und Behörden ähnlicher Staatsinstitute sehr gleichen, sowie daß er endlich über die Verwaltung dieser Kredit-Vereine fortwährend durch Königliche Kommissionen eine besondere Aufsicht führen läßt. Alle diese hervorragende Einrichtungen haben ihren Grund lediglich in der besonderen Wichtigkeit und Vielseitigkeit des durch diese Institute verfolgten Zweckes, welcher im Eingange des schlesischen Landschafts-Reglements vom 9./15. Juli 1770 mit den Worten angegeben ist:

> „Der Verlegenheit des schlesischen Adels in Ansehung des zu seiner Notdurft erforderlichen Geldverkehrs — abzuhelfen, auch sowohl den gemeinen Landeskredit, als den Kredit eines jeden Partikuliers auf eine solide Art zu retabliren und auf künftige Zeit zu befestigen.“

Diese auch für den allgemeinen Verkehr und daher mittelbar zugleich für alle übrigen Klassen der bürgerlichen Gesellschaft heilsamen Zwecke, sowie jene auf deren Förderung berechneten Einrichtungen, verändern die rechtliche Natur des Verhältnisses nicht, welches zwischen einem solchen Kredit-Vereine und seinen einzelnen Mitgliedern besteht; dasselbe ist und bleibt dessenungeachtet ein rein privatrechtliches, dessen Beurteilung mithin, wenn Streit darüber entsteht, der Regel nach der Kompetenz der ordentlichen Gerichte anheimfällt, sofern nicht etwa die besondere Verfassung des Vereins dieserhalb ausnahmsweise andere Bestimmungen getroffen hat, welche alsdann die dem Vereine beigetretenen Mitglieder vertragsmäßig gegen sich gelten lassen müssen.

Eine solche Ausnahmebestimmung ist in Schlesien die durch den landesherrlich genehmigten General-Landtagsbeschluß vom Jahre 1846 getroffen, daß die Mitglieder Beschwerden, welche sie über Verfügungen der Landschaft zu führen haben, nicht, wie jeder andere Privatschuldner, bei den Gerichten, sondern nur bei den landschaftlichen Behörden in dem regelmäßigen Instanzenzuge verfolgen dürfen. Aber auch diese Vorschrift alterirt die privatrechtliche Natur des Rechtsverhältnisses zwischen der Landschaft und ihren Mitgliedern nicht; sie ist ein unter ihnen durch Vertrag geschlossenes Kompromiß, und ebenso, wie die ordentlichen Gerichte dergleichen zwischen anderen streitenden Parteien bestehende kompromissarische Verträge, sobald darauf Berufung geschieht, anzuerkennen und durch ihre Entscheidung zur Geltung zu bringen haben, müssen sie dies natürlich auch dann thun, wenn von ihnen ein Schuldner der schlesischen Landschaft mit einer Klage gegen dieselbe auftritt. Dies ist aber auch der einzige gesetzliche und überdies vollkommen ausreichende Weg, in welchem ein solches Kompromiß von den dabei beteiligten Privatparteien rechtlich zur Begründung eines derartigen Einwandes der Inkompetenz der Gerichte geltend gemacht werden kann; nicht aber steht hierzu auch der Weg des Kompetenzkonfliktes offen. Die betreffenden Gesetze haben es nur mit solchen Kompetenzkonflikten zwischen den Gerichten und den Verwaltungsbehörden zu thun, deren Begründung aus dem über die Ressort- und Kompetenz-Verhältnisse der öffentlichen Behörden vom Staate gegebenen positiven Gesetze hergeleitet wird. Nur über Kompetenzstreitigkeiten, die in dieser Sphäre des öffentlichen Rechtes ihren Ursprung nehmen, hat der Kompetenzgerichtshof zu entscheiden, nicht aber über die aus Privat-Kompromissen und Verträgen hergeleiteten, auf welche die Kompetenz-Konflikts-Gesetze und das darin angeordnete Verfahren gar nicht passen, die vielmehr lediglich den ordentlichen Gerichten in dem gewöhnlichen Prozeßverfahren und den darin zulässigen Instanzen anheimfallen. Die Annahme des Gegenteils würde den Kompetenzgerichtshof weit über den ihm angewiesenen Wirkungskreis hinausführen; sie würde ihn zum Richter über Privatverträge machen, namentlich z. B. über die zahlreichen Kompromisse ähnlicher Art, welche in den Statuten fast aller Eisenbahn- und anderer Aktiengesellschaften sich vorfinden und die Mitglieder dieser Gesellschaften vertragsmäßig verpflichten, über ihre Streitigkeiten mit den letzteren nicht die ordentlichen Gerichte anzurufen, sondern sich unbedingt der Entscheidung von Schiedsrichtern zu unterwerfen. Es ist Sache der ordentlichen Gerichte, nicht des Kompetenzgerichtshofes, diejenige Privatpartei, welche einen solchen von ihr eingegangenen kompromissarischen Vertrag zu erfüllen verweigert, auf die Klage des Gegners zu dieser Erfüllung anzuhalten.

Nr. 483. Erk. vom 12. Februar 1859 (Just.-Min.-Bl. S. 361).

Streitigkeiten über die Erhebung der in den ehemals Kursächsischen Landesteilen zu entrichtenden Geschoßabgaben und Landbethe sind, soweit diese zu den Grundsteuern gehören, vom ordentlichen Rechtswege ausgeschlossen. Dieser Grundsatz ist teils durch das Ablösungsgesetz vom 2. März 1850 (G.-S. S. 80), teils durch die Grundsteuergesetzgebung gegenstandslos geworden. Vergl. Erk. vom 16. Dezember 1854 (Just.-Min.-Bl. 1855 S. 58).

Nr. 484. Erk. vom 12. Februar 1859 (Just.-Min.-Bl. S. 432).

Die Entscheidung betrifft Angelegenheiten der ehemaligen Mahlsteuer. Vergl. Erk. vom 14. April 1855 (Just.-Min.-Bl. S. 201).

Nr. 485. Erk. vom 12. März 1859 (Min.-Bl. d. i. V. 1860 S. 30 und Just.-Min.-Bl. 1859, S. 448).

In der Provinz Westf. hängt die Bestimmung darüber, in welcher Weise und unter welchen Bedingungen die Benutzung des Gemeindeglieder-Vermögens stattzufinden habe, von dem Beschlusse der Gemeinde-Versammlung ab, und gegen die von derselben getroffenen und von der vorgesetzten Aufsichtsbehörde (Regierung) genehmigten Anordnungen ist der ordentliche Rechtsweg unzulässig.

Kläger gehörte nicht zu den „Sohlstätten-Besitzern“, sondern zu den „Beiliegern“, als solche sollte er für die Hudebenutzung ein bestimmtes Weidegeld bezahlen, wozu er sich nicht für verpflichtet hielt (vergl. oben das Erk. sub Nr. 311). Der ordentliche Rechtsweg erschien unzulässig aus der westf. Landgemeinde-Ordnung vom 19. März 1856 §§ 51, 53 Nr. 4 (cf. § 30 Nr. 1 und § 31 Abs. 1 des Zust.-Ges. v. 1. 8. 83). Vergl. auch die Entscheidungen ob. sub 474 und § 34 Nr. 1 des Zust.-Ges. v. 1. 8. 83.

Nr. 486. Erk. vom 12. März 1859 (Min.-Bl. d. i. V. 1860, S. 94 und Just. Min.-Bl. 1860, S. 138).

Streitigkeiten über die Entrichtung von Kommunalabgaben, insbesondere von der in einigen Städten eingeführten „Hausstands-Ergänzungssteuer“ sind zur Entscheidung im ordentlichen Rechtswege nur alsdann geeignet, wenn auf

Grund eines Vertrages, eines Privilegiums oder der Verjährung die Befreiung von dieser Steuer behauptet wird, anderseits kann der Einwand der Zahlungspflichtigen dagegen, daß dieselbe in der Kommunalverfassung und den darüber ergangenen Gesetzen nicht begründet, daß die Abgabe von der städtischen Behörde mit Unrecht eingeführt und diese daher zur Erstattung des erhobenen Betrages verpflichtet sei, nicht im ordentlichen Rechtswege, sondern nur im Wege der Beschwerde bei der vorgesetzten Verwaltungsbehörde (Aufsichtsbehörde) geltend gemacht werden.

Abs. 1, 2 und 5 des § 52 der Städte-Ordnung vom 30. Mai 1853 sind aufgehoben und ersetzt durch das Gesetz vom 14. Mai 1860 (G.-S. S. 237). Damit ist die Hausstands-Ergänzungssteuer fortgefallen. Für andere Kommunalabgaben sind die obigen Grundsätze noch maßgebend, vergl. jedoch §§ 18 Nr. 2 und 160 des Zust.-Ges. v. 1. 8. 83.

Nr. 487. Erk. vom 12. März 1859 (Just.-Min.-Bl. S. 343).

Die Entscheidung betrifft einen Fall, welcher heute nach der neueren Rechtsanwalts-Gebührentaxe zu erledigen wäre.

Nr. 488. Erk vom 12. März 1859 (Just.-Min.-Bl. S. 387).

Die von der Deichverwaltung zum Schutze der Dämme getroffenen Maßregeln in Betreff der Weidenpflanzungen sind als polizeiliche Anordnungen zu betrachten, es ist daher der Rechtsweg gegen dieselben nur auf Grund eines speziellen Rechtstitels zulässig. Vergl. die Erkenntnisse vom 13. Februar und 11. Dezember 1858 (Just.-Min.-Bl. 1858 S. 317 und 1859 S. 292).

Nr. 489. Erk. vom 12. März 1859 (Just.-Min.-Bl. S. 113)

Gegen Strafverfügungen der Verwaltungsbehörden, durch welche Jemandem aufgegeben wird, einen von ihm widerrechtlich in Besitz genommenen öffentlichen Weg wieder herzustellen, ist der ordentliche Rechtsweg nicht zulässig, dagegen wurde angenommen, daß die Frage über das Eigentum des betreffenden Grund und Bodens der Entscheidung des ordentlichen Richters unterworfen sei. Vergl. jetzt §§ 132 ff. des L.-V.-G. vom 30. Juli 1883 und Abs. 4 im § 56 des Zust.-Ges. v. 1. 8. 83.

Nr. 490. Erk. vom 7. Mai 1859 (Min.-Bl. d. i. V. S. 208 und Just.-Min.-Bl. S. 442).

Die Entscheidung betrifft das Züchtigungsrecht der Lehrer. Siehe § 8 der Einleitung zu diesem Buche, betreffend die Konfliktssachen.

Nr. 491. Erk. vom 7. Mai 1859 (Min.-Bl. d. i. V. 1860, S. 6 und Just.-Min.-Bl. 1860, S. 30).

Ueber die Gesetzmäßigkeit oder Zweckmäßigkeit eines von der Landespolizeibehörde angeordneten Brückenbaues ist der ordentliche Rechtsweg nicht gestattet, dagegen ist ein Streit unter den Privatparteien über die Verpflichtung zu einem solchen Bau und über den Umfang desselben (aus Gründen des öffentlichen Rechtes) der Entscheidung des ordentlichen Richters unterworfen.

In letzterer Beziehung ist auf den § 5 des Gesetzes vom 11. Mai 1842 verwiesen, an Stelle dessen der Absatz 5 in § 56 des Zust.-Ges. vom 1. 8. 83 getreten ist. In dem gegebenen Falle war Kläger laut Kabinets-Ordre zur Erhaltung einer Brücke verpflichtet als Gegenleistung für das Recht zur Erhebung eines Brückengeldes. Als letzteres in Folge des Chausseebaues fortfiel, hielt Kläger die wegebaupflichtige Gemeinde für die auch zur Herstellung der Brücke verpflichtete.

Nr. 492. Erk. vom 7. Mai 1859 (Min.=Bl. d. i. V. 1860 S. 33 und Just.=Min.=Bl. 1860 S. 96).

In der Provinz Westf. gehören Verfügungen der Gemeindeversammlung über die Benutzung des Gemeinde=Vermögens zu den inneren Kommunalangelegenheiten, daher ist gegen dergleichen von der Regierung genehmigte Beschlüsse nur der Rekurs an die vorgesetzte administrative Instanz, nicht aber der ordentliche Rechtsweg zulässig. Die Bestätigung solcher Gemeindebeschlüsse erfolgt jetzt von dem Kreisausschuß (§ 31 Abs. 1 des Just.=Ges. v. 1. 8. 83); im übrigen sind jetzt die §§ 34 Nr. 1 und 160 a. a. O. maßgebend, §§ 51 und 54 Nr. 4 der westf. Landgemeinde=Ordnung vom 19. März 1856 und die Deklaration vom 26. Juli 1847 (G.=S. S. 327).

Nr. 493. Erk. vom 7. Mai 1859 (Min.=Bl. d. i. V. 1860 S. 88 und Just.=Min.=Bl. 1860 S. 156).

Gegen die Einforderung des Schulgeldes für den Unterricht an öffentlichen Schulen ist der ordentliche Rechtsweg ebenso, wie gegen die Einziehung öffentlicher Staatsabgaben, nur dann zulässig, wenn die Befreiung davon auf Grund eines Vertrages, eines Privilegiums oder der Verjährung behauptet wird; als ein solches „Privilegium" ist es aber nicht zu betrachten, wenn durch ein von der Kommunalbehörde erlassenes Regulativ die Zahlung des Schulgeldes für gewisse Klassen der Schule allgemein aufgehoben ist.

Wegen des Schulgeldes vergl. jetzt § 4 des Ges. vom 14. Juni 1888 (G.=S. S. 240), außerdem § 46 Abs. 5 des Just.=Ges. v. 1. 8. 83.

Um ein „Privilegium" im Sinne des § 4 Tit. 14 Teil II A. L.=R.'s handelt es sich nicht, wenn bei der Einführung einer neuen Steuer neue allgemeine Normen aufgestellt werden, sondern nur wenn gewisse *Personen* von der Abgaben ihrer Bevölkerungs=Klasse ausnahmsweise eximiert werden.

Nr. 494. Erk. vom 7. Mai 1859 (Just.=Min.=Bl. S. 382).

Gegen die durch polizeiliche Verfügung angeordnete Wegschaffung eines Kellerhalses war der ordentliche Rechtsweg nur dann zulässig, wenn der Eigentümer entweder eine gesetzliche Bestimmung oder einen speziellen Rechtstitel für sich anführen konnte. (Vergl. jetzt §§ 127 ff. des L.=V.=Ges. v. 30. 7. 83.) Dagegen ist der Antrag auf Entschädigung für die Beseitigung des Kellerhalses der Entscheidung des ordentlichen Richters unterworfen.

Nr. 495. Erk. vom 7. Mai 1859 (Just.=Min.=Bl. 1860 S. 60).

Die jetzt gegenstandslos gewordene Entscheidung betrifft Forderungen für Kriegslieferungen aus den Jahren 1806—1807.

Nr. 496. Erk. vom 7. Mai 1859 (Just.=Min.=Bl. 1860 S. 106).

Wenn bei Einführung steuerpflichtiger Waaren der dafür zu entrichtende Zoll durch ein Versehen des betreffenden Steuerbeamten zu niedrig angegeben und durch die spätere Einforderung der höheren Steuer dem Eigentümer der Waaren ein Schaden entstanden ist, so wurde derselbe für berechtigt erachtet, seine Entschädigungsforderung gegen den betreffenden Steuerbeamten im ordentlichen Rechtswege geltend zu machen.

Nr. 497. Erk. vom 7. Mai 1859 (Just.=Min.=Bl. 1860 S. 114).

Gegen den Beschluß eines Gemeinderathes in der Rheinprovinz, durch welchen die Herstellung eines Flurweges mittels Naturaldienste der Grundbesitzer angeordnet und die Wegearbeit nach Maßgabe der von ihnen zu entrichtenden Grundsteuer verteilt wird, ist der ordentliche Rechtsweg nicht zulässig. Der Einwand, daß der beschlossene Flurweg nicht zum allgemeinen Besten der Kommune, sondern nur zum Vorteil einzelner Grundbesitzer diene und daß die Verteilung der Wegearbeit willkürlich ohne Anhörung der Beteiligten erfolgt sei, ist nicht geeignet, um den ordentlichen Rechtsweg zu begründen.

Rheinische Landgemeinde-Ordnung vom 23. Juli 1845 und 15. Mai 1856 § 61, 86—88 (zu § 88 die §§ 35 und 37 des Zust.-Ges. vom 1. August 1883) und 114, 6,

Nr. 498. Erk. vom 7. Mai 1859 (Just.-Min.-Bl. 1860 S. 175).

Die Festsetzung der in gutsherrlich-bäuerlichen Auseinandersetzungen, Ablösungen und Gemeinheitsteilungen vorkommenden Gebühren der Sachverständigen und die Bestimmung über die Verbindlichkeit zur Zahlung derselben steht den Auseinandersetzungsbehörden zu, ohne daß der ordentliche Rechtsweg dagegen zulässig wäre.

Nr. 499. Erk. vom 1. Oktober 1859 (Min.-Bl. d. i. V. 1860, S. 139 und Just.-Min.-Bl. 1860, S. 250).

Die Bestimmung darüber, in welcher Weise und unter welchen Bedingungen die Benutzung des Gemeinde-Glieder-Vermögens stattzufinden habe, ist in der Provinz Westf. von dem Beschlusse der Gemeinde-Versammlung abhängig, und der ordentliche Rechtsweg gegen dergleichen Anordnungen ist unzulässig. Vergl. die Erläuterungen zu dem Erkenntnisse sub Nr. 485 und 492.

Nr. 500. Erk. vom 1. Oktober 1859 (Min.-Bl. d. i. V. 1860, S. 221 und Just.-Min.-Bl. 1860, S. 314).

Die Bestimmung über die Benutzung des städtischen Kämmerei- und Bürger-Vermögens ist von dem Beschlusse der Stadtverordneten abhängig, und der ordentliche Rechtsweg ist gegen die von diesen getroffenen und von der vorgesetzten Aufsichtsbehörden genehmigten Anordnungen unzulässig.

Es handelte sich um Nutzungen aus einer bestehenden Stadtforst; es kommen mithin jetzt der § 16 Abs. 2 des Zust.-Ges. vom 1. 8. 83 und das Ges. vom 14. August 1876 (G.-S. S. 373) zur Anwendung. Wegen der übrigen Provinzen vergl. die Anmerkung zu § 16 in Studt und Braunbehrns, Verwaltungsgesetze, Berlin 1889, Band I, S. 213.

Vergl. auch §§ 49 u. 50, Nr. 4 der Städte-Ordnung vom 30. Mai 1853; an die Stelle der die Beschlüsse bestätigenden Regierung tritt der Bezirksausschuß, in Berlin der Oberpräsident (§§ 7 und 16, Abs. 3 des Zust.-Ges. vom 1. 8. 83, §§ 42 und 43 des L.-V.-G. vom 30. Juli 1883). Die Angelegenheit wird jetzt als Beschlußsache im Sinne des § 121 des L.-V.-G. behandelt.

Nr. 501. Erk. vom 1. Oktober 1859 (Just.-Min.-Bl. 1860, S. 258).

Wenn die Höhe des Wasserstandes einer Mühle durch polizeiliche Anordnung bestimmt ist, so können die beteiligten Mühlenbesitzer, welche sich dadurch in ihren Rechten verletzt glauben, zwar die Anerkennung des Rechtes zu einem anderen Wasserstande, nicht aber die Gewährung dieses Rechtes, mit Beseitigung der polizeilichen Verfügung, im ordentlichen Rechtswege erlangen. Vergl. §§ 67 ff. des Zust.-Ges. vom 1. 8. 83 und Erk. vom 8. März 1856 (Just.-Min.-Bl. S. 119).

Nr. 502. Erk. vom 1. Oktober 1859 (Just.-M.-Bl. 1861 S. 168).

Ueber die Frage: ob die Charité-Direktion zu Berlin nach der Allerh. Ordre vom 6. Juni 1835 verpflichtet ist, die ihr von der Armen-Direktion überwiesenen Cholerakranken der Stadt Berlin gegen Vergütigung der gewöhnlichen Kur- und Verpflegungskosten in die Charité aufzunehmen, ist im ordentlichen Rechtswege zu entscheiden.

Nr. 503. Erk. vom 15. Oktober 1859 (Min.-Bl. d. i. V. S. 200 und Just.-Min.-Bl. 1860 S. 316).

Streitigkeiten über die Entrichtung beständiger persönlicher, auf besonderer Ortsverfassung beruhender Abgaben an einen Schullehrer sind zum ordentlichen Rechtswege nicht geeignet.

Dergleichen Abgaben gehören zu den öffentlich-rechtlichen Schulleistungen im Sinne des § 46 des Zust.-Ges. vom 1. 8. 83.

Im vorliegenden Falle handelte es sich um folgende Streitfragen:

1) ob eine Schulgemeinde verpflichtet sei, zur Heizung der Schulstube Stroh und zwar von jedem die Schule besuchenden Kinde ein gewisses Quantum zu liefern,
2) ob es in der Wahl der Gemeinde liege, statt des Strohes auch anderes Feuerungsmaterial zu liefern.
3) ob das zu liefernde Feuerungsmaterial ausschließlich zur Heizung der Schulstube bestimmt sei, oder ob dasjenige, was davon übrig bleibe, zum Einkommen des Lehrers gehöre.

Vergl. jetzt auch das Ges. vom 26. Mai 1887 (G.-S. S. 175.)

Nr. 504. Erk. vom 15. Oktober 1859 (Just.-Min.-Bl. 1860 S. 298).

Streitigkeiten über die Abgabenfreiheit von Grundstücken, welche bei der Ablösung einer Hütungsgerechtigkeit als Ersatz für dieselbe gewährt worden, sind vom ordentlichen Rechtswege ausgeschlossen. Der Einwand, daß die frühere Hütungsgerechtigkeit der Besteuerung nicht unterworfen gewesen, ist nicht geeignet, die Zulässigkeit des ordentlichen Rechtsweges zu begründen. Vergl. jetzt §§ 34 und 160 des Zust.-Ges. v. 1. 8. 83.

Nr. 505. Erk. vom 15. Oktober 1859 (Just.-Min.-Bl. 1860 S. 326).

1) Klagen über die Verbindlichkeit des Fiskus zur Zahlung von Provinzial-Staatsschulden, welche mit dem (damals) neuen und wiedereroberten Provinzen auf Preußen übergegangen waren, wurden vom ordentlichen Rechtswege ausgeschlossen (Erk. vom 4. Februar 1854 — Just.-Min.-Bl. S. 203 —).

2) Entschädigungsansprüche für Verluste, welche durch die in dem Reichs-Deputations-Hauptschlusse vom 25. Februar 1803 angeordnete Aufhebung des Rheinzolles den Beteiligten entstanden waren, konnten gegen den Fiskus im ordentlichen Rechtswege nicht geltend gemacht werden.

Nr. 506. Erk. vom 12. November 1859 (Min.-Bl. d. i. V. 1860 S. 199 und Just.-Min.-Bl. 1860 S. 371).

Ueber den Einwand der von der evangelischen Landeskirche sich getrennt haltenden Alt-Lutheraner, wie sie nach der General-Konzession vom 23. Juli 1845 (G.-S. S. 516) zu den aus dem Parochial-Verbande fließenden Lasten und Abgaben beizutragen, nicht verpflichtet seien, ist im ordentlichen Rechtswege zu entscheiden.

Die betreffenden Vorrechte der Alt-Lutheraner sind als ein Privilegium im Sinne der §§ 4 und 79 Tit. 14 T. II anzusehen, desgleichen nach Nr. 3

der Allerh. Kabinets-Ordre vom 19. Juni 1836, welche aber durch § 16 des Gesetzes vom 24. Mai 1861 (G.-S. S. 241) aufgehoben ist. Der § 160 des Zust.-Ges. v. 1. 8. 83 kann hier nicht Platz greifen.

Nr. 507. Erk. vom 12. November 1859 (Min.-Bl. d. i. V. 1860 S. 210 und Just.-Min.-Bl. 1860 S. 359).

Ueber die Frage, ob Jemand für die Benutzung einer Chaussee bei dem Passiren der Hebestelle Chausseegeld zu entrichten habe, ist der ordentliche Rechtsweg nicht gestattet.

Es handelte sich im Wesentlichen um die Frage: ob der Pachtvertrag des verklagten Chausseegelderherbers denselben ermächtige, an der betreffenden Stelle das Chausseegeld zu erheben, eine Frage die, da der Vertrag mit dem Debenten des Chausseegeldes oder Passanten nicht geschlossen ist, auch mit diesen gar nicht erörtert und entschieden werden konnte, sondern nur gegenüber dem Verpächter. Ueber die Frage der Verpflichtung des Klägers, die betreffenden Kommunikationsabgaben zu zahlen, ist der ordentliche Rechtsweg nach § 15 des Rheinischen Ressort-Reglements, §§ 36 und 37 der V. vom 26. Dezember 1808 in Verbindung mit §§ 78, 79 Tit. 14 Theil II Allg. Landrechtes nur aus den drei in diesen letztern Bestimmungen und in §§ 49 ff. a. a. O. bestimmten Gründen zulässig und zwar selbst dem Pächter gegenüber. Der § 160 des Zust.-Ges. v. 1. 8. 83 ist hier nicht anwendbar.

Nr. 508. Erk. vom 12. November 1859 (Just.-Min.-Bl. 1860, S. 334).

Nach dem Statut vom 14. April 1856 (G.-S. S. 462) über den Verband zur Regulirung der Notte sind gerichtliche Klagen der beteiligten Grundbesitzer, daß sie mit ihren Grundstücken zu Unrecht in das Kataster aufgenommen und als beitragende Mitglieder des Verbandes herangezogen seien, im ordentlichen Rechtswege nicht zulässig. Dergleichen Beschwerden müssen im Verwaltungswege erledigt werden. Vergl. Allerh. Erlaß vom 17. April 1871 (G.-S. S. 191). Vergleiche auch § 54 des Gesetzes vom 1. April 1879 (G.-S. S. 297) und § 160 des Zust.-Ges. v. 1. 8. 83.

Nr. 509. Erk. vom 12. November 1859 (Just.-Min.-Bl. S. 355).

Wenn in einem Prozesse, bei welchem eine Verwaltungsbehörde als Partei beteiligt ist, die von derselben erhobene Einrede der Unzulässigkeit des ordentlichen Rechtsweges rechtskräftig verworfen und die Verwaltungsbehörde zu einer bestimmten Leistung z. B. zur Rechnungslegung verurteilt worden ist, so kann, wenn demnächst in einem zweiten Prozesse auf Rechnungslegung geklagt wird, der Komp.-Konfl. nicht mehr erhoben werden. (§ 2 des Gesetzes vom 8. April 1847 — G.-S. S. 170 —, jetzt § 4 Abs. 2 der V. vom 1. August 1879 — G.-S. S. 573 —).

Nr. 510. Erk. vom 12. November 1859 (Just.-Min.-Bl. 1860 S. 375).

Gegen polizeiliche Verfügungen sind Possessorienklagen zum Schutze und zur Herstellung des früheren Besitzes sowie zur Entschädigung wegen Störung des Besitzes nicht zulässig. Ersatz des Schadens kann nur, im petitorischen Prozesse gefordert werden. (§§ 127 ff. des L.-V.-G. vom 30. Juli 1883).

Nr. 511. Erk. vom 12. November 1859 (Min.-Bl. d. i. V. 1861 S. 164 und Just.-Min.-Bl. 1861, S. 188).

Die Frage, welcher Armenverband die Kur- und Verpflegungskosten für einen auf der Reise erkrankten Armen zu berichtigen habe, ist im ordentlichen

Rechtswege zu entscheiden, dagegen ist die Festsetzung des Betrages der Kosten im Verwaltungswege zu bewirken.

Diese Grundsätze sind jetzt nicht mehr aufrecht zu erhalten. Vergl. §§ 28, 30, 36 des Reichsgesetzes vom 6. Juni 1870 (B.-G.-Bl. S. 360), § 39 des Just.-Ges. v. 1. 8. 83.

Nr. 512. Erk. vom 10. Dezember 1859 (Min.-Bl. d. i. V. 1861 S. 232 und Just.-Min.-Bl. 1861 S. 188).

Streitigkeiten über die Verbindlichkeit der Eisenbahngesellschaften in Berlin zur Zahlung der Mietssteuer sind vom ordentlichen Rechtswege ausgeschlossen.

Vergl. das oben sub Nr. 396 mitgeteilte Erk.

Nr. 513. Erk. vom 14. Januar 1860 (Min.-Bl. d. i. V. S. 190 u. Just.-Min.-Bl. S. 306).

Ueber die Verpflichtung der Eisensteingruben zur Entrichtung des Zwanzigsten und der Aufsichtsteuer haben lediglich die Bergbehörden zu entscheiden, ohne daß hierüber der ordentliche Rechtsweg zulässig wäre.

Wegen der Reklamationen gegen Bergwerkssteuern (Ges. vom 12. Mai 1851 — G.-S. S. 261 —, § 18 der Instruktion vom 29. Januar 1866 — Min.-Bl. d. i. V. S. 31 —). Ausführliches in Parey, Verwaltungsrecht, Berlin 1887, Teil II S. 79 § 178.

Nr. 514. Erk. vom 14. Januar 1860 (Min.-Bl. d. i. V. S. 237 u. Just.-Min.-Bl. S. 381).

Wenn nach erfolgter Parzellierung von Grundstücken Streitigkeiten über die Entrichtung der Pfarr- und Kirchenabgaben entstehen und der Besitzer des Trennstückes seine Befreiung von diesen Abgaben auf Grund des bei der Parzellierung aufgenommenen und von der Regierung bestätigten Verteilungsplans behauptet, so ist darüber im ordentlichen Rechtswege zu entscheiden. Zur Anwendung kommen jetzt die §§ 7 und 9 des Ges. betreffend die Verteilung der öffentlichen Lasten bei Grundstücksteilungen vom 25. August 1876 (G.-S. S. 405) mit der Maßgabe im § 9, daß die Klage im Verwaltungsstreitverfahren binnen zwei Wochen angebracht werden muß und daß an die Stelle des Bezirksverwaltungsgerichtes der Bezirksausschuß getreten ist. Zu beachten sind auch die vortrefflichen Anmerkungen in Studt u. Braunbehrens, Verwaltungsgesetze, Berlin 1886, Bd. IV S. 347 ff., vergl. auch § 147 des Just.-Ges. v. 1. 8. 83.

Nr. 515. Erk. vom 14. Januar 1860 (Min.-Bl. d. i. V. S. 136 u. Just.-Min.-Bl. S. 322).

Wenn eine Gemeinde-Forense zu Beiträgen für eine Kommunalkasse, aus welcher zugleich Ausgaben für die katholische Kirche und Schule bestritten werden, herangezogen wird, während er selbst Protestant ist, so ist der ordentliche Rechtsweg dagegen nicht zulässig. Im vorliegenden Falle hatte die politische Gemeinde ihre Verpflichtung zur Tragung jener Schul- und Kultuskosten als eine observanzmäßige anerkant, und deshalb wurden auch diese Lasten nicht als Schul- und Kirchensteuer, sondern als „Kommunal-Defizit-Steuer" gefordert. Die Tendenz des Klägers, welcher seine kommunale Steuerpflicht an sich nicht leugnete, ging dahin, daß das zu deckende Defizit der Gemeindekasse überhaupt zu hoch berechnet oder wenigstens die Steuer zu dessen Deckung unrichtig veranlagt sei, da in der Verwaltungs-Rechnung Ausgaben für Kirche und Schule berücksichtigt worden seien, zu denen die Gemeinde gar nicht verpflichtet sei und sich mit Unrecht als observanzmäßig verpflichtet anerkannt habe, oder welche wenigstens nicht allen Gemeindegliedern und namentlich nicht ihm, als Nichtkatholiken und Forensen, hätten zur Last gelegt werden sollen. Kläger will also eine Beschwerde geltend machen über die von der Gemeindebehörde geführte Verwaltung des Gemeinde-Haushaltes oder doch über die Art und Weise, in welcher diese Behörde das Besteuerungsrecht der Gemeinde in diesem Falle geübt und namentlich die Vertheilung der Defizit-Steuer vorgenommen hat. Derartige Beschwerden gehören aber nicht zur Kompetenz der Gerichte, sondern zu der der Aufsichtsbehörden. Jetzt würde in diesem Falle lediglich der § 34 Nr. 2 und § 160 des Zust.-Ges. v. 1. 8. 83 zur Anwendung zu bringen sein.

Nr. 516. Erk. vom 14. Januar 1860 (Just.-Min.-Bl. S. 330).

Wenn durch Schürfversuche dritter Personen eine Beschädigung des Grundstückes herbeigeführt ist, so kann der Eigentümer des letzteren seinen Anspruch auf Schadenersatz im ordentlichen Rechtswege geltend machen. Vergl. jetzt §§ 3--11 des Allg. Berggesetzes vom 24. Juni 1865 (G.-S. S. 705).

Nr. 517. Erk. vom 14. Januar 1860 (Just.-Min.-Bl. 1861, S. 153).

Gegen Verfügungen der Gemeinde-Versammlungen in Westf., wodurch einzelne Mitglieder oder Klassen der Gemeinde von der Benutzung des Gemeindeglieder-Vermögens ausgeschlossen werden, ist der ordentliche Rechtsweg unzulässig.

Vergl. Erkenntnisse vom 24. November 1855, 7. Juni 1856 und 21. November 1857 (Just.-Min.-Bl. 1856, S. 54 und 270, 1858, S. 164), Erkenntnisse vom 11. Dezember 1858, 12. März und 7. Mai 1859 (Just.-Min.-Bl. 1859, S. 367, 448 und 1860, S. 96).

Nr. 518. Erk. vom 11. Februar 1860 (Min.-Bl. d. i. V. S. 259 und Just.-Min.-Bl. 1861, S. 127).

Die Entscheidung über die Gewährung von Vorfluth und die Art der Ausführung sowohl bei stehenden Teichen, als bei anderen die Ableitung bedürfenden Gewässern steht den Verwaltungsbehörden zu.

Die Entscheidung stützt sich auf das A. L.-R. Teil I, Tit. 8, §§ 103 ff. und 117, sowie auf die Vorschriften des Vorfluthsgesetzes vom 15. November 1888, namentlich auf § 20, aus welchem sich ergebe, daß nur die bestehenden Rechte Gegenstand der Fortsetzung durch richterliche Entscheidung sein sollten, jedoch die Frage: ob zu entwässern und die Modalitäten der Ausführung jedesmal der Verwaltung anheimfallen. Gerade der Gegensatz in den §§ 14 und 15 zeige deutlich, daß der § 15 nicht auf stehende Wasser im Sinne des § 14, sondern auf jedes der Ableitung bedürfende Wasser zu beziehen sei.

Wegen der in diesen Beziehungen vorgekommenen erheblichen Aenderungen vergl. §§ 68 ff. des Zust.-Ges. vom 1. 8. 83.

Nr. 519. Erk. vom 11. Februar 1860 (Min.-Bl. d. i. V. 1861 S. 273 und Just.-Min.-Bl. 1861 S. 196).

Wenn der Eigentümer eines Grabens durch die Art der Benutzung desselben einem daran grenzenden öffentlichen Wege Schaden zufügt und ihm durch polizeiliche Verfügung aufgegeben wird, den früheren Zustand wieder herzustellen, so ist der ordentliche Rechtsweg dagegen nicht zulässig.

Ein Graben bildete die Grenze zwischen einem Privatgrundstücke und einem Fahrwege, das Eigentum an demselben nahmen sowohl jener Privatgrundstücksbesitzer, als der Magistrat als Vertreter der Gemeinde in Anspruch. Jener ließ aus dem Graben Erde auf sein Grundstück aufbringen und verringerte dadurch die Substanz des Weges, was ihm durch polizeiliche Verfügung untersagt wurde, mit der Weisung, den früheren Zustand wieder herzustellen, widrigenfalls dies auf seine Kosten geschehen würde; außerdem wurde eine Geldstrafe festgesetzt und eingezogen. Hiergegen wurde die gerichtliche Klage erhoben mit folgenden Anträgen:

1) daß er (Kläger) für wohl berechtigt zu erachten und die Gemeinde zu dulden habe, daß er den Graben in der Art, wie es geschehen, auswerfe, auch die ausgeworfene Erde auf seinen Acker verfahre und in seinem Nutzen verwende,
2) daß der Graben in seinem gegenwärtigen Zustande bestehen bleibe,
3) die Gemeinde schuldig sei, die Geldstrafe zu erstatten.

Die Polizeibehörde wandte dagegen ein, die polizeiliche Verfügung beziehe sich nicht auf den Graben, sondern auf den Weg, diesen letzteren habe Kläger untergraben, so daß derselbe gelegentlich einstürzen müsse und das Terrain desselben, wenn Kläger in seiner Prozedur fortfahre, auf dessen Acker gebracht sein werde. Die Klage sei eine polizeiliche und der in Rede stehende Weg sei ein öffentlicher.

Im weiteren Verlaufe des Prozesses hatte Kläger nicht darauf angetragen, daß die Gemeinde sein Eigentum an dem fraglichen Graben anerkenne und ihn wegen erlittener Einschränkung dieses Eigentums entschädige, sondern er beschränkte sich auf die obigen Anträge.

Der Kompetenzgerichtshof führte aus: Es sei zwar richtig, daß die polizeiliche Verfügung nur von dem Wege und nicht von dem Graben handle, daß dagegen Kläger nur von dem Graben und nicht von dem Wege spreche, aber die Forderungen des letzteren hinsichtlich des Grabens beträfen augenscheinlich auch den Weg, über dessen Oeffentlichkeit in diesem Verfahren gar nicht gestritten werde.

Nach heutigen Anschauungen läßt sich die Angelegenheit aus folgenden zwei Gesichtspunkten betrachten:

entweder handelt es sich um eine zwangsweise wieder zu beseitigende Verkehrsstörung, hinsichtlich welcher gegen den Störer direkt und mit Zwangsmitteln vorgegangen werden kann (§§ 127 ff., 132 ff. des L.-V.-G. vom 30. Juli 1883, Endurteil des O.-V.-G. vom 14. November 1877, Entsch. Band III, S. 340, Parey, Rechtsgrundsätze des O.-V.-G., Stammwerk S. 226, Nr. 24),

oder es handelt sich um eine wegepolizeiliche Verfügung im Sinne des § 56 des Zust.-Ges. vom 1. 8. 83, dann wäre die Verfügung gegen den Wegebaupflichtigen (in diesem Falle voraussichtlich die Gemeinde) zu richten gewesen. Die zuständigen Behörden hätten dann auch über die Inzidentpunkte (Eigentum und Oeffentlichkeit) mit zu entscheiden gehabt. Die Herstellung des früheren Zustandes wäre aber auch auf diese Weise nicht zu erreichen gewesen, höchstens hätte der Grundstücksbesitzer eine Entschädigung verlangen können, wenn die Eigentumsfrage zu seinem Gunsten entschieden worden wäre.

Nr. 520. Erk. vom 10. März 1860 (Min.-Bl. d. i. V. 1861, S. 213 und Just.-Min.-Bl. 1861, S. 134).

Wenn Steuerbeamte bei dem Verdachte einer Steuerdefraudation die Geschäftsbücher und Scripturen eines Kaufmannes oder Fabrikanten ohne hinreichenden Grund in Beschlag nehmen, so liegt darin eine Ueberschreitung ihrer Amtsbefugnisse, demzufolge sind sie für den dadurch entstandenen Schaden verantwortlich, und der Entschädigungsanspruch ist im ordentlichen Rechtswege geltend zu machen.

Konfliktssache, siehe § 8 der Einleitung zu diesem Buche.

Nr. 521. Erk. vom 10. März 1860 (Min.-Bl. d. i. V. 1861, S. 297 und Just.-Min.-Bl. 1861, S. 260).

Der § 10 des Vorflutsgesetzes vom 15. November 1811, wonach die Bestimmung, wann und wie die Auskrautung oder Räumung eines Grabens bewirkt werden soll, lediglich der Kognition der Polizeibehörde, mit Ausschluß des ordentlichen Rechtsweges zusteht, findet auch auf künstliche Wasserleitungen Anwendung, auch steht ein rechtskräftiges Erk. der Erhebung des Komp.-Konfl. nur insoweit entgegen, als derselbe nicht gegen das, was durch Judikat festgestellt worden ist, gerichtet werden darf.

Durch rechtskräftiges Erk. des Obertribunals war entschieden, daß Fiskus verpflichtet sei, eine unter der Herrschaft des Deutschen Ordens zu Staatszwecken angelegte künstliche Wasserleitung, so lange sie bestehe, nicht dergestalt gebrauchen dürfe, daß dadurch eine Immission in fremdes Eigentum (Ueberschwemmung) erfolge. Die Entscheidung stützte sich auf A. L.-R., Teil I, Titel 8, § 26, ob aber der Fiskus die Wasserleitung wieder eingehen lassen und den früheren Zustand wieder herstellen dürfe, blieb in diesem Prozesse dahingestellt.

Aus diesem Judikate klagten später verschiedene zur Sache beteiligte Grundbesitzer gerichtlich mit dem Antrage auf Räumung einer bestimmten Strecke jenes Wasserlaufes, jedoch wurde der dagegen erhobene Komp.-Konfl. für begründet erachtet.

Es kämen — so wurde ausgeführt — bei Beurteilung der Sache zwei Fragen in Betracht:

1) ob der § 10 des Vorflutsgesetzes auf den Gegenstand des vorliegenden Rechtsstreites anwendbar sei, resp. den Komp.-Konfl. an sich begründet,
2) ob, wenn dies der Fall, die prozessualische Lage der Sache eine solche ist, daß die Erhebung des Komp.-Konfl. durch den § 2 des Ges. vom 8. April 1847 (jetzt § 4 Abs. 2 des Ges. vom 1. August 1879) ausgeschlossen wird.

ad 1. Die Bezeichnung „Graben oder Wasserabzug" im § 10 des Vorflutsgesetzes vom 15. November 1811 schließt „künstliche Wasserleitungen" nicht aus. Wenn nach dem Wortlaute des Gesetzes „Graben" etwas Anderes bedeutet als „Wasserabzug", so ist unter „Graben" immer nur eine „künstliche" derartige Anlage zu verstehen, deshalb sind auch dergleichen künstliche Wasserleitungen von der polizeilichen Aufsicht nicht eximiert. (Vergl. oben Erk. Nr. 247, wo allerdings über die Unterhaltungspflicht und nicht über die Räumungspflicht gestritten wurde.) Auch der § 100, Tit. 8, Teil II A. L.-R.'s ist nicht geeignet den § 10 des Vorflutsgesetzes auszuschließen oder auch nur ein Bedenken dagegen zu erregen, denn da es der in den Worten „sobald — entstehe" klar ausgesprochene Zweck des § 10 ist, eine Benachteiligung der Nachbarn solcher Anlage, welche durch vernachlässigte Räumung entstehen könnte, abzuwenden, so stellt sich der § 10 als eine Konsequenz der §§ 26 Titel 8, Teil I A. L.-R.'s dar.

Der § 10 des Vorflutsgesetzes setzt in den Worten: „Wem die Unterhaltungspflicht — obliegt, der kann u. s. w." zunächst voraus, daß es feststehe, wer der Unterhaltungspflichtige sei, und überläßt, vorbehaltlich der interimistischen Entscheidung der Polizeibehörde, die definitive Entscheidung über die Unterhaltungspflicht dem ordentlichen Rechtswege, welchem sie, weil es sich hier um ein privatrechtliches Verhältnis handelt, an und für sich und in Ermangelung gesetzlicher Ausnahmebestimmungen auch unzweifelhaft zusteht. (Im § 66 Abs. 3 des Zust.-Ges. v. 1. 8. 83 handelt es sich nur um öffentlich-rechtliche Verbindlichkeiten.) Im vorliegenden Falle ist durch den Vorprozeß Fiskus für unterhaltungspflichtig erklärt; dieser Umstand giebt der Polizeibehörde nicht nur die Befugnis, den Unterhaltungspflichtigen nicht nur zur Auskrautung und Räumung und dadurch zur Beseitigung der Nachteile, die durch die Vernachlässigung seiner Verbindlichkeit für die Nachbarn und für das öffentliche Wohl entstehen könnten, anzuhalten, also die Befugnis, die Unterhaltungspflicht in Exekution zu setzen, sondern er weist auch die Bestimmung darüber, „wann und wie die Auskrautung oder Räumung bewirkt werden solle," „blos," d. h. mit Ausschluß jeder anderen Behörde und also auch des ordentlichen Rechtsweges der Kognition der Polizeibehörde zu. Zwar schließen sich an diese Bestimmung noch die Worte an: „und jeder Unterhaltungspflichtige muß sich derselben (der Entscheidung der Polizeibehörde) unbedingt unterwerfen." Daraus kann aber wegen des „blos" nicht etwa gefolgert werden, daß nur der Unterhaltungspflichtige, nicht auch jeder andere bei der Räumung Interessierte sich der polizeilichen Entscheidung unterwerfen müsse.

Nach der gegenwärtigen Lage der Gesetzgebung würde diese Angelegenheit nach § 66 des Zust.-Ges. vom 1. 8. 83 zu behandeln sein.

ad 2. Der § 2 des Gesetzes vom 8. April 1847 lautete:

„In rechtskräftig vor den Gerichten entschiedenen Sachen kann der Komp.-Konfl. nicht mehr erhoben werden; ebensowenig findet derselbe noch statt, wenn in einem Prozesse, bei welchem eine Verwaltungsbehörde als Partei beteiligt ist, die von derselben aufgestellte Präjudizial-Einrede der Unzulässigkeit des (ordentlichen) Rechtsweges rechtskräftig verworfen worden ist."

Der § 4 Abs. 2 des jetzt geltenden Gesetzes vom 1. August 1879 lautet dagegen:

„Der Komp.-Konfl. kann nicht erhoben werden, wenn die Zulässigkeit des Rechtsweges in der Sache durch rechtskräftiges Urteil des Gerichts feststeht." (Vergl. § 645 der deutschen Zivilprozeß-Ordnung vom 30. Januar 1877).

In dem Vorprozesse war aber ausdrücklich nur über die privatrechtliche Unterhaltungspflicht eine Entscheidung getroffen, nicht aber über die polizeilichen Zuständigkeiten. Hieraus folgerte der Kompetenzgerichtshof seine Befugnis, in der Sache zu entscheiden; ob eine Verhandlung in Gemäßheit des jetzt geltenden Gesetzes vom 1. August 1879 zu demselben Resultate führen würde, muß einer künftigen Entscheidung des Kompetenzgerichtshofes vorbehalten bleiben.

Nr. 522. Erk. vom 10. März 1860 (Just.-Min.-Bl. 1861 S. 200).

Possessorienklagen, welche gegen das Eigentumsrecht eines Kirchhofes und gegen die Befugniß zur Veräußerung von Begräbnißstellen auf denselben gerichtet werden, sind im ordentlichen Rechtswege zu entscheiden. (Rheinisches Recht).

Nr. 523. Erk. vom 14. April 1860 (Min.-Bl. d. i. V. 1861, S. 141 und Just.-Min.-Bl. 1861, S. 136).

Gegen feuerpolizeiliche Anordnungen, welche bei der Anlage einer Eisenbahn zur Sicherung der in der Nähe befindlichen Gebäude getroffen werden, ist der ordentliche Rechtsweg nicht gestattet.

Es handelte sich um eine polizeiliche Verfügung, durch welche dem Besitzer einer Scheune in der Nähe der Eisenbahn aufgegeben war, verschiedene Sicherheitsmaßgaben an seinem Gebäude vorzunehmen. Die auf die Ausführung dieser Arbeiten verwendete Summe wollte die Eisenbahn-Verwaltung ersetzen, dies lehnte aber der Hausbesitzer ab und klagte gerichtlich mit der Behauptung gegen die Eisenbahn, daß das Expropriationsrecht nicht so weit gehe, notwendige Servituten auf sein Eigentum zu konstituieren und mit dem Antrage: daß das eingeschlagene Verfahren gesetzlich nicht für gerechtfertigt, die Verklagte auch nicht für befugt zu erachten, Anlagen ohne seine, des Klägers Genehmigung und Einwilligung auf seinem Grund und Boden ausführen zu lassen und das Eigentum desselben mit einer notwendigen Servitut zu belasten. Der Hiergegen erhobene Komp.-Konfl. wurde für begründet erachtet: Es liege der eigentümliche Fall vor, daß der Klageantrag nicht gegen die Polizeibehörde, sondern gegen die Eisenbahngesellschaft gerichtet sei, der Verklagte habe aber bei der Sache gar kein Interesse. Im Uebrigen sei von Konstituierung einer notwendigen Servitut hier gar nicht die Rede, denn der Eisenbahn sei kein Recht auf ein anderes Grundstück eingeräumt und dem Grundstück des Klägers keine Einschränkung zum Vorteil eines bestimmten anderen Grundstückes auferlegt, sondern es sei lediglich eine feuerpolizeiliche Anordnung getroffen. Sollte der für den Kläger durch die Anordnung entstehende, von der Eisenbahn-Gesellschaft zu ersetzende Schaden sich höher belaufen, als er geschätzt worden, so bleibe dem Kläger der ordentliche Rechtsweg wegen dieses Mehr unbenommen.

Es handelte sich lediglich um eine feuerpolizeiliche Verfügung, heute im Sinne der §§ 127 ff. des L.-V.-G. vom 30. Juli 1883.

Nr. 524. Erk. vom 14. April 1860 (Min.-Bl. d. i. V. 1861 S. 147 und Just.-Min.-Bl. 1861 S. 144).

Wenn der Magistrat einer Stadt auf Requisition des Gerichts den Transport von Gefangenen bewerkstelligt und die Erstattung der dadurch entstandenen Auslagen demnächst von dem Fiskus nur deshalb verweigert wird, weil bei Ausführung der Requisition von seiten des Magistrats ein Versehen begangen sei, so ist der ordentliche Rechtsweg für zulässig und der dagegen erhobene Komp.-Konfl. für nicht begründet zu erachten.

Es handelte sich um zwei Gefangene, welche auf Requisition des Gerichts an zwei verschiedenen Tagen durch den Magistrat in die Strafanstalt transportiert worden waren. Hierdurch waren natürlich doppelte Kosten entstanden, was die Oberrechenkammer monierte mit dem Bemerken, die beiden Gefangenen hätten auch zusammen auf einem Wagen transportiert werden können, wodurch dann die Hälfte der Kosten erspart worden wäre. Infolge dessen mußte der Magistrat die eine Hälfte zurückerstatten, er klagte aber nunmehr gegen den Justizfiskus auf Rückerstattung, weil die gerichtlichen Requisitionsschreiben zu verschiedenen Tageszeiten bei ihm eingetroffen seien.

Der Komp.-Konfl. wurde für begründet erachtet, weil keine die Kompetenz der ordentlichen Gerichte ausschließende gesetzliche Vorschrift nachgewiesen sei, welche die Maßnahme der Gerichte oder der Oberrechenkammer rechtfertige, nach welcher die betreffenden Kosten ohne vorangegangene Klage von dem Magistrat hätten eingezogen werden können. Der Magistrat forderte Erstattung von Transportkosten, die er als requirierte Behörde für den Fiskus verausgabt hatte und deren Zahlung ihm der Fiskus verweigerte, weil er dem Kläger ein Versehen bei Ausführung der Requisition imputieren zu können glaubte, während Kläger dies Versehen bestritt. Einem solchen rein zivilrechtlichen Rechtsstreit zwischen Fiskus und einer Privatperson (Stadtgemeinde) steht der ordentliche Rechtsweg nach §§ 81, 82 Tit. 14 Teil II A. L.-R.'s ganz unverschränkt offen.

Nr. 525. Erk. vom 14. April 1860 (Min.-Bl. d. i. V. 1861 S. 130 und Just.-Min.-Bl. 1861 S. 148).

Ueber die Frage, welches Diensteinkommen bei der Pensionierung eines

Kommunalbeamten als Gehalt desselben anzusehen sei, ist der ordentliche Rechtsweg unzulässig.

Vergl. zu § 65 den letzten Absatz der Städte-Ordnung vom 30. Mai 1853 den letzten Absatz im § 20 und den § 21 des Just.-Ges. v. 1. 8 83 und § 43 des L.-V.-Ges. v. 30. 7. 83.

Nr. 526. Erk. vom 12. Mai 1860 (Just.-Min.-Bl. 1861 S. 205).

Streitigkeiten, in denen die Gültigkeit eines Auseinandersetzungs-Rezesses nach erfolgter Bestätigung desselben unter den bei der Auseinandersetzung beteiligten Interessenten in Frage gestellt wird, sind von den ordentlichen Gerichten zu entscheiden. Siehe Erk. vom 22. November 1851 (Just.-Min.-Bl. 1852 S. 98).

Nr. 527. Erk. vom 12. Mai 1860 (Just.-Min.-Bl. 1861 S. 237 und 253).

Ansprüche, welche aus der Zeit der ehemaligen (französischen) Fremdherrschaft an den Staat erhoben werden und entweder als eine Provinzial-Staatsschuld oder als Administrationsschuld eines neuerworbenen Landesteiles anzusehen sind, können im ordentlichen Rechtswege nicht verfolgt werden. Dasselbe gilt von den Verwaltungsschulden aus den neu- und wiedereroberten Landesteilen, insbesondere aus dem vormaligen Kurstaate Trier.

Nr. 528. Erk. vom 22. September 1860 (Min.-Bl. d. i. V. S. 293 und Just.-Min.-Bl. 1861 S. 273).

Die Auseinandersetzungsbehörden sind zwar befugt, alle zwischen den Teilungs-Interessenten schwebenden Rechtsstreitigkeiten, deren Erledigung zur Ausführung der Auseinandersetzung erforderlich ist, zu entscheiden, dagegen sind solche Streitigkeiten, bei denen dritte, zu den eigentlichen Interessenten der Auseinandersetzung nicht gehörende Personen beteiligt sind, in der Regel dem gewöhnlichen Rechtswege unterworfen.

Es handelte sich im wesentlichen um die Auslegung des § 7 in der V. vom 30. Juni 1834 (G.-S. S. 96) und um einen Fall, in welchem zwischen der Domänen- und Forst-Abteilung einer königlichen Regierung und Servitutberechtigten im Vergleichswege ein Ablösungsvertrag geschlossen war, infolge dessen jenen Berechtigten die betreffenden Ablösungsländereien überwiesen waren, als sich nachträglich herausstellte, daß einzelne dieser Ländereien schon vorher an dritte Personen verpachtet gewesen waren. Als nun diese letzteren gegen die abgefundenen Besitzer wegen Herausgabe der Ernte gerichtlich klagten, wurde der dagegen seitens der Regierung erhobene Komp.-Konfl. für unbegründet erachtet. (Vergl. Schneider, Landeskulturgesetzgebung, Berlin 1879 S. 51.)

Nr. 529. Erk. vom 22. September 1860 (Just.-Min.-Bl. 1861 S. 172).

Gegen die von der Regierung erlassenen polizeilichen Vorschriften über die Benutzung des Friedrich-Wilhelms-Kanals ist der ordentliche Rechtsweg nicht gestattet. A. L.-R. II, 15, §§ 44, 45, 50.

Nr. 530. Erk. vom 22. September 1860 (Just.-Min.-Bl. 1861, S. 221).

Die Säkularisation von Klostergütern kann, als ein Akt des landesherrlichen Hoheitsrechtes im ordentlichen Rechtswege nicht angefochten werden.

Dagegen ist der ordentliche Rechtsweg zulässig, wenn es sich um die Erfüllung privatrechtlicher Verpflichtungen handelt, welche auf den säkularisirten Gütern haften.

Ist die Säkularisation früher von einem andern Landesherrn erfolgt und das Gut demnächst auf Preußen übergegangen, so können die auf demselben haftenden Privatverpflichtungen nicht als Verwaltungsschulden aus der Zeit der Fremdherrschaft angesehen werden.

Nr. 531. Erk. vom 22. September 1860 (Just.-Min.-Bl. 1861 S. 228).

Konfliktssache, § 8 der Einleitung zu diesem Buche.
Ueberschreitung der Amtsbefugnisse eines Gensdarmen.

Nr. 532. Erk. vom 13. Oktober 1860 (Min.-Bl. d. i. V. 1861 S. 162 und Just.-Min.-Bl. 1861, 177).

Die bei Königlichen Behörden beschäftigten Büreaugehilfen können, wenn sie zur Leistung von städtischen Kommunalangelegenheiten herangezogen werden, ihre Befreiung von denselben auf Grund des § 11 des Ges. vom 11. Juli 1822 (G.-S. S. 186) im ordentlichen Rechtswege nicht geltend machen.

Die Entscheidung stützt sich auf § 4 der Städte-Ordnung vom 30. Mai 1853 und auf § 11 des Gesetzes vom 11. Juli 1822 (vergl. § 2 des Gesetzes vom 23. September 1867 — G.-S. S. 1648 —).

Gegenwärtig würde diese Streitsache in dem durch § 18 Nr. 2 des Zust.-Ges. v. 1. 8. 83 vorgeschriebenen Verfahren zu entscheiden sein.

Nr. 533. Erk. vom 13. Oktober 1860 (Just.-Min.-Bl. 1861 S. 192).

Wenn ein Grundstück im Wege der Expropriation für eine bestimmte Entschädigungssumme an eine Meliorationssozietät abgetreten wird und demnächst Streitigkeiten über die Auszahlung des Entschädigungsbetrages entstehen, so sind dieselben im ordentlichen Rechtswege zu entscheiden. Vergl. jetzt Gesetz vom 11. Juni 1874 (G.-S. S. 221) und §§ 150 ff. des Zust.-Ges. v. 1. 8. 83.

Nr. 534. Erk. vom 13. Oktober 1860 (Just.-Min.-Bl. 1861 S. 209).

Nach dem Reglement der rheinischen Provinzial-Feuersozietät vom 5. Januar 1836 und 1. September 1852 (G.-S. S. 678) ist bei Streitigkeiten zwischen der Sozietät und den Beteiligten der ordentliche Rechtsweg nur alsdann gestattet, wenn es sich darum handelt, ob jemand rücksichtlich eines ihn betreffenden Brandschadens als zur Sozietät gehörig, oder ob ihm überhaupt eine Entschädigung zu versagen sei oder nicht. In allen Fällen ist der ordentliche Rechtsweg ausgeschlossen. Vergl. Erk. vom 25. Juni 1852 (Just.-Min.-Bl. S. 338).

Nr. 535. Erk. vom 13. Oktober 1860 (Just.-Min.-Bl. 1861 S. 225).

Konfliktsache, § 8 der Einleitung zu diesem Buche.
Amtsüberschreitung eines katholischen Geistlichen.

Nr. 536. Erk. vom 13. Oktober 1860 (Just.-Min.-Bl. 1861 S. 268).

Gegen baupolizeiliche Anordnungen, betreffend die Anlage von Straßenrinnen, ist der ordentliche Rechtsweg unzulässig. Siehe Erk. vom 7. November 1857 (Just.-Min.-Bl. 1858 S. 192).

Nr. 537. Erk. vom 8. Dezember 1860 (Min.-Bl. d. i. V. S. 237 und Just.-Min.-Bl. 1861 S. 215.)

Gegen wegepolizeiliche Anordnungen ist der ordentliche Rechtsweg nicht zulässig.

Es handelte sich um eine auf Anordnung des Landrates, als Kreispolizeibehörde, auszuführende Anlage eines neuen Weges, wobei einer der beteiligten Grundbesitzer in angemessener Weise entschädigt werden sollte. Diese Entschädigung wurde aber zurückgewiesen und die Besitzstörungsklage eingelegt. Der dagegen erhobene Komp.-Konfl. wurde für begründet erachtet.

Heute würde diese Angelegenheit nach § 56 des Zust.-Ges v. 1. 8. 83 zu erledigen sein, wie dies schon früher ausgeführt worden ist (siehe im Register „Neue Wege"). Vergl. auch § 10 der Einleitung zu diesem Buche.

Nr. 538. Erk. vom 8. Dezember 1680 (Min.-Bl. d. i. V. 1861 S. 222 und Just.-Min.-Bl. 1861 S. 233).

Gegen rechtskräftige Entscheidungen der Gerichte findet die Erhebung des Komp.-Konfl. nicht statt.

Es handelte sich um ein auf Grund des § 7 der V. vom 30. Juni 1834 ergangenes rechtskräftiges Erk. des (ehemaligen) Revisions-Kollegiums.

Vergl. das Erk. sub Nr. 528.

Nr. 539. Erk. vom 8. Dezember 1860 (Just.-Min.-Bl. 1862, S. 12).

Gegen Strafverfügungen der rheinischen Regierungen in solchen Angelegenheiten, in denen ihnen das Entscheidungsrecht oder die Exekution zusteht, ist der ordentliche Rechtsweg nicht zulässig.

Vergl. § 11 der Regierungs-Instruktion vom 23. Oktober 1817.

Nr. 540. Erk. vom 9. März 1862 (Just.-Min.-Bl. 1862 S. 146).

Gegen die von der Polizeibehörde angeordnete Wegschaffung eines nach der Straße hin vorspringenden Kellerhalses war der ordentliche Rechtsweg nur alsdann zulässig, wenn der Eigentümer entweder eine besondere gesetzliche Vorschrift oder einen speziellen Rechtstitel für sich anführen konnte. Als ein solcher Rechtstitel konnte der Einwand der (erlöschenden) Verjährung nicht angesehen werden. Vergl. jetzt §§ 127 ff. des L.-V.-G. vom 30. Juli 1883 und Erkennt- vom 7. Mai 1859 (Just.-Min.-Bl. S. 382).

Nr. 541. Erk. vom 13. April 1862 (Just.-Min.-Bl. S. 280).

Die Säkularisation eines Klosters hat nicht zur Folge, daß Ansprüche, welche dritten Personen gegen das Klostervermögen zustehen, dadurch der Kognition des ordentlichen Richters entzogen werden, vielmehr sind derartige Streitigkeiten im ordentlichen Rechtswege zu entscheiden.

Vergl. Erkenntniß vom 3. Januar 1857 (Just.-Min.-Bl. S. 231).

Nr. 542. Erk. vom 11. Mai 1861 (Min.-Bl. d. i. V. 1862, S. 21 und Just.-Min.-Bl. 1862, S. 44).

Ueber die Frage: ob und welche Entschädigung den Gemeinden für die im Falle der Mobilmachung dem Militair gewährte Einquartierung von Seiten der Staatskasse zu leisten ist, soll der ordentliche Rechtsweg zulässig sein. Dieser Grundsatz wird in dem Kompetenzgerichtshofe in ausführlichster Weise verfochten und mag nach Lage der damals geltenden Gesetzgebung auch wohl zu rechtfertigen sein, obwohl auch dies in Hinsicht auf die Lehre von der Unangreifbarkeit der Majestäts- und Hoheitsrechte nicht unzweifelhaft erscheint, allein nach den heutigen Begriffen läßt sich dasselbe schwerlich noch aufrecht erhalten. Vergl. das Reichsgesetz vom 13. Januar 1873 (R.-G.-Bl. S. 129) §§ 20—22, Verordnung vom 14. April 1888 (R.-G.-Bl. S. 142).

Nr. 543. Erk. vom 11. Mai 1861 (Min.-Bl. d. i. V. 1862 S. 188 und Just.-Min.-Bl. 1862 S. 91).

Ueber die Verbindlichkeiten der Eisenbahn-Gesellschaften zur Entrichtung von Kommunalabgaben kann den betreffenden Gemeinden, im Widerspruch mit den Anordnungen der vorgesetzten Aufsichtsbehörden, der ordentliche Rechtsweg nicht gestattet werden.

Es handelte sich um die Thüringische Eisenbahn-Gesellschaft, welche zu Kommunalabgaben in der Stadt Halle herangezogen war, jedoch behauptete, von dieser Steuer auf Grund des Staatsvertrages vom 19. April 1844 Art. 15 (G.-S. S. 444) befreit zu sein. Da letzteres seitens des Handelsministers als wohl begründet anerkannt wurde, die Steuer also im Verwaltungszwangsverfahren nicht eingezogen werden konnte, so klagte die Stadt Halle gegen die Eisenbahn-Gesellschaft auf Zahlung der Steuer.

Der hiergegen erhobene Komp.-Konfl. ist für begründet erachtet worden nach dem Grundsatze, daß über die Verbindlichkeit zur Entrichtung allgemeiner Abgaben, so wenig dagegen ein Prozeß zugelassen werden kann, ebensowenig der Gemeinde ein Widerspruch mit den Anordnungen der Aufsichtsbehörde der Rechtsweg zu gestatten sei, außerdem würde § 76 der Städte-Ordnung vom 30. Mai 1853 verletzt werden, wenn Streitigkeiten der vorliegenden Art zwischen der Gemeinde und dem Steuerpflichtigen zum gerichtlichen Austrag sollten gebracht werden.

Die übrigen zur Begründung der getroffenen Entscheidung vorgebrachten Bemerkungen beziehen sich teils auf § 79 Tit. 14 Teil II A. L.-R.'s, teils auf mehrere, anscheinend in ähnlicher Weise erledigte Komp.-Konfl. Diese Ausführungen werden aber sämtlich dadurch gegenstandslos und hinfällig, daß der Staatsvertrag vom 19. April 1844 längst keine Geltung mehr hat (vergl. hierüber Endurteil des O.-V.-G. vom 19. Januar 1880 — Ensch.-Bd. VI S. 33 und Parey, Rechtsgrundsätze des O.-V.-G., Stammwerk S. 52 Nr. 43 —). Der Eisenbahn würde heute nur der Reklamationsweg aus § 18 Ziffer 2 des Zust.-Ges. v. 1. 8. 83 offen stehen, anderseits würde ihren Befreiungsansprüchen aus dem Staatsvertrage von 1844 die positive gesetzliche Vorschrift in § 1 des Kommunalsteuerges vom 27. Juli 1885 mit Erfolg entgegen gehalten werden können. Von einem Recht der Stadtgemeinde, die Kommunalabgaben von der Eisenbahngesellschaft bei Gericht einklagen zu dürfen, kann nach heutigen Anschauungen niemals die Rede sein.

Nr. 544. Erk. vom 11. Mai 1861 (Just.-Min.-Bl. 1862 S. 108).

1. Die Erhebung des Kompetenzkonfliktes ist sowohl in der Rekurs- als auch in der Nichtigkeitsbeschwerde-Instanz zulässig.

2. Die Bestimmung darüber, in welcher Weise und unter welchen Modalitäten das Gemeinde- und Gemeindeglieder-Vermögen zu benutzen sei, ist in Westfalen als eine lediglich zum Ressort der Verwaltungsbehörde gehörende, der Kognition des ordentlichen Richters nicht unterliegende, innere Kommunalangelegenheit zu betrachten. Streitigkeiten hierüber sind im administrativen Wege zu erledigen. Vergl. die Erk. vom 7. Mai und 1. Oktober 1859 (Just.-Min.-Bl. 1860 S. 96 und 250), desgl. vom 12. Oktober 1861 (Min.-Bl. d. i. V. S. 122).

Nr. 545. Erk. vom 12. Oktober 1861 (Min.-Bl. d. i. V. S. 122 u. Just.-Min.-Bl. 1862 S. 61).

Streitigkeiten über die Benutzung des Gemeindevermögens sind in Westfalen dem ordentlichen Rechtswege unterworfen, sobald der streitige Anspruch auf einen speziellen Rechtstitel begründet wird.

„Daß Streitigkeiten über das Recht zur Teilnahme an den Nutzungen und Erträgen des Gemeindevermögens, sie mögen das eigentliche Gemeindevermögen oder das Gemeindegliedervermögen betreffen, sie mögen zwischen der Gemeinde und einzelnen Gemeindemitgliedern oder nur unter Gemeindemitgliedern obwalten, überhaupt und nach der westfälischen Landgemeinde-Ordnung vom 19. März 1856 §§ 51 ff. der richterlichen Kognition entzogen und zur Entscheidung der Verwaltungsbehörde verwiesen sind, dies ist durch vielfache Entscheidungen des Gerichtshofes anerkannt (Erkenntnisse vom 7. Juni 1856 — Min.-Bl. S. 255 —, vom 21. November 1857 — a. a. O. 1858 S. 74 —, vom 11. Dezember 1858 — a. a. O. 1859 S. 296 —, vom 12. März 1859 — a. a. O. 1860 S. 33 —, vom 1. Oktober 1859 — a. a. O. 1860 S. 39 —), allein in allen diesen Entscheidungen ist der vollkommen begründete Vorbehalt gemacht, daß das administrative Ressort mit Ausschluß des gerichtlichen nur dann eintritt, wenn der streitige Anspruch nicht auf einen speziellen Rechtstitel gegründet wird. Is dies der Fall, so handelt es sich nicht um eine reine Kommunal-Angelegenheit, und es ist dann nicht blos über die Folgen der Gemeinde-Mitgliedschaft als solcher zu entscheiden, sondern es ist diesem, dem öffentlichen Rechte angehörigen Verhältnisse eine Modifikation hinzugetreten, welche den Streit auf das Gebiet des Privatrechtes versetzt." Daß diese Rechtsgrundsätze jetzt nicht mehr anwendbar erscheinen, ergiebt sich aus § 34 Ziffer 1 und aus § 160 des Zust.-Ges. vom 1. August 1883, wodurch die Gesetzgebung erheblich vereinfacht worden ist.

Nr. 546. Erk. vom 12. Oktober 1861 (Min.-Bl. d. i. V. 1862 S. 9 und Just.-Min.-Bl. 1862 S. 103).

Die Regierungen sind vermöge des ihnen zustehenden Rechtes der Verwaltung des Schulwesens und der Beaufsichtigung desselben (§ 18 der Regierungs-Instruktion von 1817) nicht allein befugt, dafür zu sorgen, daß den Lehrern das zu ihrem Lebensunterhalt Nothwendige gewährt werde, sondern sie müssen auch für die Beschaffung angemessener Pensionen sorgen für unverschuldet dienstunfähig gewordene Lehrer und die verpflichteten Gemeinden müssen sie zur Zahlung anhalten. Geschieht dies, so können die Gemeinden keineswegs gegen einen so emeritirten und pensionirten Lehrer mit dem Antrage gerichtlich klagen: daß derselbe nicht für berechtigt erklärt werde, einen jährlichen Pensionsbeitrag aus der Kasse der klagenden Gemeinde zu beziehen.

Nr. 547. Erk. vom 12. Oktober 1861 (Just.-Min.-Bl. 1862 S. 20).

Streitigkeiten, bei denen es sich lediglich um die Bezahlung von Kaufgeldern für ein der Auseinandersetzung mit unterliegendes Grundstück handelt, gehören nicht zu denen, in welchen die Auseinandersetzungsbehörden nach § 7 der V. vom 30. Juui 1834 (G.-S. S. 96) zu erkennen haben, vielmehr ist darüber von den ordentlichen Gerichten im Wege des Prozesses zu entscheiden.

Nr. 548. Erk. vom 12. Oktober 1861 (Just.-Min.-Bl. 1862 S. 74).

Streitigkeiten über die Mitgliedschaft von einer innerhalb einer Gemeinde bestehenden Schäfereigesellschaft und Entschädigungsansprüche, welche darauf begründet werden, sind im ordentlichen Rechtswege zu entscheiden.

Nr. 549. Erk. vom 12. Oktober 1861 (Just.-Min.-Bl. 1862 S. 83).

So lange in Auseinandersetzungssachen der Rezeß nicht bestätigt und die Separation daher nicht beendigt ist, haben die Auseinandersetzungsbehörden in denjenigen Angelegenheiten, welche bei ihnen anhängig sind, nicht bloß den Hauptgegenstand der Separation, sondern auch alle anderweitigen Rechtsverhältnisse, welche in Folge der Auseinandersetzung nicht in ihrer bisherigen Lage verbleiben können, zu regulieren und die dabei vorkommenden Streitigkeiten zu entscheiden (§ 7 der V. vom 30. Juni 1834).

Nr. 550. Erk. vom 12. Oktober 1861 (Just.=Min.=Bl. 1852 S. 97).

1. Wenn in einem speziellen Falle der ordentliche Rechtsweg von dem Kompetenzgerichtshofe für zulässig erklärt und demgemäß von den ordentlichen Gerichten erkannt worden ist, so kann die Vollstreckung des rechtskräftigen Urteils nicht durch entgegenstehende polizeiliche Verfügungen gehindert und daher auch ein deshalb erhobener Komp.=Konfl. nicht für zulässig erachtet werden.

2. Die Erhebung des Komp.=Konfl. gegen ein richterliches Erk. ist so lange statthaft, als dasselbe noch nicht die Rechtskraft beschritten hat, wenn das Erk. auch von den prozeßführenden Parteien selbst nicht angefochten worden ist.

Siehe die Erkenntnisse vom 10. Juni 1852 (Just.=Min.=Bl. S. 92) und vom 10. März 1860 (Just.=Min.=Bl. 1861 S. 200).

Nr. 551. Erk. vom 12. Oktober 1861 (Just.=Min.=Bl. 1862 S. 133).

Bei dem Bau von Eisenbahnen ist darüber: welche Wege neben den Eisenbahnen anzulegen und welche sonstige Anlagen zum Schutze der angrenzenden Ackerflächen zu treffen seien, von den Verwaltungsbehörden zu befinden. Sofern es sich dagegen um Entschädigung für die zu den Wegen zu verwendenden Ackerpläne handelt, haben die ordentlichen Gerichte darüber zu befinden.

Vergl. Erk. vom 25. Juni 1853 (Just.=Min.=Bl. S. 335) und jetzt das Enteignungsgesetz vom 11. Juni 1874, § 14, mit §§ 150 ff. des Zust.=Ges. v. 1. 8. 83.

Nr. 552. Erk. vom 9. November 1861 (Min.=Bl. d. i. V. 1862, S. 216 und Just.=Min.=Bl. 1862, S. 192).

Gegen polizeiliche Verfügungen, welche den Zweck haben, eine bestimmte Person zur Erfüllung der ihr von der Polizeibehörde auferlegten Verpflichtung zwangsweise anzuhalten, ist nur der Weg der Beschwerde und nicht der ordentliche Rechtsweg zulässig. Es handelte sich um eine polizeiliche Verfügung, durch welche dem Inhaber einer Färberei unter Androhung von Strafe verboten war, aus seiner gewerblichen Anlage stinkende Flüssigkeiten in ein fließendes Wasser abzuleiten (§ 3 des Gesetzes vom 28. Februar 1843). Da diesem Verbote nicht Folge geleistet wurde, so setzte die Polizeibehörde die Strafe fest und zog den Betrag ein. Hiergegen erhob der Gewerbtreibende die gerichtliche Klage mit dem Antrage auf Rückzahlung des Strafbetrages nebst Zinsen.

Für die Behandlung dieser Angelegenheit würden heute die §§ 132 ff. des L.=V.=Ges. vom 30. Juli 1883 maßgebend sein.

Nr. 553. Erk. vom 9. November 1861 (Just.=Min.=Bl. 1862, S. 154).

Wenn bei einem Auseinandersetzungsverfahren Streitigkeiten über ein dabei beteiligtes Grundstück entstehen, welche lediglich die Erfüllung eines darüber geschlossenen Kaufvertrages resp. die Erstattung der von dem Besitzer gezahlten Abgaben zum Gegenstande haben, so ist darüber nicht von den Auseinandersetzungsbehörden, sondern von den ordentlichen Gerichten zu entscheiden.

(§ 7 der V. vom 30. Juni 1834 — G.=S. S. 96 —).

Nr. 554. Erk. vom 8. Februar 1862 (Just.=Min.=Bl. d. i. V. S. 248 und Just.=Min.=Bl. S. 214).

Darüber, ob die von der Polizeibehörde verfügte und demnächst erfolgte Tödtung eines dem Anscheine nach an einer ansteckenden Krankheit (Rotz) leidenden Pferdes nach den gesetzlichen Vorschriften notwendig gewesen, hat nicht das ordentliche Gericht, sondern die vorgesetzte Verwaltungsbehörde zu entscheiden. Es handelte sich um die auf Veranlassung eines Landrates vor=

genommene Tötung eines rotzverdächtigen Pferdes, wofür der Landrat wegen Ueberschreitung seiner Amtsbefugnisse auf Erstattung des Wertes des getöteten Tieres in Anspruch genommen wurde. Es lag hier also ein einfacher Konflikt vor (siehe oben die Einleitung § 8), gleichzeitig aber auch ein Komp.-Konfl., welcher ebenso wie der Konfl. für begründet erachtet wurde. In letzterer Beziehung ist jetzt maßgebend § 134 Abs. 2 des L.-V.-Ges. vom 30. Juli 1883 und § 2 Absatz 2 des Viehseuchengesetzes vom 12. März 1881 (G.-S. S. 128). Es giebt also gegen derartige polizeiliche Verfügung weder den ordentlichen, noch den Verwaltungs-Rechtsweg, sondern lediglich die Beschwerde an die vorgesetzten Polizeibehörden.

Nr. 555. Erk. vom 8. Februar 1862 (Min.-Bl. d. i. V. S. 264 u. Just.-Min.-Bl. S. 239).

Streitigkeiten, welche über die Verteilung der aus dem Besteuerungsrechte des Staates fließenden Abgaben und Leistungen, insbesondere über die Verteilung der Gemeinde-Spanndienste unter den Kontribuenten selbst entstehen, sind vom ordentlichen Rechtswege nicht ausgeschlossen.

Mehrere Büdner waren durch den Dorfschulzen zur Gestellung von Militär-Vorspannfuhren aufgefordert und in Folge ihrer Weigerung auf Requisition des Schulzen von dem Orts-Polizeiverwalter unter Androhung von Ordnungsstrafen und Einziehung derselben, sowie der Kosten für die anderweit beschafften Fuhren, exekutivisch angehalten worden. Dies hatte die betroffenen Büdner veranlaßt, ihrerseits gegen die Bauern und Kossäthen (also nicht etwa gegen den Staat oder den Fiskus) die gerichtliche Klage zu erheben. Sie behaupteten, unter Berufung auf das Vorspann-Edikt vom 28. Oktober 1810 und die Verordnung in Betreff der Kriegsleistungen vom 12. November 1850, daß Militär-Vorspannfuhren zu den Gemeindespanndiensten gehörten, von denen sie nach einem rechtskräftigen Erkenntnisse den Beklagten gegenüber befreit seien sie beantragten deshalb im Wesentlichen:

> die Beklagten für nicht berechtigt zu erklären, von ihnen, den Klägern, im Gemeindedienste die Leistung von Militär-Vorspannfuhren zu fordern, auch die Verpflichtung der Verklagten zur Erstattung der von einzelnen der Kläger durch den Polizeiverwalter exekutivisch eingezogenen Gelder festzustellen.

Sofern es sich hier um **Kriegsleistungen** handelt im Sinne der §§ 3 ff. des Reichsgesetzes vom 13. Juni 1873 (R.-G.-Bl. S. 129), Ausführungs-Verordnung vom 14. April 1888 (R.-G.-Bl. S. 142), kommen die Vorschriften über Gemeindelasten in Betracht, mithin § 160 des Zust.-Ges. vom 1. 8. 83, wonach Streitigkeiten zwischen Beteiligten über ihre im **öffentlichen** Rechte begründeten Verpflichtungen im Verwaltungsstreitverfahren zu erledigen sind, dagegen sind unter Gemeindelasten im Sinne des § 34 desselben Zust.-Ges. nicht zu verstehen die Vorspannleistungen nach Maßgabe des Reichsgesetzes vom 13. Februar 1875 (R.-G.-Bl. S. 52); deshalb sind diese Angelegenheiten auch nach § 50, Abs. 1 des Zust.-Ges. zu instruieren, wodurch der ordentliche Rechtsweg von selbst ausgeschlossen ist. Wegen der höheren Beschwerdeinstanzen vergl. § 121 des L.-V.-G. vom 30. Juli 1883.

Nr. 556. Erk. vom 8. Februar 1862 (Just.-Min.-Bl. S. 223).

Das Gesetz vom 23. Mai 1861 (G.-S. S. 241) findet auf alle bei den Gerichten anhängige Rechtssachen, welche ihnen dadurch zugewiesen sind, Anwendung, ohne Rücksicht darauf, ob bereits früher von den Verwaltungsbehörden eine definitive Entscheidung in der Sache ergangen ist. Es handelte sich um kirchliche Abgaben.

Nr. 557. Erk. vom 8. Februar 1862 (Just.-Min.-Bl. S. 260).

Bei einem durch Ueberschwemmung herbeigeführten Durchbruch von Deichen einer Deichschau (Deichverband) am Niederrhein haben die Verwaltungsbehörden darüber zu entscheiden, ob den übrigen Deichschauen des Bezirks gegenüber der Fall der Hülfsbedürftigkeit vorliegt und event. welchen Betrag dieselben beizusteuern haben. Vergl. §§ 97 und 152 des Zust.-Ges. vom 1. August 1883.

Nr. 558. Erk. vom 12. April 1862 (Min.-Bl. d. i. V. S. 288 u. Just.-Min.-Bl. S. 280).

Die Frage: ob und welchem Gemeindebezirke gewisse Grundstücke oder Etablissements angehören oder verbleiben sollen, gehört dem öffentlichen Rechte an und kann daher nicht Gegenstand eines vor dem ordentlichen Richter zu führenden Prozesses zwischen den beteiligten Parteien sein; desgleichen kann ein Anspruch auf Erstattung der im geordneten und gesetzlich bestimmten Wege der Verwaltung ausgeschriebenen und eingezogenen Kommunal-Abgaben im ordentlichen Rechtswege nicht geltend gemacht werden.

Die Entscheidung stützt sich auf § 52 Nr. 5 der Regierungs-Instruktion vom 23. Oktober 1817, § 11 Nr. 5 der Dienst-Instruktion für die Oberpräsidenten vom 31. Dezember 1825 und auf den § 1 des erst nach Eintritt des vorliegenden Falles ergangenen Gesetzes vom 14. April 1856 (G.-S. S. 359). Gegenwärtig würden bei der Entscheidung eines derartigen Streites der § 26 des Zust.-Ges. vom 1. August 1883 in Betracht kommen, ferner wegen der Auseinandersetzung hinsichtlich der bereits geleisteten Kommunalabgaben der letzte Absatz in § 25 a. a. O., wobei nur zu bemerken ist, daß nach damaligem Rechte eine Inkommunalisierung durch Verfügung der Regierung zulässig war, von einem Rückforderungsrechte also weder damals, noch heute die Rede sein könnte.

Nr. 559. Erk. vom 12. April 1862 (Min.-Bl. d. i. V. S. 259 u. Just.-Min.-Bl. S. 235).

Ueber Verwaltungs-Ansprüche an den Staat aus der Zeit der ehemaligen französischen Fremdherrschaft in den neu- und wiedereroberten Provinzen (Rhpr.), sowie über solche Forderungen, welche aus einem Akte des Hoheitsrechtes jener Zeit (1811) hergeleitet werden, ist der ordentliche Rechtsweg unzulässig.

Eine katholische Kirchengemeinde reklamierte im Wege des gerichtlichen Prozesses von dem preußischen Fiskus gewisse Grundstücke, welche durch das französische Säkularisationsdekret vom 14. November 1811 und den Domainen einverleibt waren. Diese Domänen seien an Preußen später übergegangen und verkauft, der Erlös wurde eingeklagt. Die Entscheidung des Kompetenz-Gerichtshofes stützt sich auf die Allerhöchste Kabinets-Ordre vom 4. Februar 1823 (G.-S. S. 21) und vom 4. Dezember 1831 (G.-S. S. 255).

Nr. 560. Erk. vom 12. April 1862 (Min.-Bl. d. i. V. 1863 S. 45 und Just.-Min.-Bl. 1863 S. 35).

Auch pensionierte Beamte können vermögensrechtliche Ansprüche aus ihrem früheren Dienstverhältnisse im ordentlichen Rechtswege geltend machen, sofern nicht bereits vor dem Gesetze vom 24. Mai 1861 (G.-S. S. 241) von dem Könige oder dem Staats-Ministerium darüber entschieden worden ist. (§ 7 des Gesetzes vom 24. Mai 1861).

Es handelte sich um einen im Jahre 1841 pensionierten Lehrer, welchem die ihm bei seiner Anstellung im Jahre 1814 in Aussicht gestellte Brennholz-Lieferung, ungeachtet aller Beschwerden, niemals geliefert worden war.

Die Klage war gegen den Fiskus gerichtet.

Nr. 561. Erk. vom 11. Oktober 1862 (Min.-Bl. d. i. V. 1863, S. 9 und Just.-Min.-Bl. 1863, S. 21).

Streitigkeiten zwischen dem Landarmenverbande und den (ehemaligen) Kreisständen über die Erstattung der von den letzteren gemachten Auslagen für die Verpflegung armer Personen, auch in Ostpreußen wo damals noch besondere Bestimmungen über die Armenpflege galten, waren im ordentlichen Rechtswege zu entscheiden.

Kreis-Armenlasten und Kreisstände giebt es jetzt nicht mehr. Etwaige Streitigkeiten zwischen den heute bestehenden Armenverbänden werden im Verwaltungsstreitverfahren entschieden (§ 39 des Zust.-Ges. v. 1. 8. 83).

Nr. 562. Erk. vom 11. Oktober 1862 (Min.-Bl. d. i. V. 1863, S. 70 und Just.-Min-Bl. S. 54).

Wenn unter mehreren Armenverbänden Streit darüber entsteht, wer von ihnen die Verpflegung eines Armen zu übernehmen habe, so ist darüber im ordentlichen Rechtswege zu entscheiden.

Dieser Grundsatz gilt jetzt nicht mehr (§ 39 des Zust.-Ges. vom 1. 8. 83.

Nr. 563. Erk. vom 11. Oktober 1862 (Min.-Bl. d. i. V. 1863, S. 15 und Just.-Min.-Bl. S. 47).

Die Frage, ob und welche Anlagen an Wegen, Ueberfahrten u. s. w. bei dem Bau von Eisenbahnen zur Sicherung der benachbarten Grundbesitzer gegen Nachteile in der Benutzung ihrer Grundstücke notwendig sind, unterliegt der Beurteilung und Entscheidung der Verwaltungsbehörden, und der ordentliche Rechtsweg ist deshalb nicht zulässig.

Vergl. die, denselben Gegenstand betreffenden Erkenntnisse.

Es handelte sich hier um die Verlegung eines Weges, auf welchem Kläger bisher seinen Holzbedarf aus der Forst geholt hatte und welcher kürzer war, als der später in Folge der Eisenbahnanlage hergestellte.

Nr. 564. Erk. vom 11. Oktober 1862 (Min.-Bl. d. i. V. 1863, S. 27 und Just.-Min.-Bl. S. 11).

Ueber die Verbindlichkeit zur Entrichtung von Schulabgaben, welche nach den Bestimmungen eines Allerhöchst genehmigten Schulreglements innerhalb einer Provinz zu leisten sind, ist der ordentliche Rechtsweg nur unter denselben Voraussetzungen zulässig, wie bei der Entrichtung öffentlicher Abgaben, und der Einwand der Prägravation kann den ordentlichen Rechtsweg nur dann begründen, wenn unter den Kontribuenten selbst Streitigkeiten darüber stattfinden, nicht aber, wenn dieser Einwand gegen die Festsetzungen der vorgesetzten Behörde gerichtet ist.

Es handelte sich um die Auslegung der §§ 4, 12, 13, 19 und 23 des schlesischen Schul-Reglements für die niederen katholischen Schulen vom 18. Mai 1801 (Neue Korn'sche Ediktensammlung Band VII, Nr. 132, S. 266) und um die Frage der Konfession der an einer Landschule anzustellenden Lehrer, deren Anzahl und Besoldung seitens der Gutsherrschaft. Der Antrag der gegen die Regierung gerichteten Klage ging dahin:

> zu erkennen, daß auf das dem Lehrer zu gewährende gutsherrliche Gehalt gewisse Bezüge für den Organisten und aus einer anderen eingeschulten Ortschaft angerechnet werden sollten, und nur bei einem etwaigen Ausfall einer dieser Einnahmen das volle Gehalt seitens der Gutsherrschaft zu zahlen sei.

Vergl. jetzt §§ 46 und 160 des Zust.-Ges. vom 1. 8. 83.

Nr. 565. Erk. vom 11. Oktober 1862 (Just.-Min.-Bl. 1863, S. 88).

1. Streitigkeiten unter den Mitgliedern eines Meliorationsverbandes sind, sofern sie die zur Melioration der Grundstücke erforderlichen neuen Anlagen betreffen und sofern die Statuten dies vorschreiben, vom ordentlichen Rechtswege ausgeschlossen.

2. Der Oberpräsident der Provinz ist, als die vorgesetzte Aufsichtsbehörde des Meliorationsverbandes, zur Erhebung des Komp.-Konfl. in derartigem Prozesse befugt.

Nr. 566. Erk. vom 8. November 1862 (Min.-Bl. d. i. V. 1863 S. 90 und Just.-Min.-Bl. 1863 S. 91).

Wenn zwischen dem Eigentümer eines Waldes und demjenigen einer von diesem Walde eingeschlossenen Enklave Streit darüber entsteht, ob der erstere berechtigt sei, die pachtweise Ueberlassung der Jagd auf der Enklave zu verlangen, so ist darüber im ordentlichen Rechtswege zu entscheiden. (§ 7 des Jagd-Polizeigesetzes vom 7. März 1850 — G.-S. S. 165 —).

Dieser Grundsatz ist jetzt nach § 105 Nr. 3 des Zust.-Ges. v. 1. 8. 83 nicht mehr aufrecht zu erhalten.

Nr. 567. Erk. vom 8. November 1862 (Just.-Min.-Bl. 1863 S. 80).

Wenn der jährliche Holzbedarf einer Dorfschule durch Anordnung der Königl. Regierung festgestellt ist, so stand früher den Gemeindemitgliedern, welche das Holz zu liefern haben, der Rechtsweg dagegen nur soweit offen, als derselbe bei öffentlichen Abgaben zulässig war. Vergl. jetzt §§ 46 und 160 des Zust.-Ges. v. 1. 8. 83.

Nr. 568. Erk. vom 8. November 1862 (Just.-Min.-Bl. 1863 S. 106).

Gegen polizeiliche Anordnungen in Strom- und Uferangelegenheiten ist eine Possessorienklage unzulässig (§ 10 des Vorflutsges. vom 15. Nov. 1811 — G.-S. S. 352 —, §§ 9 und 13 des Ges. v. 20. August 1883 — G.-S. S. 333 —, Ges. v. 31. Mai 1884 — G.-S. S. 303).

Nr. 569. Erk. vom 10. Januar 1863 (Min.-Bl. d. i. V. S. 87 u. Just.-Min.-Bl. S. 98).

Anordnungen der Regierung über die Ermittelung, Verteilung und Erhebung der Gewerbesteuer sind der Entscheidung des ordentlichen Richters nicht unterworfen, dagegen ist der ordentliche Rechtsweg zulässig, wenn eine Kommune auf den ihr gesetzlich zustehenden Anteil an der Einnahme Anspruch macht, auch wenn sie bei der Ermittelung und Erhebung der Gewerbesteuer nicht beteiligt ist.

Die Entscheidung beruht auf § 36 des Gewerbesteuerges. vom 30. Mai 1820 (G.-S. S. 147), welches durch das Ges. v. 19. Juli 1861 (G.-S. S. 697) insofern modifizirt ist, als darin bestimmt wird, daß die Ermittelung und Verteilung der von der Klasse A. 1 zu entrichtenden Gewerbesteuer nicht mehr von den Kommunalbehörden, sondern von den Bezirksregierungen geleitet werden solle.

Zu dem obigen Grundsatze hat das ehemalige Obertribunal in seiner Entscheidung vom 10. März 1873 (Entsch Bd. 69, S. 110) den Satz aufgestellt, daß, wenn die Thätigkeit der Gemeinden nicht in Anspruch genommen wird, derselben auch kein Anspruch auf die Tantièmen zusteht. Hierdurch wird allerdings zwar die materielle Rechtsfrage, nicht aber die Frage der Prozeßfähigkeit des Streites berührt.

Vergl. Falkmann, preußische Gewerbesteuergesetzgebung, Berlin 1886, S. 16 u. 17.

Nr. 570. Erk. vom 10. Januar 1863 (Min.-Bl. d. i. V. S. 198 u. Just.-Min.-Bl. S. 161).

Wenn einer Dorfgemeinde von Seiten der Polizeibehörde die Wiederherstellung einer schadhaften Brücke aufgegeben, von der Gemeinde aber der Einwand erhoben wird, daß diese Verpflichtung nicht ihr, sondern dem Fiskus obliege, so ist darüber im ordentlichen Rechtswege zu entscheiden.

Es handelte sich um die Herstellung einer seit Jahrhunderten von einer Gemeinde unterhaltenen Brücke, wozu aber Fiskus das erforderliche Holz liefern mußte. Die letztere Verpflichtung war aber nach der das Rechtsverhältnis begründenden landesherrlichen Anordnung eine widerrufliche. Von diesem Widerspruchsrecht machte Fiskus Gebrauch, und dies hatte die gerichtliche Klage zur Folge, welche namentlich darauf fußte, daß der Gemeinde ein spezieller Rechtstitel zur Seite stehe.

Heute würde diese Angelegenheit in Gemäßheit des § 56 (insbesondere des Abschnittes 5) des Zust.-Ges. v. 1. 8. 83 zum Austrag zu bringen sein.

Nr. 571. Erk. vom 10. Januar 1863 (Min.-Bl. d. i V. S. 154 u. Just.-Min.-Bl. S. 119).

Gegen Anordnungen der Wegepolizeibehörde sind Possessorienklagen bei den ordentlichen Gerichten nicht zulässig.

Kläger fühlte sich dadurch beschwert, daß bei der nach polizeilicher Anordnung bewirkten Anlage eines Fußweges über seine Wiese eine Berieselungsanlage zugedeckt und dadurch kassirt worden sei. Er klagte gegen die Polizeibehörde wegen Besitzstörung und auf Wiederherstellung des früheren Zustandes. Dies war und ist auch noch heute nach § 56 des Zust.-Ges. v. 1. 8. 83 unzulässig.

Nr. 572. Erk. vom 10. Januar 1863 (Just.-Min.-Bl. S. 71).

Entschädigungsansprüche, welche darauf beruhen, daß bei der Ausführung einer Separation und der damit verbundenen Grabenarbeiten von den betreffenden Personen ein grobes oder mäßiges Verfahren begangen worden, sind nicht von den Auseinandersetzungsbehörden, sondern von den ordentlichen Gerichten zu entscheiden (§§ 7 und 8 der V. vom 30. Juni 1834).

Nr. 573. Erk. vom 10. Januar 1863 (Just.-Min.-Bl. S. 103).

Streitigkeiten über die Ausbesserung eines Weges, welcher von der Regierung als ein öffentlicher anerkannt wird, sind von der richterlichen Entscheidung ausgeschlossen (§ 56 des Zust.-Ges. v. 1. 8. 83).

Nr. 574. Erk. vom 14. März 1863 (Min.-Bl. d. i. V. S. 110 und Just.-Min.-Bl. S. 133).

Wenn nach §§ 294, 297 und 298 Tit. 11, T. II A. L.-R. Gemeinden, welche noch zu keinem Kirchspiel gewiesen sind, einer benachbarten Kirche zuzuschlagen und die von ihnen zu leistenden Abgaben und Beiträge, in Ermangelung eines Vertrages, von den geistlichen Obern nach Billigkeit und nach dem, was unter ähnlichen Umständen im Kreise oder in der Provinz üblich ist, festgesetzt werden, so ist gegen dergleichen Anordnungen der geistlichen Behörden der ordentliche Rechtsweg nicht zulässig.

Das Gesetz vom 24. Mai 1861 konnte hier nicht Platz greifen, weil die dem Kläger angesonnenen Leistungen nicht auf Grund einer notorischen Orts- oder Bezirksverfassung, und mithin als längst schon aus Titeln dieser Art ihm obliegende, gefordert wurden, vielmehr handelte es sich um die Einpfarrung einer neuerdings erst nach und nach entstandenen Ortschaft (Vorwerk).

Vergl. Kries, preußische Kirchengesetzgebung, Danzig 1887, S. 28, 29.

Nr. 575. Erk. vom 14. März 1863 (Min.-Bl. d. i. V. S. 113 und Just.-Min.-Bl. S. 126.)

Schulversäumnisstrafen sind nicht als Exekutionsmittel, sondern als Strafen für begangene Uebertretungen zu betrachten und deshalb im polizeilichen Untersuchungsverfahren festzusetzen.

(Ministerial-Erlasse vom 5. November 1860 — Min.-Bl. d. i. V. 1861, S. 5 —, desgl. vom 4. März 1863 — a. a. O. S. 68 —).

Vergl. jetzt Ges. vom 23. April 1883 (G.-S. S. 65) und die Ausführungsanweisung vom 8. Juni 1883 (Wochenschrift „Selbstverwaltung" Jahrg. X, S. 211). Wegen der Rhpr. vergl. unten Nr. 609.

Nr. 576. Erk. vom 14. März 1863 (Min.-Bl. d. i. V. S. 119 und Just.-Min.-Bl. S. 130).

Wenn zum Neubau eines Schulhauses den Mitgliedern der Gemeinde die Leistung von Hand- und Spanndiensten durch Gemeindebeschluß auferlegt worden ist, so ist der ordentliche Rechtsweg gegen einen solchen Beschluß nicht gestattet, auch dann nicht, wenn von den Beteiligten der Einwand erhoben wird, daß er zu den Forensen gehöre und als solcher zu dem Bau des Schulhauses Beiträge nicht zu leisten habe.

Vergl. jetzt §§ 47, 49 und 160 des Zust.-Ges. v. 1. 8. 83. In Bezug genommen wurde auch der § 60 der westfälischen L.-G.-O. vom 19. März 1856 (G.-S. S. 265), wozu auch das Kommunalabgabengesetz vom 27. Juli 1885 (G.-S. S. 327) nachzulesen ist.

Nr. 577. Erk. vom 9. Mai 1863 (Just.-Min.-Bl. S. 246).

Konfliktssache, § 8 der Einleitung zu diesem Buche.
Injurienklage gegen einen Polizeibeamten.

Nr. 578. Erk. vom 4. Juli 1863 (Min.-Bl. d. i. V. S. 210 und Just.-Min.-Bl. S. 237).

Streitigkeiten über die Verpflichtung zur Zahlung von Beiträgen für die Reparatur von Kirchenstühlen und Kirchensitzen sind dem ordentlichen Rechtswege unterworfen.

Kläger stützte seine Befreiung von der ihm angesonnenen Leistung auf die Thatsache seines längst erfolgten Austrittes aus der Kirchengemeinde, der Komp.-Konfl. wurde für unbegründet erachtet, weil die betreffenden Reparaturen den §§ 708—760 Tit. 11 Teil II A. L.-R. zu subsumieren sind. Kirchenstühle gehören zu den „Kirchengeräten" (§ 699 a. a. O.) und die Reparaturen der letzteren zu den „Kirchenbauten".

Nr. 579. Erk. vom 4. Juli 1863 (Just.-Min.-Bl. S. 225.)

Wenn über die Ausführung eines Brückenbaues, welcher von der Polizeibehörde nicht angeordnet, sondern nur genehmigt worden ist, unter den beteiligten Parteien Streit entsteht, so ist dasselbe im ordentlichen Rechtswege zu entscheiden." Siehe Erkenntnis v. 10. Jan. 1863 (Just.-Min.-Bl. S. 103).

Nr. 580. Erk. vom 4. Juli 1863 (Just.-Min.-Bl. S. 231).

1. Beschwerden über die Feststellung der Flurbezirke bei Einrichtung der Grundsteuer-Kataster in den westlichen Provinzen sind zum ordentlichen Rechtsweg nicht geeignet (Ges. v. 21. Jan. 1839, §§ 17, 25 — G.-S. S. 30 —).

2. Streitigkeiten über die Frage: ob und welchem Gemeindebezirke gewisse Grundstücke angehören oder verbleiben sollen, sind vom Prozeßverfahren ausgeschlossen Vergl. Erk. v. 12. April 1862 (Just.-M.-Bl. S. 280), §§ 9, 21 und 26 des Zust.-Ges. v. 1. 8. 83.

Nr. 581. Erk. vom 4. Juli 1863 (Just.-Min.-Bl. S. 267).

Gegen die polizeiliche Anordnung einer Festungsbehörde, durch welche das Betreten der Festungswerke bei Strafe verboten wird, ist der Possessorien-Prozeß nicht zulässig. Siehe Erkenntnis vom 4. Februar 1854 (Just.-M.-Bl. S. 320.)

Nr. 582. Erk. vom 10. Oktober 1863 (Min.-Bl. d. i. V. S. 232 u. Just.-Min.-Bl. S. 290).

Wenn früher die Erhebung eines Zuschlags zur Mahl- und Schlachtsteuer in mehreren zu einem Steuerbezirk vereinigten (Stadt- und Land-)Gemeinden zur Deckung der Kommunalsteuer von Seiten der Regierung gestattet worden war, so war dieselbe auch berechtigt, über die Art der Aufbringung und über die Verteilung des Ertrages unter die beteiligten Gemeinden das Erforderliche anzuordnen, ohne daß der Rechtsweg darüber zulässig war. Dagegen erschien der Anspruch einer mahlsteuerpflichtigen Stadt auf Ueberweisung des ihr gesetzlich zustehenden Drittels von dem Rohertrage der Mahlsteuer zur Verfolgung im Rechtswege geeignet.

Seit der Aufhebung der Mahl- und Schlachtsteuer als Staatssteuer ist dieser Grundsatz gegenstandslos geworden. (Ges. v. 25. Mai 1873 — G.-S. S. 222 —).

Nr. 583. Erk. vom 10. Okt. 1863 (Min.-Bl. d. i. V. 1864 S. 9 u. Just.-Min.-Bl. 1863 S. 304).

Gegen die Einziehung von Schulbeiträgen ist der ordentliche Rechtsweg zulässig, wenn der Einwand der Befreiung auf Vertrag oder Verjährung beruht; ob ein solcher besonderer Rechtstitel als vorhanden anzunehmen, darüber hat im streitigen Falle der Gerichtshof für Komp.-Konfl. zu entscheiden. Im vorliegenden Falle wurden diese Voraussetzungen für zutreffend nicht erachtet, mithin der ordentliche Rechtsweg für unzulässig und der Komp.-Konfl. für begründet erachtet. Es handelte sich um Beiträge zu einer schlesischen Schule, welche von einer benachbarten Gutsherrschaft erfordert wurden, wogegen der Einwand der Befreiung ex speciali titulo erhoben wurde. Zweifelhaft war es, ob sich der Streit zwischen zwei betheiligten Dominien oder zwischen letzteren und dem Schulverbande bewege, diese Bedenken finden aber jetzt ihre Erledigung in § 46 des Zust.-Ges. v. 1. 8. 83, welches beide Arten von Streitigkeiten den Verwaltungsgerichten überweist, vergl. auch § 160 desselben Gesetzes.

Nr. 584. Erk. vom 10. Okt. 1863 (Min.-Bl. d. i. V. 1864 S. 31 u. Just.-Min.-Bl. 1864 S. 4).

Die Polizeibehörden sind berechtigt, hinsichtlich der Benutzung von Kirchen, welche zum gemeinschaftlichen Gebrauche mehrerer Konfessionen bestimmt sind (Simultankirchen), im Interesse der Ruhe und Ordnung die erforderlichen Verfügungen zu treffen. Sofern dadurch ein Interimistikum unter den streitenden Parteien festgestellt wird, ist zwar der ordentliche Rechtsweg dagegen zulässig, es muß aber bis zur rechtskräftigen Entscheidung der ordentlichen Gerichte der polizeilichen Anordnung Folge geleistet werden, und die Polizeibehörde ist befugt, die betheiligten Personen nöthigenfalls durch Androhung und Einziehung von Geldstrafen dazu anzuhalten.

In einem Regulativ der Königl. Regierung in Koblenz von 1826 waren Festsetzungen darüber getroffen, innerhalb welcher Stunden in einer Simultankirche protestantischer und katholischer Gottesdienst abgehalten werden dürfe. Entgegen diesen Festsetzungen hielt der katholische Geistliche auch zu andern Stunden Andachten in der Kirche ab und dies wurde ihm seitens der Polizeiverwaltung unter Androhung von Zwangsmitteln untersagt. Hiergegen erhob der Verwaltungsrath der katholischen Kirche die Besitzstörungsklage, welche durch den Kompetenz-Gerichtshof für unzulässig erachtet wurde. „Es kann an sich einem begründeten Zweifel nicht unterliegen, daß die Polizeibehörde auch bezüglich auf das öffentliche Zusammenkommen des Publikums in Kirchen für Ordnung und Gesetzlichkeit zu sorgen und, wo nöthig, dieserhalb durch polizeiliche Verfügungen einzuschreiten hat, da der § 6 lit. d des Polizeigesetzes vom 11. März 1850 bei allem öffentlichen Zusammensein einer größern Anzahl von Personen ihr die ohnehin in ihrem Berufe an sich schon liegenden Verpflichtung dazu noch besonders auferlegt, ohne die kirchlichen Zusammenkünfte auszunehmen. Es kann in Bezug auf diese besonders in der Rheinprovinz kein Zweifel bestehen, weil das Gesetz vom 16., 24. August 1790 Tit XI. Art. 3 Nr. 3 die bezeichnete polizeiliche Befugnis in Bezug auf Kirchen speziell festsetzt (vergl. die Endurteile des O.-V.-G. vom 10. Dezember 1884 und vom 3. Dezember 1887 — siehe Parey und Wiedemann, Rechtsgrundsätze S. 71 und 86 Nr. 32 bezw. Nr. 91 —).

Die Fragen: ob beiden Kirchengemeinden das Eigentum an der Kirche zusteht, oder welche Rechte der einen an dem Eigentum der andern zustehen und zu welchen Zeiten die eine oder die andere die Kirche benutzen kann, sind rein privatrechtliche Fragen, die unter den beiden Kirchen vor dem ordentlichen Richter zu erörtern und zu entscheiden sind (vergl. A. L.-R. Teil II. Tit. 11 §§ 309 ff.), dagegen ergeben sich die Rechtsmittel gegen polizeiliche Zwangsbefugnisse jetzt aus §§ 132 ff. des L.-V.-Ges. v. 30. 7. 83.

Nr. 585. Erk. vom 10. Oktober 1863 (Min.-Bl. d. i. V. 1864 S. 43 und Just.-Min.-Bl. 1864 S. 24).

Die Provinzial-Polizeibehörde ist berechtigt, den Wasserstand einer Mühle in streitigen Fällen interimistisch festzusetzen; wenn aber von dem Mühlenbesitzer das Recht auf einen höheren oder niederen Wasserstand behauptet wird, so ist sowohl über die Anerkennung dieses Rechtes als über die Entschädigungsfrage von den ordentlichen Gerichten zu entscheiden. Heute würde für die Erledigung dieser Angelegenheit der § 67 des Zust.-Ges. v. 1. 8. 83 maßgebend sein.

Nr. 586. Erk. vom 14. November 1863 (Min.-Bl. d. i. V. 1864 S. 4 und Just.-Min.-Bl. 1864 S. 16).

Ueber die Frage: ob eine Gemeinde zur Erhebung einer Kommunalsteuer von einer bestimmten Person oder von einem bestimmten Grundstück berechtigt ist, kann nicht im ordentlichen Rechtswege, sondern nur im Verwaltungswege entschieden werden, und es macht dabei keinen Unterschied, ob es sich um die Ausübung des streitigen Besteuerungsrechtes für die Vergangenheit oder für die Zukunft handelt.

Zwischen zwei Gemeinden bestand eine Streitigkeit hinsichtlich ihrer Kommunalgrenzen, welche durch ein behördliches Resolut festgesetzt wurde, dergestalt, daß die in dem Resolut speziell bezeichneten Grundstücke der einen Steuergemeinde als zum politischen Gemeindebezirk der anderen gehörig zu erachten und fortan zu behandeln seien. Hierauf gestützt klagte die vergrößerte Gemeinde gegen die andere auf Herausgabe derjenigen Steuersumme, welche die letztere während des Streites von den übertragenen Grundstücken erhoben hatte. Der hiergegen eingelegte Kompt-Konfl. wurde im obigen Sinne entschieden, und damit stimmt auch jetzt überein der Absatz 4 in § 25 des Zust.-Ges. v. 1. 8. 83. Wegen der bei den Auseinandersetzungen zu beachtenden Grundsätze vergl. die Endurteile des O.-V.-G. vom 28. Februar 1877 (Entsch. Band II, S. 1, Parey, Rechtsgrundsätze des O.-V.-G., Stammwerk S. 68, Nr. 1), vom 22. November 1880 (Entsch. Band VII, S. 58, Parey, Stammwerk S. 70, Nr. 4) und vom 29. Mai 1886 (Entsch. Band XIII, S. 200, Parey I, Ergänzungsband S. 70, Nr. 26).

Nr. 587. Erk. vom 14. November 1863 (Min.-Bl. d. i. V. 1864 S. 38 und Just.-Min.-Bl. S. 42).

Gegen Anordnungen, welche der Vertreter einer Gemeinde auf Anweisung des ihm vorgesetzten Landrates erläßt, ist eine Besitzstörungsklage nicht zulässig, auch wenn die Anordnung an sich nicht gerechtfertigt sein sollte. Der Offizial-Mandatar einer westfälischen Landgemeinde hatte eine Anzahl angeblich von dem Kläger rechtmäßig erworbener Eichenstämme im Auftrage des Landrats, gegen den Einspruch des Klägers mit Beschlag belegt und öffentlich verkaufen lassen. Gegen die dieserhalb erhobene, auf Rückgewähr der Eichenstämme gerichteten Klage wurde der Konflikt in Gemäßheit des Ges. vom 13. Februar 1854 erhoben. Heute würde diese Angelegenheit der Entscheidung des Königl. O.-V.-G. unterliegen. Nach § 74 der westfälischen L.-G.-O. vom 19. März 1856 liegt den Amtmännern auch die Verwaltung der Polizei in ihren Amtsbezirken ob. Sie sind also auch polizeiliche Unterbeamte und Organe des Landrates als Vorsitzenden des Kreisausschusses (§ 80 der westfälischen Kreisordnung vom 31. Juli 1886) und schuldig, den Aufträgen desselben Folge zu leisten. Wenn der Verklagte der Anweisung des ihm vorgesetzten Landrates nachkam, so genügte er nur der vermöge seines Amtes als Polizeibeamter ihm obliegenden Pflicht und kann deshalb nicht wegen Ueberschreitung seiner amtlichen Befugnisse in gerichtlichen Anspruch genommen werden, vielmehr steht ihm bei dem eingeschlagenen Verfahren der § 3 des Ges. vom 13. Februar 1854 überall zur Seite.

Nr. 588. Erk. vom 14. November 1863 (Min.-Bl. d. i. V. 1864 S. 51 und Just.-Min.-Bl. 1864 S. 47).

Gegen die Einziehung der von einer Stadtgemeinde geforderten Grundabgaben ist der ordentliche Rechtsweg zulässig, wenn der Einwand erhoben wird, daß dieselben aus dem inzwischen aufgehobenen schutzherrlichen Jurisdiktionsrechte der Stadt originiren.

Die Entscheidung stützte sich auf § 10 des Ges. v. 24. Mai 1861, welcher aber durch den § 160 des Zust.-Ges. v. 1. 8. 83 dahin abgeändert worden ist, daß an die Stelle des ordentlichen Rechtsweges das Verwaltungsstreitverfahren getreten ist. Es handelte sich um die Verpflichtung zur Weiterentrichtung eines „Geschoß- und Halmgeldes", welches städtische Forensen an die Stadtgemeinde zahlen mußten. (cf. auch § 18 Ziffer 2 desselben Zust.-Ges.).

Nr. 589. Erk. vom 14. November 1863 (Min.-Bl. d. i. V. 1864 S. 91 und Just-Min.-Bl. 1864 S. 62).

Ansprüche, welche von einem Mitgliede einer Stadtgemeinde auf Benutzung der Bürgerforst erhoben und nicht auf einen Privatrechts-Titel, sondern auf die bestehende städtische Verfassung gegründet werden, sind zur Erörterung und Entscheidung im ordentlichen Rechtswege nicht geeignet.

Kläger bezog als Besitzer eines „Reihen- resp. Brauhauses" gegen Entrichtung eines „Lösegeldes" ein Quantum Brennholz aus der Stadtforst. Das gräflich Wernigerodische Holzedikt vom 2. Januar 1766 verbietet denen, die das Holz nicht selbst nehmen wollen, einen Holzzettel zu lösen, denselben zu verkaufen oder unter anderem Vorwande wegzugeben, resp. fremde Zettel anzunehmen und bedroht den Zuwiderhandelnden mit Ausschließung vom Teilholze für das nächste Jahr und bei fernerer Kontravention mit gänzlicher Ausschließung aus der Reihe. Auf Grund dieser Vorschrift hatte der Magistrat den Kläger des Reiheholzes für 1861 für verlustig erklärt und hiergegen richtete sich die gerichtliche Klage mit dem Antrage, den Magistrat für schuldig zu erachten, das Recht des Klägers auf das Reiheholz anzuerkennen und demgemäß zur Verabfolgung des Holzzettels gegen Zahlung des Lösegeldes an den Kläger für schuldig zu erkennen.

Der Kompetenzkonflikt wurde für begründet erachtet, weil der Anspruch des Klägers nicht auf einem privatrechtlichen, sondern auf der Stadtverfassung, also auf einem publizistischen Fundamente beruhte. (Deklaration v. 26. Juli 1847). Ob das gräfliche Edikt von 1766 noch giltig oder antiquiert ist, könne nur bei der Entscheidung eines eigentlichen Rechtsstreites in Betracht kommen. Vergl. jetzt § 18 Nr. 1 des Zust.=Ges. v. 1. 8. 83 und das oben sub Nr. 311 mitgeteilten Erkenntnis nebst dazu gegebenen Erläuterungen.

Nr. 590. Erk. vom 14. November 1863 (Min.=Bl. d. i. V. 1864 S. 105 und Just.=Min.=Bl. 1864 S. 75).

Gegen Verfügungen der Polizeibehörde, durch welche ein vorhandener Weg für einen öffentlichen erklärt und die Freigebung desselben zur allgemeinen Benutzung angeordnet wird, ist der ordentliche Rechtsweg unzulässig, und es macht dabei keinen Unterschied, ob die Klage gegen die Polizeibehörde, welche die Anordnung erlassen hat, oder gegen eine Privatperson, welche bei der Benutzung des Weges beteiligt ist, gerichtet wird.

Kläger hatte einen über sein Grundstück führenden Weg durch eine Hecke geschlossen, gegen die Verfügung der Polizeibehörde, durch welche die Beseitigung dieses Hindernisses angeordnet wurde, richtete sich die Klage, in welcher aber ein Entschädigungsanspruch nicht gestellt wurde.

Vergl. jetzt den § 56 des Zust.=Ges. v. 1. 8. 83 und die früher bereits mitgeteilten auf „Wegeangelegenheiten" bezüglichen Erkenntnisse (siehe Inhaltsverzeichnis.)

Nr. 591. Erk. vom 13. Februar 1864 (Min.=Bl. d. i. V. S. 180 u. Just.=Min.=Bl. S. 115).

Bei Streitigkeiten über die Beitragspflicht des Fiskus zu den Zubereitungskosten bei metallischen und mineralischen Werken ist der ordentliche Rechtsweg zulässig (vergl. das Erk. sub Nr. 513).

Gemäß § 2 des Ges. vom 12. Mai 1851 hatte die Bergbehörde den auf den zwanzigsten von dem Ertrage der Grube der klagenden Gewerkschaft fallenden Anteil von den Koch= und Waschkosten, sowie von den Kosten der Setz= und Walzarbeiten bei den Walzerzen und bei dem Grubenklein getragen, sie weigerte sich aber, zu den Kosten der Handscheidung, der Läuter= und Klaubearbeit beizutragen, weil diese Kosten nicht zu den Zubereitungskosten, sondern zu den Berggewinnkosten gerechnet werden müßten. (Wegen Erklärung der hier vorkommenden technischen Ausdrücke vergl. Dannenberg und Frantz, Berg= und Hüttenmännisches Wörterbuch, Leipzig 1882).

Nr. 592. Erk. vom 13. Februar 1864 (Min.=Bl. d. i. V. S. 146 u. Just.=Min.=Bl. S. 129).

Die Polizeibehörden sind berechtigt, für die Befolgung der von ihnen erlassenen Anordnungen zu sorgen und die Ausführung derselben nötigen Falles auf Kosten der Säumigen durch einen Dritten bewirken zu lassen. Die dafür gezahlten Geldbeträge können demnächst im Wege der Execution eingezogen werden, ohne daß der ordentliche Rechtsweg dagegen zulässig wäre.

Kläger hatte es versäumt, den Bürgersteig bei eingetretener Winterglätte bestreuen zu lassen, die Polizeibehörde ließ das Erforderliche bewirken und zog die entstandenen Kosten ein. Die letzteren wurden im Wege der gerichtlichen Klage zurückgefordert.

An die Stelle der seitens der Polizeibehörde angezogenen gesetzlichen Vorschriften sind jetzt die §§ 132 ff. des L.-V.-Ges. v. 30. 7. 83 getreten.

Nr. 593. Erk. vom 13. Januar 1864 (Min.-Bl. d. i. V. S. 176 u. Just.-Min.-Bl. S. 93).

Die Vorschriften wegen Befriedigung der Brücken, über welche eine Kunststraße führt, sind nur auf wirkliche Brücken, nicht auf Wasserdurchlässe, die sich in der Tiefe des Straßendammes befinden, zu beziehen; deshalb können Wegebaubeamte wegen Unglücksfällen, die sich bei einem solchen Wasserdurchlasse aus Mangel eines Geländers zugetragen haben, nicht in Anspruch genommen werden.

Konfliktssache nach § 8 der Einleitung zu diesem Buche.

Nr. 594. Erk. vom 13. Februar 1864 (Just.-Min.-Bl. d. i. V. S. 269).

Ueber die Verbindlichkeit zur Entrichtung von Gemeinde-Abgaben (hier städtische) ist ein gerichtliches Prozeß-Verfahren nicht zulässig, insbesondere kann auch der zur Steuererhebung berechtigten Kommunalbehörde der ordentliche Rechtsweg gegen die Entscheidung der vorgesetzten Verwaltungsbehörde nicht gestattet werden.

Auf Grund der Nr. I, Ziffer 2 im § 53 der Städte-Ordnung vom 30. Mai 1853 hatten die Eigentümer eines außerhalb der klagenden Stadtgemeinde belegenen Rittergutes bei den höchsten Aufsichtsbehörden mit Erfolg Beschwerde geführt. Die Rittergutsbesitzer (Mann und Frau) hatten das Gut ihrem Sohne unter der Bedingung verkauft, daß das Eigentum erst mit dem Tode des Letztlebenden der Verkäufer an den Käufer übergehe, bis dahin das Kaufgeld verzinst und außerdem den Verkäufern ein in Naturalien bestehendes Leibgedinge gewährt werden solle. Der Magistrat hatte, weil in der Stadt ein Zuschlag zur klassifizirten Einkommensteuer erhoben wurde, bei Feststellung des von dem später Verklagten zu entrichtenden Zuschlages diese Kaufgelder, Zinsen und Naturalien mit in Anrechnung gebracht, wurde aber höheren Ortes angewiesen, hiervon Abstand zu nehmen und die schon erhobenen Beträge zu erstatten. Nunmehr erhob Magistrat die gerichtliche Klage gegen den Rittergutsbesitzer, der dagegen erhobene Komp-Konfl. wurde aber für begründet erachtet.

Der Magistrat war durch dies Ergebnis in eine eigentümliche und schwierige Lage versetzt worden, das lag aber nur daran, daß die höchsten Aufsichtsbehörden (Oberpräsident und Minister) sich in die Angelegenheit eingemischt hatten. Das Recht dazu kann ihnen auch heute noch nicht bestritten werden (§ 50 Abs. 3 des L.-V.-G. vom 30. Juli 1883), allein es entspricht doch einer vernünftigen und gerechten Anschauung, von diesem Mittel nur dann Gebrauch zu machen, wenn nach Erschöpfung der geordneten Instanzen, etwa aus der Ausführung eines formell rechtskräftigen Erkenntnisses eines Verwaltungsgerichtes, aus einem formell vollstreckbaren Beschlusse den betreffenden Behörden ein ungerechtfertigter und unwiderbringlicher Schaden erwachsen würde. So lange dies nicht der Fall ist, entspricht es einer gesunden Praxis, die Antragsteller auf den richtigen Weg zu verweisen. Im vorliegenden Falle hätte dem exequirten Rittergutsbesitzer der Weg der Reklamation in Gemäßheit des § 18 Nr. 2 des Zust.-Ges. v. 1. 8. 83 empfohlen werden sollen.

Nr. 595. Erk. vom 13. Februar 1864 (Just.-Min.-Bl. S. 145).

Bei Anlegung neuer Gemeindewege in der Rhpr. muß die Expropriation der dazu erforderlichen Grundstücke im gerichtlichen Verfahren erfolgen und auch über die dabei vorkommenden Vindikations-Ansprüche von den Gerichten entschieden werden. Vergl. Enteignungs-Gesetz vom 11. Juni 1874 u. §§ 150 ff. des Zust.-Ges. vom 1. 8. 83, auch § 56 desselben Gesetzes.

Nr. 596. Erk. vom 9. April 1864 (Min.-Bl. d. i. V. S. 186 u. Just.-Min.-Bl. S. 191).

Gegen Verfügungen der kirchlichen Verwaltungsbehörden, durch welche eine neue Parochie gebildet, oder eine Veränderung einer schon bestehenden Parochie angeordnet wird, ist der ordentliche Rechtsweg nicht zulässig.

Es handelte sich um die Veränderung einer katholischen Parochie und der Komp.-Konfl. war von dem Fürstbischof von Breslau erhoben. Von dem Falle eines Widerspruches eines oder des anderen Interessenten gegen die von der Behörde (dem Fürstbischof) verfügte Parochial-Veränderung war hier nicht die Rede, es ließ sich daher aus den Bestimmungen in §§ 239, 240 Tit. 11 Teil II A. L.-R. das Recht zu einem solchen Widerspruche nicht folgern, vielmehr war anzunehmen, daß das vorgeschriebene „rechtliche Hören" der Interessenten nur den Zweck hatte, festzustellen, ob und wie weit die Interessen der Beteiligten, insbesondere der Geistlichen und sonstigen kirchlichen Beamten und Diener durch eine für notwendig erachtete Parochial-Veränderung verletzt worden und welche Rechtsansprüche darauf gegründet werden könnten. Daß das Gesetz dabei nur an Entschädigungsansprüche gedacht habe, gehe aus der Schlußbestimmung des § 239 deutlich hervor; aus § 240 ergiebt sich, daß unter den dort erwähnten Streitigkeiten nur solche zu verstehen sind, die sich auf die aus einer Parochial-Veränderung hergeleiteten Rechtsansprüche beziehen, nicht aber auf die Veränderung selbst.

Vergl. die Ministerial-Erlasse vom 5. Februar 1824 (s. Kampz) Annalen Bd. 8, Heft 1, S. 152, vom 29. Juni 1829 (a. a. O., Bd. 17, Heft 2, S. 369) und vom 29. August 1851 (Min.-Bl. d. i. V. 1852, S. 2).

Nr. 597. Erk. vom 9. April 1864 (Min.-Bl. d. i. V. S. 191 u. Just.-Min.-Bl. S. 273).

Gegen Verfügungen der Landespolizeibehörden über die äußere Ordnung bei der Benutzung von Simultankirchen ist der ordentliche Rechtsweg unzulässig.

In einem rheinischen Orte bestand eine Simultankirche für Protestanten und Katholiken. Um den hieraus entstehenden fortgesetzten Streitigkeiten ein Ziel zu setzen, wurde seitens der Regierung ein Regulativ zur Aufrechterhaltung der Ordnung in der Benutzung der Kirche aufgestellt. Die in demselben getroffenen Anordnungen waren polizeilicher Natur, folglich der ordentliche Rechtsweg dagegen nicht zulässig, weil den dagegen klagenden Katholiken die in dem Gesetze vom 11. Mai 1842 vorgesehenen Voraussetzungen des ordentlichen Rechtsweges nicht zur Seite standen.

Nr. 598. Erk. vom 9. April 1864 (Just.-Min.-Bl. S. 266).

1) Verstöße der Verwaltungsbeamten gegen die Vorschriften über administrative Exekution sind nicht im ordentlich-gerichtlichen Prozeßverfahren, sondern im Beschwerdewege zu rügen. Siehe V. vom 7. September 1879 (G.-S. S. 591), Kommentar von Crux, Hagen in Westf. 1885.

2) Die Kosten für die Unterhaltung einer Gemeindeheerde und namentlich für die Unterhaltung eines Zuchtstieres, sind in der Rhpr. nicht als Kommunalabgaben zu betrachten. Streitigkeiten über die Entrichtung von Beiträgen zu derselben sind daher im ordentlichen Rechtswege zu entscheiden.

Nr. 599. Erk. vom 9. April 1864 (Just.-Min.-Bl. S. 279).

Nullitätsklagen gegen Erkenntnisse der Auseinandersetzungsbehörden sind bei diesen und nicht bei den ordentlichen Gerichten anzubringen.

Siehe Erkenntnis vom 22. März 1851 (Just.-Min.-Bl. 1852 S. 98). Vergl. § 19 des preußischen Ausführungsgesetzes zum deutschen Gerichtsverfassungsgesetze vom 24. April 1878 (G.-S. S. 230).

Nr. 600. Erk. vom 11. Juni 1864 (Min.-Bl. d. i. V. S. 281 und Just.-Min.-Bl. S. 314).

Bei dem Bau neuer Eisenbahnen haben die Regierungen darüber zu entscheiden, welche Anlagen an Wegen, Ueberfahrten u. s. w. die Eisenbahngesellschaft im Interesse der benachbarten Grundbesitzer einzurichten und zu unterhalten verpflichtet sind, daher sind die hierüber entstehenden Streitigkeiten vom ordentlichen Rechtswege ausgeschlossen, sofern nicht die Verpflichtung der Eisenbahngesellschaft auf einen speziellen Rechtstitel begründet wird.

Vergl. oben die Nr. 370, außerdem § 150 des Zust.-Ges. v. 1. 8. 83. Hierdurch erledigen sich auch die Bedenken hinsichtlich des von dem Kläger gestellten alternativen Antrages, daß die Eisenbahngesellschaft entweder einen neuen Weg anlegen oder ihm in Form einer Entschädigung die Mittel gewähre, um diese Maßregel selbst zur Ausführung zu bringen (§ 14 des Gesetzes vom 3 November 1838 und § 14 des Enteignungsgesetzes vom 11. Juni 1874 — G.-S. S. 221 —).

Nr. 601. Erk. vom 11. Juni 1864 (Min.-Bl. d. i. V. S. 284 und Just.-Min.-Bl. S. 288).

Streitigkeiten über die Frage: welche Vorarbeiten zur Veranlagung der Gebäudesteuer auf Kosten des Staates und welche auf Kosten der Gemeinden resp. der Besitzer selbstständiger Gutsbezirke auszuführen sind, können nicht im ordentlichen Rechtswege erledigt werden (§ 13 Abs. 1 und § 23 des Gebäudesteuergesetzes vom 21. Mai 1861 — G.-S. S. 317 ff. —). Die Entscheidung ist hier dem Finanzminister durch Gesetz übertragen (Art. 96 der Verfassung vom 31. Jan. 1850), der Art. 106 a. a. O. kann hier also nicht Platz greifen.

Nr. 602. Erk. vom 11. Juni 1864 (Min.-Bl. d. i. V. 1865 S. 17 und Just.-Min.-Bl. S. 246).

Der Unternehmer einer Entwässerungs-Anlage ist berechtigt aber nicht verpflichtet, die Vermittelung der Polizeibehörde zur Vereinbarung mit den benachbarten Grundbesitzern und zur Durchführung der Anlage nachzusuchen. Wenn die Anlage ohne einen solchen Antrag eigenmächtig von ihm ausgeführt und den Grundbesitzern dadurch Schaden zugefügt ist, so findet über die Verbindlichkeit zum Ersatze derselben der ordentliche Rechtsweg statt.

Vergl. §§ 15 und 16 des Vorflutsgesetzes vom 15. November 1811, § 1 des Gesetzes vom 23. Januar 1846 (G.-S. S. 26), Hahn's Wasserrecht, Breslau 1886, S. 84.

Nr. 603. Erk. vom 11. Juni 1864 (Just.-Min.-Bl. S. 380).

Streitigkeiten darüber, ob ein behauptetes Privilegium wirklich bestehe, oder nicht, und welche Folgen event. daraus herzuleiten seien, müssen im ordentlichen Rechtswege entschieden werden. Unter Umständen dürften jetzt auch die Verwaltungsgerichte zuständig sein. (§ 160 des Zust.-Ges. v. 1. 8. 83 und ähnliche Vorschriften der neuen Verwaltungsgesetze, § 10 der Einleitung zu diesem Buche.)

Nr. 604. Erk. vom 11. Juni 1864 (Just.-Min.-Bl. S. 388).

Der Antrag auf Wiederherstellung einer die öffentliche Kommunikation störenden und auf Anordnung der Polizeibehörde beseitigten Anlage ist zur Erörterung im ordentlichen Rechtswege nicht geeignet. Siehe Erkenntnis vom 8. März 1856 (Just.-Min.-Bl. S. 119).

Nr. 605. Erk. vom 10. September 1864 (Min.=Bl. d. i. V. 1865 S. 31 und Just.=Min.=Bl. S. 19.

Wenn zur Anlegung einer neuen Straße die Zuschüttung eines Grabens von der Polizeibehörde für notwendig anerkannt und auf Anordnung derselben bewirkt worden, so ist eine gerichtliche Possessorienklage resp. eine Klage auf Wiederherstellung des früheren Zustandes dagegen nicht zulässig.

Es handelte sich um die polizeilich angeordnete Zuschüttung einer sogenannten „Lanke", bei Berlin, an deren Ausnutzung und Erhaltung Fischereiberechtigte seit rechtsverjährter Zeit einen Anspruch zu haben glaubten. Dieselben konnten aber gegenüber der polizeilichen Verfügung höchstens einen Entschädigungsanspruch wegen des durch die polizeiliche Maßregel stattgehabten Eingriffs in ihre Privatrechte (gegen die Stadtgemeinde) geltend machen, weil die polizeiliche Maßregel auf die Durchführung eines städtischen Bebauungsplanes zurückzuführen war. Vergl. jetzt Ges. vom 2. Juli 1875 (G.=S. S. 561) und die Instruktion vom 28. Mai 1876 (Min.=Bl. d. i. V. S. 131), Friedrichs Kommentar, Berlin 1889.

Nr. 606. Erk. vom 13. September 1864 (Min.=Bl. d. i. V. 1865 S. 15 und Just.=Min.=Bl. S. 14).

Wenn bei Wiesen=Meliorations=Anlagen von einem Grundbesitzer behauptet wird, daß ihm durch die Anlage kein Vorteil, sondern Schaden entstanden sei, so ist hierüber nicht im ordentlichen Rechtswege, sondern von den Verwaltungsbehörden zu entscheiden, und erst, wenn diese letzteren entschieden haben, daß die Behauptung begründet sei und der Besitzer damit aufhört, Mitglied der Meliorations=Sozietät zu sein, ist er berechtigt, seinen Schadensanspruch vor den ordentlichen Gerichten geltend zu machen.

Die Entscheidung stützt sich auf das Allerhöchst bestätigte Statut vom 11. Juni 1855 (G.=S. S. 490). Vergl. jetzt §§ 66, 70 und 89 des Wasser=Genossenschaftsgesetzes vom 1. April 1879 (G.=S. S. 297), Hahn, Wasserrecht S. 104 ff., Breslau 1886.

Nr. 607. Erk. vom 13. September 1864 (Min.=Bl. d. i. V. 1865 S. 75 und Just.=Min.=Bl. 1864 S. 405).

Gegen die Verfügung der Polizeibehörde, durch welche die Anlegung oder Räumung eines Grabens zur Verschaffung der Vorflut angeordnet wird, ist der ordentliche Rechtsweg unzulässig; auch über einen Streit, ob ein Graben oder Wasserabzug bereits vorhanden ist, hat nicht der ordentliche Richter, sondern die Polizeibehörde zu entscheiden.

Vergl. § 10 des Vorflutsgesetzes vom 15. November 1811, § 66 des Just.=Ges. v. 1. 8. 83, Hahn, Wasserrecht, Breslau 1886, S. 47, Anm. 34.

Nr. 608. Erk. vom 10. September 1864 (Just.=Min.=Bl. S. 397).

Possessorienklagen gegen polizeiliche Anordnungen sind nicht zulässig, es muß jedoch die Existenz einer polizeilichen Verfügung glaubhaft dargethan sein, um den ordentlichen Rechtsweg auszuschließen.

Nr. 609. Erk. vom 10. Dezember 1864 (Min.=Bl. d. i. V. 1865 S. 47 und Just.=Min.=Bl. S. 54).

Die gegen Eltern und Vormünder angedrohten Strafen wegen Schulversäumnisse der Kinder sind in der Rhpr. ebenso, wie in den übrigen Provinzen nicht von den administrativen Polizeibehörden, sondern von den Gerichten.

(Festsetzung im polizeilichen Untersuchungsverfahren). Siehe das oben sub Nr. 575 mitgeteilte Erkenntnis.

Nr. 610. Erk. vom 10. Dezember 1864 (Just.-Min.-Bl. 1865 S. 43).

Die §§ 66 und 67, Tit. 16, Teil II Allg. Landrechtes, betreffend das Ueberlaufen von Jagdhunden, in fremdes Jagdrevier, finden in Ostpreußen keine Anwendung.

Nr. 611. Erk. vom 10. Dezember 1864 (Just.-Min.-Bl. 1864 S. 94).

In der Provinz Preußen ist die Entscheidung über die Notwendigkeit eines Schulbaues und über die Art der Ausführung durch die Schulordnung vom 11. Dezember 1845 den Regierungen übertragen und daher der ordentliche Rechtsweg für Streitigkeiten der Art ausgeschlossen. Vergl. jetzt §§ 47, 49 und 160 des Zust.-Ges. v. 1. 8. 83.

Nr. 612. Erk. vom 11. Februar 1865 (Just.-Min.-Bl. S. 99).

Die Anstellung einer Possessorienklage gegen die Vollstreckung polizeilicher Anordnungen ist unzulässig, und der Besitzstand nicht als spezieller Rechtstitel anzusehen, der geeignet wäre, eine Ausnahme von dieser Regel zu begründen.

Nr. 613. Erk. vom 11. Februar 1865 (Just.-Min.-Bl. S. 102).

Streitigkeiten über die Errichtung und Dotierung eines geistlichen Amtes sind vom ordentlichen Rechtswege ausgeschlossen. Eine Ausnahme findet jedoch statt, wenn der Anspruch einer Kirchengemeinde auf Gewährung einer angemessenen Dotation für die geistliche Stelle auf einem privatrechtlichen Titel beruht, insbesondere, wenn der Verklagte in einem Vorprozesse rechtskräftig verurteilt worden ist, eine in separato festzustellende Dotation für die Stelle herzugeben. In diesem Falle ist die Dotation durch Erk. des ordentlichen Richters festzustellen. Siehe Erk. vom 10. Januar 1852. (Just.-Min.-Bl. S. 171).

Nr. 614. Erk. vom 11. Februar 1865 (Just.-Min.-Bl. S. 106).

Die Anstellung einer Possessorienklage zur Beseitigung einer öffentlichen Anlage, welche von einer Privatperson mit Genehmigung der Orts-Polizeibehörde errichtet und von der vorgesetzten Behörde im Interesse des öffentlichen Verkehrs für notwendig erachtet worden ist, kann für statthaft nicht erachtet werden. In dem Falle des Erk. vom 4. Juli 1863 (Just.-Min.-Bl. S. 225) wurde der Komp.-Konfl. durch die polizeiliche Genehmigung für sich allein motivirt.

Nr. 615. Erk. vom 18. März 1865 (Min.-Bl. d. i. V. S. 154 u. Just.-Min.-Bl. S. 114).

Ueber Streitigkeiten zwischen Armenverbänden und über die Höhe der Verpflegungskosten hat die Regierung zu entscheiden, dagegen ist über die Frage: welcher Verband die Verpflegung des Armen oder die gezahlten Verpflegungskosten zu erstatten habe, gegen die Entscheidung der Regierung der ordentliche Rechtsweg zulässig.

Diese Grundsätze sind gegenstandslos geworden durch § 19 des Zust.-Ges. v. 1. 8. 83. Mit dem Absatz 3 in dieser Vorschrift:

> „Im Uebrigen behält es bei den Bestimmungen des Reichsgesetzes vom 6. Juni 1870 sein Bewenden"

ist gesagt, daß Gegenstand des Verwaltungsstreitverfahrens nur Streitigkeiten über die öffentliche Unterstützung Hülfsbedürftiger, sind mithin nur solche Streitigkeiten, welche auf eine Bestimmung des öffentlichen Armenrechtes gestützt werden, dagegen nicht Streitigkeiten der Armenverbände, welche sich auf dem Boden des Zivilrechtes bewegen. Vergl. § 37 des Reichs-Ges. vom 6. Juni 1870, Ausführungsgesetz vom 8. März 1871, § 40.

Nr. 616. Erk. vom 18. März 1865 (Just.-Min.-Bl. S. 109).

Der Antrag auf Rückgewähr eines von der Stadtgemeinde zum Bau einer Eisenbahn überlassenen städtischen Areals kann nicht zum Gegenstande eines ordentlich-gerichtlichen Prozeßverfahrens gemacht werden, sobald diese Eisenbahn von der Polizeibehörde im öffentlichen Interesse für notwendig erachtet worden ist. (§§ 8 und 9 des Gesetzes vom 3. November 1838 — G.-S. S. 507 —).

Nr. 617. Erk. vom 18. März 1865 (Just.-Min.-Bl. S. 118).

1) Wenn bei der Vollstreckung der administrativen Exekution darüber Streit entsteht, ob die abgepfändeten Sachen zu den pfändbaren gehören, so ist darüber nur der Weg der Beschwerde bei der vorgesetzten Dienstbehörde zulässig. (§ 2 Abs. 2 der V. vom 7. September 1879 — G.-S. S. 591 —, Art. 30 Abs. 2 der Ausführungs-Anweisung vom 15. September 1879 — G.-S. S. 591 —).

2) Streitigkeiten darüber: ob der Eigentümer eines sequestirten Bergwerkes verpflichtet sei, die Knappschaftsbeiträge derjenigen Arbeiter, welche während der Sepuestration von dem Sequestor angenommen und beschäftigt worden sind, zur Knappschaftskasse zu bezahlen, sind im ordentlichen Rechtswege zu entscheiden. Siehe Erk. vom 11. März 1848 (Just.-Min.-Bl. S. 323).

Nr. 618. Erk. vom 18. März 1865 (Just.-Min.-Bl. S. 124.)

Die Verwaltungsbehörden sind berechtigt, den in einer Gemeinde bisher üblich gewesenen Repartitionsmodus der ländlichen Kommunallasten durch eine neue Regulirung derselben abzuändern, ohne daß dagegen der ordentliche Rechtsweg zulässig wäre. Siehe Erk. vom 10. Januar 1863 (Just.-Min.-Bl. S. 161), §§ 11 und 12 des Gesetzes vom 14. April 1856 — G.-S. S. 359 —, § 31 des Zust.-Ges. v. 1. 8. 83.

Nr. 619. Erk. vom 18. März 1865 (Just.-Min.-Bl. S. 134).

Wenn die geistliche Aufsichtsbehörde die Anordnung trifft, daß ein Kirchenstuhl, welcher durch seine Stelle den Kultus beeinträchtigt, von dort entfernt und an einem anderen geeigneten Orte der Kirche aufgestellt werde, so ist gegen eine solche Anordnung der ordentliche Rechtsweg unzulässig.

Nr. 620. Erk. vom 18. März 1865 (Just.-Min.-Bl. S. 141).

Die Verwaltungsbehörden haben darüber zu entscheiden, wie viel zum Unterhalt des Pfarrers notwendig ist und in welcher Weise die Beiträge unter die Mitglieder der Pfarrgemeinde zu verteilen sind. Gegen diese Entscheidung ist der ordentliche Rechtsweg unzulässig. A. L.-R. II, 11, §§ 110, 111, 162—164, II, 6, § 69, Ges. vom 24. Mai 1861, § 15 (G.-S. S. 241). Reklamationen gegen derartige Abgaben Nr. 7 des Min.-Erl. vom 15. Januar 1881, § 58 der Verwaltungs-Ordnung vom 15. Dezember 1886, Kries, Kirchengesetze, Danzig 1887, S. 351 und 411.

Nr. 621. Erk. vom 13. Mai 1865 (Min.-Bl. d. i. V. S. 222 und Just.-Min.-Bl. S. 150).

Nach der westfälischen Städteordnung sind die Stadtverordneten berechtigt, über die Benutzung des Gemeindevermögens zu beschließen und mit Genehmigung der Regierung Veränderungen in dem Genusse der Gemeindenutzungen vorzunehmen, insbesondere Bürger-Vermögen in Kämmerei-Vermögen zu verwandeln, ohne daß der ordentliche Rechtsweg dagegen zulässig ist.

In der betreffenden Stadt waren von Alters her die um die Stadt belegenen Weidegrundstücke in verschiedene Reviere abgeteilt und diese Reviere den verschiedenen Stadtbezirken resp. den in diesen angesessenen Bürgern, welche sogenannte „Hudegenossenschaften" bildeten, zur Weidenutzung überwiesen. Bei der dort eingeleiteten Spezial-Separation entstand nun die Frage: ob jene Hütungsreviere den einzelnen Genossenschaften resp. deren Mitgliedern gehörten oder Bürger-Vermögen seien.

Nach § 48 der westfälischen Städte-Ordnung vom 19. März 1856 (G.-S. S. 237) haben die Stadtverordneten über die Benutzung des Gemeinde-Vermögens (als solches war das streitige Vermögen durch richterlichen Ausspruch anerkannt) zu beschließen, wozu nach § 1 der Deklaration vom 26. Juli 1847 (G.-S. S. 327) sowohl das Bürger-Vermögen, als das eigentliche Kämmerei-Vermögen gehört, und nach § 49 Nr. 4 der Städte-Ordnung können mit Genehmigung der Regierung (jetzt des Bezirksausschusses — § 16 Abs. I, 3 des Zust.-Ges. v. 1. 8. 83 —) auch Veränderungen in dem Genusse von Gemeinde-Nutzungen vorgenommen werden, folglich konnten die Stadtverordneten auch das fragliche Bürger-Vermögen in Kämmerei-Vermögen verwandeln. Wegen der Rechtsmittel gegen derartige Beschlüsse des Bezirksausschusses vergl. § 121 des L.-V.-G. vom 30. Juli 1883.

Nr. 622. Erk. vom 13. Mai 1865 (Min.-Bl. d. i. V. S. 306 u. Just.-Min.-Bl. S. 229).

Betrifft das Verfahren gegen Forstschutzbeamte wegen Mißbrauches der Waffengewalt. Konfliktssache, vergl. § 8 der Einleitung zu diesem Buche.

Nr. 623. Erk. vom 13. Mai 1865 (Just.-Min.-Bl. S. 172).

Die Zollbehörden sind bei dem Verdacht einer Steuerdefraudation berechtigt, die Beschlagnahme der betreffenden Waaren anzuordnen und können daher nicht wegen Schadenersatzes in Anspruch genommen werden. Konfliktssache, § 8 der Einleitung zu diesem Buche.

Nr. 624. Erk. vom 13. Mai 1865 (Just.-Min.-Bl. S. 179).

Die ehemaligen Reichsunmittelbaren können Ansprüche aus ihren Familienverträgen im ordentlichen Rechtswege nur insoweit geltend machen, als derselbe nach der betreffenden Landesgesetzgebung für dergleichen Ansprüche überhaupt zulässig ist. Klagen gegen den Fiskus, welche die Erfüllung eines völkerrechtlichen Vertrages zum Gegenstande haben, sind zur Entscheidung im ordentlichen Rechtswege nicht geeignet.

Nr. 625. Erk. vom 10. Juni 1865 (Min.-Bl. d. i. V. S. 249 u. Just.-Min.-Bl. S. 190).

Bei dem vom Staate angeordneten oder genehmigten Chausseebauten ist die den Bau leitende Behörde berechtigt, die erforderlichen Feldsteine von den an die Chaussee grenzenden Grundstücken entnehmen zu lassen, und es ist der ordentliche Rechtsweg gegen eine solche Anordnung nicht zulässig.

An Stelle der in Bezug genommenen gesetzlichen Vorschriften sind die §§ 50 ff des Enteignungsges. vom 11. Juni 1874 (G.-S. S. 221) getreten. Vergl. auch die §§ 150 ff des Zust.-Ges. v. 1. 8. 83.

Nr. 626. Erk. vom 14. Oktober 1865 (Min.-Bl. d. i. V. S. 300 u. Just.-Min.-Bl. S. 275).

Den Stadt- und Landgemeinden steht die Befugniß zu, die zum Unterhalte der Schulen bestimmten Kommunal-Abgaben anders, als bisher, zu verteilen, und gegen einen solchen von der Regierung bestätigten Kommunalbeschluß ist der ordentliche Rechtsweg nicht zulässig. Dagegen ist der letztere gestattet, wenn es sich lediglich um die Verbindlichkeit zur Entrichtung von Schulabgaben und insbesondere um die Frage handelt, ob die Forensen als solche zu persönlichen, lediglich auf den Grundbesitz repartierten Schulabgaben beizutragen, verpflichtet sind. Eine Landgemeinde hatte beschlossen, einen ihr auferlegten Gehaltszuschuß für den Ortsleherer in der Weise aufzubringen, daß die erforderliche Summe auf die Feld- und Wiesengrundstücke der gesamten Dorfsflur nach dem Flächengehalte verteilt und von den einzelnen Ackerbesitzern zu gewissen Zeiten zur Gemeindekasse abgeführt werden sollten; auch die Forensen sollten in derselben Weise zu dieser Abgabe beitragen. Hierdurch fühlten sich zwei städtische Einwohner, welche in der Dorfsflur Wandeläcker besaßen, beschwert und klagten bei Gericht gegen die ländliche Schulgemeinde auf Rückzahlung der von ihnen bereits eingezogenen Beträge.

Nach der Ansicht des Kompetenzgerichtshofes handelte es sich hier um die Umwandlung von Schulsozietätslasten in Lasten der politischen Gemeinde. Siehe die oben sub Nr. 325 und Nr. 515 mitgeteilten Erkenntnisse; dieselben sind nicht auf Stadt resp. Landgemeinden in den beiden westlichen Provinzen beschränkt, sondern müssen auch den Landgemeinden in den sechs östlichen Provinzen zu Gute kommen. Denn auch ihnen ist nicht verboten, Schulabgaben als Kommunalabgaben auf ihren Haushalts-Etat zu übernehmen und ausdrücklich gestattet, Gemeinde-Abgaben durch Kommunalbeschluß unter Bestätigung der Regierung (jetzt des Kreisausschusses — § 31, Abs. 1 und 2 des Zust.-Ges. v. 1. 8. 83 —) anders als bisher, zu verteilen (§ 11 des Landgemeinde-Verfassungs-Gesetzes vom 14. April 1856 — G.-S. S. 359 —). Liegt ein derartig bestätigter Kommunalbeschluß vor, so gebührt die Entscheidung der Frage, ob die materiellen Voraussetzungen der Gültigkeit des Beschlusses in concreto zutreffen, als einer Frage des öffentlichen Rechtes, ausschließlich der höheren Kommunalaufsichtsbehörde (jetzt dem Bezirksausschusse — § 121 des L.-V.-G. vom 30. Juli 1883 —). Der ordentliche Rechtsweg kann wegen derartiger Beschwerden über die Kommunalverwaltung resp. über mangelhafte Beaufsichtigung nicht zugelassen werden.

Sollte aber der in Rede stehende Kommunalbeschluß (wie dies hier der Fall war) als ein Gemeindebeschluß im Sinne des § 11 des Gesetzes vom 14. April 1856 nicht angesehen werden können, derselbe auch als solcher von der Kommunalaufsichtsbehörde nicht bestätigt sein, und sollte vielmehr der qu. Beschluß sich lediglich auf eine im Aufsichtswege angeordnete Erhöhung des Lehrergehaltes bezogen haben und von der Regierungs-Abteilung für das Kirchen- und Schulwesen vermöge des ihr zustehenden Aufsichtsrechtes über die Schulgemeinden auf Grund des § 18 der Regierungs-Instruktion vom 23. Oktober 1817 rechtskräftig genehmigt worden sein, so handelte es sich auch nicht um Kommunal- sondern um Schul-Angelegenheiten. Allein auch bei Reklamationen wegen Heranziehung zu den letzteren ist jetzt nach §§ 46 und 160 des Zust.-Ges. vom 1. 8. 83 der ordentliche Rechtsweg ausgeschlossen, der obige Grundsatz findet also heute nur noch zum Teil Anwendung.

Nr. 627. Erk. vom 14. Oktober 1865 (Min.-Bl. d. i. V. 1866 S. 7 und Just.-Min.-Bl. 1865 S. 282).

Wenn durch einen Beschluß der städtischen Behörden zur Erhaltung der Straßenbrunnen den benachbarten Hausbesitzern eine bestimmte Abgabe auferlegt und die Erhebung derselben von der Regierung als Kommunalaufsichtsbehörde genehmigt worden, so ist der ordentliche Rechtsweg dagegen unzulässig.

Der Magistrat stützte seine Maßregel auf den Umstand, daß die Unterhaltung der Straßenpumpen observanzmäßig den Hausbesitzern obliege; deshalb seien Pumpenbezirke gebildet und zur Unterhaltung der betreffenden Brunnen verpflichtet. Hiernach handelte es sich um eine Kommunalabgabe, gegen deren Erhebung jetzt nur in Gemäßheit des § 18 des Just.-Ges. v. 1. 8. 83 reklamirt werden kann. Die zur Entscheidung hierüber berufene Behörde (der Bezirksausschuß) hat in demselben Verfahren auch darüber zu entscheiden, ob die behauptete Observanz vorliegt.

Nr. 628. Erk. vom 14. Oktober 1865 (Min.-Bl. d. i. V. 1866 S. 21 und Just.-Min.-Bl. S. 22).

[Vergl. oben das Erkenntnis sub Nr. 412].

Gegen die Einziehung einer Kirchensteuer, welche zur Deckung eines Defizits der Kirchenkasse bestimmt ist, kann der ordentliche Rechtsweg nur unter denjenigen Voraussetzungen stattfinden, unter welchem derselbe bei Erhebung öffentlicher Abgaben zulässig ist.

Der § 15 des Gesetzes vom 24. Mai 1861 hatte an der frühern, oben erwähnten Entscheidung nichts ändern können, deshalb gelten auch noch heute die dazu gegebenen Erläuterungen.

Nr. 629. Erk. vom 14. Oktober 1865 (Min.-Bl. d. i. V. 1866 S. 25 und Just.-Min.-Bl. 29).

Gegen polizeiliche Anordnungen ist die Anstellung einer Possessorien-Klage auch dann zulässig, wenn die Anordnungen nicht durch eine schriftliche Verfügung der Behörde, sondern nur mündlich durch den dazu befugten Beamten getroffen sind. Ein Kommunalweg wurde von einer Reihe hochstämmiger Bäume begrenzt, welche der Kläger als sein Eigentum ansah und deshalb nutzen wollte. Letzteres wurde ihm zunächst von einem Polizeidiener, dann aber von dem Inhaber der Polizeiverwaltung selbst unter Strafandrohung untersagt. Die hiergegen angebrachte Besitzstörungsklage hatte die Erhebung des Komp.-Konfl. zur Folge, welcher aber für unbegründet erachtet wurde, weil es sich hier lediglich um eine polizeiliche Verfügung handle, deren schriftliche Form nirgends gesetzlich vorgeschrieben sei; es liege kein Grund vor, einer mündlichen Anordnung der Polizeibehörde, wie sie im vorliegenden Falle getroffen worden, die Wirkung einer polizeilichen Verfügung abzusprechen.

Dieser Grundsatz hat durch § 132 (Nr. 2 am Schlusse) des L.-V.-G. vom 30. Juli 1883 insofern eine Abänderung erfahren, als der Ausführung der Anordnung durch einen Dritten, sowie der Festsetzung einer Strafe immer eine schriftliche Androhung vorhergehen muß und daß zwar nicht gegen die Androhung des Zwangsmittels, wohl aber gegen die Festsetzung und Ausführung desselben in allen Fällen nur die Beschwerde an die Aufsichtsbehörde stattfindet (§ 133 a. a. O.). Vergl. Endurteile des O.-V.-G. vom 6. Dezember 1876 — Entsch. Band I S. 387, Parey, Rechtsgrundsätze des O.-V.-G., Stammwerk S. 218 Nr. 41 — und vom 29. Oktober 1883 Entsch. Band X, S. 261, P. a. a. O. S. 384 Nr. 3 —).

Nr. 630. Erk. vom 14. Oktober 1865 (Just.-Min.-Bl. S. 192).

Gegen die Beschlüsse der städtischen Behörden über die Benutzung des Gemeinde- oder Bürgervermögens, insbesondere über die Benutzung der zu diesem Vermögen gehörenden Hütungsreviere ist den dadurch beeinträchtigten

Gemeinde-Mitgliedern der ordentliche Rechtsweg nur alsdann gestattet, wenn sie ihre Ansprüche durch einen privatrechtlichen Titel zu begründen im Stande sind. § 49 der Städte-Ordnung vom 30. Mai 1853, jetzt § 18 des Just.-Ges. v. 1. 8. 83.

Nr. 631. Erk. vom 14. Oktober 1865 (Just.-Min.-Bl. 1866 S. 7).

In der Provinz Westfalen ist der ordentliche Rechtsweg gegen einen Beschluß der Gemeindebehörden über die Benutzung des Gemeindevermögens nicht gestattet; ebenso unzulässig ist derselbe zur Erörterung der Frage: ob bis zu einem gewissen Zeitpunkte der Vergangenheit ein solcher bindender Beschluß ergangen sei. Westfälische Städte-Ordnung vom 19. März 1856 (G.-S. S. 237) §§ 48 und 51, § 16 Abs. 3 des Just.-Ges. v. 1. 8. 83.

Nr. 632. Erk. vom 14. Oktober 1865 (Just.-Min.-Bl. 1866 S. 38).

Wenn ein Steuerempfänger die Annahme eines Steuerbetrages verweigert, weil nach seiner Ansicht der Steuerpflichtige mehr zu zahlen hat, als ihm offerirt worden ist, so kann der ordentliche Rechtsweg nicht zu dem Zwecke gestattet werden, um den Steuerempfänger zur Annahme der Abschlagszahlung anzuhalten.

Ges. vom 1. Mai 1851 § 10 d (G.-S. S. 197), § 9 des Ges. vom 24. Mai 1861 (G.-S. S. 243).

Nr. 633. Erk. vom 14. Oktober 1865 (Just.-Min.-Bl. 1866 S. 48).

Wenn ein Uferbesitzer zur Benutzung des an seinem Grundstücke vorüberfließenden Wassers Anlagen unternimmt, welche den benachbarten Mühlenbesitzern das zum Betriebe ihrer Mühlen erforderliche Wasser entziehen und von den letzteren Widerspruch dagegen erhoben wird, so ist darüber im ordentlichen Rechtsweg zu entscheiden. Siehe Erkenntnis vom 11. Juni 1864 (Just.-Min.-Bl. S. 246), Ges. vom 28. Februar 1843 (G.-S. S. 41). §§ 1, 13, 16, 19 und 23, §§ 73 und 75 des Just.-Ges. v. 1. 8. 83.

Nr. 634. Erkenntnisse vom 14. Oktober, 9. Dezember und vom 10. Februar 1866 (Min.-Bl. d. i. V. S. 59 und Just.-Min.-Bl. S, 91 und Just.-Min.-Bl. 1866, S. 86).

Dieselben betreffen die Zulässigkeit des ordentlichen Rechtsweges bei Streitigkeiten über Armenpflege, Höhe der Verpflegungskosten.

Vergl. die Erläuterungen zu dem Erkenntnisse vom 18. März 1865 (Min.-Bl. d. i. V. S. 154 und Just.-Min.-Bl. S. 114.

Nr. 635. Erk. vom 9. Dezember 1865 (Min.-Bl. d. i. V. 1366 S. 64 und Just.-Min.-Bl. S. 105).

Ueber die Frage: ob das Expropriationsrecht über ein Grundstück stattfinde und in welcher Weise und in welchem Umfange dasselbe auszuüben sei, ist ein Prozeßverfahren vor den ordentlichen Gerichten nicht zulässig, vielmehr haben die ordentlichen Gerichte nur über die Entschädigungsfrage zu entscheiden, und dies gilt auch in dem Falle, wenn der Eigentümer eines Grundstückes die auf demselben befindlichen Baumaterialien, wie z. B. Steine, Sand, Kies u. dergl. zum Bau oder zur Reparatur einer Landstraße herzugeben, gesetzlich verbunden sei.

Vergl. jetzt §§ 50 ff. des Gesetzes vom 11. Juni 1874 (G.-S. S. 221) und §§ 150 des Just.-Ges. vom 1. 8. 83. Der Streit handelte sich um die Auslegung des § 10 in dem schlesischen Wegereglement vom 11. Januar 1767 (Alte Korn'sche Ediktensammlung, Band X, Nr. 105, S. 3 ff.)

Nr. 636. Erk. vom 9. Dezember 1865 (Just.-Min.-Bl. 1866 S. 76).

Gegen Verletzungen oder Störungen einer Kirchengemeinde im Besitze ihres Privatrechtes ist die Anstellung einer Possessorienklage zulässig. Dagegen ist der ordentliche Rechtsweg nicht gestattet, wenn es sich darum handelt, Aenderungen, welche von Seiten der vorgesetzten Kirchenbehörden in der Organisation einzelner evangelischer Kirchen, namentlich in Beziehung auf das Kirchenkollegium, getroffen worden sind, zu beseitigen.

A. L.-R. II, 11, § 144 (an Stelle der §§ 145 und 146 jetzt Gesetz vom 3. Juni 1876 und Allerhöchste Verordnung vom 5. September 1877, §§ 3 ff. der Kirchen-Gemeinde- und Synodal-Ordnung vom 10. September 1873) §§ 577, 615 und 616.

Nr. 637. Erk. vom 9. Dezember 1865 (Just.-Min.-Bl. 1866 S. 95).

Die Anstellung einer Possessorienklage gegen Anordnungen der Landespolizeibehörde über die Benutzung einer Simultankirche von Seiten verschiedener Konfessionen ist unzulässig. Siehe Erkenntnis vom 9. April 1864 (Just.-Min.-Bl. S. 273).

Nr. 638. Erk. vom 9. Dezember 1865 (Just.-Bl. 16 S. 68.)

Der Anspruch einer Stadtgemeinde auf Servisvergütigung für die dem Militär gewährte Einquartierungslast ist ebenso wie die Frage: ob die Vergütung nach dem Satze für Städte erster oder zweiter Klasse zu gewähren sei, im ordentlichen Rechtswege zu entscheiden. Siehe Erkenntnis vom 11. Mai 1861 (Just.-Min.-Bl. 1862, S. 44). Das Einquartierungswesen ist jetzt reichsgesetzlich geregelt, vergl. die früheren Entscheidungen nach dem Inhaltsverzeichnis und dem Register.

Nr. 639. Erk. vom 9. Dezember 1865 (Just.-Min.-Bl. 1866 S. 114).

Gegen den von der Regierung bestätigten Beschluß einer westfälischen Landgemeinde über die Benutzung der Gemeindehütung und über das dafür zu entrichtende Weidegeld findet der ordentliche Rechtsweg nicht statt. Westfälische Landgemeinde-Ordnung vom 19. März 1856 (G.-S. S. 280). §§ 51 und 81, §§ 24 Abs. 2 und 37 des Just.-Ges. v. 1. 8. 83.

Nr. 640. Erk. vom 9. Dezember 1865 (Just.-Min.-Bl. 1866 S. 125).

Streitigkeiten über die Verbindlichkeit zur Entrichtung von Hafen- und Bollwerksgeldern sind vom ordentlichen Rechtswege ausgeschlossen. Siehe Erk. vom 8 April 1854 (Just.-Min.-Bl. S. 367).

Nr. 641. Erk. vom 10. Februar 1866 (Just.-Min.-Bl. S. 86).

Siehe die Erkenntnisse vom 14. Oktober und 19. Dezember 1865 (Min.-Bl. d. i. V. S. 59, Just.-Min.-Bl. S. 91 und Just.-Min.-Bl. 1866 S. 86).

Nr. 642. Erk. vom 10. Februar 1866 (Just.-Min.-Bl. S. 133).

Wenn die Polizeibehörde die Besserung eines öffentlichen Weges durch Ziehung oder Räumung eines Grabens für notwendig erachtet und die Ausführung dieser Maßregel einem ihr untergebenen Beamten überträgt, so kann der letztere deshalb auf Schadensersatz nicht belangt werden.

Konfliktsache, § 8 der Einleitung zu diesem Buche.

Nr. 643. Erk. vom 10. Februar 1866 (Just.-Min.-Bl. S. 168).

Die Frage: ob ein Grundbesitzer zur Unterhaltung und Räumung eines auf seinem Grundstücke befindlichen Grabens verpflichtet sei, ist zwar zunächst von den Verwaltungsbehörden zu entscheiden. Gegen die Entscheidung derselben war aber den Beteiligten die Beschreitung des ordentlichen Rechtsweges gestattet. Dagegen steht die Bestimmung über die Art der Räumung und Unterhaltung des streitigen Grabens, insbesondere über die Tiefe und Breite, in welcher die Räumung zu bewirken ist, lediglich den Verwaltungsbehörden, mit Ausschluß des ordentlichen Rechtsweges, zu. Vergl. jetzt §§ 66 und 158 des Zust.-Ges. v. 1. 8. 83 und § 10 der Einleitung zu diesem Buche.

Nr. 644. Erk. vom 10. Februar 1866 (Just.-Min.-Bl. S. 176).

Die Frage: ob der Patron einer in Verfall gerathenen Kirche berechtigt sei, von dem Geistlichen die Herausgabe des Kirchenschlüssels zu verlangen, ist im streitigen Falle im ordentlichen Rechtswege zu entscheiden. A. L.-R. II 11, § 577 und 584 ff.; zu § 585 vergl. § 6 der Synodal-Ordnung vom 10. September 1873 und § 39 Abs. 1 des Ges. vom 20. Juni 1875.

Nr. 645. Erk. vom 14. April 1866 (Just.-Min-Bl. S. 179).

Der Anspruch einer Partei auf Erstattung zu viel gezahlter Stempelbeträge kann gegen den Steuerfiskus nicht bloß im Wege der Klage, sondern auch im Wege der Adzitation (Beiladung) und Litisdenunziation (Streitverkündigung) geltend gemacht werden. § 11—13 des Ges. vom 24. Mai 1861 (G.-S. S. 243).

Nr. 646. Erk. vom 14. April 1886 (Just.-Min.-Bl. S. 240).

Streitigkeiten zwischen den Parteien und den Auseinandersetzungsbehörden über die Einziehung von Kosten in Ablösungs- und Auseinandersetzungs-Sachen sind vom ordentlichen Rechtswege ausgeschlossen. § 13 des Regulativs vom 25. April 1836 (G.-S. S. 181).

Nr. 647. Erk. vom 14. April 1866 (Just.-Min.-Bl. S. 249).

Die Verteilung der Kirchensitze in einer dem Umbau unterworfenen Kirche ist Sache der geistlichen Aufsichtsbehörde. Dagegen ist der ordentliche Rechtsweg insofern gestattet, als für die erfolgte Verlegung der Kirchensitze von dem bisherigen Inhaber derselben eine Entschädigung beansprucht werden kann. Siehe Erk. vom 18. Mai 1865 (Just.-Min.-Bl. S. 134).

Nr. 648. Erk. vom 14. April 1866 (Just.-Min.-Bl. S. 251).

Streitigkeiten über die Teilnahme an den Gemeindenutzungen in der Rhpr. sind mit Ausschluß des ordentlichen Rechtsweges von den Verwaltungsbehörden zu entscheiden. Rheinische Land-Gemeinde-Ordnung vom 23. Juli 1845 (G.-S. S. 527) § 19. Dazu aber jetzt §§ 34 und 37 des Zust.-Ges. v. 1. 8. 83, § 63 des L.-V.-G. vom 30. Juli 1883.

Nr. 649. Erk. vom 9. Juni 1866 (Min.-Bl. d. i. V. S. 237 u. Just.-Min.-Bl. S. 241).

Wenn unter Mitgliedern einer Landgemeinde über den Maßstab der Verteilung der Kommunallasten, sowie der Abgaben und Leistungen an den Schullehrer Streitigkeiten entstehen und dabei auf Herkommen und Ortsverfassung Bezug genommen wird, so ist darüber im ordentlichen Rechtswege zu entscheiden.

Die Zweihüfner einer ländlichen Ortschaft klagten gerichtlich gegen die Einhüfner und Kossäthen mit dem Antrage, daß jeder der Verklagten

1. zu den dem Lehrer statt der Naturallieferung des Holzes zu zahlenden Holzgelder und zu der ihm zugesicherten Gehaltszulage
2. zu allen Kommunal-Abgaben und Lasten

beizutragen schuldig sei.

Es handelte sich also um zwei ganz verschiedene Angelegenheiten, nämlich:

1. um Schulbeiträge, worüber jetzt nach §§ 46 und 160 des Zust.-Ges. vom 1. August 1883 zu befinden wäre,
2. um Kommunalabgaben, hinsichtlich welcher die §§ 34 und 160 a. a. O. in Betracht kämen.

In beiden Fällen würde jetzt, im Gegensatze zu dem obigen Grundsatze, der ordentliche Rechtsweg ausgeschlossen sein.

Nr. 650. Erk. vom 9. Juni 1866 (Just.-Min.-Bl. S. 220).

Die Verwaltungsbehörden haben vermöge des ihnen zustehenden Rechtes der Oberaufsicht über die Benutzung der öffentlichen Ströme und Flüsse, insbesondere über die Schifffahrt und Flößerei auf denselben die Befugnis, zu bestimmen, ob und wie lange Floßholz in einem öffentlichen Gewässer lagern darf. Dergleichen Anordnungen sind als polizeiliche zu betrachten, und es ist daher der ordentliche Rechtsweg gegen dieselben unzulässig. § 95 Nr. 1 des Zust.-Ges. vom 1. August 1883, §§ 136, 138, 145 des L.-V.-G. vom 30. Juli 1883, Gesetze vom 20. August 1883 (G.-S. S. 332) und vom 31. Mai 1884 (G.-S. S. 303).

Nr. 651. Erk. vom 9. Juni 1866 (Just.-Min.-Bl. S. 255).

Konfliktsache, § 8 der Einleitung zu diesem Buche.
Amtsüberschreitung eines Forstschutzbeamten.

Nr. 652. Erk. vom 9. Juni 1866 (Just.-Min.-Bl. S. 257).

Nach §§ 51 und 81 der westfälischen Landgemeinde-Ordnung vom 19. März 1856 (G.-S. S. 265) sind die Provinzial-Regierungen berechtigt, die von einer Gemeindeversammlung über die Benutzung des Gemeindevermögens gefaßten Beschlüsse in höherer Instanz abzuändern. Gegen die Entscheidung derselben ist der ordentliche Rechtsweg nicht zulässig. Vergl. jetzt § 24 Abs. 2 des Zust.-Ges. vom 1. August 1883.

Nr. 653. Erk. vom 9. Juni 1866 (Just.-Min.-Bl. S. 264).

Die Festsetzung der Armenverpflegungskosten ist Sache der Verwaltungsbehörden; von diesen ist auch dann Entscheidung zu treffen, wenn es sich um die Frage handelt: ob gewisse Auslagen zu den Lasten der Armenpflege oder zu den Lasten der örtlichen Polizeiverwaltung gehören — ohne daß der ordentliche Rechtsweg dagegen zulässig wäre. Siehe die Erkenntnisse vom 8. April 1854 (Just.-Min.-Bl. S. 326) u. vom 30. Oktbr. 1858 (Just.-Min.-Bl. 1859 S. 102).

Nr. 654. Erk. vom 9. Juni 1866 (Just.-Min.-Bl. S. 279).

Anordnungen der Militairbehörde, durch welche bei Anstellung von Schießübungen auf dem Artillerie-Schießplatze zur Abwendung von Unglücksfällen ein angemessener Raum hinter den Kugelfängen abgesperrt wird, sind als polizeiliche Verfügungen zu betrachten, gegen welche die Anstellung einer Possessorienklage daher unzulässig ist. Siehe Erk. vom 4. Juli 1863 (Just.-Min.-Bl. S. 267).

Nr. 655. Erk. vom 9. Juni 1866 (Just.-Min.-Bl. S. 282).

Streitigkeiten über die Dotirung einer geistlichen Stelle sind im ordentlichen Rechtswege zu entscheiden, wenn die Verbindlichkeit zur Gewährung einer angemessenen Dotation durch einen privatrechtlichen Titel begründet wird. Siehe die Erkenntnisse vom 10. Januar 1852 (Just.-Min.-Bl. S. 171) und vom 11. Februar 1865 (Just.-Min.-Bl. S. 102).

Nr. 656. Erk. vom 14. Juli 1866 (Min.-Bl. d. i. V. S. 216 u. Just.-Min.-Bl. S. 289).

Ueber die Frage: inwieweit der die Löschanstalten bei einem Brande leitende Polizeibeamte für die von ihm getroffenen Anordnungen und den dadurch entstandenen Schaden verantwortlich ist, wird der ordentliche Rechtsweg für unzulässig erachtet.

Bei einem Brande ließ der leitende Beamte eine Scheuer niederreißen, die Feuersozietät zahlte die reglementsmäßige Entschädigung, klagte aber dann die ihr entstandenen Kosten gegen den Beamten gerichtlich ein, weil der Abbruch des Gebäudes nicht nötig gewesen sei. (A. L.-R. II, 10 § 88.) Konfliktssache, cfr. § 8 der Einleitung zu diesem Buche.

Nr. 657. Erk. vom 14. Juli 1866 (Min.-Bl. d. i. V. S. 196 u. Just.-Min.-Bl. S. 265).

Bei Streitigkeiten über die Verpflichtung der Gemeinden, die ausgehobenen Rekruten mit Bekleidungsstücken zu versehen, ist der ordentliche Rechtsweg ausgeschlossen.

Die Grundlage der hier in Bezug genommenen und damals geltenden Vorschrift in § 103 Nr. 1 der Militär-Ersatz-Instruktion vom 9. Dezember 1858, später § 80 Nr. 5 und 6 der Wehr-Ordnung vom 28. September 1875 und jetzt § 81 Nr. 5 und 6 der Wehr-Ordnung vom 22. November 1888 (Zentralblatt 1889 S. 1) bildet eine Allerhöchste Kabinets-Ordre vom 12. Februar 1820. Die sich hieraus ergebende Verpflichtung der Gemeinden, die ortsangehörigen Rekruten, sofern dieselben mittellos sind, mit Stiefeln, Hemden u. s. w. zu versehen, ist nach dem Ministerialerlaß vom 22. September 1860 (Min.-Bl. d. i. V. S. 251) nicht als ein Akt der Armenfürsorge anzusehen, sondern sie stellt sich dar als ein Ausfluß des staatlichen Besteuerungsrechtes, mithin eines Majestäts- und Hoheitsrechtes, gegen dessen Ausübung der ordentliche Rechtsweg niemals stattfindet.

Nr. 658. Erk. vom 14. Juli 1866 (Just.-Min.-Bl. S. 274).

Streitigkeiten zwischen dem Magistrat einer Stadt und den kirchlichen Behörden über die Ausübung des Patronats bei der Wahl eines Geistlichen sind dem ordentlichen Rechtswege unterworfen.

A. L.-R. II. 11 §§ 357 ff. und 577. Siehe Erk. vom 9. Dezember 1865 (Just.-Min.-Bl. 1866 S. 76).

Nr. 659. Erk. vom 13. Oktober 1866 (Min.-Bl. d. i. V. S. 239 u. Just.-Min.-Bl. S. 317).

Die Frage, ob das Gehalt eines Beamten bei Festsetzung der von ihm zu entrichtenden städtischen Kommunalsteuer mit in Anschlag gebracht werden dürfe, ist im streitigen Falle durch die ordentlichen Gerichte zu entscheiden, dagegen ist der ordentliche Rechtsweg unzulässig, wenn die Beschwerde des Beamten dahin geht, daß auch sein Einkommen aus einem ihm gehörigen, außerhalb des Gemeindebezirks liegenden Gutsbesitze mit in Berechnung gezogen worden.

Der Anspruch des Beamten stützte sich darauf, daß die betreffende Kommunalsteuer nicht in der Form einer allgemeinen Einkommensteuer erhoben sei (Ges. vom 11. Juli 1822). Heute wird über alle diese Fragen im Verwaltungsstreitverfahren entschieden nach § 18 des Zust.-Ges. v. 1. 8. 88.

Nr. 660. Erk. vom 13. Oktober 1866 (Just.-Min.-Bl. S. 318).

Wenn die Kommandantur einer Festung eine im Rayon derselben vorgenommene Erdarbeit oder Aufschüttung für rayonwidrig erklärt und dieselbe, nach fruchtloser Aufforderung des Betheiligten, beseitigen läßt, so können die dadurch entstandenen Kosten von dem letzteren im Wege der administrativen

Exekution eingezogen werden, ohne daß der ordentliche Rechtsweg dagegen zulässig wäre. Vergl. jetzt § 32 des Reichs-Rayongesetzes vom 21. Dezember 1871 und die dazu erteilte Instruktion; dazu §§ 132 ff. des L.-V.-G. vom 30. Juli 1883.

Nr. 661. Erk. vom 13. Oktober 1866 (Just.-Min.-Bl. S. 323).

Gegen Anordnungen der landrätlichen Behörde, durch welche den Adjazenten eines öffentlichen Flusses die Räumung desselben zur Beschaffung der Vorflut aufgegeben wird, ist der ordentliche Rechtsweg unzulässig. Vergl. jetzt § 66 des Zust.-Ges. v. 1. 8. 83.

Nr. 662. Erk. vom 13. Oktober 1866 (Just.-Min.-Bl. S. 326).

Die Verwaltungsbehörden in der Rhpr. sind nach den dort geltenden Bestimmungen ermächtigt, einen vorhandenen Weg als Vizinalweg anzuerkennen und je nach dem Bedürfnisse die Grenzen desselben festzustellen. Eine Eigentumsklage seitens der Adjazenten ist dagegen nur insofern zulässig, als es sich dabei um den Ersatz des Wertes der zu dem Wege herangezogenen Grundfläche handelt. Vergl. jetzt § 56 des Zust.-Ges. v. 1. 8. 83.

Nr. 663. Erk. vom 13. Oktober 1866 (Just.-Min.-Bl. S. 350).

Streitigkeiten zwischen kirchlichen und fiskalischen Behörden, in welchen es sich um Feststellung und Begrenzung von Verpflichtungen handelt, die dem Fiskus gegen eine katholische Kirche aus einem speziellen, privatrechtlichen Titel erwachsen sind, müssen im ordentlichen Rechtswege entschieden werden.

Siehe die Erkenntnisse vom 10. Juni 1852 (Just.-Min.-Bl. S. 171), vom 11. Februar 1865 (S. 102) und vom 9. Juni 1866 (S. 282).

Nr. 664. Erk. vom 13. Oktober 1866 (Just.-Min.-Bl. 1867 S. 38).

Wenn durch eine Anordnung der Polizeibehörde ein solcher Eingriff in Privatrechte erfolgt, für welchen nach den gesetzlichen Vorschriften Entschädigung gewährt werden muß, so findet der ordentliche Rechtsweg darüber statt: ob ein Eingriff dieser Art vorhanden sei und zu welchem Betrage Entschädigung dafür geleistet werden müsse. § 4 des Gesetzes vom 11. Mai 1842, Abs. 8 in § 56 des Zust.-Ges. v. 1. 8. 83.

Nr. 665. Erk. vom 12. Januar 1867 (Min.-Bl. d. i. V. S. 129 u. Just.-Min.-Bl. S. 150).

Wenn in einem Prozesse, bei welchem eine Verwaltungsbehörde als Partei beteiligt ist, der von ihr erhobene Einwand der Unzulässigkeit des ordentlichen Rechtsweges von den Gerichten rechtskräftig verworfen worden ist, so ist die Erhebung des Konfliktes oder des Komp.-Konfl. dagegen nicht weiter zulässig.

Es handelte sich um eine zwangsweise durchgeführte polizeiliche Verfügung betreffend die Verlegung eines Zaunes und einer Düngergrube. Die Klage war gerichtet auf die Wiederherstellung des früheren Zustandes und auf Ersatz seitens des ausführenden Beamten, mithin lag hier sowohl ein Komp.-Konfl. nach dem damals geltenden Gesetze vom 8. April 1847 vor, als ein Konflikt gemäß des Gesetzes vom 13. Februar 1854. Nach den Abs. 2 im § 1 des letzteren Gesetzes sollten auf einen solchen Konflikt auch die Vorschriften des ersteren Gesetzes stattfinden. Dies gilt noch heute, denn das neue Ges. v. 1. August 1879 bezieht sich überhaupt nicht auf Konflikte, sondern ausschließlich auf Kompetenzkonflikte.

Nr. 666. Erk. vom 12. Januar 1867 (Just.-Min.-Bl. S. 93).

Bau-Anlagen, welche von der betreffenden Staatsbehörde im öffentlichen Interesse für notwendig anerkannt und genehmigt worden sind (es handelte sich um die Erweiterung einer Bahnhofsanlage), können im Wege des ordentlich-gerichtlichen Prozesses nicht angefochten oder rückgängig gemacht werden. Ob die Anlage von der Behörde selbst oder mit ihrer Genehmigung von einer dabei beteiligten Privatperson ausgeführt wird, macht dabei keinen Unterschied. Siehe Erk. vom 11. Februar 1865 (Just.-Min.-Bl. S. 106).

Nr. 667. Erk. vom 12. Januar 1867 (Just.-Min.-Bl. S. 102).

Das Recht des Fiskus, gewisse Forderungen mit Ausschluß des ordentlichen Rechtsweges durch Exekution einzuziehen, hat seine Bedeutung nur dem Exequendus gegenüber, nicht gegen dritte Personen, mit denen Fiskus in Berührung tritt, weil sie mit ihm aus demselben Exekutionsobjekt ihre Befriedigung suchen. Vergl. jetzt § 26 der Verordnung vom 7. September 1879 (G.-S. S. 591) und Art. 22 der Ausführungs-Instruktion vom 15. September 1879 (G.-S. S. 591).

Nr. 668. Erk. vom 9. März 1867 (Just.-Min.-Bl. S. 155).

Der Antrag auf Einräumung bestimmter Kirchensitze in einer dem Umbau unterworfenen Kirche ist zur Entscheidung im ordentlichen Rechtswege nicht geeignet. Dagegen ist der ordentliche Rechtsweg zulässig, soweit es sich um einen eventuellen Entschädigungsanspruch handelt.

A. L.-R. II. 11 §§ 680—685. Siehe Erk. vom 14. April 1886 (Just.-Min.-Bl. S. 249).

Nr. 669. Erk. vom 9. März 1867 (Just.-Min.-Bl. S. 170).

Gegen rechtskräftige Erkenntnisse der ordentlichen Gerichte ist die Erhebung des Komp.-Konfl. auch dann zulässig, wenn die Behauptung aufgestellt wird, daß das betreffende Gericht zur Entscheidung des Rechtsstreites nicht kompetent gewesen sei. § 2 des Ges. vom 8. April 1847 (G.-S. S. 170). § 4 Abs. 2 der V. vom 1. August 1879 (G.-S. S. 573).

Nr. 670. Erk. vom 9. März 1867 (Just.-Min.-Bl. S. 179 und 181).

Ansprüche gegen den Fiskus auf Erstattung widerrechtlich erhobener Steuern können im ordentlichen Rechtswege nur dann geltend gemacht werden, wenn behauptet wird, daß die Steuer keine öffentliche Abgabe, oder daß die Forderung verjährt oder bereits früher getilgt worden sei. Ges. vom 24. Mai 1861, §§ 9 und 10 (G.-S. S. 243), § 26 der V. vom 12. Dezember 1864 (G.-S. S. 673). Siehe Erk. vom 19. Juni 1858 (Just.-Min.-Bl. S. 246).

Nr. 671. Erk. vom 9. März 1867 (Just.-Min.-Bl. S. 259).

Streitigkeiten über die Verbindlichkeit zur Unterhaltung und Räumung eines Grabens oder Wasserabzuges behufs Verschaffung der Vorflut waren im ordentlichen Rechtswege zu entscheiden. Dagegen gehört die Bestimmung darüber: wann, wie und in welchem Umfange die Räumung zu bewirken sei, lediglich zur Kognition der Wasserpolizeibehörde. Dies findet auch auf Privatflüsse Anwendung. (§ 7 des Ges. vom 28. Februar 1843 — G.-S. S. 41 —.) Siehe die Erk. vom 16. April 1853 (Just.-Min.-Bl. S. 220), vom 10. März 1855 (S. 218) und vom 10. Februar 1866 (S. 168).

Nr. 672. Erk. vom 9. März 1867 (Just.-Min.-Bl. S. 342).

Streitigkeiten über den Umfang der Dienstverpflichtungen eines Beamten (hier eines Kirchenglöckners) sind von der vorgesetzten Disziplinarbehörde desselben zu entscheiden und vom ordentlichen Rechtswege ausgeschlossen. Vergl. Kirchenges. vom 16. Juli 1886 (Kries, Kirchenges., Danzig 1887, S. 374 ff.).

Nr. 673. Erk. vom 11. Mai 1867 (Just.-Min.-Bl. S. 415).

Die Fischerei-O. für die Binnengewässer der Provinz Preußen vom 7. März 1845 (G.-S. S. 114) enthält in § 22 die Anordnung, daß die Maschen der zum Fischfange anzuwendenden Netze im nassen Zustande wenigstens zehn preußische Linien enthalten sollen. Behauptet Jemand, durch Privilegium, Verjährung oder einen anderen besonderen Rechtstitel die Befugnis, mit engeren Netzen fischen zu dürfen, erlangt zu haben, so ist darüber im ordentlichen Rechtswege zu entscheiden. Vergl. jetzt § 5 des Fischereiges. vom 30. Mai 1874 (G.-S. S. 197), § 102 Nr. 2 des Zust.-Ges. v. 1. 8. 83.

Nr. 674. Erk. vom 11. Mai 1867 (Just.-Min.-Bl. S. 418).

Die Anstellung einer Negatorienklage gegen polizeiliche Anordnungen betreffend die Leistung von Diensten zu einem Wege- oder Brückenbau ist unzulässig (Provinz Posen). Siehe die Erk. vom 5. April 1848 (Just.-Min.-Bl. S. 298) und vom 16. Dezember 1854 (Just.-Min.-Bl. 1855 S. 89—92).

Nr. 675. Erk. vom 12. Oktober 1867 (Just.-Min.-Bl. S. 437).

Streitigkeiten über die Frage: ob eine Kirchenkasse verpflichtet sei, dem Pfarrer das ihm gebührende Pfarrgehalt zu zahlen, sind im ordentlichen Rechtswege zu entscheiden.

Nr. 676. Erk. vom 12. Oktober 1867 (Just.-M.-Bl. 1868 S. 2).

Streitigkeiten darüber: ob ein Grundbesitzer einen öffentlichen Weg, welcher durch einen von seinem Grundstücke aus erfolgten Bergsturz verschüttet ist, wieder herzustellen verpflichtet oder die auf die Wegräumung des Schuttes von Seiten der Polizeibehörde verwendeten Kosten zu erstatten verbunden sei, sind im ordentlichen Rechtswege zu entscheiden. Heute würde sich die Polizeibehörde zunächst an den öffentlich-rechtlich zur Wegeherstellung Verpflichteten zu wenden und ihm in Gemäßheit des Abs. 5 in § 56 des Zust.-Ges. v. 1. 8. 83 die Beiladung des betreffenden Grundstücksbesitzers zu überlassen haben.

Nr. 677. Erk. vom 12. Oktober 1867 (Just.-Min.-Bl. 1868 S. 6).

Gegen polizeiliche Verfügungen und die zur Befolgung derselben angedrohten Zwangsmittel ist der ordentliche Rechtsweg unzulässig. (§§ 127 ff. und §§ 132 ff. des L.-V.-Ges. v. 30. 7. 83.)

Nr. 678. Erk. vom 12. Oktober 1867 (Just.-Min.-Bl. 1868 S. 56).

Gegen Anordnungen der Polizeibehörde, welche die Verschaffung der Vorflut bezwecken, ist eine ordentlich-gerichtliche Klage auf Beseitigung der getroffenen Einrichtungen und auf Wiederherstellung des früheren Zustandes unstatthaft. Dagegen wurde der ordentliche Rechtsweg in dem Falle für zulässig erachtet, wenn unter mehreren Beteiligten der Eine behauptet, daß der Andere Vorkehrungen zur Gewährung der Vorflut zu treffen verpflichtet sei. Vergl. § 66 Abs. 3 des Zust.-Ges. v. 1. 8. 83 und § 10 der Einleitung zu diesem Buche.

Nr. 679. Erk. vom 14. Dezember 1867 (Just.-Min.-Bl. 1868 S. 66).

Eine Schulsozietät in den Provinzen Ost- und Westpreußen ist nicht berechtigt, Anordnungen der Regierung, durch welche ihr Leistungen an die Schule oder deren Lehrer auferlegt werden, im Wege der ordentlich-gerichtlichen Klage anzufechten. (§ 12 Nr. 3 der Schulordnung vom 11. Dezember 1845 — G.-S. 1846 S. 3 —.) Verf. § 48 des Zust.-Ges. v. 1. 8. 83.

Nr. 680. Erk. vom 14. Dezember 1867 (Just.-Min.-Bl. 1868 S. 71).

Gegen polizeiliche Anordnungen, welche die Veränderung eines öffentlichen Weges zum Gegenstande haben, wurde eine ordentlich-gerichtliche Klage auf Wiederherstellung des früheren Zustandes auch dann für unzulässig erachtet, wenn bei der Ausführung einer solchen Anordnung ein Separations-Rezeß, als die Veränderung bedingend, zum Grunde gelegt war.

Vergl. § 57 des Zust.-Ges. v. 1. 8. 83.

Nr. 681. Erk. vom 14. Dezember 1867 (Just.-Min.-Bl. S. 84).

Wenn über einen an sich zum ordentlichen Rechtswege geeigneten Gegenstand ein ordentlich-gerichtliches Prozeßverfahren eingeleitet ist und in demselben Einwendungen erhoben werden, über welche der Verwaltungsbehörde die Kognition zusteht, so ist das ordentliche Gericht gleichwohl befugt, über dergleichen Einwenden und über die Folgen desselben in Bezug auf den Gegenstand des Prozesses Entscheidung zu treffen.

Siehe Erk. vom 9. Juni 1885 (Just.-Min.-Bl. S. 384) und vom 20. Oktober 1855 (S. 401).

Nr. 682. Erk. vom 14. Dezember 1867 (Just.-Min.-Bl. 1868 S. 91).

Streitigkeiten über die Frage: ob gewisse Auslagen einer Gemeinde zu den Lasten der Armenpflege oder zu den Unkosten der örtlichen Polizeiverwaltung gehören, sind nicht im ordentlichen Rechtswege, sondern von der zuständigen Verwaltungsbehörde zu entscheiden. Vergl. jetzt § 39 des Zust.-Ges. v. 1. 8. 83. Siehe die Erkenntnisse vom 8. April 1854 (Just.-Min.-Bl. S. 326), vom 30. Oktober 1858 (1859 S. 102) und vom 9. Juni 1866 (S. 264).

Nr. 683. Erk. vom 14. Dezember 1867 (Just.-Min.-Bl. 1868 S. 116).

Wenn von Seiten der Polizeibehörde einem Gewerbetreibenden eine bestimmte Handlung unter Androhung einer Geldstrafe untersagt worden ist, und die letztere demnächst bei Uebertretung des Verbots festgesetzt und eingezogen wird, so ist der ordentliche Rechtsweg dagegen nicht zulässig. Siehe Erk. vom 3. Mai 1856 (Just.-Min.-Bl. S. 206). Vergl. jetzt § 51 der Reichs-Gewerbe-Ordnung vom 21. Juni 1869.

Nr. 684. Erk. vom 14. Dezember 1867 (Just.-Min.-Bl. 1868 S. 118).

Wenn von der Verwaltungsbehörde eine Repartition der Schulabgaben auf die einzelnen Mitglieder der Schulgemeinde angeordnet worden ist und von einem Beteiligten behauptet wird, daß diese Repartition nach unrichtigen Grundsätzen angelegt worden sei, so ist eine Entscheidung darüber im ordentlichen Rechtswege unzulässig. Vergl. §§ 46 und 160 des Zust.-Ges. Siehe Erk. vom 22. November 1851 (Just.-Min.-Bl. 1852 S. 15).

Nr. 685. Erk. vom 8. Februar 1868 (Min.-Bl. d. i. V. S. 121 und Just-Min.-Bl. S. 108).

Der Beitritt zur Union ist nicht als ein Konfessionswechsel anzusehen und daher, wenn an einem Orte mehrere zur evangelischen Landeskirche gehörige

Parochieen vorhanden sind, der Beitritt zur Union für den Parochialverband ohne Einfluß und die Frage, zu welcher Parochie ein Mitglied der Gemeinde gehört, nicht im ordentlichen Rechtswege, sondern durch die Verwaltungsbehörden zu entscheiden.

(Vergl. oben die Erk. sub Nr. 412 und 628, bei welchen dieselben Parteien, wie in diesem Falle, beteiligt waren. Anders gestaltet sich das Verhältnis hinsichtlich der Altlutheraner; siehe das Erk. snb Nr. 506).

Der Kompetenzgerichtshof stützte seine Entscheidung auf A. L.-R. II, 11 § 111, vergl. Kries, preußische Kirchengesetzgebung, Danzig, 1887, S. 12.

Nr. 686. Erk. vom 11. April 1868 (Min.-Bl. d. i. V. S. 214 u. Just.-M.-Bl. S. 255).

Wenn die Ausführung einer polizeilichen Anordnung nach fruchtloser Aufforderung des Verpflichteten für dessen Rechnung durch einen dritten bewirkt worden, so ist gegen die Höhe der von der Polizeibehörde festgesetzten und beigetriebenen Kosten nur der Weg der Beschwerde, nicht aber der ordentliche Rechtsweg zulässig.

Es handelte sich um die zwangsweise Durchführung der durch Polizeiverordnung vorgeschriebenen Desinfektion von Abtritten u. s. w. — Heute finden auf derartige Anordnungen die §§ 132—135 des L.-V.-Ges. v. 30. 7. 83 allein Anwendung, wobei der ordentliche Rechtsweg ebenfalls überall ausgeschlossen ist.

Nr. 687. Erk. vom 11. April 1868 (Just.-Min.-Bl. S. 180).

Alle Streitigkeiten, welche sich auf Gegenstände eines anhängigen Auseinandersetzungsverfahrens beziehen, sind mit Ausschluß der ordentlichen Gerichte von den Auseinandersetzungsbehörden zu instruieren und zu entscheiden. Siehe Erk. vom 12. Oktober 1861 (Just.-Min.-Bl. 1862, S. 83).

Nr. 688. Erk. vom 11. April 1868 (Just.-Min.-Bl. S. 289).

Zu den Provinzial-Staatsschulden aus den Zeiten der französischen Fremdherrschaft gehören auch die vom Staate zu vertretenden Deposita. Streitige Ansprüche aus solchen Depositis sind nicht von den ordentlichen Gerichten, sondern von der Hauptverwaltung der Staatsschulden zu entscheiden. Kabinets-Ordre vom 4. Februar 1823 (G.-S. S. 21).

Nr. 689. Erk. vom 11. April 1868 (Just.-Min.-Bl. S. 313).

Siehe Erk. vom 13. Juni 1868 (Just.-Min.-Bl. S. 317).

Nr. 690. Erk. vom 13. Juni 1868 (Just.-Min.-Bl. S. 296).

Gegen die Verfügung der Polizeibehörde, durch welche ein Weg für einen öffentlichen erklärt wird, ist nur die Beschwerde an die vorgesetzte Instanz, nicht aber der ordentliche Rechtsweg zulässig. Vergl. jetzt § 56 des Zust.-Ges. und § 10 der Einleitung zu diesem Buche. Siehe Erk. vom 14. November 1863 (Just.-Min.-Bl. 1864. S. 75).

Nr. 691. Erk. vom 13. Juni 1868 (Just.-Min.-Bl. S. 300).

Ueber streitige Ansprüche an den Staat, welche aus den Zeiten der französischen Fremdherrschaft herrühren und nach den bestehenden Vorschriften als Provinzial-Staatsschulden anzusehen sind, haben nicht die Gerichte, sondern die Hauptverwaltung der Staatsschulden zu entscheiden. Siehe Erkenntnisse vom 4. Februar 1854 (Just.-Min.-Bl. S. 203) und vom 11. April 1868 (S. 289).

Nr. 692. Erk. vom 13. Juni 1868 (Just.-Min.-Bl. S. 305).

Streitigkeiten über die Beiträge zu den Siel- und Schleusenbauten bei eingedeichten Marschen (Provinz Hannover) sind vom ordentlichen Rechtswege ausgeschlossen. Vergl. §§ 96, 97 und 152 des Just.-Ges.

Nr. 693. Erk. vom 13. Juni 1868 (Just.-Min.-Bl. S. 317).

Gegen Gemeindebeschlüsse, welche die Benutzung des Gemeindeglieder-Vermögens in Westf. betreffen, ist der ordentliche Rechtsweg nicht gestattet. Dagegen erschien derselbe zulässig, wenn es sich bei dem Rechtsstreite um die Frage handelte: ob ein bestimmtes Recht zu dem Gemeindeglieder-Vermögen gehört und einem Grundstücke als Realrecht anklebe. Siehe Erkenntnisse vom 14. Oktober und 9. Dezember 1865 (Just.-Min.-Bl. 1866 S. 7 und 114).

Nr. 694. Erk. vom 13. Juni 1868 (Just.-Min.-Bl. S. 320).

Streitigkeiten über die Verpflichtung der Stadtgemeinden zur Uebernahme der Einquartierungslast erschienen vom ordentlichen Rechtswege ausgeschlossen. Siehe Erkenntnisse vom 3. Februar 1855 (Just.-Min.-Bl. S. 99) und vom 11. Mai 1861 (1862, S. 44).

Nr. 695. Erk. vom 13. Juni 1868 (Just.-Min.-Bl. S. 323).

Die Entscheidung über streitige Forderungen an den Staat, welche zu den Provinzial-Staatsschulden gehören, gebührt der Hauptverwaltung der Staatsschulden auch darüber, wer als legitimirter Eigentümer einer solchen Forderung zu betrachten sei. Siehe Erk. vom 13. Juni 1868 (Just.-Min.-Bl. S. 300).

Nr. 696. Erk. vom 13. Juni 1868 (Just.-Min.-Bl. S. 337).

Das Kirchen-Patronat ist ein Gegenstand des Privateigentums; es können daher Störungen in dem Besitze des Patronatsrechtes sowohl im petitorischen als auch im possessorischen Prozesse gegen die vorgesetzte Kirchenbehörde verfolgt werden. (A.-L.-R. II, 11, §§ 327 ff. 530, 568—581). Siehe Erkenntnisse vom 9. Dezember 1865 und 14. Juli 1866 (Just.-Min.-Bl. 1866 S. 76 und 274).

Nr. 697. Erk. vom 10. Oktober 1868 (Min.-Bl. d. i. V. 1869 S. 2 und Just.-Min.-Bl. 1869 S. 2).

Klagen der Staatsbeamten über vermögensrechtliche Ansprüche aus ihrem Dienstverhältnisse sind zur Entscheidung im ordentlichen Rechtswege nur alsdann geeignet, wenn der administrative Instanzenzug vorher erschöpft und die Entscheidung des vorgesetzten Verwaltungschefs eingeholt worden ist.

Kläger, welcher als Gerichtsaktuar bei einer Kreisgerichts-Kommission angestellt war, hatte im Auftrage seines Vorgesetzten auf Requisition des letzteren von Seiten des Landrathsamtes eine aus den Hypotheken-Büchern zu ermittelnde Nachweisung angefertigt, welche nach seiner Auffassung zum Behuf der Grundsteuer-Regulierung dienen sollte und deshalb nach § 17 der Anweisung vom 21. Mai 1861 (G.-S. S. 253 und § 29 des Ges. von demselben Tage (G.-S. S. 327) vom Staate als Extraarbeit bezahlt werden müsse.

Der Kompetenzgerichtsgerichtshof nahm an, daß der Aktuar jene Arbeit nur in Erfüllung seiner Dienstpflichten geleistet habe und hielt den gegen dessen gerichtliche Klage erhobene Kompetenzkonflikt nach §§ 1 und 2 des Ges. vom 24. Mai 1861 (G.-S. S. 241) für begründet.

Nr. 698. Erk. vom 10. Oktober 1868 (Just.-Min.-Bl. S. 348).

Die von den Theilnehmern einer Genossenschaft zur Entwässerung von

Grundstücken übernommenen Verpflichtungen sind als auf dem Grundstücke ruhend zu betrachten. Die in dem Verbandsstatut ausgesprochene Zulässigkeit der administrativen Exekution und Ausschließung des ordentlichen Rechtsweges bindet daher auch den Nachfolger in dem Besitze. Vergl. §§ 56 und 57 des Ges. vom 28. Februar 1843 (G.=S. S. 41), dazu Ges. vom 11. Mai 1853 (G.=S. S. 182) und Ges. vom 1. April 1879 (G.=S. S. 297) § 89. Siehe die Erkenntnisse vom 18. April 1857 (Just.=Min.=Bl. S. 388 und vom 12. November 1859 (1860 S. 334).

Nr. 699. Erk. vom 10. Oktober 1868 (Just.=Min.=Bl. S. 360).

Die vom Staate angestellten Grenzaufseher sind nach der preußischen Zollgesetzgebung befugt, Hirten, welche innerhalb des Grenzbezirks eine Heerde führen, anzuhalten u. s. w.

Konfliktssache, § 8 der Einleitung zu diesem Buche.

Nr. 700. Erk. vom 14. November 1868 (Min.=Bl. d. i. V. S. 326 u. Just.=Min.=Bl. S. 388).

Streitigkeiten über die Vergütung der von den Gemeinden auf ihre Mitglieder ausgeschriebenen Kriegsleistungen sind vom ordentlichen Rechtswege ausgeschlossen.

Jetzt ist hinsichtlich dieser Frage das Reichsges. vom 13. Juni 1873 (R.=G.=Bl. S. 129) maßgebend. Die hier vorgesehenen Kriegsleistungen fallen unter den Begriff der Gemeindeabgaben nach §§ 18 und 34 des Zust.=Ges. v. 1. 8. 83. Zu dem vorhergedachten Reichsges. vergl. die Ausführungs=V. vom 14. April 1888 (R.=G.=Bl. S. 142).

Nr. 701. Erk. vom 14. November 1868 (Min.=Bl. d. i. V. 1869 S. 58 und Just.=Min.=Bl. 1869 S. 39).

Die Entscheidung über die Höhe der Armenpflegekosten ist Sache der Verwaltungsbehörden, und es ist dabei zwischen den verschiedenen Arten derselben nicht in der Art zu unterscheiden, als ob die ordentlichen Gerichte über die Qualität der zur Erstattung geeigneten Kosten, die Verwaltungsbehörden aber nur über den quantitativen Betrag derselben zu befinden hätten. Das Arztlohn bildet einen Teil der Armen=Verpflegungskosten.

Ueber alle diese Fragen, somit sie auf dem Gebiete des öffentlichen Rechtes liegen, wird jetzt im Verwaltungsstreitverfahren entschieden. (§ 39 des Zust.=Ges. v. 1. 8. 83.)

Nr. 702. Erk. vom 14. November 1868 (Just.=Min.=Bl. 1869 S. 38).

Polizeiliche Anordnungen können im ordentlichen Rechtswege nicht angefochten werden. Ein Regreßanspruch gegen den betreffenden Polizeibeamten ist aber nur dann zulässig, wenn die von ihm getroffene Anordnung von seiner vorgesetzten Dienstbehörde für gesetzwidrig erklärt worden ist. Vergl. §§ 127 ff. insbesondere § 131 des L.=V.=Ges. v. 30. 7. 83.

Nr. 703. Erk. vom 9. Januar 1869 (Just.=Min.=Bl. S. 46).

Die Entscheidung hat denselben Inhalt, wie die vom 2. Oktober 1858 (Just.=Min.=Bl. 1859 S. 77).

Nr. 704. Erk. vom 13. März 1869 (Just.=Min.=Bl. S. 98).

Die Bestimmung über den Umfang des Unterrichts in den Elementarschulen und die darauf beruhende Verteilung der Schulabgaben auf die einzelnen Mitglieder der Schulgemeinde ist lediglich Sache der Aufsichtsbehörden und der ordentliche Rechtsweg dagegen nicht zulässig. Vergl. §§ 46 und 160 des Zust.-Ges. Siehe Erk. vom 14. Dezember 1867 (Just.-Min.-Bl. 1868 S. 118).

Nr. 705. Erk. vom 13. März 1869 (Just.-Min.-Bl. S. 104).

Gegen Anordnungen der Polizeibehörde wegen Anlegung und Erweiterung eines öffentlichen Weges findet ein ordentlich-gerichtliches Prozeßverfahren nicht statt. Vergl. § 56 des Zust.-Ges. und § 10 der Einleitung zu diesem Buche. Siehe Erk. vom 14. Dezember 1867 (Just.-Min.-Bl. 1868 S. 71).

Nr. 706. Erk. vom 13. März 1869 (Just.-Min.-Bl. S. 115).

Die Verhältnisse der Staatsbeamten in den durch die Gesetze vom 28. September, 3. Oktober und 24. Dezember 1866 (G.-S. S. 555, 591, 594, 597, 600, 875 und 876) mit der preußischen Monarchie verbundenen Landesteilen sind lediglich nach den Ges. vom 16. und 23. September 1867 (G.-S. S. 1515 ff. und 1613 ff.) zu beurteilen.

Nr. 707. Erk. vom 12. Juni 1869 (Just.-Min.-Bl. S. 175).

Die Regierung ist berechtigt, das Gehalt eines Schullehrers in den Provinzen Ost- und Westpreußen, welches sie nach den obwaltenden Umständen nicht für ausreichend erachtet, angemessen zu erhöhen. Der ordentliche Rechtsweg ist gegen eine solche Anordnung nicht gestattet. Preußische Schul-Ordnung vom 11. Dezember 1845 § 17 (G.-S. 1846 S. 1).

Nr. 708. Erk. vom 12. Juni 1869 (Just.-Min.-Bl. S. 178).

Wenn die Räumung eines Grabens von der Polizeibehörde angeordnet wird und der dazu Verpflichtete dieser Aufforderung nicht nachkommt, so ist die Polizeibehörde berechtigt, die Räumung auf Kosten des Säumigen ausführen zu lassen, ohne daß der ordentliche Rechtsweg dagegen zulässig wäre. Vergl. jetzt § 66 des Zust.-Ges.

Nr. 709. Erk. vom 12. Juni 1869 (Just.-Min.-Bl. S. 185).

Ueber die Veranlagung von Steuern (hier kurhessische Grundsteuern) findet der ordentliche Rechtsweg in den neuen Landesteilen nur insoweit statt, als dies nach den allgemeinen Grundsätzen der preußischen Gesetzgebung zulässig ist. Ein Anspruch auf Befreiung von öffentlichen Abgaben kann hiernach nur alsdann im ordentlichen Rechtswege geltend gemacht werden, wenn der Anspruch auf Vertrag, Verjährung oder einem besonderen Privilegium begründet ist. V. vom 28. April 1867, § 13 (G.-S. S. 542), V. vom 16. September 1867 Art. I (G.-S. 1515).

Nr. 710. Erk. vom 12. Juni 1869 (Just.-Min.-Bl. S. 194).

Die Auseinandersetzungsbehörden haben bei den zu ihrer Kompetenz gehörenden Ablösungs-Angelegenheiten nicht bloß den Hauptgegenstand der Auseinandersetzung zu regulieren, sondern auch über alle dabei vorkommenden Streitigkeiten, insbesondere auch die Entschädigungsansprüche für die Vergangenheit, zu entscheiden.

V. v. 30. Juni 1834 §§ 7 und 17 (G.-S. S. 99). Siehe die Erk. vom 22. November 1851 (Just.-Min.-Bl. 1852 S. 5) und vom 8. Dezember 1860 (1861 S. 233).

Nr. 711. Erk. vom 12. Juni 1869 (Just.-Min.-Bl. S. 199).

Wenn das Eigentum eines Privatmannes auf Anordnung der Polizeibehörde „im Interesse des Allgemeinen“ beschädigt und vernichtet wird, so ist über die Frage, ob ein solcher Fall vorhanden und zu welchem Betrage Entschädigung dafür zu gewähren sei, im ordentlichen Rechtswege zu entscheiden. Vergl. §§ 127 ff. des L.=V.=Ges. v. 30. 7. 83.

Nr. 712. Erk. vom 12. Juni 1869 (Just.=Min.=Bl. S. 204).

Ansprüche auf Vergütung von Kriegsleistungen, welche von einzelnen Gemeindemitgliedern auf Anordnung des Magistrats für die Gemeinde geschehen sind, können im ordentlichen Rechtswege nicht geltend gemacht werden. Siehe Erk. vom 14. November 1868 (Just.=Min.=Bl. S. 388).

Nr. 713. Erk. vom 11. September 1869 (Min.=Bl. d. i. V. 1870 S. 51 und Just.=Min.=Bl. 1869 S. 235).

Ueber die Frage: ob gewisse Grundstücke zu einem öffentlichen Dienste oder Gebrauche bestimmt und deshalb von der Grundsteuer frei zu lassen sind, ist der ordentliche Rechtsweg nicht zulässig.

Es handelte sich um den Anspruch auf Grundsteuerfreiheit für gewisse von den Ständen Alt=Pommerns erworbene Güter, welche für Zwecke des Korrigendenwesens verwendet wurden (§ 4c des Grundsteuer=Ges. vom 21. Mai 1861). Der Komp.=Konfl. wurde für begründet erachtet aus § 79 Tit. 14 Teil II A. L.=R. (vergl. auch wegen der Grundsteuer=Reklamationen Parey, Verwaltungsrecht, Bd. II, S. 75).

Nr. 714. Erk. vom 11. September 1869 (Just.=Min.=Bl. S. 206).

Wenn die Tötung eines der Tollwut verdächtigen Hundes von Seiten der Polizeibehörde zum Schutze der öffentlichen Sicherheit angeordnet und die Tötung demnächst erfolgt ist, so kann gegen den betreffenden Polizeibeamten ein Anspruch auf Schadensersatz im ordentlichen Rechtswege nicht geltend gemacht werden.

Nr. 715. Erk. vom 11. September 1869 (Just.=Min.=Bl. S. 213).

Die Bestimmung darüber: wann und wie die Auskrautung oder Räumung eines Grabens bewirkt werden soll, unterliegt — auch in der Provinz Hannover — ausschließlich der Kognition der Polizeibehörde. Hat dieselbe eine Anordnung der Art getroffen und ist dieselbe von dem betreffenden Grundbesitzer nicht befolgt worden, so ist die Polizeibehörde berechtigt, die Räumung des Grabens auf Kosten des Säumigen durch einen Dritten bewirken zu lassen, ohne daß der ordentliche Rechtsweg dagegen zulässig wäre. Vergl. jetzt § 66 des Zust.=Ges. Siehe Erk. vom 13. Oktober 1866 (Just.=Min.=Bl. 1867 S. 38) und vom 14. November 1868 (1869 S. 38).

Nr. 716. Erk. vom 11. September 1869 (Just.=Min.=Bl. S. 223).

1. Ueber streitige Forderungen, welche nach den im Geltungsbereiche des A. L.=R. bestehenden Vorschriften vom ordentlichen Rechtswege ausgeschlossen sind, ist auch in den durch die Ges. vom 20. September und 24. Dezember 1866 mit der preußischen Monarchie vereinigten Landesteilen ein ordentlichgerichtliches Prozeßverfahren unzulässig. V. vom 16. September 1867, Art. I. (G.=S. S. 1515.)

Dieser Grundsatz findet auch auf die vor der Publikation der V. vom 16. September 1867 bereits eingeleiteten Prozesse Anwendung (ebenda Art. VIII.)

2. Provinzialschulden, welche auf Friedensschlüssen oder Konventionen beruhen und mit einem neu erworbenen Landesteil auf den preußischen Staat

übergegangen sind, können gegen denselben im ordentlichen Rechtswege nicht geltend gemacht werden.

3. Ebenso ist der ordentliche Rechtsweg unzulässig, wenn es sich um Entschädigungsansprüche handelt, welche aus der durch den Reichsdeputations-Hauptschluß vom 25. Februar 1803 erfolgten Aufhebung des Rheinzolles hergeleitet werden.

Siehe Erk. vom 15. Oktober 1859 (Just.-Min.-Bl. 1860 S. 326).

Nr. 717. Erk. vom 9. Oktober 1869 (Min.-Bl. d. i. V. 1870 S. 54 und Just.-Min.-Bl. 1869 S. 237).

Streitigkeiten zwischen Armenverbänden über die Verpflichtung zur Uebernahme der Unterstützung eines Hülfsbedürftigen werden jetzt nach Maßgabe des § 39 des Zust.-Ges. v. 1. 8. entschieden, auch wenn die eine der streitenden Parteien ein Landarmenverband ist, sofern derselbe die Uebernahme der betreffenden Lasten seitens des Gegners aus den Vorschriften des öffentlichen Rechtes herleitet.

Nr. 718. Erk. vom 9. Oktober 1869 (Min.-Bl. d. i. V. 1870 S. 79 und Just.-Min.-Bl. 1869 S. 250.)

Gegen Anordnungen der Orts-Polizeibehörde, welche auf Grund des Rayon-Regulativs vom 10. September 1828 zum Schutze einer Festung getroffen werden, findet der ordentliche Rechtsweg nur in den Fällen statt, in welchen derselbe gegen polizeiliche Verfügungen überhaupt zulässig ist.

Vergl. jetzt §§ 39 ff. des Reichsgesetzes vom 21. Dezember 1871 (R.-G.-Bl. S. 459 und die Instruktion der Reichs-Rayon-Kommission vom 4. Januar 1873. Die letztere ist nur zu finden in der großen Guttentag'schen Ausgabe der Reichsgesetzgebung, Berlin und Leipzig 1884, Band II, S. 621.

Nr. 719. Erk. vom 9. Oktober 1869 (Just.-Min.-Bl. S. 231).

Gegen die Einziehung von Kirchen- und Schul-Abgaben, welche nicht auf Observanz oder Ortsverfassung, sondern auf allgemeiner gesetzlicher Verbindlichkeit beruhen, ist der ordentliche Rechtsweg ebenso unzulässig, wie gegen die Einziehung öffentlicher Abgaben (§ 15 des Ges. vom 24. Mai 1861 — G.-S. S. 244 —). Wegen der Reklamation gegen Kirchenabgaben vergl. Kries, Kirchengesetze, Danzig 1887, S. 351 und 411, wegen der Schulabgaben §§ 46 und 160 des Zust.-Ges.

Nr. 720. Erk. vom 9. Oktober 1869 (Just.-Min.-Bl. S. 246).

Ueber die Benutzung des Bürgervermögens einer Stadt haben in der Provinz Westf. die Stadtverordneten und in höherer Instanz die betreffenden Verwaltungsbehörden zu entscheiden, ohne daß der ordentliche Rechtsweg gegen eine solche Entscheidung zulässig wäre, §§ 48 und 77 der westfälischen Städteordnung vom 19. März 1856. Vergl. § 7 des Zust.-Ges.

Nr. 721. Erk. vom 9. Oktober 1869 (Just.-Min.-Bl. 1870 S. 17).

Wenn ein Uferbesitzer von der Polizeibehörde angewiesen ist, zur besseren Regulierung des Flußbettes einen von seinem Grundstücke in den Fluß hineinreichenden Ueberbau abzubrechen und derselbe es unterläßt, dieser Aufforderung nachzukommen, so ist die Polizeibehörde berechtigt, den Abbruch durch einen Dritten bewerkstelligen zu lassen und die dadurch entstandenen Kosten von dem säumigen Uferbesitzer einzuziehen, ohne daß der ordentliche Rechtsweg dagegen zulässig wäre. V. vom 30. Juli 1853, § 1, N. 14 (G.-S. S. 909) vergl. jetzt § 132 ff des L.-V.-Ges.

Nr. 722. Erk. vom 13. November 1869 (Just.-Min.-Bl. 1870 S. 47).

Der Beitritt oder Nichtbeitritt zur Union ist auf die Parochial-Verhältnisse ohne Einfluß, und es kann daher auch die Zahlung von Lasten und Abgaben zu der betreffenden Kirche, insbesondere die Entrichtung von Beiträgen zu den Baukosten, blos aus diesem Grunde nicht verweigert werden. (A. L.-R. II. 11 §§ 261, 707—709. Dazu § 3 Nr. 1 der V. vom 27. Juni 1845, Art. 23 Nr. 2 des Ges. vom 3. Juni 1876). Siehe Erk. vom 8. Februar 1868 (Just.-Min.-Bl. S. 108).

Nr. 723. Erk. vom 8. Januar 1870 (Min.-Bl. d. i. V. S. 81 u. Just.-Min.-Bl. S. 66).

Das Ges. vom 11. Mai 1842 über die Zulässigkeit des ordentlichen Rechtsweges in Beziehung auf polizeiliche Verfügungen findet auch in Schl.-Holst. Anwendung, daher ist auch dort gegen Anordnungen der Polizeibehörde eine Spolienklage (Possessorienklage) nicht zulässig. Art. I. der V. vom 16. September 1867 (G.-S. S. 1515).

Vergl. jetzt Krueger, Selbstverwaltungsgesetze für Schleswig-Holstein, Kiel und Leipzig. 1889. S. 139 ff.

Nr. 724. Erk. vom 8. Januar 1870 (Just.-Min.-Bl. S. 61).

Streitigkeiten über Verpflichtungen, welche dem Fiskus gegen eine katholische Kirche aus einem privatrechtlichen Titel obliegen, sind im ordentlichen Rechtswege zu entscheiden. Siehe Erk. vom 13. Oktober 1866 (Just.-Min.-Bl. S. 350).

Nr. 725. Erk. vom 8. Januar 1870 (Just.-Min.-Bl. S. 83).

Wenn durch Anlegung eines Stauwerkes ein benachbartes Grundstück überflutet oder naßgelegt wird und dadurch Schaden erleidet, so ist der Besitzer des Grundstücks berechtigt, seine Entschädigungsansprüche im ordentlichen Rechtswege geltend zu machen (§§ 15 ff. des Vorflutges. vom 15. November 1811 — G.-S. S. 354 —, §§ 45, 47 des Ges. vom 28. Februar 1843 — G.-S. S. 49 —). Vergl. Erk. des O.-V.-G. vom 27. März 1878 — Entsch. III. S. 230, Parey, Rechtsgrundsätze des O.-V.-G., Stammwerk S. 273 Nr. 10.

Nr. 726. Erk. vom 8. Januar 1870 (Just.-Min.-Bl. S. 89).

Streitigkeiten über die Verbindlichkeit zur Zahlung von Kirchen- und Pfarrbaukosten sind im ordentlichen Rechtswege zu entscheiden. A. L.-R. II, 11 §§ 708 ff. Dazu jetzt § 3 Nr. 1 der V. vom 27. Juni 1845, Art. 23 Nr. 2 des Ges. vom 3. Juni 1876, Allerhöchste Kab.-Ordre vom 18. Februar 1805 bei Kries, Kirchengesetze, Danzig 1887 S. 63. Siehe Erk. vom 30. Januar 1858 (Just.-Min.-Bl. S. 267).

Nr. 727. Erk. vom 8. Januar 1870 (Just.-Min.-Bl. S. 95).

Entschädigungsansprüche gegen eine Meliorations-Genossenschaft, welche durch Ausführung von Ent- und Bewässerungsanlagen benachbarte Grundstücke beschädigt, sind im ordentlichen Rechtswege zu entscheiden. (Hahn, Wasserrecht, Breslau 1886 S. 51.)

Nr. 728. Erk. vom 12. Februar 1870 (Min.-Bl. d. i. V. S. 103 u. Just.-Min.-Bl. S. 307).

Streitigkeiten über die Verpflichtung eines Gutsherrn, zu dem Gehalte des Dorfschullehrers beizutragen, waren durch den § 10 des Ges. vom 24. Mai 1861 (G.-S. S. 243) nicht zum ordentlichen Rechtswege verwiesen, vielmehr war für die Schulabgaben lediglich der § 15 des allegierten Ges. maßgebend. Der Gutsherr hatte sich in seiner gerichtlichen Klage auf § 33 Tit. 12

Teil II A. L.-R.'s berufen. Jetzt sind diese Angelegenheiten Verwaltungsstreitsachen nach 46 des Zust.-Ges. v. 1. 8. 83.

Vergl. Endurteil des O.-V.-G. vom 9. März 1881 (Entsch.-Bd. VII S. 229, Parey, Rechtsgrundsätze des O.-V.-G., Stammwerk S. 198 Nr. 30).

Nr. 729. Erk. vom 12. Februar 1870 (Just.-Min.-Bl. S. 102).

Entschädigungsansprüche können gegen einen Polizeibeamten nur dann im ordentlichen Rechtswege geltend gemacht werden, wenn die von ihm getroffene Anordnung von seiner vorgesetzten Dienstbehörde als gesetzwidrig und unzulässig aufgehoben ist. (Ges. vom 11. Mai 1842 §§ 1 und 6 (G.-S. S. 192). Siehe Erk. vom 25. Oktober 1856 und 7. März 1857 (Just.-Min.-Bl. 1857 S. 110 und 363) und vom 14. November 1868 (Just.-Min.-Bl. 1869 S. 38).

Nr. 730. Erk. vom 12. Februar 1870 (Just.-Min.-Bl. S. 185).

Wenn im Auseinandersetzungssachen gegen die Einziehung der liquidierten Kosten der Einwand der Verjährung erhoben wird, so ist darüber nicht im ordentlichen Rechtswege zu entscheiden, sondern es ist nur der Rekurs an das vorgesetzte Ministerium zulässig. (Regulativ vom 25. April 1836 § 13 (G.-S. S. 181). Siehe den Kommentar von Schneider, Berlin 1879, S. 244.

Nr. 731. Erk. vom 12. März 1870 (Just.-Min.-Bl. S. 112).

Die Bestimmung über den Umfang des Unterrichts in den Elementarschulen und die darauf beruhende Vertheilung der Schulabgaben auf die Gutsherrschaft ist Sache der Verwaltungsbehörde, also der ordentliche Rechtsweg darüber nicht zulässig. (Ges. vom 24. Mai 1861 § 15 — G.-S. S. 244). Siehe Erk. vom 13. März 1869 (Just.-Min.-Bl. S. 99).

Nr. 732. Erk. vom 12. März 1870 (Just.-Min.-Bl. S. 114).

Wenn in einer Landgemeinde durch einen von der vorgesetzten Aufsichtsbehörde bestätigten Gemeindebeschluß eine neue Regulirung und Verteilung der Gemeindelasten und Abgaben auf die Mitglieder der Gemeinde erfolgt ist, so ist hiergegen der ordentliche Rechtsweg nicht zulässig. (Ges. vom 14. April 1856, §§ 11 und 12 — G.-S. S. 359 — dazu Zust.-Ges. § 31, A. L.-R. II 7, § 43).

Nr. 733. Erk. vom 12. März 1870 (Just.-Min.-Bl. S. 212).

Ueber Forderungen öffentlicher, städtischer Schulanstalten von Schulgeld wurde der ordentliche Rechtsweg für unbedingt zulässig erachtet und zwar ohne Unterschied, ob dasselbe an den Lehrer oder an eine besondere Schulkasse oder an die Kasse der die Schule unterhaltenden Gemeinde gezahlt wird. Vergl. jetzt Abs. 5 in § 46 des Zust.-Ges.

Nr. 734. Erk. vom 12. März 1870 (Just.-Min.-Bl. S. 228).

Forderungen an die Regierung des ehemaligen Herzogtums Nassau, welche durch die Vereinigung dieses Landes mit Preußen zu einer Provinzial-Staatsschuld geworden sind, können nicht im ordentlichen Rechtswege geltend gemacht werden. Siehe Erk. vom 11. September 1869 (Just.-Min.-Bl. S.. 223).

Nr. 735. Erk. vom 14. Mai 1870 (Just.-Min.-Bl. S. 250).

Wenn ein Ortsgericht in Schlesien die Schmälerung eines Weges polizeilich verfolgte, so lag darin keine Ueberschreitung amtlicher Befugnisse. Konfliktssache, § 8 der Einleitung zu diesem Buche.

Nr. 736. Erk. vom 14. Mai 1870 (Just.-Min.-Bl. S. 270).

Die Hinterbliebenen eines pensionirten Beamten sind berechtigt, ihren Anspruch auf Bewilligung des Gnadengehalts, falls ihnen dasselbe bestritten wird, im ordentlich-Rechtswege geltend zu machen. Ges. vom 24. Mai 1861 § 1 Ges.-S. S. 241).

Nr. 737. Erk. vom 14. Mai 1870 (Just.-Min.-Bl. S. 286).

Die Entscheidung betrifft die Verbindlichkeit zur Entrichtung der längst aufgehobenen staatlichen Mahlsteuer.

Nr. 738. Erk. vom 13. August 1870 (Min.-Bl. d. i. V. S. 276 und Just.-Min.-Bl. S. 290).

Die Oberaufsicht des Vermögens der öffentlichen Schulen steht dem Staate zu und ein Widerspruch gegen den Umfang dieses Hoheitsrechtes kann im ordentlich-gerichtlichen Prozeßverfahren nicht geltend gemacht werden.

Das Friedrichs-Gymnasium zu Breslau war ursprünglich und seit 1764 eine Stiftung des Presbyteriums der Hofkirche und durch verschiedene höhere Erlasse von der staatlichen Aufsicht dergestalt dispensirt, daß die Etats und die Jahresrechnungen dem Provinzial-Schul-Kollegium nicht mehr eingereicht zu werden brauchten. Als diese Ausnahme 1886 nicht mehr statthaft erschien und die Rechnungslegung gefordert wurde, klagte das Presbyterium gegen den Fiskus auf Anerkennung seiner Immunität. Der hiergegen erhobene Konflikt wurde für begründet erachtet aus A. L.-R. II 13, § 13, § 36 der V. vom 26. Dezember 1808 (N. C. C. XII S. 679), § 18 litt. g der Regierungs-Instruktion vom 23. Oktober 1817 und Allerh. Kabinets-Ordre vom 4. Dezember 1831 (G.-S. S. 255).

Nr. 739. Erk. vom 13. August 1870 (Just.-Min.-Bl. S. 298).

Die Entscheidung betrifft Anträge auf Steuervergütung für den im Inlande fabrizierten und nach dem Auslande exportierten Branntwein. Diese Angelegenheit ist jetzt reichsgesetzlich geregelt, siehe Parey, Verwaltungsrecht, Berlin 1887, Bd. II S. 81. Vergl. die Ausführungsbestimmungen des Bundesrathes vom 27. September 1887 (Reichs- und Staatsanzeiger Nr. 227, Beilage I und II). Eine Uebersicht der hier einschlagenden Gesetzgebung findet man bei Rönne, Kommentar zur Reichsverfassung, Berlin und Leipzig 1886, S. 99 ff.

Nr. 740. Erk. vom 13. August 1870 (Just.-Min.-Bl. S. 310).

1. Die Abteilung des Königlichen Kriegs-Ministeriums für Invalidenwesen ist zur Erhebung des Komp.-Konfl. befugt.

2. Ansprüche der Offiziere auf eine höhere Pension, als ihnen von der Militärbehörde bewilligt worden, sind im ordentlichen Rechtswege zu entscheiden. (Ges. vom 24. Mai 1861. — G.-S. S. 241 —).

3. Die Allerh. Ordre vom 28. Oktober 1836 (Jahrbücher Bd. 48 S. 433) ist für aufgehoben zu erachten.

Wegen der Pensionierung der Militärpersonen des Reichsheeres und der Marine vergl. Ges. vom 27. Juni 1871 (R.-G.-B. S. 275), Ges. vom 21. April 1886 (R.-G.-B. S. 78), desgl. vom 24. März 1887 (R.-G.-Bl. S. 149), desgl. vom 17. Juni 1887 (R.-G.-Bl. S. 237.)

Nr. 741. Erk. vom 13. August 1870 (Just.-Min.-Bl. S. 330).

Wenn der Eigentümer eines Grundstücks in der Benutzung desselben dadurch gestört wird, daß von dem benachbarten Schießplatze der Garnison bei den Schießübungen derselben Kugeln auf sein Grundstück hinüberfliegen, so wurde er für berechtigt erachtet, gegen die betreffende Militärbehörde eine Possessorienklage anzustellen, um sich in dem ruhigen Besitze seines Grundstücks zu schützen. Der Einwand der Militärbehörde, daß die von ihr getroffenen Anordnungen über die Einrichtung und Benutzung des Schießplatzes als polizeiliche Verfügungen anzusehen seien und daß dieselben zugleich auf ein Hoheitsrecht des Staates beruhen, erschien nicht geeignet, die Zulässigkeit des ordentlichen Rechtsweges auszuschließen. Vergl. hiermit das Endurteil des O.-V.-G. vom 5. Mai 1877 (Entsch.-Bd. II S. 400, Parey, Rechtsgrundsätze des O.-V.-G., Stammwerk S. 223 Nr. 18).

Nr. 742. Erk. vom 8. Oktober 1870 (Min.-Bl. d. i. V. 1871 S. 164 und Just.-Min.-Bl. 1870 S. 340).

Eine Königliche Bank-Kommandite war zur städtischen Gemeinde-Einkommensteuer eingeschätzt. Dieselbe hatte dagegen mit Erfolg reklamiert. Später wurde sie aber durch Verfügung des Ministers des Innern wieder für steuerpflichtig erklärt, und nun handelte es sich um die Einziehung der in der Zwischenzeit entstandenen zweijährigen Steuerreste, welche der Magistrat gerichtlich einklagen wollte. Der hiergegen erhobene Komp.-Konfl. wurde aus § 78 Tit. 14 Teil II A. L.-R.'s und § 36 der V. vom 26. Dezember 1808 für begründet erachtet.

Es handelte sich hier um Steuer-Rückstände im Sinne der §§ 8 und 14 des Ges. vom 18. Juni 1840 (G.-S. S. 140), vergl. auch Ges. vom 12. April 1882 (G.-S. S. 228). Wegen der Exekution gegen den Fiskus vergl. das Endurteil des O.-V.-G. vom 22. Februar 1879 (Entsch.-Bd. V S. 83, Parey, Rechtsgrundsätze des O.-V.-G., Stammwerk S. 100 und 101 Nr. 7 Ziffer 3).

Nr. 743. Erk. vom 8. Oktober 1870 (Min.-Bl. d. i. V. 1871 S. 64 und Just.-Min.-Bl. 1870 S. 352).

Streitigkeiten über die Verbindlichkeit zur Entrichtung der auf Staats-Chausseeen zu zahlenden Chaussee- und Brückengelder sind vom ordentlichen Rechtswege ausgeschlossen und der Einwand des Zahlungspflichtigen, er habe eine Brücke von jeher ohne Erlegung von Brückengeld passirt, ist nicht geeignet, den ordentlichen Rechtsweg zu begründen.

Kommunikations-Abgaben gehören zu den in § 78 Titel 14 Teil II bezeichneten allgemeinen Anlagen, mithin findet über die Verpflichtung zu deren Entrichtung ein Prozeß nur in dem hier nicht vorliegenden Ausnahmsfalle des § 79 statt. Was aber von dem Chausseegelde gilt, muß auch auf das Brückengeld Anwendung finden, selbst wenn das letztere gleichzeitig mit dem ersteren erhoben wird. Die Behauptung der Kläger, daß sie von jeher von dem Brückengelde befreit gewesen seien, läßt sich als eine Verjährung auffassen, weil die im A. L.-R. Teil I Tit. 9 §§ 655 ff. bezeichnete fünfzigjährige usucapio libertatis voraussetzt daß der sich darauf Berufende zur Leistung der Abgabe aufgefordert worden sei, dieselbe aber verweigert habe und seitdem während der Verjährungszeit in dem Besitze der Abgabenfreiheit geblieben sei.

Nr. 744. Erk. vom 8. Oktober 1870 (Just.-Min.-Bl. S. 375).

Gegen die exekutivische Einziehung von Beiträgen, welche Handwerks-Gesellen und Gehülfen zur gegenseitigen Unterstützung auf Grund eines von der Regierung genehmigten Ortsstatuts zu entrichten haben, wurde der ordentliche Rechtsweg nicht für zulässig erachtet. Der Inhalt der Statuten ist in dieser Entscheidung nicht näher angegeben, voraussichtlich werden aber, nachdem die gesetzlichen Unterlagen derselben durch die neuen Vorschriften über das Innungswesen (§§ 81 ff. der Reichs-Gewerbe-Ordnung) und über die Sozialgesetzgebung (Kranken- und Unfallversicherung) ersetzt worden sind, Grundsätze gefunden werden müssen, welche in den einzelnen vorkommenden Fällen zur Anwendung gelangen können. Vergl. z. B. § 55 des Ges. vom 15. Juni 1883. (Kommentar von Woedtke, Berlin und Leipzig 1886, S. 197).

Nr. 745. Erk. vom 10. Dezember 1870 (Just.-Min.-Bl. 1871 S. 49).

Den Stadt- und Landgemeinden steht die Befugnis zu, die Unterhaltungskosten für ihre Elementarschulen als eine Gemeindelast zu übernehmen. Ist dieser Beschluß von der vorgesetzten Aufsichtsbehörde genehmigt, so kann die Rechtsgültigkeit desselben im Wege des ordentlich-gerichtlichen Prozesses nicht angefochten werden. Ebenso ist der ordentliche Rechtsweg über Streitigkeiten betreffend die Verbindlichkeit zur Entrichtung der auf Grund eines solchen Beschlusses eingezogenen (in Kommunallasten umgewandelten) Schulbeiträge unzulässig. Vergl. §§ 18, 21, 34 und 160 des Zust.-Ges. Siehe Erk. vom 30. Oktober und 11. Dezember 1858 (Just.-Min.-Bl. 1859 S. 107 und 171) und vom 14. Oktober 1865 (Just.-Min.-Bl. S. 275).

Nr. 746. Erk. vom 10. Dezember 1870 (Just.-Min.-Bl. S. 58).

Wenn eine Dorfstraße der Reparatur bedürftig und die Ausbesserung nach einem von der Polizeibehörde genehmigten Plane ausgeführt ist, so ist eine Klage bei dem ordentlichen Gericht auf Wiederherstellung des früheren Zustandes unzulässig. (Vergl. § 56 des Zust.-Ges.) Siehe Erk. vom 4. Juli 1863 (Just.-Min.-Bl. S. 225).

Nr. 747. Erk. vom 10. Dezember 1870 (Just.-Min.-Bl. 1871 S. 75).

Streitigkeiten zwischen der Meliorations- (Bewässerungs-) Sozietät der Bocker-Haide und einzelnen Mitgliedern derselben wurden für gewisse Flächen vom ordentlichen Rechtswege ausgeschlossen, für andere aber nicht. (Vergl. §§ 73 ff. des Zust.-Ges.) Siehe Erk. vom 12. November 1859 (Just.-Min.-Bl. 1860 S. 334) und vom 11. Oktober 1862 (Just.-Min.-Bl. 1863 S. 88).

Nr. 748. Erk. vom 11. Februar 1871 (Just.-Min.-Bl. S. 169).

Die Wegebau-Abgaben in Schlesien gehören zu den öffentlichen Abgaben. Streitigkeiten über die Einziehung derselben sind daher dem ordentlichen Rechtswege nur in den Fällen unterworfen, in welchen derselbe bei allgemeinen Staatsabgaben zulässig ist. Es handelte sich hier um Kreisabgaben (§§ 19 der verschiedenen Kreisordnungen).

Nr. 749. Erk. vom 11. Februar 1871 (Min.-Bl. d. i. V. S. 98 u. Just.-Min.-Bl. S. 103).

Wenn bei einer Veränderung der Parochial-Verhältnisse von der Regierung die Festsetzung getroffen worden, daß die Neu-Eingepfarrten dieselben Natural- und Geldabgaben an den Pfarrer zu entrichten haben, wie die bisherigen Mitglieder der Parochie, so ist dies nicht im Sinne des § 15 des Ges. vom 24. Mai 1861 als eine solche Umlage anzusehen, gegen welche der ordentliche Rechtsweg nur insofern stattfindet, als dies bei der Einziehung öffentlicher Abgaben der Fall ist. A. L.-R. II, 11 §§ 294 ff. Es fehlte im vorliegenden Falle an einer von der Regierung angeordneten und für exekutorisch erachteten Anordnung, wie sie der § 15 a. a. O. erfordert, deshalb wurde der ordentliche Rechtsweg für zulässig erachtet.

Nr. 750. Erk. vom 11. März 1871 (Just.=Min.=Bl. S. 122).

Wenn die Verbindlichkeit zur Entrichtung einer öffentlichen Abgabe (hier der neuvorpommerschen Schulsteuer) auf Grund eines besonderen Privilegiums bestritten wird, so sollte darüber, ob ein solches Privilegium vorliege, im ordentlichen Rechtswege entschieden werden. Es handelte sich hier lediglich um eine ländliche Gemeindeabgabe (§§ 34 und 160 des Zust.=Ges.) Siehe Erk. vom 26. Juni 1849 (Just.=Min.=Bl. 368), vom 17. Dezember 1853 (Just.=Min.=Bl. 1854 S. 123) und vom 11. Juni 1864 (Just.=Min.=Bl. S. 380).

Nr. 751. Erk. vom 11. März 1871 (Just.=Min.=Bl. S. 205).

Wenn bei der Dismembration eines Rittergutes die Kosten der Polizeiverwaltung auf die einzelnen Besitzer der parzellirten Grundstücke verteilt und eingezogen worden sind, von ihnen aber demnächst behauptet wird, daß diese Kosten nicht ihnen, sondern anderen zur Zahlung derselben verpflichteten Gemeinden zur Last fallen, so sollte darüber im ordentlichen Rechtswege entschieden werden. Siehe Erk. vom 19. Juni 1858 (Just.=Min.=Bl. S. 246). Vergl. Ges. vom 25 August 1876 (Ges.=S. S. 405).

Nr. 752. Erk. vom 11. März 1871 (Just.=Min.=Bl. S. 222).

Wenn zur Berichtigung einer Kommunalschuld mit Genehmigung der vorgesetzten Verwaltungsbehörde eine Gemeindesteuer ausgeschrieben und eingezogen ist, und die Erstattung der gezahlten Beträge demnächst aus dem Grunde verlangt wird, weil die Gemeinde jene Schuld anerkannt habe, ohne zu deren Zahlung verpflichtet zu sein, so ist der ordentliche Rechtsweg zulässig. Vergl. §§ 18, 21 34 und 160 des Zust.=Ges.

Nr. 753. Erk. vom 13. Mai 1871 (Just.=Min.=Bl. S. 215).

Streitigkeiten über die Frage: ob die Unterhaltung eines Weges der Gemeinde obliege, sollten im ordentlichen Rechtswege entschieden werden. Vergl. jetzt § 56 Abs. 5 des Zust.=Ges. und § 10 der Einleitung zu diesem Buche.

Nr. 754. Erk. vom 13. Mai 1871 (Just.=Min.=Bl. S. 231).

Konfliktsache, § 8 der Einleitung zu diesem Buche. Amtsüberschreitung eines Försters durch Tötung eines Hundes.

Nr. 755. Erk. vom 13. Mai 1871 (Min.=Bl. d. i. V. S. 308).

Die Anordnung der Ortspolizeibehörde, ein bestimmtes Terrain als öffentlichen Weg anzusprechen und frei zu halten, ist als eine polizeiliche Verfügung im Sinne des Ges. vom 11. Mai 1842 zu betrachten und der ordentliche Rechtsweg wegen Beseitigung der polizeilichen Anordnung ist nicht zulässig.

Vergl. jetzt die in dem § 56 des Zust.=Ges. v. 1. 8. 83 enthaltenen Vorschriften über „die Inanspruchnahme von Wegen für den öffentlichen Verkehr".

Nr. 756. Erk. vom 13. Mai 1871 (Min.=Bl. d. i. V. S. 341).

Gegen die Beschlußfassung des Magistrats über die Verwendung einer Holzablösungsrente zu Gemeindezwecken ist der ordentliche Rechtsweg nicht zulässig. In dem Verfahren auf Ablösung einer auf der fiskalischen Forst haftenden Bau= und Brennholzberechtigung und einer Raff= und Leseholz=Gerechtigkeit war festgestellt, daß die Gerechtsame ein Bürgervermögen der Stadt, d. h. ein solches sei, dessen Substanz der Bürgerschaft als solcher, dessen Nutzungen aber den einzelnen Bürgern zustehe, und daß die Bürgerqualität in Verbindung mit dem Besitze eines städtischen Grundstückes das entscheidende Kriterium für das

Recht der Teilnahme an den Nutzungen ausmache. In Folge dieser Feststellungen zahlte Fiskus eine Ablösungsrente von 2000 Thalern an die Stadtgemeinde, deren eine Hälfte der Magistrat an die grundangesessene holzberechtigte Bürgerschaft verteilte, während die andere Hälfte zu städtischen Schulzwecken verwendet wurde. Hiergegen erhoben einige Bürger die gerichtliche Klage, jedoch wurde der dagegen erhobene Komp.-Konfl. für begründet erachtet.

Die Entscheidung stützte sich auf §§ 49, 50 Nr. 4 und 76 der Städte-O. vom 30. Mai 1853. An die Stelle der genehmigenden Regierung (§ 50) ist der Bezirksausschuß getreten, in Berlin der Oberpräsident (§ 16 Abs. 1 des Zust.-Ges. v. 1. 8. 83, §§ 42, 43 des L.-V.-Ges. vom 30. 7. 83). Der § 76 der Städte-O. ist ersetzt durch § 7 des Zust.-Ges.

Nr. 757. Erk. vom 23. Mai 1871 (Min.-Bl. d. i. V. S. 337 und Just.-Min.-Bl. S. 272).

Die Zulässigkeit des ordentlichen Rechtsweges über die Verbindlichkeit zur Entrichtung einer als Kommunalsteuer geforderten Abgabe kann nicht dadurch begründet werden, daß die Einführung dieser Abgabe ohne Genehmigung der in dem Ges. bezeichneten Behörde erfolgt ist.

Auf Grund des § 23 der rheinischen Landgemeinde-O. vom 23. Juli 1845 (vergl. zu I. Abs. 2 §§ 9 ff. des Ges. vom 27. Juli 1885 — G.-S. S. 327 —, zu II. Abs. 2 Art. 7 des Ges. vom 15. Mai 1856 — G.-S. S. 435 — und zu Abs. 3 § 34 Abs. 1 Nr. 2 Abs. 2 des Zust.-Ges. v. 1. 8. 83) beschloß ein Gemeinderat, behufs Unterhaltung eines Verbindungsweges, welcher zu den Thongruben führte, eine Abgabe zu erheben dergestalt, daß die eine Hälfte sämtlicher Wegebaukosten durch Zuschläge zu den direkten Staatssteuern, die andere dagegen auf die Anzahl der beförderten Thonerde-Schollen umgelegt und daß in dieser Beziehung das jedesmal letztverflossene Jahr der Verteilung zu Grunde gelegt werden solle. Diesen Beschluß genehmigte der Landrat. Einer der Thongrubenbesitzer klagte gerichtlich gegen die ihm angedrohte Exekution, jedoch wurde der dagegen erhobene Komp.-Konfl. für begründet erachtet. Kläger stützte sich darauf, daß der betreffende Gemeindebeschluß der Bestätigung der Regierung (jetzt des Kreisausschusses) bedurft hätte; dies war zutreffend, allein es besteht für die Behörde kein Zwang, einen solchen Beschluß für nicht vollziehbar zu erklären, und daraus folgt, daß die rechtliche Natur der Abgabe nicht geändert wird. Wegen der Heranziehung zu den Kommunalabgaben vergl. jetzt § 34 des Zust.-Ges. v. 1. 8. 83.

Nr. 758. Erk. vom 14. Oktober 1871 (Min.-Bl. d. i. V. 1872 S. 67).

Wenn die Unterhaltungskosten für die Gemeindeschule aus dem in den Kommunalsteuern miterhobenen Kommunalfonds bestritten werden, so sind Streitigkeiten über die Frage wegen Heranziehung der Forensen zu denselben vom Rechtswege ausgeschlossen. In der betreffenden Landgemeinde waren sämtliche Schulbedürfnisse auf die Kommunalkasse übernommen worden.

Vergl. jetzt § 34 Nr. 2 des Zust.-Ges. v. 1. 8. 83.

Nr. 759. Erk. vom 14. Oktober 1871 (Just.-Min.-Bl. 1872 S. 9).

Streitigkeiten über die Zulässigkeit oder Zweckmäßigkeit einer von den geistlichen Oberen angeordneten oder genehmigten Veränderung in der Parochie sind zum ordentlichen Rechtswege nicht geeignet. Sofern es sich dagegen um den Ersatz des Schadens handelt, welchen die Beteiligten durch eine solche Veränderung erleiden, so ist darüber im ordentlichen Rechtswege zu entscheiden. A. L.-R. II, 11 §§ 46—49, 239, 240, 577. Von diesen Vorschriften sind die §§ 47—49 durch Art. 15 der Verfassung vom 31. Januar 1850 aufgehoben;

vergl. jetzt Ges. vom 18. Juni 1875 (G.=S. S. 259). Zu § 239 vergl. Art. 23 Nr. 6 des Ges. vom 3. Juni 1876.

Nr. 760. Erk. vom 13. Januar 1872 (Min.=Bl. d. i. V. S. 76 und Just.=Min.=Bl. S. 58).

Ansprüche von Privatpersonen auf Erstattung von Armenpflegekosten sind im ordentlichen Rechtswege geltend zu machen. Gefolgert wurde dieser Grundsatz e contrario aus dem § 68 des preußischen Ausführungsges. vom 8. März 1871 (zu dem Reichsges. über den Unterstützungswohnsitz vom 6. Juni 1870). Vergl. den Kommentar von Eger, Breslau 1884, S. 209, desgl. von Krech, Berlin und Leipzig 1885, S. 71, 73 und 80.

Nr. 761. Erk. vom 13. Januar 1872 (Min.=Bl. d. i. V. S. 133 u. Just.=Min.=Bl. S. 66).

Ueber die Beitragspflicht des Fiskus zu den Kreislasten findet der ordentliche Rechtsweg nicht statt. Vergl. jetzt §§ 14 und 19 Nr. 2 der verschiedenen Kreisordnungen. Danach wird über derartige Reklamationen im Verwaltungsstreitverfahren entschieden.

Nr. 762. Erk. vom 13. Januar 1872 (Min.=Bl. d. i. V. S. 165 u. Just.=Min.=Bl. S. 99).

Ueber die angebliche Nichtverpflichtung eines Staatsbeamten, von seinem Grundbesitze Beiträge zu städtischen Nachtwachtdiensten zu zahlen, ist im ordentlichen Rechtswege zu entscheiden.

Die Parteien stritten darüber, ob es sich in diesem Falle um eine Abgabe oder um eine polizeiliche Verfügung handelte. Der Kompetenz=Gerichtshof sah sich nicht veranlaßt hierüber zu befinden, es wurde vielmehr die Ansicht ausgesprochen, daß, nachdem die streitige Frage schon einmal in einer Untersuchungssache vom ordentlichen Richter zum Nachteile des verklagten Magistrats entschieden worden sei, ohne daß sich die Königliche Regierung bewogen gefunden hätte, dagegen den Komp.=Konfl. zu erheben, keine Veranlassung vorliege, den ordentlichen Rechtsweg auszuschließen (?).

Nr. 763. Erk. vom 9. März 1872 (Just.=Min.=Bl. S. 127).

Bei der Beurteilung der Zulässigkeit des ordentlichen Rechtsweges gegen polizeiliche Verfügungen nach § 1 des Ges. vom 11. Mai 1842 sollte nur der ursprüngliche Klageantrag, nicht aber ein das Klagfundament änderndes Petitum zum Grunde gelegt werden. Vergl. jetzt §§ 127 ff. des L.=V.=G.

Nr. 764. Erk. vom 9. März 1872 (Just.=Min.=Bl. S. 135).

Die Erteilung des Baukonsenses schließt dritte Personen von der Verfolgung eines privatrechtlichen Widerspruchs gegen die dem Bauenden auferlegten Bedingungen des Baues im ordentlichen Rechtswege nicht aus.

Nr. 765. Erk. vom 13. April 1872 (Just.=Min.=Bl. S. 160).

Gegen die von der Regierung festgesetzte Umlage zur Erhöhung des Schullehrergehaltes findet der ordentliche Rechtsweg nicht statt. Behauptet dagegen der Debent, einen höheren, als den von der Regierung festgesetzten Betrag irrtümlich bezahlt zu haben, und stellt er wegen des zu viel bezahlten Betrages die Rückforderungsklage an, so sollte ihm in dieser Beziehung der ordentliche Rechtsweg nicht versagt werden. Vergl. jetzt Abs. 5 in § 46 des Just.=Ges.

Nr. 766. Erk. vom 13. April 1872 (Min.=Bl. d. i. V. S. 135 u. Just.=Min.=Bl. S. 116).

Ueber die Entrichtung von Steuerzuschlägen, welche die Amtsversammlung auf Grund des hannoverschen Ges. vom 28. April 1859 beschlossen hat, findet der ordentliche Rechtsweg nicht statt. Die Aemterverfassung ist in der Provinz Hannover aufgehoben durch die Kr.-O. vom 6. Mai 1884 (G.-S. S. 181), vergl. das. § 1 Abs. 1 und wegen des Besteuerungsrechtes des Kreises den § 9.

Nr. 767. Erk. vom 12. Oktober 1872 (Just.-Min.-Bl. S. 295).

Ueber die Verpflichtung der Staatsbeamten zum Einkauf in die allgemeine Witwen-Verpflegungsanstalt und die zur Erfüllung dieser Verpflichtung von der vorgesetzten Dienstbehörde angeordnete Zwangsmaßregel, auch wenn diese in der Zurückbehaltung eines Gehaltsteiles besteht, findet der ordentliche Rechtsweg nicht statt.

Nr. 768. Erk. vom 12. Oktober 1872 (Just.-Min.-Bl. S. 319).

Interventionsansprüche dritter Personen auf die von der Steuerbehörde abgepfändeten Gegenstände sind vom ordentlichen Rechtswege nicht ausgeschlossen.

Nr. 769. Erk. vom 12. Oktober 1872 (Just.-Min.-Bl. S. 315).

Die Aenderung baulicher Einrichtungen in der Kirche, welche im Interesse der kirchlichen Ordnung und des Kultus durch das Kirchen-Kollegium und die kirchlichen Oberen getroffen werden, kann im ordentlichen Rechtswege nicht angefochten werden.

Nr. 770. Erk. vom 12. Oktober 1872 (Just.-Min.-Bl. S. 321).

Die Entscheidung der Frage, ob die auf einem Grundstücke haftende Abgabe eine Grundabgabe sei oder für den Gewerbebetrieb entrichtet werde, gebührt in den durch die Ges. vom 20. September und 24. Dezember 1866 mit der preußischen Monarchie vereinigten Landesteilen der Auseinandersetzungsbehörde. (Ges. vom 17. März 1868 §§ 50, 4 und 5 — G.-S. S. 249 —).

Nr. 771. Erk. vom 12. Oktober 1872 (Min.-Bl. d. i. V. S. 336).

Gegen eine von der Polizeibehörde aus sanitätspolizeilichen Gründen ausgeführte bauliche Anlage findet weder eine Besitzstörungsklage, noch der Anspruch auf Wiederherstellung des früheren Zustandes statt. Es handelte sich um die aus gesundheitspolizeilichen Rücksichten für notwendig erachtete Verlängerung einer Straßenrinne (Kanalanlage), durch welche das Schmutzwasser aus einer Oelmühle in einen öffentlichen Fluß geleitet wurde, mithin um eine polizeiliche Verfügung im Sinne der §§ 127 ff. des L.-V.-G. vom 30. Juli 1883.

Nr. 772. Erk. vom 12. Oktober 1872 (Min.-Bl. d. i. V. 1873 S. 6).

Gegen den mit der meistbietenden Verpachtung einer Gemeindejagd beauftragten Schulzen, welcher einen Bietungslustigen auf Grund der aktenmäßigen Behauptung, daß derselbe schon wegen widerrechtlicher Jagdausübung oder Streu-Entwendung bestraft sei und folgeweise einen Jagdschein nicht erhalten könne, vom Mitbieten ausschließt, ist eine Injurienklage unstatthaft. Konfliktssache cf. § 8 der Einleitung zu diesem Buche.

Nr. 773. Erk. vom 12. Oktober 1872 (Min.-Bl. d. i. V. S. 300).

Ueber Streitigkeiten wegen Entschädigung für polizeilich mit Beschlag belegte und demnächst verdorbene Genußartikel ist der ordentliche Rechtsweg nicht zulässig. Es handelte sich um die Beschlagnahme von Fleisch durch einen Gendarmen. Konfliktssache cf. § 8 der Einleitung zu diesem Buche.

Nr. 774. Erk. vom 12. Oktober 1872 (Just.=Min.=Bl. S. 330).

Ueber die Verpflichtung der schlesischen Gemeinden zur Zahlung von Beiträgen für Elementarlehrer an die Schullehrer=Wittwen= und Waisen=Pensionsanstalt findet der ordentliche Rechtsweg nur unter denselben Voraussetzungen statt, wie gegen öffentliche Abgaben. (Ges. vom 22. Dezember 1869, §§ 1—4 — G.=S. 1870 S. 1 —).

Nr. 775. Erk. vom 12. Oktober 1872 (Just.=Min.=Bl. S. 334).

Ueber die Verpflichtung zur Leistung von Armenbeiträgen findet der ordentliche Rechtsweg nicht statt. (§§ 2 ff. des Ges. vom 6. Juni 1870 — B.=G.=B. S. 360 —, § 72 Nr. 2 des Ges. vom 8. März 1871 — G.=S. S. 130 —). Vergl. §§ 44 und 160 des Zust.=Ges.

Nr. 776. Erk. vom 19. Oktober 1872 (Min.=Bl. d. i. V. 1873 S. 7).

Ueber Streitigkeiten wegen Aufbringung von Kreischausseegeldern ist der ordentliche Rechtsweg nicht zulässig. Es handelte sich um die seitens des Landrates verfügte exekutivische Einziehung von Chausseebeiträgen und um die Frage, ob Kläger als Besitzer eines Gutes verpflichtet war, eine Abgabe, die für eine frühere Zeit, als er selbst im Besitze war, repartiert war, zu zahlen und ob diese Abgabe einen persönlichen und dinglichen Charakter hatte. Hierüber würde jetzt nach § 19 der verschiedenen Kreis=O. zu entscheiden sein.

Nr. 777. Erk. vom 19. Oktober 1872 (Min.=Bl. d. i. V. 1873 S. 12).

Wenn die Polizeibehörde aus straßen= und gesundheitspolizeilichen Gründen die zwangsweise Beseitigung einer auf einem Straßenfleck angelegten Düngergrube und der dieselbe umgebenden Mauer angeordnet hat, so kann der angebliche Eigentümer jenes Fleckes weder die Wiederherstellung der Mauer, noch die Erstattung der auf Einreißung derselben verwendeten Kosten im ordentlichen Rechtswege beanspruchen.

Neben dem Angriff auf die polizeiliche Verfügung (jetzt §§ 127 ff. des L.=V.=G. v. 30. 7. 83) handelte es sich auch noch um einen Streit über das Eigentum an dem gedachten, auf der angeblich fiskalischen Dorfstraße belegenen Flecke, allein dieser Streit kam hier nicht zum Austrage, konnte also auch nicht Gegenstand des Komp.=Konfl. sein.

Nr. 778. Erk. vom 19. Oktober 1872 (Just.=Min.=Bl. S. 338).

Die Allerh. Ordre vom 14. Mai 1825 (G.=S. S. 149) betreffend die Schulzucht in den Provinzen, in denen das A. L.=R. noch nicht eingeführt ist, kommt auch in den seit 1866 mit Preußen vereinigten Provinzen zur Anwendung. (V. vom 16. September 1867, Art. IV — G.=S. S. 1515.)

Nr. 779. Erk. vom 19. Oktober 1872 (Just.=Min. Bl. 1873 S. 7).

Wenn eine Straße von der Landespolizeibehörde im Anschluß an den früheren Baukonsens und in Uebereinstimmung mit dem Inhalte desselben für eine öffentliche erklärt ist (jetzt § 56 Abs. 1 und 4 des Zust.=Ges.), so liegt eine polizeiliche Anordnung vor, welche die Dispositionen über die Straße in Betreff der Unterhaltung und Herstellung derselben den Privatpersonen entzieht. Hiernach beantwortet sich die Frage: ob und inwieweit die in dem polizeilichen Konsense dem Unternehmer einer Straßenanlage auferlegten Verpflichtungen als polizeiliche Verfügungen anzusehen sind, gegen welche nach erfolgter Ausführung auf Herstellung des früheren Zustandes bei dem ordentlichen Richter nicht geklagt werden kann.

Vergl. jetzt auch Ges. vom 2. Juli 1885 (G.-S. S. 561) und dazu den Kommentar von Friedrichs, Berlin 1889.

Nr. 780. Erk. vom 19. Oktober 1872 (Just.-Min.-Bl. 1873 S. 33).

Die von dem Gemeindevorsteher in der Provinz Hannover angeordnete Setzung von Grenzsteinen in einem öffentlichen Wege enthält eine polizeiliche Anordnung, gegen welche der ordentliche Rechsweg behufs Wiederherstellung des früheren Zustandes nicht stattfindet.

Nr. 781. Erk. vom 19. Oktober 1872 (Just.-Min.-Bl. 1872 S. 65).

Gegen die der Eisenbahn-Direktion von der Landespolizeibehörde zur Pflicht gemachte und von ihr ausgeführte Unterdrückung eines öffentlichen Weges ist der ordentliche Rechtsweg auf Wiederherstellung des früheren Zustandes nicht zulässig.

Nr. 782. Erk. vom 19. Oktober 1872 (Just.-Min.-Bl. 1873 S. 114).

Die Frage: ob Jemand als Besitzer eines Gutes verpflichtet ist, eine Abgabe (für Kreis-Chausseebeiträge), die für eine frühere Zeit, als er selbst im Besitz war, repartirt ist, zu zahlen und ob diese Abgabe einen persönlichen oder dinglichen Charakter hat d. h. ob sie als eine auf dem Gute haftende anzusehen ist, kann im ordentlichen Rechtswege nicht entschieden werden. Als ein „besonderer Grund", welcher den ordentlichen Rechtsweg als statthaft erscheinen lassen könnte, ist die Behauptung, daß die Abgabe keinen dinglichen Charakter habe, nicht anzusehen. Insofern es sich hier um Kreisabgaben handelte, würde jetzt § 19 der verschiedenen Kreisordnungen in Betracht kommen.

Nr. 783. Erk. vom 11. Januar 1873 (Min.-Bl. d. i. V. S. 52 und Just.-Min.-Bl. S. 73).

Der Anspruch eines einzelnen Hausbesitzers auf Erstattung des an Stelle des Naturalquartiers von ihm ebenso, wie von den übrigen Hausbesitzern, als Kommunalsteuer eingeforderten anteiligen Einquartierungs-Vergütigungs-Kostenzuschusses kann im ordentlichen Rechtswege gegen die Stadtgemeinde nicht verfolgt werden.

Heute würde diese Angelegenheit im Reklamationswege nach § 18 des Zust.-Ges. v. 1. 8. 83 zum Austrag zu bringen sein; wegen der andern Frage, ob die Kommunalbehörden befugt seien, die Ausdehnung der Einquartierungslast auf die Hauseigentümer rechtsverbindlich zu beschließen, vergl. die Erläuterungen zu dem oben sub Nr. 188 mitgeteilten Erkenntnisse.

Nr. 784. Erk. vom 11. Januar 1873 (Min.-Bl. d. i. V. S. 60 u. Just.-Min.-Bl. S. 90).

Wenn die kompetente Verwaltungsbehörde die Verlegung eines öffentlichen Kommunikationsweges angeordnet, bezw. genehmigt hat, so können die Adjazenten des früheren Weges nicht im ordentlichen Rechtswege darauf antragen, daß derselbe in den früheren Zustand wieder hergestellt werde.

Wegen der Verlegung öffentlicher Wege vergl. jetzt § 57 des Zust.-Ges. v. 1. 8. 83.

Nr. 785. Erk. vom 11. Januar 1873 (Min.-Bl. d. i. V. S. 64 und Just.-Min.-Bl. S. 50).

Wenn ein Polizeibeamter ein angeblich durch Jagdkontravention erlegtes Stück Wild in Beschlag genommen hat, so findet über dessen Zurückgabe oder Werterſatz der ordentliche Rechtsweg nur unter der Voraussetzung statt, daß die Beschlagnahme von der vorgesetzten Provinzialbehörde als gesetzwidrig aufgehoben worden ist. (§ 6 des Ges. vom 11. Mai 1842).

Die Klage auf Zurückgabe oder Wertersstattung des fortgenommenen Rehbockes war gegen Beamte und Nichtbeamte gerichtet, welche auch vom Gerichte nach dem Klageantrage solidarisch verurteilt werden. Soweit es sich um Beamte handelte, lag hier ein Konflikt vor im Sinne des § 8 der Einleitung zu diesem Buche; im übrigen lag ein Komp.=Konfl. vor. In Betreff des angezogenen § 6 ist zu bemerken, daß über die Gesetzwidrigkeit einer polizeilichen Handlung im Sinne dieser Vorschrift nur die vorgesetzte Dienstbehörde mit dem angegebenen Erfolge zu befinden hat, nicht aber der Richter.

Nr. 786. Erk. vom 11. Januar 1873 (Just.=Min.=Bl. S. 60).

Gegen bahnpolizeiliche Anordnungen einer Eisenbahn=Gesellschaft findet der ordentliche Rechtsweg nicht statt. (§ 23 des Ges. vom 3. November 1838 — G.=S. S. 505 —). Das neueste Bahnpolizei=Reglement ist das vom 30. November 1885 (R.=G.=Bl. S. 289 und Reichs=Zentralblatt S. 541).

Nr. 787. Erk. vom 11. Januar 1873 (Just.=Min.=Bl. S. 81).

Ueber Forderungen öffentlicher Schulen an Schulgeld sollte der ordentliche Rechtsweg unbedingt auch in der Provinz Hannover stattfinden. Abs. 5 in § 46 des Zust.=Ges.

Nr. 788. Erk. vom 11. Januar 1873 (Just.=Min.=Bl. S. 98).

Der ordentliche Rechtsweg gegen die von der Kirchengemeinde unter Genehmigung der Regierung nach der rheinisch=westfälischen Kirchenordnung vom 5. März 1835 ausgeschriebenen Kirchensteuer findet nur unter denselben Voraussetzungen statt, unter denen derselbe gegen öffentliche Abgaben zulässig ist. Wegen der Reklamationen gegen kirchliche Abgaben siehe jetzt Kries, Kirchengesetz, Danzig 1887, S. 351 und 411.

Nr. 789. Erk. vom 11. Januar 1873 (Just.=Min.=Bl. S. 131).

Durch ein von den zuständigen Behörden bestätigtes Statut einer Genossenschaft zur Ent= und Bewässerung von Wiesen können Streitigkeiten unter den Genossenschaften vom ordentlichen Rechtswege ausgeschlossen werden. Vergl. § 94 des Zust.=Ges.

Nr. 790. Erk. vom 8. März 1873 (Just.=Min.=Bl. S. 121 und 174).

1. Das Recht der Festsetzung und exekutivischen Beitreibung von Pfarrabgaben durch die Verwaltungsbehörde besteht nur interimistisch, also so lange, als nicht eine ordentlich=richterliche Feststellung der Verpflichtung zwischen den gegebenen Parteien erfolgt ist. Ist diese erfolgt, so ist sie allseitig, also auch für die Aufsichtsbehörde maßgebend. Vergl. Kries, Kirchengesetze, Danzig 1887, S. 11 und 422.

2. Ueber die Verpflichtung zur Leistung einer auf Observanz beruhenden Pfarrabgabe findet der ordentliche Rechtsweg statt, auch wenn der ursprünglich in Korn bestehenden Abgabe eine Geldabgabe substituiert worden ist.

Nr. 791. Erk. vom 19. April 1873 (Min.=Bl. d. i. V. S. 172 u. Just.=Min.=Bl. S. 193).

In Fällen des von den geistlichen Oberen anerkannten Bedürfnisses der Unterhaltung einer Kirchenanstalt sind Streitigkeiten über den von denselben angeordneten Betrag und die Verteilung der Beiträge unter die Eingepfarrten ordentlichen Rechtswege ausgeschlossen, wenn nicht Lasten in Frage stehen, in Ansehung welcher bei entstehendem Streite die Gesetze auf den ordentlichen Rechtsweg verweisen.

Der Fall bezog sich auf die von den geistlichen Oberen für erforderlich erachtete Erhöhung eines Pfarrgehaltes. (A. L.-R. II, 11, §§ 297 und 298, desgl. a. a. O. § 163, dazu aber jetzt §§ 48, 50, 52, 54, 55 des Ges. vom 20. Juni 1875 und Artikel 24 des Ges. vom 3. Juni 1876.

Nr. 792. Erk. vom 19. April 1873 (Just.-Min.-Bl. S. 179).

Gegen die von der Polizeibehörde angeordnete Verlegung eines Weges zum Zweck einer Eisenbahnanlage findet der ordentliche Rechtsweg nicht statt. (§ 8 des Ges. vom 3. November 1838 — G.-S. S. 505 —, Just.-Ges. § 57).

Nr. 793. Erk. vom 19. April 1873 (Just.-Min.-Bl. S. 248).

Ueber den Betrag der von der Steuerbehörde festgesetzten Abgabe, welche die nicht im Besitze des Staates oder einer inländischen Eisenbahngesellschaft befindlichen Eisenbahnen zu entrichten haben, findet der ordentliche Rechtsweg nicht statt.

Vergl. Parey, Verwaltungsrecht, Berlin 1887, Band II S. 80, § 179.

Nr. 794. Erk. vom 7. Juni 1873 (Min.-Bl. d. i. V. S. 265 und Just.-Min.-Bl. S. 205).

Ueber die Frage, welches Rechtsverhältnis unter den Mitgliedern einer Dorfgemeinde bezüglich der Beitragspflicht zu den gemeinen Lasten auf Grund allgemeiner Gesetze oder spezieller Rechtstitel besteht, ist der ordentliche Rechtsweg nicht ausgeschlossen. Kläger bestritt der Gemeinde gegenüber seine Beitragspflicht zu den Spanndiensten mit der Behauptung, daß eine besondere Observanz in der Gemeinde sich nicht gebildet habe, mithin die allgemeine Regel in § 38, Titel 7 Teil II A. L.-R. Anwendung finde, wonach die mit Gespann zu errichtenden Gemeindedienste von den damit versehenen Gemeindemitgliedern allein besorgt werden müßten, daß er dieser Regel aber nicht unterliege, weil er kein Gespann halte.

Vergl. jetzt § 34 und 160 des Just.-Ges. v. 1. 8. 83.

Nr. 795. Erk. vom 7. Juni 1873 (Just.-Min.-Bl. S. 239).

Gegen die zur Sicherheit des Eisenbahnbetriebes angeordneten polizeilichen Maßregeln findet der ordentliche Rechtsweg zur Herbeiführung und Wiederherstellung des früheren Zustandes nicht statt.

Nr. 796. Erk. vom 7. Juni 1873 (Just.-Min.-Bl. S. 254).

Gegen die Heranziehung zu einer von der Repräsentation der Kirchengemeinde beschlossenen, von der Regierung genehmigten Umlage findet der ordentliche Rechtsweg nur dann statt, wenn ein besonderer Befreiungsgrund oder Prägravation behauptet wird. (§ 15 des Ges. vom 24. Mai 1861 — G.-S. S. 241 —). Wegen der Reklamation gegen kirchliche Abgaben vergl. die Register.

Nr. 797. Erk. vom 13. Oktober 1873 (Min.-Bl. d. i. V. S. 334 u. Just.-Min.-Bl. S. 313).

Ueber Streitigkeiten wegen Erhebung des Bürgerrechtsgeldes seitens einer Kommune ist der ordentliche Rechtsweg nicht zulässig. Das Bürgerrechtsgeld ist eine staatlich genehmigte Gemeinde-Abgabe, deren Erhebung auf dem den Stadtgemeinden im § 53 der Städte-Ordnung vom 30. Mai 1853 beigelegten Besteuerungsrechte beruht, folglich gilt jetzt § 18 des Just.-Ges. v. 1. 8. 83.

Vergl. § 2 des Ges. vom 14. Mai 1860 (G.-S. S. 237), diese Vorschrift ist durch das Ges. vom 2. März 1867 (G.=S. S. 361) **nicht** aufgehoben, siehe aber auch § 13 der Reichs=Gewerbe=Ordnung und die Anmerkung dazu in dem Kommentar von Berger, neunte Auflage, Berlin 1889, S. 10.

Nr. 798. Erk. vom 13. Oktober 1873 (Min.=Bl. d. i. V. S. 333 u. Just.=Min.=Bl. S. 325).

Ueber die Verpflichtung zur Erstattung der Kosten des von der Gemeinde geleisteten Kriegsvorspannes seitens eines einzelnen Gemeindemitgliedes findet der ordentliche Rechtsweg statt.

Maßgebend für diese Frage sind jetzt die §§ 12 und 34 des Ges. über die Kriegsleistungen vom 13. Juni 1873 (R.=G.=Bl. S. 129), Nr. 5 der V. vom 1. April 1876 (R.=G.=Bl. S. 137), § 13 Abs. 1 des Einführungsges. zur Zivil=Prozeß=Ordnung vom 30. Januar 1877, V. vom 6. Juni 1885 (R.=G.=Bl. S. 197), V. vom 26. Januar 1887 (R.=G.=Bl. S. 9), desgl. vom 14. April 1888 (R.=G.=Bl. S. 142).

Die Veranlassung zu dieser Entscheidung hatte ein Vorfall aus dem Kriegsjahre 1870 gegeben.

Nr. 799. Erk. vom 13. Oktober 1873 (Just.=Min.=Bl. S. 319).

Auf Wiederherstellung der von dem Eisenbahn=Kommissariat auf polizeiliche Anordnung beseitigten öffentlichen Wege kann vor den ordentlichen Gerichten nicht geklagt werden. Ein gerichtlich zu verfolgender Anspruch findet nur wegen Entschädigung statt.

Nr. 800. Erk. vom 13. Oktober 1873 (Just.=Min.=Bl. 1874 S. 10).

Ueber die durch einen von der Regierung beseitigten Beschluß der Gemeinde=Verwaltung angeordnete Benutzung des Bürgervermögens findet der ordentliche Rechtsweg nicht statt (§§ 49 und 76 der Städte=Ordnung vom 30. Mai 1853, dazu § 7 des Zust.=Ges.).

Nr. 801. Erk. vom 13. Oktober 1873 (Just.=Min.=Bl. S. 38).

Die Eigentumsansprüche an ein auf Anordnung der Polizeibehörde zur Verbreiterung einer Straße herangezogenes Grundstück können im ordentlichen Rechtswege verfolgt werden. Dagegen ist der Antrag auf Herstellung des früheren Zustandes gegen die Anordnungen der Polizeibehörde nicht zulässig. Vergl. jetzt das Enteignungsges. vom 11. Juni 1874 und Zust.=Ges. §§ 150 ff.

Nr. 802. Erk. vom 14. November 1873 (Min.=Bl. d. i. V. 1874 S. 46 und Just.=Min.=Bl. S. 340).

Ein vorschriftsmäßiger Beschluß der politischen Gemeinde, eine bestehende Schullast der Schulsozietät abzunehmen und in eine Kommunallast zu verwandeln (§ 11 des Landgemeinde=Verfassungsges. vom 14. April 1856 — G.=S. S. 359 —) kann von einem einzelnen Kontributionspflichtigen, insofern sich derselbe nicht auf die §§ 78, 79 Tit. 14 Teil II A. L.=R.'s zu berufen vermag, im ordentlichen Rechtswege nicht angefochten werden. Vergl. § 11 des Landgemeindeverfassungsges. vom 14. April 1856 (G.=S. S. 359). An die Stelle der bestätigenden Regierung ist der Kreisausschuß getreten (§ 31 des Zust.=Ges. v. 1. 8. 83). Beschwerden Einzelner hiergegen sind nur im Wege der Reklamation zum Austrage zu bringen (§§ 34 und 160 a. a. O.).

Nr. 803. Erk. vom 14. November 1873 (Min.=Bl. d. i. V. 1874 S. 52 und Just.=Min.=Bl. S. 47).

Ein Polizeibeamter kann wegen der von ihm getroffenen polizeilichen Anordnung nicht im ordentlichen Rechtswege auf Entschädigung belangt werden, wenn die vorgesetzte Landespolizeibehörde die angeordnete polizeiliche Maßregel gebilligt hat (§§ 1 und 6 des Ges. vom 11. Mai 1842 — G.=S. S. 192 —). Der betreffende Beschluß der Regierung war zwar als Konflikt bezeichnet, jedoch in der Motivirung als Komp.=Konfl. behandelt, deshalb war auch über den letzteren zu entscheiden.

Es handelte sich um die Ausführung der Räumung eines Privatflusses (§ 7 des Ges. vom 28. Februar 1843 — G.=S. S. 41 —), mithin um eine wasserpolizeiliche Verfügung im Sinne des § 66 des Zust.=Ges. v. 1. 8. 83.

Nr. 804. Erk. vom 14. November 1873 (Min.=Bl. d. i. V. 1874 S. 2 u. Just.=Min.=Bl. S. 47)

Wenn in dem gegen einen Beamten wegen der Vornahme einer Amtshandlung angestrengten Entschädigungsprozesse der Konflikt auf Grund des § 1 des Ges. vom 13. Februar 1854 (G.=S. S. 86) erhoben werden soll, so muß vor allen Dingen feststehen, daß jene Handlung von dem betreffenden Beamten in der Absicht und mit dem Bewußtsein, einer Pflicht zu genügen, vorgenommen worden, es darf sich also nicht etwa um Privatangelegenheiten handeln.

Konfliktssache im Sinne des § 8 der Einleitung zu diesem Buche.

Nr. 805. Erk. vom 14. November 1873 (Min.=Bl. d. i. V. 1874 S. 4).

Der § 1 des Ges. vom 13. Februar 1854 (G.=S. S. 263) bezieht sich auch auf mittelbare Staatsbeamte, z. B. die Vorsteher einer jüdischen Synagogengemeinde. (§§ 35 ff. des Ges. vom 23. Juli 1847 — G.=S. S. 263 —).

Konfliktssache siehe § 8 der Einleitung zu diesem Buche.

Nr. 806. Erk. vom 14. November 1873 (Min.=Bl. d. i. V. 1874 S. 18).

Ein Gemeindebeschluß, wodurch das Gehalt des Ortsschulzen erhöht wird, kann von einem einzelnen Gemeindemitgliede, welches demgemäß zur Honorierung des Schulzen herangezogen worden ist, nicht mittels einer gegen den letzteren angestrengten Klage angefochten werden.

Die Festsetzung des Schulzengehaltes erfolgt jetzt nach § 32 Nr. 4 des Zust.=Ges. vom 1. 8. 83 durch Beschluß des Kreisausschusses, vergl. dazu § 121 des des L.=V.=G. vom 30. Juli 1883. Vergl. auch §§ 28 und 34 a. der altländischen Kr.=O. vom 13. Dezember 1872 (19. März 1881). Wegen der anderen Provinzen siehe die Anmerkung auf S. 252 bei Studt und Braunbehrens, Berlin 1889.

Nr. 807. Erk. vom 14. November 1873 (Min.=Bl. d. i. V. 1874 S. 21).

Gegen die von der Ortspolizeibehörde oder in deren Auftrage ausgeführte Wegschaffung eines über die Baufluchtlinie der Dorfstraße hinaus errichteten und den öffentlichen Verkehr beeinträchtigenden Gartenzaunes ist — sofern nicht ein entgegenstehender, spezieller Rechtstitel behauptet werden kann — das Beschreiten des ordentlichen Rechtsweges unzulässig, insbesondere vermittelst einer Besitzstörungsklage.

Es handelte sich um eine zwangsweise durchgeführte polizeiliche Verfügung im Sinne der §§ 127 ff. und 132 ff. des L.=V.=G. v. 30. 7. 83. Danach bleibt selbst in den oben gedachten Ausnahmefällen kein Raum mehr für den ordentlichen Rechtsweg.

Nr. 808. Erk. vom 14. November 1873 (Just.=Min.=Bl. 1874 S. 40).

Ein Gemeindebeschluß, durch welchen die Erhebung von Kommunalsteuern angeordnet wird, kann nicht im ordentlichen Rechtswege angefochten werden, Vergl. §§ 16 und 31 des Zust.=Ges.

Zweite Abteilung.

Erkenntnisse, welche zwar auf Grund des Gesetzes vom 2. April 1847, aber unter der Herrschaft der neuen Verwaltungsgesetzgebung ergangen sind.

Vorbemerkung.

Die neue Verwaltungsgesetzgebung wurde eingeleitet durch den Erlaß der altländischen Kr.-O. vom 13. Dezember 1872, welche am 1. Januar 1874 in Kraft getreten ist. Schon dies bahnbrechende Gesetz enthielt in seinem (später auf andere Weise ersetzten) § 135 erhebliche Veränderungen der Zuständigkeitsverhältnisse sowohl der ordentlichen Gerichte, als der Verwaltungsbehörden. In welcher Weise sich diese Bestimmungen bis zur Gegenwart entwickelt haben, wird in den Erläuterungen zu den nachstehend mitgeteilten Erkenntnissen, sofern dies erforderlich erscheint, des Näheren angegeben werden.

Nr. 809. Erk. vom 9. Januar 1874 (Min.-Bl. d. i. V. S. 105 und Just.-Min.-Bl. S. 87).

Die Frage, ob eine Stadt von dem Militär-Fiskus die Zahlung des Kommunalsteuerzuschlages zur Schlachtsteuer fordern könne, kann von der Stadt nicht zum Gegenstande eines Prozesses vor dem ordentlichen Gerichte gemacht werden. Mit der Aufhebung der **staatlichen** Schlachtsteuer durch das Ges. vom 25. Mai 1873 (G.-S. S. 222) ist dieser Grundsatz im wesentlichen gegenstandslos geworden, indessen bleibt aus § 4 Abs. 4 der Städte-Ordnung vom 30. Mai 1853 immer noch der Satz bestehen, daß die Militär-Speise-Einrichtungen und ähnlichen Anstalten von den Verbrauchssteuern in dem bisherigen Umfange befreit bleiben. Hierbei ist auch die Frage, ob sich diese Befreiung auch auf das für die Verpflegung von Kriegsgefangenen gelieferte Fleisch erstreckt, nicht von den ordentlichen Gerichten zu entscheiden. Vergl. jetzt §§ 18 und 160 des Zust.-Ges. v. 1. 8. 83.

Nr. 810. Erk. vom 9. Januar 1874 (Just.-Min.-Bl. S. 50).

Ueber streitige Ansprüche an den Staat, welche als Provinzial-Staatsschulden anzusehen sind, hat nicht das ordentliche Gericht, sondern die Hauptverwaltung der Staatsschulden zu entscheiden. (Ges. vom 28. Februar 1868, §§ 1 und 10 — G.-S. S. 169 —).

Nr. 811. Erk. vom 13. Februar 1874 (Min.-Bl. d. i. V. S. 107 u. Just.-Min.-Bl. S. 113).

Ist in einem zwischen mehreren Armenverbänden über die Verpflichtung zur Uebernahme der Armenpflege anhängigen Rechtsstreite die Entscheidung von der Vorfrage abhängig, ob eine selbständige Gemeinde und ein selbständiger

Armenverband bestehe, so ist diese Frage nicht von den ordentlichen Gerichten sondern von den Verwaltungsbehörden zu entscheiden.

Diese Entscheidung mußte noch auf Grund auf der §§ 1, 5 und 34 des Armenpflegeges. vom 31. Dezember 1842 (G.=S. 1843 S. 8) erfolgen, obwohl 1874 bereits das Reichsges. vom 6. Juni 1870 und das preußische Ausführungsges. vom 8. März 1871 in Kraft waren. Gegenwärtig wird über die Streitigkeiten zwischen Armenverbänden nach § 39 des Zust.=Ges. v. 1. 8. 88 im Verwaltungsrechtswege entschieden und zwar auch der oben gedachte Inzidentpunkt hinsichtlich der Eigenschaft einer Ortschaft als Gemeinde oder eines Gutes als Gutsbezirk (§ 26 a. a. O.)

Nr. 812. Erk. vom 13. Februar 1874 (Just.=Min.=Bl. S. 97).

Die Bestimmung über die Verwendung und Benutzung des Kämmerei- und Bürgervermögens einer Stadt steht, mit Ausschluß des ordentlichen Rechtsweges, den städtischen Behörden bezw. den vorgesetzten Aufsichtsbehörden zu. Städte=Ordnung vom 30. Mai 1853, **§ 11** (mit Zust.=Ges. § 16 Abs. 3 und L.=V.=Ges. § 121), **§ 36** (mit Zust.=Ges. § 17 Nr. 1 und L.=V.=Ges. § 43) und **§ 49**. Siehe Erk. vom 7. Juni 1856, 7. Mai 1859, 14. November 1863 und 9. Oktober 1869 (Just.=Min.=Bl. 1856 S. 270, 1859 S. 367, 1864 S. 62 und 1869 S. 246).

Nr. 813. Erk. vom 13. Februar 1874 (Just.=Min.=Bl. S. 233).

Ueber Ansprüche wegen Provinzial=Staatsschulden. Siehe Erk. vom 9. Januar 1874 (Just.=Min.=Bl. S. 58).

Nr. 814. Erk. vom 13. Juni 1874 (Just.=Min.=Bl. S. 237).

Wegen der Kosten der im Wege administrativer Exekution bewirkten Ausführung der dem Verpflichteten obliegenden Leistung durch einen Dritten findet der ordentliche Rechtsweg nicht statt. (§ 1 Nr. 14, § 3 Abs. 2 der V. vom 30. Juli 1853 — G.=S. S. 909 —, §§ 132 ff. des L.=V.=Ges.) Siehe Erk. vom 13. Februar 1864 (Just.=Min.=Bl. S. 129) und 11. April 1858 (S. 265).

Nr. 815. Erk. vom 13. Juni 1874 (Min.=Bl. d. i. V. S. 204 und Just.=Min.=Bl. S. 241).

Gegenüber einer wegepolizeilichen Anordnung findet eine gerichtliche Klage auf Wiederherstellung des früheren Zustandes nicht statt.

Gegenwärtig würde hier der § 56 des Zust.=Ges. v. 1. 8. 83 zur Anwendung kommen.

Nr. 816. Erk. vom 13. Juni 1874 (Min.=Bl. d. i. V. 1875 S. 44).

Vergütigungsansprüche für Spannfuhren und ähnliche Kriegsleistungen, welche einzelne Mitglieder einer Gemeinde auf Anordnung der letzteren prästiert haben, können gegen dieselbe im ordentlichen Rechtswege nicht verfolgt werden.

Nr. 817. Erk. vom 10. Oktober 1874 (Min.=Bl. d. i. V. S. 261 u. Just.=Min.=Bl. S. 286).

Anordnungen der Aufsichtsbehörden über die Abschließung von Jagdpachtverträgen seitens der Gemeindebehörden können von den letzteren im ordentlichen Rechtswege nicht angefochten werden.

Dieselbe hier behandelte Frage wurde in dem Endurteil des O.=V.=G. vom 14. Januar 1878 (Entsch. Bd. III. S. 169, Parey, Rechtsgrundsätze des O.=V.=G., Stammwerk S. 259 Nr. 1) in derselben Weise entschieden.

Es handelte sich dort wie hier um Meinungsverschiedenheiten zwischen Schulzen und Schöppen oder der letzteren untereinander über die Abschließung der Jagdpachtverträge. Solche Streitigkeiten entscheidet die Aufsichtsbehörde mit der Wirkung, die Unterliegenden zur Abschließung des Vertrages durch Ordnungsstrafen zu zwingen.

Nr. 818. Erk. vom 10. Oktober 1874 (Min.-Bl. d. i. V. S. 258).

Die Entscheidung betrifft die Frage: ob resp. inwiefern Unregelmäßigkeiten, welche einem Polizeiverwalter bei Vollstreckung eines polizeilichen Strafmandates zur Last fallen, eine Anklage wegen Ueberschreitung der Amtsbefugnisse resp. wegen widerrechtlicher Freiheitsberaubung oder aber nur eine disziplinare Ahndung begründen.

Konfliktssache nach § 8 der Einleitung zu diesem Buche.

Nr. 819. Erk. vom 10. Oktober 1874 (Just.-Min.-Bl. S. 288).

Gegen strompolizeiliche Verfügungen, durch welche einem Deichverbande aufgegeben wird, durch Stellung einer Schleuse den gesenkten Wasserspiegel eines Stromes im Interesse der Schiffahrt auf dem Strome wieder zu erhöhen, ist der ordentliche Rechtsweg nicht zulässig.

Nr. 820. Erk. vom 10. Oktober 1874 (Just.Min.-Bl. S. 327.)

Anordnungen der Verwaltungsbehörden, welche im Exekutivverfahren gegen einen nicht staatlich anerkannten Geistlichen wegen verweigerter Herausgabe der Kirchenbücher und Kirchensiegel erlassen wurden, können vor den ordentlichen Gerichten nicht ausgefochten werden. Ueber die gegenwärtige Bedeutung der hier in Bezug genommenen §§ 17 ff. des Ges. vom 11. Mai 1873 vergl. Hinschius, Kirchenges., Berlin und Leipzig 1887, S. 31 ff.

Nr. 821. Erk. vom 10. Oktober 1874 (Just.-Min.-Bl. S. 335).

Ueber die Frage: ob eine Quittung für die an eine Pfarre zu leistende Abgabe auszustellen und die wegen verweigerter Quittungsausstellung entstandenen Kosten den Abgabepflichtigen zu erstatten sind, ist der ordentliche Rechtsweg zulässig. (Ges. v. 24. Mai 1861 § 15 G.-S. S. 241).

Nr. 822. Erk. vom 10. Oktober 1874 (Just.-Min.-Bl. S. 342).

Eine vom Minister der geistlichen u. s. w. Angelegenheiten auf Grund des § 13 des Ges. vom 11. Mai 1873 (G.-S. S. 191) erlassene Verfügung kann im Rechtswege vor den ordentlichen Gerichten nicht angefochten werden. Auch ist eine Verfolgung des mit der Ausführung einer solchen Verfügung beauftragten Beamten im ordentlichen Rechtswege nicht zulässig. (Komp.-Konfl. und Konflikt.) Ueber das Schicksal des § 13 vergl. Hinschius, Kirchengesetze, Berlin und Leipzig 1887, S. 29 und 30.

Nr. 823. Erk. vom 10. Oktober 1874 (Just.-Min.-Bl. 1875 S. 17).

Hypothekarische Ansprüche auf ein im Separationsverfahren abgetretenes Grundstück sind vor den Auseinandersetzungsbehörden und nicht vor den ordentlichen Gerichten zu verfolgen.

Nr. 824. Erk. vom 14. November 1874 (Min.-Bl. d. i. V. 1875 S. 4).

Ueber die Verwendung und Benutzung des Bürgervermögens, als eine innere Gemeinde-Angelegenheit ist nur von den städtischen Behörden resp. von der Aufsichtsinstanz zu entscheiden (§§ 11, 36, 49 der Städte-Ordnung vom 30. Mai 1853, §§ 1, 2 der Deklaration vom 26. Juli 1847).

Zu § 11 der St.-O. vergl. § 16 Abs. 3 des Zust.-Ges. v. 1. 8. 83 und § 121 des L.-V.-G. vom 30. Juli 1883, zu § 36 der St.-O. vergl. § 17 Nr. 1 des Zust.-Ges.]

Für die Entscheidung des Kompetenzgerichtshofes ist nur der Inhalt und der Antrag der Klage ohne Rücksicht auf eine spätere, erst nach Erhebung des Komp.-Konfl. erfolgte Abänderung maßgebend. Kläger führte in diesem Falle sein Teilnahmerecht von den Nutzungen des für unteilbares Korporationsvermögen erklärten Bürgerwaldes lediglich auf die Gemeindemitgliedschaft in Verbindung mit dem Besitze eines städtischen Grundstückes zurück. Vergl. auch Ges. vom 14. August 1876 (G.-S. S. 373).

Nr. 825. Erk. vom 14. November 1874 (Min.-Bl. d. i. V. 1875 S. 31.)

Dasselbe betrifft die Frage: ob wegen einer objektiv unrichtigen, indessen nicht wider besseres Wissen abgegebenen, amtlichen Erklärung eines Mitgliedes der Klassensteuer-Einschätzungs-Kommission sich eine Verleumdungsklage erheben lasse.

Konfliktssache, siehe § 8 der Einleitung zu diesem Buche.

Nr. 826. Erk. vom 14. November 1874 (Min.-Bl. d. i. V. 1875 S. 45).

Das Bürgervermögen gehört zu dem Gemeindevermögen. Ueber die Benutzung des letzteren und insbesondere über eine Verwendung von Bürgervermögen und Kämmereivermögen haben die städtischen Behörden zu beschließen, so daß den ordentlichen Gerichten in dieser Beziehung eine Kognition nicht zusteht. (§§ 11, 49 50 der Städte-Ordnung vom 30. Mai 1853, Deklaration vom 26. Juli 1847). Vergl. die Erläuterungen zu dem Erk. sub Nr. 824, zu § 50 der Städte-Ordnung siehe § 16 Abs. 1 des Zust.-Ges. v. 1. 8. 83, wegen Berlin §§ 42, 43 des L.-V.-G. vom 30. Juli 1883.

Nr. 827. Erk. vom 13. Januar 1875 (Just.-Min.-Bl. S. 109).

Die Kommission des Stadtgerichts zu Berlin war keine besondere Behörde im Sinne der §§ 108 und 127 der Gewerbe-Ordnung vom 21. Juni 1869. An die Stelle des § 108 ist inzwischen der § 120a der Reichsgewerbe-Ordnung neuester Fassung getreten, an die Stelle des § 127 der § 134. Siehe den Kommentar von Berger, Berlin 1889, neunte Auflage, S. 144 und 155.

Nr. 828. Erk. vom 13. März 1875 (Min.-Bl. d. i. V. S. 232).

Wegen Vornahme einer polizeilichen, in den oberen Verwaltungs-Instanzen gebilligten und auf Wegschaffung eines unbefugt angelegten und die Dorfstraße beengenden Bretterzaunes gerichteten Exekutions-Verfügung kann seitens Desjenigen, welcher diesen Zaun angelegt hatte, nicht im Zivilprozeß gegen den betreffenden Polizeibeamten auf Anerkennung des Eigentums an dem Zaune resp. an dem dadurch eingefriedigten Gartenfleck geklagt werden.

Konfliktssache nach § 8 der Einleitung zu diesem Buche.

Dem Kläger wurde es überlassen, sein vermeintliches Eigentumsrecht an dem eingefriedigten Grundstücke gegen die Gemeinde als Eigentümerin der Dorfstraße zur gerichtlichen Anerkennung zu bringen.

Nr. 829. Erk. vom 12. Juni 1875 (Min.-Bl. d. i. V. S. 201).

In Streitsachen wegen Befreiung von Beiträgen zu den Ausgaben des Schul- und Kirchenverbandes ist der ordentliche Rechtsweg unzulässig.
Ein jüdischer Einwohner war zu den betreffenden Lasten herangezogen worden, obwohl er zu einer besonderen Synagogengemeinde gehörte, welche auch ihren

eigenen Totenhof hatte, es handelte sich aber lediglich um Kommunalabgaben, welche von der politischen Gemeinde ausgeschrieben und erhoben waren. Siehe § 34 des Zust.-Ges. v. 1. 8. 83.

Nr. 830. Erk. vom 12. Juni 1875 (Min.-Bl. d. i. V. S. 240).

Ein Königlicher Forstaufseher, welcher, indem er seine in der Kgl. Forst zur Ergreifung eines Jagd-Kontravenienten begonnene Amtsthätigkeit durch Verfolgung des Kontravenienten auf ein fremdes Jagdrevier fortsetzt, dieses Revier mit unverbundenem Gewehr betritt, macht sich dadurch einer zur gerichtlichen Ahndung geeigneten Amtsüberschreitung nicht schuldig.

Konfliktssache. Siehe § 8 der Einleitung zu diesem Buche.

Nr. 831. Erk. vom 11. September 1875 (Min.-Bl. d. i. V. S. 236).

Nach § 10 der Dienstinstruktion vom 30. Dezember 1820 (G.-S. 1821 S. 13) ist zwar ein abgehender Gendarm verpflichtet, sein noch taugliches Dienstpferd dem Amtsnachfolger gegen den Taxpreis zu überlassen, aber der ordentliche Rechtsweg kann ihm über die privatrechtliche Frage nicht verschränkt werden, in welcher Art und Höhe die fiskalischerseits für das Pferd zu zahlende Vergütung festzustellen sei.

Der Komp.-Konfl. war von dem Chef der Landgendarmerie erhoben, derselbe berief sich dabei auf verschiedene Dienstvorschriften und Korps-Erlasse, aus welchen er folgerte, daß es sich hier lediglich um Verwaltungsgrundsätze handle, gleichwohl wurde der Komp.-Konfl. nicht für begründet erachtet, denn eine allgemeine, den Rechtsweg ausschließende Bestimmung bestehe nicht. Nur bezüglich der Abgabe des Dienstpferdes könne im vorliegenden Falle ein Hoheitsrecht und dessen Geltendmachung ohne Konkurrenz der Gerichte in Frage kommen, allein um diese Abgabe handle es sich jetzt nicht mehr, weil sie unweigerlich erfolgt sei, dagegen handle es sich um einen vermögensrechtlichen Anspruch eines früheren Staatsbeamten aus einem früheren Dienstverhältnisse, mithin komme § 1 des Ges. vom 24. Mai 1861 (G.-S. S. 242) zur Anwendung.

Nr. 832. Erk. vom 11. September 1875 (Min.-Bl. d. i. V. S. 290).

Wenn auf Grund des Kriegsleistungsgesetzes vom 11. Mai 1851 (G.-S. S. 362) städtischerseits die Wegnahme eines Grundstückes zu militärischen Zwecken erfolgt, so findet die Feststellung der dem Grundstückseigentümer gebührenden Entschädigung nach §§ 12, 17 des gedachten Gesetzes durch bestimmte Kommissarien statt und ist somit der richterlichen Kognition entzogen.

Ein städtisches Grundstück war dem Eigentümer während des Krieges 1870 zu Lazarethzwecken auf Requisition der Kommandantur fortgenommen. Der daraus entstandene Streit würde heute nach § 18 des Zust.-Ges. v. 1. 8. 83 zu erledigen sein, weil die in §§ 3 ff. des Reichsgesetzes über die Kriegsleistungen vom 13. Juni 1873 (R.-G.-Bl. S. 129) vorgesehenen Leistungen unter den Begriff der Gemeindeabgaben fallen. Vergl. auch die Ausführungs-Verordnung vom 14. April 1888 (R.-G.-Bl. S. 142).

Nr. 833. Erk. vom 13. November 1875 (Min.-Bl. d. i. V. 1876 S. 47 und Just.-Min.-Bl. S. 30).

Für Streitigkeiten der Armenverbände über die öffentliche Unterstützung Hülfsbedürftiger sind nicht die ordentlichen Gerichte, sondern die Verwaltungsgerichte zuständig.

Die Entscheidung stützt sich auf Vorschriften der altländischen Kr.-O. und des Ges. vom 3. Juli 1875, siehe jetzt § 39 des Zust.-Ges. v. 1. 8. 83.

Nr. 834. Erk. vom 8. Januar 1876 (Min.=Bl. d. i. V. S. 53).

Nach §§ 86 und 87 der rheinischen Gemeinde=Ordnung vom 23. Juli 1845 (G.=S. S. 523) und Ges. vom 15. Mai 1856 (G.=S. S. 435) stellt die von dem Gemeinderat angeordnete Repartition der Einquartierungslast nach dem Steuerfuße sich als eine Verteilung von Gemeindeauflagen dar. Die Frage, ob zu derselben ein Gemeindemitglied als Forense herangezogen werden könne, ist mit Ausschluß des ordentlichen Rechtsweges lediglich durch die Aufsichts=behörden zu entscheiden (§§ 8 und 10 des rheinischen Ressort=Reglements vom 20. Juni 1818).

Vergl. zu § 87 der Gemeindeordnung § 35, auch § 33 des Zust.=Ges. v. 1. 8. 83, außerdem für Friedenszeiten §§ 50 und 51 a. a. O., für Kriegs=zeiten das sub Nr. 832 mitgeteilte Erkenntnis.

Nr. 835. Erk. vom 8. Januar 1876 (Min.=Bl. d. i. V. S. 78).

Die Beseitigung einer im Interesse der öffentlichen Gesundheitspflege von der Ortspolizeibehörde angeordneten oder im Einverständnisse mit derselben her=gestellten Bau=Anlage kann nicht im ordentlichen Rechtswege gefordert werden. Es handelte sich um städtische Kanalbauten, durch deren Einrichtung ein Grund=eigentümer sich beeinträchtigt fühlte, es lag mithin eine polizeiliche Verfügung vor (§§ 127 des L.=V.G. v. 30. 7 83).

Nr. 836. Erk. vom 8. Januar 1876 (Min=Bl. d. i. V. S. 79).

Konfliktssache nach § 8 der Einleitung zu diesem Buche, betreffend den berechtigten Waffengebrauch seitens eines Forstschutzbeamten, gegen welchen ein persönlicher Angriff erfolgt, oder welcher wenigstens mit einem solchen Angriffe bedroht ist.

Nr. 837. Erk. vom 8. Januar 1876 (Min.=Bl. d. i. V. S. 126).

Jemand war in Gemäßheit des Ges. vom 14. Mai 1873 (G.=S. S. 207) aus der Kirche ausgetreten und weigerte sich nun, die von dem Magistrat aus=geschriebenen Schullasten zu bezahlen. Nach Vollstreckung der Exekution klagte er gerichtlich gegen die Schulgemeinde, was aber für unzulässig erachtet wurde.

Vergl. jetzt §§ 46 und 160 des Zust.=Ges. v. 1. 8. 83.

Nr. 838. Erk. vom 8. Januar 1876 (Just.=Min.=Bl. S. 77).

Gegen die von dem Minister der geistlichen Angelegenheiten auf Grund des Ges. vom 22. April 1875 (G.=S. S. 194) angeordnete Einstellung einer Leistung aus Staatsmitteln für die römisch=katholischen Bistümer und Geist=lichen ist eine Besitzstörungsklage unzulässig. Nach Rintelen's Kommentar, Berlin 1886, vierte Auflage, S. 42 ist das obige Ges. als beseitigt anzusehen.

Nr. 839. Erk. vom 11. März 1876 (Min.=Bl. d. i. V. S. 108).

Eine von der Kommunal=Aufsichtsinstanz in einer Gemeinde=Angelegenheit (Art und Umfang der Benutzung eines Stadtwaldes) getroffene Entscheidung kann seitens der Nutzungsberechtigten im ordentlich=gerichtlichen Prozeßwege nicht angefochten werden. Der angegriffene Beschluß der Aufsichtsbehörde (jetzt der Oberpräsident — § 7 — bezw. der Bezirksausschuß — §§ 17 Nr. 2 und 161 des Zust.=Ges. v. 1. 8. 83 —) stützte sich auf § 44 der Städte=Ordnung vom 30. Mai 1853, weil sämtliche Mitglieder der Stadtverordnetenversammlung und, außer dem Bürgermeister, auch des Magistrates ein Interesse bei der Sache hatten. Hierüber wurde Beschwerde geführt, was aber nach § 76 der Städte=

Ordnung (§ 7 des Zust.-Ges.) nicht zulässig war. Vergl. auch Ges. v. 14. August 1876 (G.-S. S. 373) und § 16 Abs. 2 des Zust.-Ges.

Nr. 840. Erk. vom 11. März 1876 (Min.-Bl. d. i. V. S. 110).

Konfliktssache nach § 8 der Einleitung zu diesem Buche betreffend die Frage, ob das von einem Polizeiverwalter auf Requisition des Staatsanwaltes ausgestellte ungünstige Leumunds- und Führungs-Attest zum Gegenstand einer Injurienklage wider den Aussteller gemacht werden kann.

Nr. 841. Erk. vom 11. März 1876 (Min.-Bl. d. i. V. S. 128).

Konfliktssache im Sinne des § 8 der Einleitung zu diesem Buche. Das im Auftrage der vorgesetzten Dienstbehörde aus forstwirtschaftlichen Rücksichten von dem Förster veranlaßte Abbrennen des Holzabfalles und Reisigs auf einer abgetriebenen Waldfläche ist weder nach dem Reichs-Strafgesetzbuche noch nach den feldpolizeilichen Vorschriften strafbar.

Nr. 842. Erk. vom 11. März 1876 (Min.-Bl. d. i. V. S. 130).

Konfliktssache nach § 8 der Einleitung zu diesem Buche. Ein rheinischer Kommunalförster, welcher einen im Walde unbeaufsicht herumlaufenden Hund totschießt, ist dem Eigentümer desselben nicht schadensersatzpflichtig.

Nr. 843. Erk. vom 13. Mai 1876 (Min.-Bl. d. i. V. S. 232).

Die Bestimmung darüber, in welcher Weise die Benutzung des Gemeindevermögens erfolgen soll, hängt nach § 51 der westfälischen Landgemeinde-Ordnung vom 19. März 1856 von dem Beschlusse der Gemeinde-Versammlung ab. Dieselbe kann noch im § 53 Nr. 4 a. a. O. unter Genehmigung der Aufsichtsbehörde eine Abänderung der bisherigen Nutzungsweise beschließen, ohne daß dieserhalb eine gerichtliche Klage zulässig wäre.

Vergl. § 31 Abs. 1 des Zust.-Ges. v. 1. 8. 83 und § 121 des L.-V.-G. vom 30. Juli 1883.

Nr. 844. Erk. vom 13. Mai 1876 (Min.-Bl. d. i. V. S. 234).

Darüber, ob eine polizeiliche Verfügung und deren Ausführung gesetzmäßig, notwendig oder zweckmäßig gewesen, hat nur die vorgesetzte Verwaltungsbehörde zu entscheiden. Der wegen einer polizeilichen Anordnung gegen den betreffenden Beamten zu erhebende Regreßanspruch ist im ordentlichen Rechtswege nur dann verfolgbar, wenn jene Anordnung von der zuständigen oberen Verwaltungsbehörde als gesetzwidrig oder ungehörig aufgehoben worden ist.

Zwischen dem Hause eines Bürgers und der vorbeiführenden Straße befand sich ein mit Steinen abgegrenzter Platz. Die zwischen diesen Steinen angebrachten Verbindungsketten hatte der Polizeiwachtmeister losschlagen lassen. Diese Handlung hielt der Kompetenzgerichtshof für eine polizeiliche Verfügung im Sinne des § 80 Abs. 3 der altländischen Kr.-O., ohne zu untersuchen, von wem der Wachtmeister mit der Vornahme jener Handlung beauftragt worden war, ob von dem Bürgermeister als Polizeiverwalter oder von dem Stadtbaurat.

Die den Komp.-Konfl. erhebende Regierung war der Ansicht, daß die Ketten im Auftrage der Polizeiverwaltung beseitigt seien im Interesse der ungehinderten Passage und zur Verhütung von Unglücksfällen. Dies genügte, um das Vorhandensein einer polizeilichen Verfügung festzustellen. Die oben angezogene Vorschrift in § 80 der Kr.-O. ist längst beseitigt, denn nur die Frage der Gesetzmäßigkeit, nicht aber die der Notwendigkeit und Zweckmäßigkeit der polizeilichen Verfügung ist von dem Verwaltungsrichter zu prüfen

(§ 127 Abs. 3 des Zust.-Ges. v. 1. 8. 83, vergl. auch § 17 des Polizeiverwaltungsges. vom 11. März 1850). Soweit der Angriff gegen die angefochtene Anordnung einen Regreß gegen den Polizeiwachtmeister darstellte, lag eigentlich nur ein Konflikt im Sinne des § 8 der Einleitung zu diesem Buche vor, indessen eignete sich der Vorfall auch zur Behandlung als Komp.-Konfl.

Nr. 845. Erk. vom 13. Mai 1876 (Min.-Bl. d. i. V. S. 257).

Ueber eine von einem Beamten innerhalb seiner Amtsbefugnisse bona fide erstattete, von einem Dritten für verleumderisch erklärte Anzeige ist der ordentliche Rechtsweg unzulässig.

Konfliktssache, § 8 der Einleitung zu diesem Buche.

Nr. 846. Erk. vom 10. Juni 1876 (Min.-Bl. d. i. V. S. 262).

Eine hinsichtlich der Benutzung des Kämmerei- und Bürgervermögens ergangene Anordnung der Aufsichtsbehörde (§§ 11, 36, 44, 49 der Städte-Ordnung vom 30. Mai 1853) kann zum Gegenstand einer gerichtlichen Klage nicht gemacht werden.

Vergl. die Erläuterungen zu dem Erkenntnisse sub. Nr. 824.

Nr. 847. Erk. vom 14. Oktober 1876 (Min.-Bl. d. i. V. 1877 S. 10 und Just.-Min.-Bl. 1876 S. 229).

Königliche Beamte wurden von dem Magistrat in Gemäßheit eines Regulativs exekutivisch angehalten, einen zur Deckung des jener Stadtgemeinde nach dem Reichsgesetze vom 25. Juni 1868 (B.-G.-Bl. S. 523) obliegenden Einquartierungslast dienenden und nach dem Mietswerte bemessenen Servicezuschuß zu zahlen. Hiergegen wurde gerichtlich geklagt und der ordentliche Rechtsweg für zulässig erachtet, weil das Ges. vom 11. Juli 1822 den Beamten im Sinne des A. L.-R. II, 14 § 79 ein „Privilegium“ (?) in Bezug auf die Gemeindesteuer erteile.

Heute würde über diese Angelegenheit in Gemäßheit der §§ 50 und 51 des Zust.-Ges. v. 1. 8. 83 zu befinden sein, auch über das Bestehen des sogenannten Privilegiums.

Vergl. auch Gesetze vom 13. Februar 1875 (R.-G.-Bl. S. 52), desgl. vom 21. Juni 1887 (R.-G.-Bl. S. 245) und vom 29. Juni 1888 (R.-G.-Bl. S. 209).

Wegen des Begriffes „Privilegium“ vergl. die Erläuterungen zu dem sub Nr. 856 mitgeteilten Erkenntnisse.

Nr. 848. Erk. vom 14. Oktober 1876 (Min.-Bl. d. i. V. S. 275).

Ueber die Verpflichtung zur Zahlung von Gemeindesteuern (z. B. Hundesteuern) findet der Rechtsweg nur dann statt, wenn einer der im § 79 Tit. 14 Teil II A. L.-R. gedachten Ausnahmefälle vorliegt.

Es handelte sich hier um einen Akt des der Landgemeinde nach § 57 der westfälischen Landgemeinde-Ordnung vom 19. März 1856 (G.-S. S. 265) zustehenden Besteuerungsrechtes.

Zu jenem § 57 vergl. § 31 Abs. 1, 3 und 4, im übrigen wegen der Rechtsmittel gegen die Heranziehung zu den Steuern die §§ 34 und 160 des Zust.-Ges. v. 1. 8. 83. Aus der letzteren dieser Vorschriften ergiebt sich auch der Fortfall des ordentlichen Rechtsweges in dem angeführten Ausnahmefalle.

Nr. 849. Erk. vom 14. Oktober 1876 (Min.-Bl. d. i. V. S. 278).

Eine auf Herausgabe eines Kleidungsstückes gerichtete Zivilklage gegen einen Amtsvorsteher, welcher in seiner Eigenschaft als Ortspolizeibehörde jenes Kleidungsstück auf Requisition des Staatsanwaltes mit Beschlag belegt hat, ist unzulässig.

Konfliktssache, § 8 der Einleitung zu diesem Buche.

Nr. 850. Zwei Erk. vom 14. Oktober 1876 (Just.-Min.-Bl. S. 224 und 237).

Diese Entscheidungen haben denselben Inhalt, wie das Erk. vom 8. Januar 1876 (Just.-Min.-Bl. S. 77).

Nr. 851. Erk. vom 11. November 1876 (Min.-Bl. d. i. V. S. 276).

Der ordentliche Rechtsweg über die Einziehung von Gemeindeabgaben (Beiträge zur Unterhaltung von Trottoiranlagen) ist unzulässig.

Die Beiträge, welche der Magistrat auf Grund eines gesetzmäßig erlassenen Statutes erhob, stellten sich als eine Abgabe dar, die von einer Klasse der Gemeindemitglieder, nämlich von den an die Fußwege (Bürgersteige) anstoßenden Grundeigentümern, zum Nutzen der Stadt erhoben wurde. Sie bildeten demnach eine Gemeindeabgabe, wegen deren Heranziehung jetzt nur der Weg der Reklamation in Gemäßheit der §§ 18 und 160 des Zust.-Ges. v. 1. 8. 83. stattfindet.

Die Stadt lag in der Provinz Hannover, vergl. Art. I der Verordnung vom 16. September 1867 (G.-S. S. 1515).

Nr. 852. Erk. vom 13. Januar 1877 (Min.-Bl. d. i. V. S. 67 u. Just.-Min.-Bl. S. 43)

Ueber die Frage: ob der Beamte, welcher eine polizeiliche, von der vorgesetzten Behörde demnächst als gesetzwidrig oder unzulässig aufgehobene Verfügung erlassen hat, zum Schadensersatz verpflichtet sei, ist der ordentliche Rechtsweg zulässig.

Konfliktssache, § 8 der Einleitung zu diesem Buche.

Nr. 853. Erk. vom 13. Januar 1877 (Just.-Min.-Bl. S. 17).

Gegen einen Steuerbeamten, welcher im Verfahren der Administrativ-Exekution in Folge Auftrages der vorgesetzten Behörde eine Pfändung ausführt, kann auf Aufhebung der Pfändung nicht geklagt werden.

Konfliktssache, § 8 der Einleitung zu diesem Buche.

Nr. 854. Erk. vom 14. April 1877 (Min.-Bl. d. i. V. S. 162).

Eine gerichtliche Entschädigungsklage gegen einen Beamten, welcher — aus sachlich unzureichenden Gründen, aber in gutem Glauben — die Auflösung einer öffentlichen Versammlung angeordnet hat, ist unzulässig.

Konfliktssache, § 8 der Einleitung zu diesem Buche.

Nr. 855. Erk. vom 9. Juni 1877 (Min.-Bl. d. i. V. S. 163).

Die in dem preußischen Gesetze vom 8. Mai 1837 resp. in dem hannoverschen Gesetze vom 24. Januar 1828 für den Fall, daß der Agent einer Feuerversicherungsgesellschaft dem Versicherungsnehmer die den Vertragsabschluß konstatierende Polize aushändigt, bevor polizeilicherseits das Unbedenklichkeits-Attest ausgestellt ist, angedrohte Geldstrafen sind von den ordentlichen Gerichten und nicht von den Verwaltungsbehörden zu erkennen. Art. XIII des Einführungsgesetzes zum Strafgesetzbuche vom 14. April 1856, Art. II, III der Verordnungen vom 16. September 1867.

Vergl. §§ 14 und 31 des Gesetzes vom 8. Mai 1837 (G.-S. S. 182). Die daselbst angedrohte Strafe stellt sich dar als eine solche für „Vergehen“

im Sinne des § 1 Abs. 2 des Reichs-Strafgesetzbuches vom 15. Mai 1871 (26. Februar 1876). Soweit es sich in den gedachten Vorschriften um polizeiliche Verfügungen handelt, kam früher § 148 Ziffer 2 des Zust.-Ges. vom 26. Juli 1876 zur Anwendung, jetzt gelten in dieser Beziehung die Bestimmungen in §§ 127 ff. des L.-V.-G. vom 30. Juli 1883. Siehe Studt und Braunbehrens, Teil I, Ausgabe von 1889, S. 177.

Es handelte sich hier um einen negativen Komp.-Konfl., weil sich sowohl die ordentlichen Gerichte, als die Verwaltungsbehörden für nicht zuständig erachtet hatten.

Nr. 856. Erk. vom 9. Juni 1877 (Min.-Bl. d. i. V. S. 209).

Die Frage: „wohin“ ein Beamter zu den Kommunalabgaben steuerpflichtig ist, unterliegt nicht der richterlichen Entscheidung. Das Gesetz vom 11. Juli 1822 verleiht den Beamten ein steuerliches „Privilegium“ (?), aber nur in quantitativer, nicht in territorialer Beziehung.

Ein Beamter, dessen Dienstwohnung außerhalb der Grenzen einer Stadt, in dem eine besondere Gemeinde bildenden Schloßbezirke wohnte, wurde zu den städtischen Abgaben herangezogen. Hiergegen würde er heute in Gemäßheit der §§ 18 und 160 des Zust.-Ges. v. 1. 8. 83 zu reklamieren haben, damals glaubte er aber, den ordentlichen Rechtsweg beschreiten zu sollen. Der dagegen erhobene Komp.-Konfl. wurde für begründet erachtet mit folgender Motivirung:

Das Ges. vom 11. Juli 1822 (dasselbe gilt von dem Ges. vom 23. September 1867 — G.-S. S. 1648 —) sei nur insofern (?) ein Privilegium, als es die Beiträge der Staatsbeamten zu den Gemeindelasten auf ein bestimmtes Maß festsetzt, und ist auch von dem Kläger nur „in dieser Richtung“ als ein Privilegium angesehen worden. Von einer territorialen Begünstigung enthält dasselbe nichts, und dessen Anwendung bei Gericht setzt voraus, daß die Steuerpflichtigkeit des Beamten in der betreffenden Gemeinde unstreitig ist und daß nur gegen die Höhe und die Art der geforderten Abgabe Einspruch erhoben wird.

In allen Fällen dieser Art ist allerdings (früher) der ordentliche Rechtsweg stets zugelassen worden, allein hier gründete sich die Klage darauf, daß er in der Stadt überhaupt nicht steuerpflichtig sei, also nur eine Verwaltungssache.

Hiergegen ist zu sagen, daß der Anspruch aus dem Ges. vom 11. Juli 1822 als ein Privilegium im Sinne des § 79 Titel 14 Teil II A. L.-R. überhaupt niemals angesehen werden konnte, auch nicht im Sinne des Art. 101 der preußischen Verfassung vom 31. Januar 1850. Wäre das Letztere der Fall, so hätte das Ges. vom 11. Juli 1822 überhaupt keine gesetzliche Basis mehr. Vergl. die Erläuterungen zu Art. 101 in Arendt's Kommentar zur Verfassungsurkunde, Berlin und Leipzig 1889 S. 164, auch Parey, Verwaltungsrecht Band II, S. 56, § 113, Berlin 1887.

Nr. 857. Erk. vom 9. Juni 1877 (Min.-Bl. d. i. V. S. 270).

Die gerichtliche Klage gegen einen Amtsvorsteher wegen einer durch den Kreisausschuß (jetzt würde nach § 24 des Zust.-Ges. v. 1. 8. 83 der Landrat als Aufsichtsbehörde anzusehen sein) gutgeheißenen polizeilichen Verfügung ist nicht statthaft, sofern jene Verfügung nicht durch die vorgesetzte Dienstbehörde als gesetzwidrig und unzulässig aufgehoben ist. (§ 6 des Ges. v. 11. Mai 1842). Jetzt gelten die §§ 127 ff. des L.-V.-G. vom 30. Juli 1883, event. in diesem Falle, wo die Herstellung einer Brücke in Frage stand, der § 56 des Zust.-Ges. v. 1. 8. 83.

Nr. 858. Erk. vom 9. Juni 1877 (Min.-Bl. d. i. V. S. 285).

Unzulässig ist die gerichtliche Entschädigungsklage wegen einer polizeilichen, im administrativen Beschwerdeverfahren nicht angefochtenen Verfügung. Es handelte sich um die Verscharrung der Fleischteile einer von der Polizei für krank erachteten Kuh.

Konfl. im Sinne des § 8 der Einleitung zu diesem Buche.

Nr. 859. Erk. vom 13. Oktober 1877 (Just.-Min.-Bl. S. 233).

Die Bestimmung eines Separations-Rezesses über die Verteilung der Kirchenbaulast ist nicht ein privatrechtlicher Vertrag, welcher gegen eine spätere anderweite Regulierung dieser Last den ordentlichen Rechtsweg dagegen gestattet.

Nr. 860. Erk. vom 13. Oktober 1877 (Min.-Bl. d. i. V. 1878 S. 1).

Konfliktssache nach § 8 der Einleitung zu diesem Buche.

Die im Dienste und zur Wahrnehmung berechtigter Interessen geschehene, objektiv beleidigende Aeußerung eines Beamten (hier des Bürgermeisters) über einen Anderen (hier einen Hotelbesitzer und Stadtverordneten) mag von der vorgesetzten Dienstbehörde gerügt, sie kann aber nicht von dem Beleidigten zum Gegenstande einer gerichtlichen Strafklage (Jurienklage) gemacht werden.

Nr. 861. Erk. vom 13. Oktober 1877 (Min.-Bl. d. i. V. 1878 S. 62).

Konfliktssache nach § 8 der Einleitung zu diesem Buche.

Ein Königlicher Förster kann im Wege des Strafprozesses nicht belangt werden, wenn er in Ausübung des ihm anvertrauten Forstschutzes einen im Waldrevier jagenden fremden Hund erschießt.

Nr. 862. Erk. vom 8. Dezember 1877 (Min.-Bl. d. i. V. 1878 S. 14).

Der Erstattungsanspruch eines Dritten (Nichtarmenverbandes), welcher einen erkrankten Armen verpflegt hat, ist im ordentlichen Rechtswege erfolglos.

Vergl. die Erläuterungen zu dem sub Nr. 760 mitgeteilten Erkenntnisse.

Nr. 863. Erk. vom 9. Februar 1878 (Min.-Bl. d. i. V. S. 98 u. Just.-Min.-Bl. S. 78).

Konfliktssache, § 8 der Einleitung zu diesem Buche.

Beamte einer unter staatlicher Verwaltung stehenden Eisenbahn, welche von der Eisenbahnverwaltung genehmigte Bahnhofsbauten ohne ortspolizeiliche Erlaubniß ausführen, machen sich einer Uebertretung der Baupolizeiordnung nicht schuldig. Eine ganz andere Frage wäre die, ob in Ansehung aller für Rechnung des Staates und unter Leitung von Staatsbaubeamten ausgeführten Bauten ein förmlicher Baukonsens entbehrlich ist.

Hierüber siehe das Endurteil des O.-V.-G. vom 5. September 1878 (Entsch. Band V, S. 224, (Parey, Rechtsgrundsätze des O.-V.-G. Stammwerk S. 401, 402, Nr. 16, Ziffer 4.

Nr. 864. Erk. vom 13. April 1878 (Min.-Bl. d. i. V. S. 101).

Konfliktssache, § 8 der Einleitung zu diesem Buche.

Ein Gerichtsmann kann wegen Vornahme einer im Auftrage und in Vertretung des Ortsvorstandes vorgenommenen polizeilichen Maßregel wegen Injurien strafrechtlich nicht verfolgt werden.

Nr. 865. Erk. vom 13. April 1878 (Min.-Bl. d. i. V. S. 124).

Konfliktssache, § 8 der Einleitung zu diesem Buche.

Ein Gensdarm hatte bei einer Feuersbrunst den Kopf eines verbrannten

Pferdes in einem Tränkeimer fortgebracht, den Eimer aber später nicht zurückgegeben. Dieserhalb wurde seitens des Eigentümers ein Entschädigungs-Prozeß angestellt, indessen wurde der dagegen erhobene Konflikt für begründet erachtet, weil der Angeklagte den Eimer aus Anlaß einer Amtshandlung mitgenommen habe.

Nr. 866. Erk. vom 11. Mai 1878 (Min.-Bl. d. i. V. S. 102).

Die Frage: ob die Gesetzmäßigkeit, Notwendigkeit oder Zweckmäßigkeit einer polizeilichen Anordnung vorliege, kann im ordentlichen Rechtswege nicht entschieden werden.

Es handelte sich um die Beseitigung von Alluvionen in einem Privatflusse, welche im Interesse der Unterhaltung einer Brücke und einer öffentlichen Straße notwendig geworden war und welche heute als wasserpolizeiliche Verfügung in Betreff der Räumungspflicht (§ 66 des Zust.-Ges. v. 1. 8. 83) zu behandeln wäre. Vergl. Endurteile des O.-V.-G. vom 14. November 1878 (Entsch. Band IV S. 271, Parey, Rechtsgrundsätze des O.-V.-G., Stammwerk S. 275 Nr. 12), vom 6. April 1883 (Entsch. Band IX S. 257, P. a. a. O. S. 285 Nr. 29), vom 15. April 1884 (Entsch. Band XI S. 234, P. a. a. O. S. 287).

Nr. 867. Erk. vom 11. Mai 1878 (Min.-Bl. d. i. V. S. 123).

Hinsichtlich einer polizeilichen Verfügung, welche im Auftrage der hannoverschen (ehemaligen) Landrostei zur Sicherung feuerpolizeilicher Interessen von dem Gemeindevorsteher ausgeführt worden ist, kann gegen den letzteren eine gerichtliche Klage, insbesondere eine Besitzstörungsklage nicht zugelassen werden. Der Verklagte hatte im höheren Auftrage einen Kleeacker betreten und eine Stelle desselben umgraben lassen. Letzteres geschah behufs Offenlegung einer Quelle, welche Gräben Zufluß gewährte, die zum Wasserschöpfen bei Feuersgefahr dienten. Es handelte sich also lediglich um eine polizeiliche Verfügung im Sinne der §§ 127 ff. des L.-V.-G. vom 30. Juli 1883.

Nr. 868. Erk. vom 14. September 1878 (Min.-Bl. d. i. V. S. 246).

Nach gemeinrechtlichen Grundsätzen (Nassauische Gesetze vom 6. Oktober 1849 und 6 Januar 1860) ist es dem Jagdberechtigten und seinem Vertreter nicht erlaubt, einen im Jagdbezirke unbeaufsichtigt umherlaufenden Hund zu töten.

Konfliktssache, § 8 der Einleitung zu diesem Buche.

Vergl. Kohli, preußische Jagdgesetze, Berlin 1882, S. 17, Anm. 26 am Schluß.

Nr. 869. Erk. vom 11. Januar 1879 (Min.-Bl. d. i. V. S. 53).

Konfliktssache, § 8 der Einleitung zu diesem Buche.

Gegen einen Polizeibeamten ist hinsichtlich einer von ihm getroffenen, in den oberen Instanzen approbirten polizeilichen Verfügung ein gerichtlicher Entschädigungsanspruch nicht statthaft.

Nr. 870. Erk. vom 10. Mai 1879 (Min.-Bl. d. i. V. S. 210).

Darüber, ob ein Ortsstatut, insoweit dasselbe den Adjazenten einer städtischen Straße eine Gemeindeabgabe auferlegt, den bestehenden Gesetzen entspricht und von der Stadtgemeinde erlassen werden konnte, steht den ordentlichen Gerichten eine Kognition nicht zu. Um eine auf Grund des Ortsstatuts erforderte Kommunalabgabe handelt es sich auch dann, wenn das erstere dem Magistrat die Ausführung einer bestimmten Arbeit, (Anlegung des Bürgersteiges) überträgt und an Stelle der Naturalleistung den Adjazenten Geldbeiträge auferlegt. Gegen die Einziehung einer solchen Abgabe ist der ordentliche Rechtsweg nur unter der Voraussetzung des § 79 Titel 14, Teil II A. L.-R. und in den Fällen des Ges. vom 24. Mai 1861 zulässig. Die hier dem allgemeinen Grundsatze hinzugefügte Einschränkung ist zu Gunsten des Verwaltungsweges durch § 160 des Zust.-Ges. in Verbindung mit § 18 a. a. O. fortgefallen. Den Adjazenten bleibt hiernach nur der Weg der Reklamation gegen die ihnen zugemutete Auflage übrig.

Nr. 871. Erk. vom 29. Juni 1879 (Min.-Bl. d. i. V. S. 260).

Handelt es sich um die Ausführung einer durch ein gerichtliches Erk. ausgesprochenen Beschlagnahme von Seiten eines um Vollstreckung requirirten Gensdarmen, so liegt eine polizeiliche Verfügung im Sinne des Ges. vom 11. Mai 1842 nicht vor, daher kann auch in einem solchen Falle der Komp.-Konfl. nicht erhoben werden, und der ordentliche Rechtsweg ist zulässig.

Einem gerichtlich verurteilten Jagdkontravenienten wurde auf Requisition des Gerichtes durch den Gensdarmen ein Hund konfiszirt und auch gerichtlich verkauft, so daß die Verwaltungsbehörde bei dieser Angelegenheit gar nicht beteiligt war. Gleichwohl wurde gegen den Gensdarmen auf Herausgabe des Hundes oder Zahlung einer Entschädigung geklagt und hiergegen seitens des Brigade-Kommandeurs nicht der Konflikt, sondern der Komp.-Konfl. erhoben. In Bezug auf Amtshandlungen konnte aber nur das Ges. vom 13. Februar 1854 (G.-S. S. 86) zur Anwendung kommen und nicht das Ges. vom 8. April 1847 (G.-S. S. 170) oder jetzt die Verordnung vom 1. August 1879 (G.-S. S. 573).

Dritte Abteilung.

Erkenntnisse, welche nach dem Inkrafttreten der Verordnung vom 1. August 1879 und des § 11 des Einführungsgesetzes zum deutschen Gerichtsverfassungsgesetze vom 27. Januar 1877 ergangen sind.

Vorbemerkung.

Die sämtlichen Reichs-Justizgesetze sind nach § 1 ihrer Einführungsgesetze mit dem 1. Oktober 1879 in Kraft getreten, da die im § 1 des Einführungsgesetzes zum Gerichtsverfassungsgesetze vorgesehene Kaiserliche Verordnung nicht erschienen ist. (Vergl. die große Guttentag'sche Sammlung der Reichsgesetze, Berlin 1885, S. 32 in der Anmerkung). Mit demselben Zeitpunkte ist auch die Verordnung vom 1. August 1879 (siehe § 24 derselben) in Kraft getreten. Seitdem ist auch die Erledigung der „Konflikte" (§ 8 der Einleitung zu diesem Buche) auf das Ober-Verwaltungsgericht übergegangen, und das Verfahren in Betreff der „Komp.-Konfl." bewegt sich in besonderen Formen. Auf die vor dem Inkrafttreten der Verordnung von 1879 bereits anhängig gewordenen Angelegenheiten bleibt das Ges. vom 8. April 1847 anwendbar.

Nr. 872. Erk. vom 14. Februar 1880 (Min.-Bl. d. i. V. S. 77).

Es entstand die Frage: ob der Landesdirektor zu den zur Erhebung des Komp.-Konfl. befugten Behörden gehört. Die Sache war bei dem Inkrafttreten der Verordnung von 1879 bereits anhängig, und deshalb erging auch die Entscheidung noch auf Grund des Ges. vom 8. April 1847.

Ein praktischer Arzt hatte einen verunglückten Arbeiter ärztlich behandelt und klagte wegen seiner Gebühren gegen den betreffenden Ortsarmenverband auf Grund nützlicher Verwendung. Dabei wurde dem Landarmenverbande zugleich Streit verkündet. Hiergegen erhob der Landesdirektor den Komp.-Konfl., welcher aber für unbegründet erachtet wurde, so daß dem ordentlichen Rechtswege Fortgang zu geben war.

Nach §§ 87 und 90 der Provinzialordnungen (hier die altländische vom 29. Juni 1875) führt der Landesdirektor die laufenden Geschäfte der Provinz als eines Kommunalverbandes und auch dies geschieht nur unter der Aufsicht des Provinzialausschusses. Dem entsprechend wies der § 96 den sämtlichen Provinzialbeamten und somit unter diesen auch dem Landesdirektor ausdrücklich die Rechte und Pflichten mittelbarer Staatsbeamten zu. Das eigentliche staatliche Aufsichtsrecht über die Verwaltung der Angelegenheiten der Provinzialverbände steht dem Oberpräsidenten und dem Minister des Innern zu (§ 114). Die kommunale Verwaltung, für sich genommen, bildet geradezu den Gegensatz zu der allgemeinen Landesverwaltung, welche die Vorbedingung ist für die Befugnis zur Erhebung des Komp.-Konfl. Auch bei der Beaufsichtigung der Kommunalangelegenheiten der Kreise und Gemeinden steht dem Landesdirektor keinerlei Mitwirkung zu; soweit eine solche den Selbstverwaltungs-Organen überhaupt zugestanden ist, sind hierzu andere Behörden berufen. (In Betreff im Kreise: § 177 der altländischen Kreisordnung vom 13. Dezember 1872. — Wegen des Stadtkreises Magdeburg vergl. Wochenschrift „Selbstverwaltung" Jahrgang 14 S. 151 —, Hannover § 104, Hessen-Nassau § 105, Westfalen und Rheinprovinz § 92, Schleswig-Holstein § 140, in Betreff der Gemeinden: §§ 7 und 24 des Zust.-Ges. v. 1. 8. 83).

Bei Streitigkeiten zwischen Armenverbänden (jetzt § 39 des Zust.-Ges.) kann der Landarmenverband und dessen Vertreter, der Landesdirektor, nur als Partei und nicht als entscheidende Instanz in Thätigkeit treten.

Nr. 873. Erk. vom 5. Juli 1880 (Min.-Bl. d. i. V. S. 230).

Ueber die Unrichtigkeit einer veranlagten und schon bezahlten Kommunalsteuer ist der ordentliche Rechtsweg (condictio indebiti) nicht zulässig.

Es handelte sich um angeblich zu Unrecht veranlagte und exekutivisch eingezogene städtische Kommunalabgaben. Die Entscheidung des Kompetenzgerichtshofes stützte sich auf §§ 78, 79, Titel 14, Teil II A. L.-R. Heute würden die §§ 18 und 160 des Zust.-Ges. v. 1. 8. 83 zur Anwendung kommen. Auf Grund dieser Vorschriften hätte statt der Klage die Reklamation rechtzeitig angebracht werden sollen. (Vergl. Ges. vom 18. Juni 1840 (G.-S. S. 140) und vom 12. April 1882 (G.-S. S. 297).

Nr. 874. Erk. vom 9. Oktober 1880 (Min.-Bl. d. i. V. S. 298).

Die Entscheidung betrifft die Frage: ob die Berechtigung des Landrates zum Erlaß einer auf Grund des Kommunal-Aufsichtsrechtes ergangenen Anordnung:

> Daß die beteiligte Landgemeinde ihrem Prozeßgegner einen von dem letzteren über einen Vertragsabschluß ausgestellten schriftlichen Revers nicht herausgeben solle

zum Gegenstande einer Prüfung und Entscheidung im ordentlichen Rechtswege gemacht werden könne.

Der Kompetenzgerichtshof entschied,

> daß der ordentliche Rechtsweg in dieser Sache, soweit das gerichtliche Verfahren gegen das Landratsamt gerichtet worden, für unzulässig zu erachten und der erhobene Komp.-Konfl. daher insoweit für begründet zu erachten.

Die Entscheidung stützte sich auf § 27 der Verordnung vom 22. September 1867 betreffend die Landgemeinde-Verfassungen in dem Gebiete der Herzogtümer Schleswig und Holstein, (G.-S. S. 1603, vergl. dazu die Erläuterungen von Krüger, Selbstverwaltung in Schleswig-Holstein, Kiel und Leipzig 1889, S. 581 ff.) und auf den Allerhöchsten Erlaß vom 20. Juni 1868 (G.-S. S. 620). Das Aufsichtsrecht ist nach § 13, Titel 13, Teil II A. L.-R. ein Hoheitsrecht, gegen dessen Handhabung der ordentliche Rechtsweg nicht stattfindet. (§ 36 der Verordnung vom 26. Dezember 1808 (N. C. C. XII S. 679), § 11 der Regierungs-Instruktion vom 23. Oktober 1817, Allerh. Kabinets-Ordre vom 4. Dezember 1831 (G.-S. S. 255).

Nr. 875. Erk. vom 9. Oktober 1880 (Min.-Bl. d. i. V. S. 303).

Gegen die Veranlagung und exekutivische Beitreibung von städtischen Kommunalabgaben ist (sofern nicht einer der in §§ 78—80 Titel 14, Teil II

A. L.-R. vorgesehenen Ausnahmefälle vorliegt) der ordentliche Rechtsweg überhaupt nicht zulässig, insbesondere nicht eine auf Aufhebung der Exekution gerichtete Klage.

Die in der Parenthese bezeichnete Ausnahme ist durch § 160 in Verbindung mit § 88 des Zust.-Ges. v. 1. 8. 83 gegenstandslos geworden. Kläger würde heute rechtzeitig gegen seine Heranziehung zu den ihm angesonnenen Lasten reklamieren müssen.

Die angezogenen landrechtlichen Vorschriften finden auch in dem Gebiete des rheinischen Rechtes Anwendung. (Verordnung vom 24. November 1843 — G.-S. S. 351 —, rheinisches Ressort-Reglement vom 20 Juli 1818, § 42 der V. vom 26. Dezember 1808, § 11 der Regierungs-Instruktion vom 23. Oktober 1817.

Nr. 876. Erk. vom 13. November 1880 (Min.-Bl. d. i. V. 1881 S. 5).

Während des in der oberen Verwaltungs-Instanz schwebenden Reklamationsverfahrens über die Höhe einer Steuer-Veranlagung (hier auf dem Lande) kann der Steuerpflichtige nicht bei Gericht die condictio indebiti bezüglich des — nach der Entscheidung der untern Verwaltungs-Instanz (hier des Landrates) zuviel gezahlten — Steuerbetrages erheben. Die Grundsätze, welche hinsichtlich des ordentlichen Rechtsweges über die Verbindlichkeit zur Zahlung von Steuern maßgebend sind, finden in gleicher Weise auch Anwendung in Bezug auf die Erstattung bereits gezahlter Steuern.

Die Entscheidung des Kompetenzgerichtshofes stützt sich auf §§ 78, 79, Titel 14, Teil II A. L.-R. und § 36 der V. vom 26. Dezember 1808. Diese Vorschriften sind aber abgeändert durch § 160 in Verbindung mit § 34 des Zust.-Ges. v. 1. 8. 83. Danach würde dem Kläger jetzt nur die event. im Verwaltungsstreitverfahren zu erledigende Reklamation zustehen. Wird die Reklamationsfrist versäumt, so erlischt der Anspruch auf Steuerermäßigung oder Befreiung, sowie auf Rückerstattung für das laufende Kalenderjahr, (§ 1 Abs. 2 und § 14 des Ges. vom 18. Juni 1840 — G.-S. S. 140 —, vergl. auch Ges. vom 12. April 1882 — G.-S. S. 297 —).

Nr. 877. Erk. vom 13. November 1880 (Min.-Bl. d. i. V. 1881 S. 6).

Der durch die Allerhöchsten Ordres vom 12. August 1824 und 13. Februar 1836 den Militärverwaltungen eingeräumte Anspruch auf Rückvergütigung der Kommunalsteuer (in diesem Falle eines Kommunalzuschlages zur Schlachtsteuer) für das nachweislich in den Garnison-Speiseanstalten konsumierte Fleisch ist ein Privilegium im Sinne der §§ 4—8, 78, 79, Titel 14, Teil II A. L.-R.'s und kann von der Militärverwaltung — beziehentlich von deren Zessionar im ordentlichen Rechtswege geltend gemacht werden.

Die Fleischlieferung für ein in den Jahren 1870—71 bestehendes Gefangenenlager war dem Kläger seitens der Militärverwaltung durch einen Vertrag übertragen worden, durch welchen Kläger die Verpflichtung zur Lieferung übernahm gegen Vergütigung und Ueberlassung des städtischen Zuschlages auf die Schlachtsteuer (vergl. Ges. vom 25. Mai 1873 — G.-S. S. 222 —). Der Magistrat, durch die Aufsichtsbehörde zur Erstattnng des Zuschlages gezwungen, verweigerte doch die Auszahlung eines Teiles desselben, und nunmehr erhob der Fleischlieferant die Klage, für welche der Kompetenzgerichtshof den ordentlichen Rechtsweg für zulässig erachtete.

Heute würde der Lieferant gegen seine Heranziehung zu den Kommunallasten auf Grund der §§ 18 und 160 des Zust.-Ges. v. 1. 8. 83 rechtzeitig zu reklamieren haben. Inzwischen hätte er allerdings vorläufig zu zahlen, ohne später auf die Erstattung der Exekutionskosten Anspruch zu haben. (Endurteil des O.-V.-G. vom 9. Februar 1880 — Entsch. Band VI, S. 132, Parey, Rechtsgrundsätze des O.-V.-G., Stammwerk S. 126, Nr. 44 —).

Nr. 878. Erk. vom 8. Januar 1881 (Min.-Bl. d. i. V. S. 47).

Eine gerichtliche Klage auf Rückerstattung der gemäß der Veranlagung bezahlten Kommunalsteuer-Beträge ist nicht statthaft.

Vergl. die Erläuterungen zu Nr. 876.

Nr. 879. Erk. vom 8. Januar 1881 (Min.-Bl. d. i. V. S. 52).

Wegen gezahlter Armenpflegekosten ist der ordentliche Rechtsweg gegen eine Polizeibehörde zulässig.

Ein Ortsarmenverband klagte gegen einen Amtsvorstand wegen Erstattung von Kosten, welche durch die Verpflegung eines syphilitischen Kantonisten in dem Gemeindelazareth entstanden waren, weil die Unterbringung desselben als eine polizeiliche Maßregel anzusehen sei. Der Rechtsstreit betraf also lediglich die Frage, ob die eingeklagte Forderung aus Armenpflegekosten oder aus Kosten der örtlichen Polizeiverwaltung bestände. (§ 3 des Polizeiverwaltungsgesetzes vom 11. März 1850); es handelte sich also nicht um einen Streit zwischen zwei Armenverbänden.

Nr. 880. Erk. vom 8. Januar 1881 (Min.-Bl. d. i. V. S. 165).

Nach der Kirchengemeinde- und Synodal-Ordnung vom 10. Septbr. 1873 und dem Gesetze vom 25. Mai 1874 (Art. III. Abs. 3) ist die gerichtliche Klage unstatthaft, welche dahin gerichtet ist, im Widerspruch mit einer formgerecht beschlossenen und für vollstreckbar erklärten Umlage eine anderweite Vertheilung kirchlicher Baulasten durchzusetzen. Anfechtbar ist ein solcher Umlagebeschluß im ordentlichen Rechtswege nur unter den für Staats- und Gemeindeabgaben (früher) maßgebenden Voraussetzungen (§ 79, Tit. 14, Teil II, A. L.-R.) Der § 160 des Zust.-Ges. v. 1. 8. 83 findet auf kirchliche Angelegenheiten keine Anwendung.

Vergl. § 31, Nr. 6 der Synodal-Ordnung und § 21, Nr. 8 des Gesetzes vom 20. Juni 1875. (Kries, Kirchenrecht, Danzig 1887, S. 66 und 199 in den Anmerkungen.)

Nr. 881. Erk. vom 11. Juni 1881 (Min.-Bl. d. i. V. S. 180).

Ein Magistrat ist zu einer Strafandrohung nicht berechtigt, welche nicht die Durchführung einer polizeilich für notwendig erklärten Maßregel, sondern die Erfüllung eines mit der Stadt getroffenen Abkommens, über dessen Perfektion Parteien noch nicht einig sind, durch den anderen Kontrahenten bezweckt. Dem von der Maßregel des Magistrats Betroffenen steht in diesen Fällen der ordentliche Rechtsweg offen. (§ 14 des Ausführungsges. zur deutschen Zivilprozeßordnung vom 24. März 1879, § 2 der V. vom 7. September 1879 — G.-S. S. 591 —.) Magistrat war in diesem Falle gegen einen Hauseigentümer mit Zwangsmaßregeln vorgegangen, um ihn zu der Erfüllung eines Kaufvertrages zu zwingen, nach welchem es in der Absicht lag, einen Teil des betreffenden Grundstückes bis zur Straßenfluchtlinie für die Stadt zu erwerben. Allerdings fiel diese Angelegenheit in das Gebiet des öffentlichen Interesses, es handelte sich aber doch nicht um einen polizeilichen Zweck, sondern um die Regelung einer Straßenflucht. Zur Wahrung dieses Interesses ist das Ges. vom 2. Juli 1875 (G.-S. S. 561) gegeben. Abgesehen von der Erfüllung eines vertragsmäßigen Abkommens, die nur im ordentlichen Rechtswege erzwungen werden kann, kommen hier aber noch § 13 a. a. O. für die Festsetzung der Entschädigung und die Vollziehung der Enteignung die §§ 24 ff. des Enteignungsges. vom 11. Juni 1874 zur Anwendung. Nach §§ 32, 34 a. a. O. gehört die Vollziehung der Enteignung und auch diese nur, wenn der Vorbehalt des Rechtsweges erledigt oder die Entschädigungssumme wenigstens festgestellt und hinterlegt ist, zur Kompetenz der Verwaltungsbehörden.

Vergl. die Erläuterungen zu §§ 13 und 14 des Ges. v. 2. Juli 1875 in Friedrich's Kommentar, Berlin und Leipzig 1889, S. 77 ff. und den Aufsatz im Jahrgang IX S. 351 der Wochenschrift „Selbstverwaltung".

Nr. 882. Erk. vom 12. Juli 1881 (Min.-Bl. d. i. V. S. 182).

Darüber, ob eine Sparkasse zu den städtischen Abgaben herangezogen werden oder ob sie vermöge der in Anspruch genommenen Abgabenfreiheit die thatsächlich zur Stadtkasse gezahlten Beträge zurückfordern kann, ist nicht im Rechtswege, sondern von der Verwaltungsbehörde zu entscheiden.

Heute würde die Vertretung der Sparkasse lediglich auf den Weg der rechtzeitigen Reklamation nach §§ 18 und 160 des Zust.-Ges. v. 1. 8. 83 zu verweisen sein.

Nr. 883. Erk. vom 12. November 1881 (Min.-Bl. d. i. V. 1882 S. 3).

Ueber die Verbindlichkeit zur Zahlung von städtischen Gemeinde-Einkommensteuern ist der ordentliche Rechtsweg unzulässig.

Siehe jetzt §§ 18 und 160 des Zust.-Ges. v. 1. 8. 83.

Nr. 884. Erk. vom 12. November 1881 (Min.-Bl. d. i. V. 1882 S. 5).

Es entstand die Frage, ob der Eigentümer einer neben der Dorfstraße herlaufenden Wasserrinne, außer dem Anspruche auf Feststellung seines servitutfreien Eigentums gegenüber dem die Rinne zum Eingießen von Spülwasser benutzenden Nachbar, im ordentlichen Rechtswege auch die Untersagung dieses von der Polizei behufs Reinhaltung der Dorfstraße (mündlich) angeordneten Eingießens verlangen kann. Der Kompetenzgerichtshof erkannte, daß der ordentliche Rechtsweg in dieser Sache, insoweit es sich um den Antrag handelte, das Eigentum des Klägers an der vor seinem Hause befindlichen gepflasterten Rinne festzustellen, für zulässig, im übrigen aber der ordentliche Rechtsweg, insbesondere hinsichtlich der polizeilichen Verfügung, für unzulässig zu erachten sei. Soweit dem Verklagten jedes fernere Eingießen von Flüssigkeiten in die fragliche Rinne untersagt werden sollte, war also der ordentliche Rechtsweg zulässig, soweit es sich aber um den Angriff auf die polizeiliche Verfügung handelte, würden jetzt nur die §§ 127 ff. des L.-V.-G. v. 30. 7. 83 in Anwendung zu bringen sein.

Nr. 885. Erk. vom 14. Januar 1882 (Min.-Bl. d. i. V. S. 27).

Wenn die kirchlichen Gemeinde-Organe zur Deckung eines kirchlichen Bedürfnisses eine Umlage beschließen (§ 31, Nr. 6 der Synodal-Ordnung vom 10. September 1873), so bildet dieser von der Staatsbehörde für vollstreckbar erklärte Beschluß die nächste Rechtsnorm für die Beteiligten, schließt also die Anwendung entfernterer Rechtsnormen über kirchliche Baulast aus und kann im ordentlichen Rechtswege nur insoweit angegriffen werden, als dies bei öffentlichen Abgaben überhaupt gestattet ist. (§ 15 des Gesetzes vom 24. Mai 1861, der § 160 des Zust.-Ges. v. 1. 8. 83. findet auf kirchliche Angelegenheiten keine Anwendung.)

Vergl. die Erläuterungen zu den sub No. 880 mitgeteilten Erkenntnisse.

Nr. 886. Erk. vom 11. März 1882 (Min.-Bl. d. i. V. S. 84).

Gegen die auf Räumung eines Grabens gerichtete Anordnung einer Polizeibehörde ist eine Besitzstörungsklage unzulässig. (§ 10 des Vorfluts-Ges. vom 15. November 1811.)

Vergl. jetzt den § 66 des Zust.-Ges. v. 1. 8. 83 und den Schlußsatz im § 10 der Einleitung zu diesem Buche.

Nr. 887. Erk. vom 15. April 1882 (Min.-Bl. d. i. V. S. 98).

Wegen Feststellung der Entschädigung eines Standesbeamten für sächliche Kosten ist der ordentliche Rechtsweg zulässig (§ 5, Abs. 5 des preuß. Gesetzes vom 9. März 1874 — G.-S. S. 95, — § 8 des Reichsgesetzes vom 6. Febr. 1875 — R.-G.-Bl. S. 23 —).

Vergl. den Kommentar von Hinschius, Berlin 1876, S. 53.

Nr. 888. Erk. vom 13. Mai 1882 (Min.-Bl. d. i. V. S. 192).

Im Geltungsbereiche der Kirchengemeinde- und Synodal-Ordnung vom 10. September 1873 kann von dem Mitgliede einer Kirchengemeinde eine gerichtliche Klage auf Grund observanzmäßiger Befreiung von Kirchenlasten, gegen die seitens der Staatsbehörde für vollstreckbar erklärten Beschlüsse des Gemeinde-Kirchenrates und der Gemeindevertretung über die Deckung des betreffenden Bedürfnisses durch Umlagen nach dem Staatssteuer- oder dem Kommunalsteuerfuße nur unter den für Staats- und Gemeindeabgaben maßgebenden Voraussetzungen erhoben werden.

Vergl. die Erläuterungen zu dem sub Nr. 880 mitgeteilten Erkenntnisse.

Nr. 889. Erk. vom 13. Mai 1882 (Min.-Bl. d. i. V. S. 263).

Gegen die in Abänderung der bisherigen Verteilung kirchlicher Baulasten formgerecht beschlossenen und für vollstreckbar erklärten Gemeindeumlagen ist der ordentliche Rechtsweg ausgeschlossen.

Vergl. das Erk. vom 8. Januar 1881 (Min.-Bl. d. i. V. S. 165).

Nr. 890. Erk. vom 10. Juni 1882 (Min.-Bl. d. i. V. S. 242).

Gegen die Entscheidung einer Hinterlegungsstelle über den bei Gesuchen um Auszahlung hinterlegter Gelder zu führenden Nachweis der Berechtigung zur Empfangnahme ist der ordentliche Rechtsweg nicht zulässig (§§ 22 der Hinterlegungs-Ordnung vom 14. März 1879 — G.-S. S. 249 —).

Als Mittel der Abhülfe bietet sich hiergegen, soweit nicht die Beschreitung des Rechtsweges gegen einen Dritten behufs Einwilligung in die Einzahlung in Frage kommen kann, nach allgemeinen Grundsätzen der Weg der Beschwerde an den Finanzminister, welcher im Aufsichtswege Remedur eintreten lassen kann.

Nr. 891. Erk. vom 14. Oktober 1882 (Min.-Bl. d. i. V. S. 268).

Bei Streitigkeiten über die Verbindlichkeit zur Entrichtung über städtische Gemeindeabgaben ist der ordentliche Rechtsweg ausgeschlossen.

Vergl. das Erk. vom 12. November 1881 (Min.-Bl. d. i. V. 1882 S. 3).

Nr. 892. Erk. vom 14. Oktober 1882 (Min.-Bl. d. i. V. 1883 S. 11).

Gegen eine polizeiliche Anordnung wegen Räumung eines Flußbettes ist der ordentliche Rechtsweg unzulässig, auch wenn derselbe auf die Behauptung gestützt war, daß die wegzuräumende Grundfläche sich im Eigentume des Klägers befinde.

Vergl. § 66 des Zust.-Ges. v. 1. 8. 83 und die Schlußbemerkung im § 10 der Einleitung zu diesem Buche.

Nr. 893. Erk. vom 14. April 1883 (Min.-Bl. d. i. V. S. 150).

Im Sinne des § 2 des Gesetzes vom 11. Mai 1842 über die Zulässigkeit des ordentlichen Rechtsweges gegen polizeiliche Verfügungen sind die gesetzlichen Vorschriften über die Rechte des Eigentümers und über die Unverletzlichkeit des Eigentums keine „besonderen" gesetzlichen Vorschriften, und es ist das Eigentum in jenem Sinne kein besonderer Rechtstitel.

Vergl. jetzt §§ 127 ff. des L.-V.-G. vom 30. Juli 1883, wonach jetzt auch über die obige Frage event. im Verwaltungsrechtswege zu entscheiden ist.

Nr. 894. Erk. vom 12. Januar 1884 (Min.-Bl. d. i. V. S. 45).

Die Zulässigkeit der Regreßklage gegen einen Beamten wegen einer von demselben erlassenen polizeilichen Verfügung bleibt, auch wenn letztere von dem betreffenden Beamten selbst aufgehoben worden ist, nach §§ 1 und 6 des Ges. vom 11. Mai 1842 davon abhängig, daß die Gesetzwidrigkeit oder Unzulässigkeit der betreffenden Verfügung seitens der Verwaltungsbehörden oder der Verwaltungsgerichte anerkannt worden ist (vergl. jetzt § 131 des L.-V.-G. v. 30. 7. 83). Die Feststellung der Gesetzwidrigkeit und Unzulässigkeit kann seitens der vorgesetzten Verwaltungsbehörde durch Mißbilligung der polizeilichen Verfügung, ohne ausdrückliche Aufhebung der letzteren, auch von Amts wegen erfolgen. Die Zulässigkeit der Regreßklage kann selbst dann für ausgeschlossen erachtet werden, wenn etwa die Polizeibehörde, von welcher die Verfügung erlassen ist, dieselbe später außer Wirksamkeit gesetzt hat, so daß eine formelle Aufhebung nicht mehr in Frage kommen kann. Ohne zuvorige Feststellung der Gesetzwidrigkeit und Unzulässigkeit der erlassenen polizeilichen Verfügung seitens der Vewaltungsbehörden oder der Verwaltungsgerichte ist aber der ordentliche Rechtsweg für die Schadensklage gegen den Polizeibeamten unzulässig. Im vorliegenden Falle war die Schadensklage gegen den Dezernenten gerichtet, welcher die von seinem direkten Vorgesetzten, dem Polizeipräsidenten zu Berlin, zurückgenommene polizeiliche Verfügung erlassen hatte.

Nr. 895. Erk. vom 12. Januar 1884 (Min.-Bl. d. i. V. S. 92).

Außerhalb des Geltungsbereiches des L.-V.-G. v. 30. 7. 83 sind Streitigkeiten unter Beteiligten über die Frage, ob ein Weg ein öffentlicher oder ein Privatweg sei, nicht von den Verwaltungsbehörden, sondern von den ordentlichen Gerichten zu entscheiden. Der einfache Ausspruch der Wegepolizeibehörde, daß ein Weg ein öffentlicher sei, ist als eine auf die Inanspruchnahme des Weges für den öffentlichen Verkehr gerichtete wegepolizeiliche Verfügung nicht anzusehen.

Der zur Entscheidung vorliegende Fall ereignete sich in der Provinz Hannover, wo damals das L.-V.-G. v. 30. 7. 83 noch keine Geltung hatte. Inzwischen hat aber auch dies Ges. dort Geltung erlangt, so daß der obige Grundsatz im wesentlichen als gegenstandslos anzusehen ist und nunmehr der § 56 des Zust.-Ges. v. 1. 8. 83 maßgebend geworden ist.

Nr. 896. Erk. vom 10. Mai 1884 (Min.-Bl. d. i. V. S. 192).

Bezüglich der Frage, ob ein Staatsdiener wegen einer während der Dienstzeit entstandenen, dauernden Dienstunfähigkeit in den Ruhestand zu versetzen sei, ist der ordentliche Rechtsweg ausgeschlossen, wogegen der Pensionsanspruch an sich dem ordentlichen Rechtswege nicht entzogen ist.

Entscheidung des Reichsgerichts vom 9. Januar 1880 (Entsch.-Bd. I S. 34), Reichsbeamtenges. vom 31. März 1873 §§ 34, 37, 53—54, preußisches Ges. vom 27. März 1872 §§ 12, 20 und 22, Ges. vom 24. Mai 1861 § 5 (übereinstimmend mit § 155 des Reichsbeamtenges., siehe dazu den Kommentar von Turnau, Berlin und Leipzig 1886, S. 113).

Das Recht, Staatsämter und Würden zu verleihen, ist ein Majestätsrecht, gegen dessen Handhabung der ordentliche Rechtsweg niemals zulässig ist.

(Vergl. Parey, Verwaltungsrecht, Bd. II S. 58 §§ 125 ff., für den vorliegenden Fall insbesondere § 128.)

Nr. 897. Erk. vom 11. Oktober 1884 (Min.-Bl. d. i. V. S. 248).

Die den Hinterlegungsstellen bei Gesuchen um Auszahlung hinterlegter Gelder zustehende Entscheidung über den zu führenden Nachweis der Empfangsberechtigung erfolgt in Ausübung eines Hoheitsrechtes und kann deshalb im ordentlichen Rechtswege nicht angefochten werden.

Vergl. die sub No. 890 mitgeteilte Entscheidung.

Nr. 898. Erk. vom 11. Oktober 1884 (Min.-Bl. d. i. V. S. 260).

Für Schadensansprüche, welche darauf gestützt sind, daß eine Stadtgemeinde für Versehen ihrer Beamten bei Ausübung der Polizeigewalt, insbesondere bei Erlaß und Vollziehung von Strafverfügungen im Sinne der §§ 453 ff. der Straf-Prozeß-Ordnung vom 1. Februar 1877 (R.-G.-Bl. S. 259) und des Gesetzes vom 11. Mai 1852 (jetzt vom 23. April 1883 — G.-S. S. 68 —) haftbar sind, ist der ordentliche Rechtsweg nicht verschlossen. Derartige Strafverfügungen sind keineswegs identisch und ebenso zu beurteilen, wie die polizeilichen Verfügungen im Sinne des Gesetzes vom 11. Mai 1842 und §§ 127 ff. des L.-V.-G. vom 30. Juli 1883.

Nr. 899. Erk. vom 14. März 1885 (Min.-Bl. d. i. V. S. 228).

In Gutsbezirken, welche nicht ausschließlich im Eigentume des Gusbesitzers stehen, sind Streitigkeiten unter den Gutsbesitzern darüber, ob unterstützte Personen einen gesetzlichen Anspruch auf Unterstützung gehabt haben, und darüber, ob die aufgewendeten Verpflegungskosten notwendige gewesen sind, nicht von den ordentlichen Gerichten zu entscheiden.

Es handelte sich hier nicht um einen Streit zwischen Armenverbänden im Sinne des § 39 des Zust.-Ges. v. 1. 8. 83, auch nicht um eine Angelegenheit im Sinne des § 41 a. a. O., sondern es handelte sich um den Beitrag, welchen ein Mitglied eines Armenverbandes für das andere verauslagt haben will und von diesem erstattet verlangte. Die streitenden Parteien waren ein Gutsbesitzer und der Forstfiskus, welche früher einen Ortsarmenverband bildeten und die Lasten der Ortsarmenpflege unter sich nach einem bestimmten Verhältnisse geteilt hatten. Der klagende Gutsbesitzer verfolgte einen Anspruch, welcher sich auf das öffentliche Recht gründete und eine Anerkennung durch diejenige Behörde voraussetzte, welche berufen ist, über Fragen des öffentlichen Rechtes zu entscheiden.

Wegen Entscheidung der für notwendig vorher zu lösenden Vorfrage durch das O.-V.-G. vergl. §§ 113 und 154 Abs. 3 des L.-V.-G. vom 30. Juli 1883.

Nr. 900. Erk. vom 13. Februar 1886 (Min.-Bl. d. i. V. S. 44).

Die auf Beseitigung einer ohne Genehmigung der Reichs-Telegraphen-Verwaltung hergestellten Fernsprech-Verbindung gerichteten Verfügungen und

Exekutivmaßregeln einer Polizeibehörde sind polizeiliche Verfügungen und Exekutivmaßregeln; sie stehen daher hinsichtlich der Anfechtung im ordentlichen Rechtswege unter dem im § 1 des Ges. vom 11. Mai 1842 gewährleisteten Schutze. Vergl. §§ 127 ff. des L.=V.=G. vom 30. Juli 1883, nach welchem über diese Angelegenheit und auch über die erwähnten Inzidentpunkte lediglich im Verwaltungsstreitverfahren zu entscheiden ist.

Nr. 901. Erk. vom 13. Februar 1886 (Min.=Bl. d. i. V. S. 242).

Der Erlaß eines Defektenbeschlusses nach der Verordnung vom 24. Januar 1844 bildet keine Vorbedingung für die Verfolgung des betreffenden Ersatzanspruches im ordentlichen Rechtswege.

Ersatzansprüche an Kassenbeamte wegen Mankos an öffentlichem oder Privatvermögen, welches in ihre amtliche Verwahrung gekommen ist, sind an sich durchaus privatrechtlicher Natur und der Regel gemäß dem ordentlichen Rechtswege unterworfen. Die obengedachte Verordnung hat den ordentlichen Rechtsweg nicht ausgeschlossen, sondern nach §§ 16 und 17 gegen die von den Aufsichtsbehörden gefaßten, eine Ersatzpflicht des Beamten feststellenden und sichernden Beschlüsse die Berufung auf rechtliches Gehör ausdrücklich vorbehalten, entsprechende Klagen nur an eine bestimmte Frist gebunden. Sie giebt — im Anschluß an die durch § 41 der V. v. 26. Dezember 1808 (N. C. C. XII. S. 679) den Finanzbehörden beigemessenen Befugnisse — den Aufsichtsbehörden Rechte, welche sie in den Stand setzen, durch Kassenbeamte verletzte Vermögens=Interessen durch vollstreckbare Beschlüsse vorläufig zu wahren, der weitere Inhalt der Verordnung stellt aber außer Zweifel, daß ihnen eine ausschließliche Zuständigkeit für Ersatzansprüche aller Art nicht beigelegt werden sollte. Die Befugniß der Aufsichtsbehörde ist nach § 10 an bestimmt umgrenzte Voraussetzungen — die eines „Defekts" im Sinne des Gesetzes, Feststellung von Vorsatz, grobem Versehen und anderer thatsächlicher Momente — gebunden, auf anders zu qualifizirende Vertretungen der Beamten nicht zu beziehen. Die Aufsichtsbehörden sind befugt und demgemäß verpflichtet, in den geeigneten Fällen Defektenbeschlüsse gegen Kassenbeamte zu fassen: schreiten sie nicht dazu, so folgt daraus nicht, daß kein Ersatzanspruch bestehe, noch daß dem § 10 entsprechende thatsächliche Voraussetzungen nicht beständen, sondern nur, daß die Behörde dem Sachverhalte Anlaß zu direktem Vorschreiten durch einen Defektenbeschluß nicht entnommen hat. Solche Auffassung ist ohne alle präjudizielle Bedeutung für die bei dem Anspruche betheiligten Personen, denn weder der Beschädigte, noch der Beamte haben einen Anspruch darauf, daß die Aufsichtsbehörde eine sachliche Entscheidung negativen Inhaltes treffe, welche Niemand binden, keinerlei Wirkung äußern würde. Es erhellt hieraus, daß durch die Verordnung die Aufsichtsbehörde nicht ausschließlich mit der Enscheidung über Ersatzansprüche befaßt werden, daß es vielmehr bei der Zuständigkeit der ordentlichen Gerichte für Streitfragen dieser Art verbleiben soll, wenn dieselbe auch nicht durch eine Vorentscheidung der Aufsichtsbehörde bedingt ist. Der Erlaß eines Defektenbeschlusses in den Grenzen der Verordnung ist lediglich dem Ermessen der Aufsichtsbehörde anheimgegeben; nur soweit sie von dieser Befugniß Gebrauch gemacht, die Ersatzpflicht eines Beamten positiv festgestellt hat, folgt aus dem staatsrechtlicheu Verhältnis der Gerichte uud der Verwaltungsbehörden, daß das Verfahren der letzteren jeder Einwirkung der ersteren entgegen und die Berufung auf rechtliches Gehör nur nach Maaßgabe der §§ 16, 17 a. a. O. statthaft ist, daß also ergangene Defektenbeschlüsse ihre Vollstreckbarkeit bis zur rechtskräftigen Entscheidung des dagegen gerichteten gerichtlichen Prozesses behalten.

Im vorliegenden Falle hatte der Kreisausschuß (§ 32 Nr. 5 des Zust.-Ges. v. 1. 8. 83) den Erlaß eines Defektenbeschlusses gegen den Gemeinde-Kassenverwalter abgelehnt, hieraus konnte nicht gefolgert werden, daß es sich um eine Verwaltungsstreitsache im Sinne des § 7 des L.-V.-Ges. v. 30. 7. 83 handelte. Hiervon hätte nur dann die Rede sein können, wenn der verklagte Beamte behauptet und bewiesen hätte, das Verfahren sei von der Aufsichtsbehörde gegen ihn anhängig gemacht worden. Eine nähere Prüfung der Gründe des Beschlusses des Kreisausschusses bedurfte es nicht, weil das Gesetz, sofern es Parteibeschwerde nicht zuläßt, solche — abgesehen von der Vorschrift im § 50, Abs. 3 des L.-V.-Ges. — ausschließt.

Nr. 902. Erk. vom 11. Dezember 1886 (Min.-Bl. d. i. V. 1887 S. 62).

Die Zulässigkeit des ordentlichen Rechtsweges bei Streitigkeiten der Beteiligten über die öffentlich-rechtliche Verpflichtung zur Anlegung oder Unterhaltung eines öffentlichen Weges kann — gegenüber der Bestimmung im § 56 Abs. 5 des Zust.-Ges. v. 1. 8. 83 — nicht daraus hergeleitet werden, daß vor dem Inkrafttreten des L.-V.-Ges. v. 30. 7. 83 (vergl. § 154, Abs. 3 desselben) hinsichtlich des betreffenden Weges gemäß § 135 II. b. der Kr.-O. vom 13. Dezember 1872 eine als Interimistikum ergangene Entscheidung des Kreis-Ausschusses vorliegt. (§ 154 des L.-Verw.-Ges. v. 30. 7. 83 und § 163 des Zust.-Ges.). Das Interimistikum stammte aus dem Jahre 1879. Diese wichtige Entscheidung ist auch abgedruckt in der Wochenschrift „Selbstverwaltung", Jahrgang 14, S. 131.

Chronologisches Register.

Abkürzungen: E. = Endurteil, V. = Verordnung.

1713.

Ordnung vom 21. Juni, S. 1.

1715.

V. vom 25. April, S. 1.

1742.

Magdeburgisches Wegeedikt v. 14. Juli, S. 12.

1756.

Instruktion vom 10. Februar, S. 1.

1766.

Holzedikt vom 2. Januar, S. 147.

1767.

Wege-Reglement vom 11. Januar, S. 6, 158.

1770.

Reglement vom 9./15. Juli, S. 120.

1786.

Publikandum vom 23. März, S. 8.

1790.

Gesetz vom 16./24. August, S. 146.

1792.

Edikt vom 18. April, S. 62.

1793.

Allg. Gerichts-Ordnung vom 6. Juli, Teil I. Tit. 2 §§ 131 ff., §§ 134 ff., S. 1.

1794.

Allgemeines Land-Recht.

Einleitung §§ 74, 75, S. 79.
Teil I. Tit. 8 § 26, S. 130.
„ I. „ 8 § 99, S. 106.
„ I. „ 8 § 100, S. 130.
„ I. „ 8 §§ 103 ff., S. 128.
„ I. „ 8 § 117, S. 128.
„ I. „ 8 § 187, S. 99.
„ I. „ 9 § 362, S. 108.
„ I. „ 13 § 1, S. 14.
„ I. „ 14 § 446, S. 40.
„ I. „ 22 §§ 197 ff., S. 93.
„ I. „ 22 §§ 226 ff., S. 93.

Allgemeines Land-Recht.

Teil II. Tit. 6 § 3, S. 102.
„ II. „ 6 § 69, S. 154.
„ II. „ 7 § 31, S. 53.
„ II. „ 7 §§ 37 ff., S. 9, 24, 53.
„ II. „ 7 § 38, S. 185.
„ II. „ 7 § 43, S. 174.
„ II. „ 7 § 484, S. 113.
„ II. „ 10 § 88, S. 162.
„ II. „ 11 §§ 46—49, S. 179.
„ II. „ 11 §§ 110, 111, S. 154.
„ II. „ 11 § 113, S. 14.
„ II. „ 11 §§ 140, 141, S. 104.
„ II. „ 11 §§ 144—46, S. 159.
„ II. „ 11 §§ 162—64, S. 154, 185.
„ II. „ 11 §§ 239—40, S. 150, 179.
„ II. „ 11 § 260, S. 86.
„ II. „ 11 § 261, S. 86, 173.
„ II. „ 11 §§ 283—87, S. 61, 75.
„ II. „ 11 § 293, S. 103.
„ II. „ 11 §§ 294 ff., S. 143, 177.
„ II. „ 11 §§ 297, 298, S. 185.
„ II. „ 11 § 309, S. 146.
„ II. „ 11 §§ 327 ff., S. 168.
„ II. „ 11 § 357, S. 162.
„ II. „ 11 §§ 361—64, S. 14, 28.
„ II. „ 11 § 530, S. 168.
„ II. „ 11 §§ 568—81, S. 109, 159, 160, 162, 168, 179.
„ II. „ 11 §§ 584—85, S. 160.
„ II. „ 11 § 605, S. 109.
„ II. „ 11 §§ 615—16, S. 159.
„ II. „ 11 §§ 680—85, S. 164.
„ II. „ 11 § 687, S. 101.
„ II. „ 11 § 707, S. 173.
„ II. „ 11 §§ 708—60, S. 7, 10, 44, 62, 102, 144, 173.
„ II. „ 11 §§ 789—90, S. 7, 10, 44, 62, 102, 144, 173.
„ II. „ 12 § 33, S. 174.
„ II. „ 12 § 37, S. 10.
„ II. „ 13 § 13, S. 102, 175, 202.
„ II. „ 14 § 4, S. 123, 125, 203.
„ II. „ 14 § 9, S. 9, 73.
„ II. „ 14 §§ 78—79, S. 4, 9, 11, 23, 28, 32, 36, 53, 56, 73, 98, 103, 109, 111, 125, 126, 132, 171, 176, 186, 195, 197, 200, 203, 204.

Allgemeines Land-Recht.

Teil II. Tit. 14 § 80, S. 202.
„ II. „ 14 §§ 81—82, S. 65, 132.
„ II. „ 15 § 1, S. 65.
„ II. „ 15 § 4, S. 31.
„ II. „ 15 § 11, S. 38, 51, 52, 65.
„ II. „ 15 § 16, S. 65.
„ II. „ 15 §§ 44, 45, 50, S. 133.
„ II. „ 15 § 79, S. 116.
„ II. „ 15 §§ 138—40, S. 88.
„ II. „ 15 § 247, S. 92.
„ II. „ 16 §§ 66—67, S. 153.
„ II. „ 17 § 10, S. 6.
„ II. „ 17 § 283, S. 93.
„ II. „ 20 § 771, S. 6.

1796.

Instruktion vom 23. Mai, S. 11.
Deklaration vom 28. Juli, S. 11.
Instruktion vom 10. September, S. 11.

1797.

Reskript vom 9. März, S. 11.

1799.

Reskript vom 18. Juli, S. 68.

1801.

Reglement vom 18. Mai, S. 105, 141.

1803.

Reichs-Deputations-Hauptschluß vom 4. Februar, S. 125.
— — 25. Februar, S. 172.

1805.

Kabinets-Ordre vom 18. Februar, S. 44, 62, 103, 173.
Bergische Wegeordnung vom 18. Juni, S. 17.

1806.

Reglement vom 24. August, S. 19.

1808.

V. vom 26. Dezember, S. 13, 21, 35, 52, 53, 62, 69, 76, 91, 96, 115, 126, 175, 202, 203, 209.
Städte-Ordnung vom 19. November § 23, S. 32.
Bergische Verwaltungs-Ordnung vom 18. Dezember, Art. 8 Nr. 3 und 4, S. 17.

1809.

Dekret vom 30. Dezember, S. 101.

1810.

Edikt vom 28. Oktober, S. 139.
Gesetz vom 2. November, S. 16, 18, 34.
Edikt vom 10. November, S. 11.

1811.

Gesetz vom 7. September, S. 12, 13.
Landes-Kultur-Edikt vom 14. September § 29, S. 85.
Dekret vom 14. November, S. 17, 140.

1811.

Ges. vom 15. November, S. 41, 63, 128, 130, 142, 151, 152, 173, 206.

1812.

V. vom 25. u. 26. August, S. 107.

1814.

Edikt vom 3. Juni, S. 20.

1815.

Servis-Reglement vom 26. Januar, S. 99.
Wiener Kongreß-Akte vom 9. Juni, S. 116.

1817.

V. vom 20. Juni § 3, S. 113.
— — §§ 20 ff., S. 27, 84.
— — § 170, S. 48.
— — §§ 171, 205, S. 49.
— — §§ 209 ff., S. 93.
Reg.-Instruktion vom 23. Oktober, S. 9, 13, 38, 41, 58, 70, 84, 105, 110, 135, 137, 140, 156, 175, 202, 203.

1818.

Rhein. Ressort-Reglement vom 20. Juli, S. 28, 126, 193, 203.

1819.

V. vom 18. November, S. 92.

1820.

V. vom 17. Januar, Nr. 11, 19, 20, S. 51.
Kabinets-Ordre vom 12. Februar, S. 162.
Gesetz vom 30. Mai, S. 11, 12, 142.
Instruktion vom 30. Dezember, S. 38, 102, 192.

1821.

Gemeinheits-Teilungs-Ordnung vom 7. Juni §§ 168—170, S. 84.
— — §§ 112 u. 16, S. 112.

1822.

Gesetz vom 7. März, § 3, S. 23.
Gesetz vom 11. Juli, S. 5, 13, 16, 25, 54, 90, 134, 162, 195, 197.
Kabinets-Ordre vom 2. November, S. 51.

1823.

Kabinets-Ordre vom 4. Februar, S. 17, 52, 140, 167.

1824.

Ministerial-Erlaß vom 5. Februar, S. 150.
Regulativ vom 28. April, § 26, S. 107.
Kabinets-Ordre vom 12. August, S. 203.
Instruktion vom 18. Dezember, S. 66.

1825.

Kabinets-Ordre vom 14. Mai, S. 182.
Instruktion vom 31. Dezember, S. 1, 140.

1827.

Sächsische Kreisordnung vom 17. Mai, § 3, S. 29.

1828.

Allerh. Kabinets-Ordre vom 30. Juni, S. 1.
Reg.-Regulativ vom 10. September, S. 172.

1829.

Ministerial-Erlaß vom 27. Mai, S. 45.
— — 29. Juni, S. 150.

1830.

Allerh. Kabinets-Ordre vom 7. Juli, S. 20, 25, 30.
— — 26. Oktober, S. 22.

1831.

Städte-Ordnung vom 17. März, § 32, S. 14.
Konvention vom 31. März, S. 100.
Kabinets-Ordre vom 4. Dezember, S. 27, 35, 52, 76, 79, 91, 140, 175, 202.

1832.

Deklaration vom 19. Februar, S. 12.

1834.

V. vom 30. Juni, § 7, S. 26, 38, 39, 47, 53, 76, 113, 133, 135, 137, 138, 143, 170.
— — § 8, S. 143.
— — §§ 12 und 62, S. 27.
— — § 17, S. 170.
— — §§ 31—34, S. 85.

1835.

Kirchen-Ordnung vom 5. März, §§ 34 ff., S. 28.
Allerh. Kabinets-Ordre vom 6. Juni, S. 125.

1836.

Reglement vom 5. Januar, S. 40, 134.
Kabinets-Ordre vom 13. Februar, S. 203.
Regulativ vom 25. April, §§ 5, 7 und 13, S. 108.
— — § 13, S. 93, 160, 174.
Allerh. Kabinets-Ordre vom 19. Juni, S. 5, 26, 29, 39, 41, 45, 74, 80, 81, 83, 88, 95, 125, 126.
Kabinets-Ordre vom 28. Oktober, S. 175.

1837.

Gesetz vom 8. Mai, §§ 14 und 31, S. 196.
Reglement vom 30. September, S. 82.

1838.

Gesetz vom 3. Januar, § 46, S. 91.
— — 31. März, § 2 Nr. 8, S. 23.
V. vom 16. Juni, §§ 1 und 2, S. 34.
Gesetz vom 3. November, § 8 Nr. 5, S. 109.
— — §§ 8, 9, S. 52, 154, 185.
— — § 11, S. 41, 52, 59, 109, 110.
— — § 14, S. 35, 40, 48, 58, 69, 70, 74, 90, 151.
— — § 23, S. 184.
V. vom 28. Juni, S. 32.
Allerh. Kabinets-Ordre vom 31. Dezember, S. 66.

1839.

Gesetz vom 21. Januar, §§ 17, 25, S. 144.

1840.

Gesetz vom 18. Juni, S. 10, 36, 57, 89, 176, 202, 203.
Regulativ vom 18. November, S. 46.

1841.

Westfälische Landgemeinde-Ordnung vom 31. Oktober, § 19, S. 22.
— — §§ 92 und 124, S. 37.

1842.

Gesetz vom 11. Mai, S. 4, 6, 8, 11, 13, 23, 24, 25, 28, 30, 32, 33, 37, 39, 42, 45, 46, 49, 51, 64, 88, 94, 99, 106, 112, 122, 163, 173, 174, 180, 184, 187, 189, 197, 207—9.
Reglement vom 10. September, S. 11.
Gesetz vom 31. Dezember, § 34, S. 8, 70, 96.

1843.

Gesetz vom 28. Februar, S. 187,
— — § 1, S. 158,
— — § 7, S. 18, 88, 164,
— — § 13, 16, 19, S. 158,
— — § 23, S. 19, 40, 158,
— — § 45, 47, S. 173,
— — § 56—57, S. 169.
V. vom 24. November, S. 10, 28, 39, 53, 93, 203.

1844.

V. vom 24. Januar, S. 20, 75, 87, 90, 103, 108, 209.
Staatsvertrag vom 19. April, Art. 15, S. 136.
Gesetz vom 14. Oktober, § 1, S. 38.

1845.

Preußische Gewerbe-Ordnung vom 17. Januar, S. 11, 29, 42.
Gesetz vom 24. Januar, S. 14.
Fischerei-Ordnung vom 7. März, S. 165.
Gesetz vom 14. März, § 4, S. 62.
V. vom 27. Juni, § 3 Nr. 1, S. 173.
General-Konzession vom 23. Juli, S. 18, 125.
Rheinische Landgemeinde-Ordnung v. 23. Juli, S. 21.
— — § 19, S. 37, 160.
— — § 22, S. 29.
— — § 23, S. 31, 32, 179.
— — §§ 61, 86—88 u. 114,6, S. 124, 193.
— — § 98, S. 31.
Schul-Ordnung vom 11. Dezember, S. 153 166, 170.

1846.

Gesetz vom 3. Januar, §§ 36 u. 46, S. 30.
— — 23. Januar, § 1, S. 151.
V. vom 28. Mai, S. 109, 119.

1847.

Instruktion vom 22. Februar, S. 109.
Gesetz vom 8. April, S. 2, 9, 28, 37, 72, 78, 84, 106, 110, 119, 126, 130, 163, 164, 200.
Gesetz vom 23. Juli, §§ 35 ff., S. 187.
— — § 49, S. 36.

1847.

Deklaration vom 26. Juli, S. 81, 117, 123, 155, 190, 191.
Feld-Polizei-Ordnung vom 1. November, §§ 8 und 11, S. 31.

1848.

Gesetz vom 28. Januar, § 17, S. 41.
— — §§ 9, 18, 20, 25, S. 118.
Allerh. Kabinets-Ordre vom 13. März, S. 119.

1849.

V. vom 2. Januar, §§ 16 und 17. S. 1.
Gesetz vom 21. Juli, § 1 Nr. 3, S. 26.
— — 6. Oktober, S. 199.

1850.

Verfassung vom 31. Januar, Art. 15, S. 179
— — Art. 42 Nr. 2, S. 28.
— — Art. 89, 96 und 110, S. 2, 3.
— — Art. 96 und 106, S. 151.
— — Art. 99, S. 68.
— — Art. 101, S. 197.
Gesetz vom 24. Februar, § 6, S. 51.
— — 2. März. S. 83, 119, 121.
— — 7. März, S. 37, 55, 80, 113, 142.
— — 11. März, S. 12, 26, 47, 48, 52, 65. 66, 78, 86, 139, 146, 195, 204.

1851.

Gesetz vom 26. April, Art. V., S. 1.
— — 1. Mai, S. 48, 158.
— — 7. Mai, § 22, S. 1.
— — 11. Mai, §§ 12, 17, S. 192.
— — 12. Mai, S. 48, 127, 148.
— 19. Mai, § 24, S. 53.
Ministerial-Erlaß vom 29. August, S. 150.

1852.

Gesetz vom 3. Mai, Art. 136, S. 1, 37, 48.
— — 11. Mai, S. 208.
— — 14. Mai, § 5, S. 48.
— — 11. Juli, S. 62.
— — 21. Juli, S. 119.
— — S. 1, 11, 19, 22, 46, 48, 95, 100, 107, 114, 119.
Ministerial-Erlaß vom 4. August, S. 55.
Reglement vom 1. September, S. 134.

1853.

Gesetz vom 2. Mai, S. 1.
— — 11. Mai, S. 169.
Städte-Ordnung vom 30. Mai, §§ 4, S. 99, 134, 188.
— — § 11, S. 81, 189, 191, 195.
— — § 36, S. 81, 189, 190, 191, 195.
— — § 44, S. 193, 195.
— — § 49, S. 81, 124, 158, 179, 186, 190, 191, 195.
— — § 50, S. 81, 124, 179, 191.
— — § 52, S. 122.
— — § 53, S. 149, 185.
— — § 56, S. 78.
— — § 64, S. 115.
— — § 65, S. 110, 133.
Städte-Ordnung vom 30. Mai, § 76, S. 98, 111, 136, 179, 186, 193.
— — § 77, S. 98, 111.
— — § 78, S. 115.
Instruktion vom 30. Mai, Ziffer X., S. 115.
V. vom 13. Juni, S. 86, 106.
— — 30. Juli, § 1 Nr. 14, S. 172, 189.
Ministerial-Erlaß vom 14. November, S. 58.

1854.

Gesetz vom 13. Februar, S. 3, 72, 87, 94, 117, 147, 163, 187, 200.

1855.

Statut vom 11. Juni, S. 152.
Bericht vom 22. Juni, S. 86.

1856.

Westfälische Städte-Ordnung vom 19. März, § 48, S. 155, 158, 172.
— — § 49, S. 155.
— — § 51, S. 14, 89, 117, 121, 123, 136, 158, 159, 161, 194.
— — § 52, S. 117.
— — § 53, S. 121, 194.
— — § 56, S. 23, 117.
— — § 57, S. 195.
— — § 60, S. 144.
— — § 74, S. 147.
— — § 77, S. 172.
— — § 81, S. 159, 161.
— — § 92, S. 37.
— — § 124, S. 37.
Gesetz vom 14. April, S. 7, 28, 196.
— — § 1, S. 140.
— — § 11, S. 154, 156, 174, 186.
— — § 12, S. 154, 174.
Rheinische Landgemeinde-Ordnung v. 15. Mai, 21, 29, 32, 27, 124, 179, 193.
Ministerial-Erlaß vom 12. Oktober, S. 81.

1858.

Erkenntnis vom 30. Oktober, S. 47.
Militär-Ersatz-Instruktion vom 9. Dezember, § 103 Nr. 1, S. 162.

1859.

Gesetz vom 28. April, S. 180.

1860.

Gesetz vom 6. Januar, S. 199.
— — 14. Mai, S. 14, 89, 122, 185.
Ministerial-Erlaß vom 22. September, S. 162.
— — 5. November, S. 144.
Reglement vom 18. November, S. 82.

1861.

Gesetz vom 21. Mai, § 4c, S. 171.
— — § 9 Nr. 18, S. 38.
— — §§ 13 und 23, S. 151.
— — § 29, S. 168.
— — 24. Mai, S. 4, 5, 20, 22, 24, 25, 26, 36, 39, 41, 45, 47, 54, 74, 83, 95, 115, 126, 140, 143, 147, 154, 157, 158, 160, 164, 168, 172, 174, 175, 177, 185, 190, 192, 200, 205.

Gesetz vom 24. Juni, S. 23, 29, 117.
— — 19. Juli, S. 142.
Anweisung vom 21. Mai, § 17, S. 168.

1863.

Ministerial-Erlaß vom 4. März, S. 144.

1864.

V. vom 12. Dezember, § 26, S. 164.

1865.

Allerh. Erlaß vom 27. Februar, S. 82.
Gesetz vom 24. Juni, §§ 70 u. 196, S. 76.
Berg-Gesetz vom 24. Juni, §§ 135 ff., S. 19.

1866.

Instruktion vom 29. Januar, § 18, S. 127.
Gesetz vom 20. September, S. 171, 181.
— — 28. September, S. 170.
— — 3. Oktober, S. 170.
— — 24. Dezember, S. 170, 171, 181.

1867.

Gesetz vom 8. Februar, §§ 12 ff., S. 17, 20.
— — §§ 21 ff., S. 20.
— — 2. März, S. 14, 23, 117, 186.
V. vom 28. April, § 13, S. 170.
— — 16. September, S. 26, 47, 115, 170, 171, 173, 182, 196.
— — 20. September, § 4, S. 78.
— — 22. September, § 27, S. 202.
Gesetz vom 23. September, S. 5, 134, 170, 197.

1868.

Gesetz vom 28. Februar, §§ 1 u. 10, S. 188.
— — 17. März, § 50, S. 181.
Allerh. Erlaß vom 20. Juni, S. 202.
Gesetz vom 25. Juni, S. 16, 25, 195.
Rheinschiffahrts-Akte vom 17. Oktober, S. 100.

1869.

Reichs-Gewerbe-Ordnung vom 19. Juni, § 7 Nr. 6 und § 9, S. 42.
— — 21. Juni, § 9 Abs. 2, S. 12.
Gewerbe-Ordnung vom 21. Juni, § 13, S. 186.
— — § 14, S. 29.
— — § 51, S. 166.
— — §§ 81 ff., S. 177.
— — §§ 108 u. 127 (120a u. 134), S. 191.
Allerhöchster Erlaß vom 13. November, S. 82.
Gesetz vom 22. Dezember, §§ 1—4, S. 182.

1870.

Gesetz vom 6. Juni, §§ 2 ff., S. 182.
— — §§ 28, 30, 36, S. 127.
— — §§ 37 ff., S. 8, 153, 154.
— — §§ 38 und 51, S. 97.
— — § 41, S. 96.

1871.

Gesetz vom 8. März, § 1, S. 52.
— — §§ 9 ff., S. 71.
— — § 40, S. 154.
Gesetz vom 8. März, § 68, S. 180.
— — § 72 Nr. 2, S. 182.
Reichs-Verfassung vom 16. April Art. 4 Nr. 6, S. 78.
Allerhöchster Erlaß vom 17. April, S. 126.
Straf-Gesetzbuch vom 15. Mai § 1 Abs. 2, S. 197.
Reichs-Straf-Gesetzbuch vom 15. Mai, § 295, S. 8.
— — § 368 Nr. 9, S. 31.
— — § 368 Nr. 60, S. 75.
Gesetz vom 14. Juni, S. 20.
— — 27. Juni, S. 175.
Rayon-Gesetz vom 21. Dezember, § 32, S. 163.
— — §§ 39 ff., S. 172.

1872.

Gesetz vom 27. März, §§ 12, 20, 22, S. 208.
— — 27. April, S. 83, 109.
Kreis-Ordnung vom 13. Dezember, § 14, S. 180.
— — § 19, S. 34, 73, 177, 180, 182, 183.
— — § 28, S. 187.
— — § 34, S. 187.
— — § 36—45, S. 87.
— — § 59, S. 12.
— — § 80, S. 194.
— — § 116, S. 29.
— — § 135, S. 210.
— — § 177, S. 202.

1873.

Gesetz vom 13. Januar, §§ 20—22, S. 135.
Ober-Tribunal-Erlaß vom 10. März, S. 142.
Gesetz vom 31. März §§ 34, 37, 53—54, S. 208; §§ 149 ff., S. 22, 25, 115; § 134 ff., S. 108.
— — 11. Mai, S. 190.
— — 14. Mai, S. 58, 62, 92, 193.
— — 25. Mai, S. 69, 107, 145, 188, 203,
Reichs-Gesetz vom 13. Juni, S. 53, 54, 139, 169, 186, 192.
Synodal-Ordnung vom 10. September, S. 206.
— — §§ 3 ff., S. 159.
— — § 6, S. 160.
— — § 17, S. 102.
— — § 31 Nr. 6. S. 104, 204.

1874.

Ministerial-Erlaß vom 13. Januar S. 45.
Gesetz vom 23. Februar, S. 20.
— — 9. März, § 5 Abs. 5, S. 206.
Reichs-Gesetz vom 7. Mai, S. 29, 110.
Gesetz vom 25. Mai, Art. 3, S. 105, 204.
— — 27. Mai, S. 34.
Fischereigesetz vom 30. Mai, § 5, S. 165.
Gesetz vom 11. Juni, S. 17, 18, 22, 35, 40, 41, 48, 52, 58, 59, 62, 83, 107, 109, 134, 138, 150, 151, 155, 158, 186, 205.

1875.

Gesetz vom 6. Februar, § 8, S. 206.
— — 13. Februar, S. 16, 53, 139, 195.
— — 22. April, S. 193.

Reglement vom 12. Juni, S. 58.
Ministerial-Erlaß vom 14. Juni, S. 91.
Gesetz vom 18. Juni, S. 180.
— — 20. Juni, § 21 Nr. 8, S. 204.
— — § 39, S. 160.
— — §§ 48, 50, 52, 54, 55, S. 185.
Provinzial-Ordnung vom 29. Juni, §§ 87 u. 90, 96 und 114, S. 201.
— — §§ 112 und 128, S. 34, 72.
Gesetz vom 2. Juli, S. 72, 79, 90, 152, 204.
— — 3. Juli, S. 192.
Wehr-Ordnung v. 28. September, § 80 Nr. 5 und 6, S. 162.

1876.

Straf-Gesetz-Buch vom 26. Februar, § 1, Abs. 2, S. 197.
V. vom 1. April, Nr. 5, S. 186.
Instruktion vom 28. Mai, S. 72, 79, 152.
Gesetz vom 3. Juni, S. 61, 75, 159.
— — Artikel 23 Nr. 2, S. 45, 173.
— — Artikel 23 Nr. 6, S. 180.
— — Artikel 24, S. 185.
— — 26. Juli, S. 20, 197.
— — 28. Juli, S. 113.
— — 14. August, S. 82, 100, 124, 191, 194.
— — 25. August, §§ 7 und 9, S. 16, 127, 178.
Ober-Verw.-Ger.-Erkenntnis vom 6. Dezember, S. 157.

1877.

Deutsches Gerichtsverfass.-Gesetz v. 27. Januar, S. 2, 3, 94, 106.
Einführungs-Gesetz vom 30. Januar, § 13 Abs. 1, S. 186.
Zivilprozeßordnung vom 30. Januar, § 690, S. 25.
— — §§ 645 und 293, S. 84.
— — 1. Februar, §§ 453 ff., S. 208.
Ober-Verw.-Ger.-Erkenntnis v. 14. Februar, S. 15.
— — 28. Februar, S. 146.
— — 5. Mai, S. 176.
— — 12. Mai, S. 81.
V. vom 5. September, S. 159.
Ministerial-Erlaß vom 7. November, S. 91.
Ober-Verw.-Ger.-Erkenntnis v. 14. November, S. 129.
— — 17. November, S. 81.
— — 28. November, S. 85, 114.

1878.

Ober-Verw.-Ger.-Erkenntnis vom 14. Januar, S. 189.
— — 27. März, S. 178.
Ausführungsgesetz v. 24. April, § 19, S. 151.
Gesetz vom 21. Oktober, §§ 11—15, 24, 25, S. 29, 110.
— — §§ 26, 27, S. 110.
Regulativ vom 4. November, S. 110.
O.-V.-G.-Erkenntnis v. 14. November, S. 199.

1879.

O.-V.-G.-Erkenntnis vom 14. Februar, S. 20.
O.-V.-G.-Erkenntnis v. 22. Februar, S. 176.
— — 1. März, S. 57.
Gesetz vom 3. März, § 14, S. 47.
Erkenntnis vom 8. März, S. 47.
Hinterlegungs-Ordnung vom 14. März, § 22, S. 206.
Ausführungsgesetz v. 24. März, § 14, S. 204.
Gesetz vom 1. April, § 53, S. 95.
— — § 54, S. 126.
— — §§ 60, 70, S. 152.
— — § 89, S. 152, 169.
— — 8. April, § 4 Abs. 2, S. 84.
O.-V.-G.-Erkenntnis vom 3. Mai, S. 1.
— — 8. Juli S. 42.
Gesetz vom 1. August, S. 3, 9, 28, 37, 94 106, 119, 126, 130, 163, 164, 200.
V. vom 7. September, S. 150.
— — § 2, S. 21, 154, 204.
— — § 26, S. 25, 164.
Instruktion vom 15. September, Art. 22, S. 25, 26, 164.
Anweisung vom 15. September, Art. 30 S. 154.

1880.

Reichs-Gerichts-Entscheidung vom 9. Januar, S. 208.
O.-V.-G.-Erkenntnis vom 19. Januar, S. 136.
— — 9. Februar, S. 204.
— — 18. Februar, S. 35.
Erkenntnis des V.-A. vom 28. Februar, S. 71.
Gesetz vom 14. März, § 13, S. 62.
O.-V.-G.-Erkenntnis vom 18. März, S. 98.
Feld- und Forst-Polizei-Gesetz vom 1. April, §§ 10 und 77, S. 69.
— — 69 und 75, S. 31.
Gesetz vom 17. Juni, S. 108.
V. vom 23. Juni, S. 9.
O.-V.-G.-Erkenntnis vom 22. November, S. 146.

1881.

Ministerial-Erlaß vom 15. Januar, S 53, 54, 58, 103, 154.
Gesetz vom 18. Januar, S. 72.
O.-V.-G.-Erkenntnis vom 12. Februar, S. 45, 85.
— — 16. Februar, S. 85.
— — 9. März, S. 174.
Gesetz vom 12. März, S. 139.
— — 14. März, S. 96.
Instruktion vom 26. April, S. 96.
O.-V.G.-Erkenntnis vom 7. Mai, S. 85.
— — 16. Mai, S. 85.
— — 4. Oktober, S. 111.
Bekanntmachung vom 27. Oktober, S. 58.

1882.

O.-V.-G.-Erkenntnis vom 28. Februar, S. 94.
Reichs-Gerichts-Entscheidung vom 24. März, S. 25.
Gesetz vom 31. März, Art. III, S. 110.
— — 12. April, S. 36, 57, 176, 202, 203.
O.-V.-G.-Erkenntnis vom 14. November, S. 94.

1883.

O.-V.-G.-Erkenntnis vom 3. März, S. 58.
— — 6. April, S. 199.
Gesetz vom 23. April, S. 48, 144, 208.
O.-V.-G.-Erkenntnis vom 5. Mai, S. 85.
Anweisung vom 8. Juni, S. 144.
Gesetz vom 15. Juni, § 55, S. 177.
— — §§ 74 ff., S. 11.

1883.

Landesverwaltungsgesetz vom 30. Juli.
— — § 7, S. 39, 210.
— — § 18, S. 58.
— — § 42, S. 124, 179, 191.
— — § 43, S. 124, 133, 179, 189, 191.
— — § 50, S. 149, 210.
— — § 63, S. 37, 160.
— — § 113, S. 4, 208.
— — § 114, S. 3.
— — § 121, S. 7, 60, 81, 124, 139, 155, 156, 187, 189, 191, 194.
— — §§ 127 ff., S. 4, 19, 22, 25, 30, 31, 33, 35, 40, 55, 58, 59, 62, 64, 69, 73, 85, 97, 99, 105, 106, 111, 123, 126, 129, 132, 135, 165, 169, 171, 180, 181, 182, 187, 195, 197, 199, 205, 207, 208, 209.
— — § 131, S. 42, 207.
— — §§ 132 ff., S. 22, 30, 36, 39, 40, 48, 49, 55, 59, 64, 80, 100, 106, 122, 138, 139, 146, 149, 157, 163, 165, 167, 169, 172, 187.
— — § 136, S. 161.
— — § 138, S. 161.
— — § 145, S. 161.
— — § 154, S. 208, 210.
— — § 160, S. 4, 6, 9, 17, 19, 22, 26, 28, 32, 33, 34, 36, 38, 39, 42, 45, 47, 53, 54, 55, 57, 59, 65, 71, 81, 83, 85, 86, 90, 92, 93, 95, 97, 99, 104, 105, 113, 117, 118, 122, 125, 126, 128, 137, 139, 141, 142, 144, 145, 151, 153, 156, 161, 166, 170, 172, 177, 178, 182, 185, 186, 188, 193, 195, 196, 200, 202, 203, 204, 205.
— — § 161, S. 193.
— — § 163, S. 210.

1883.

Zuständigkeitsgesetz vom 1. August.
— — § 1, S. 34, 72.
— — § 7, S. 124, 172, 179, 186, 193, 194, 202.
— — § 9, S. 28, 56, 144.
— — § 15, S. 99.
— — § 16, S. 81, 82, 98, 100, 124, 155, 158, 179, 187, 189, 191, 194.
— — § 17, S. 14, 99, 189, 191. 193.
— — § 18, S. 13, 32, 33, 34, 36, 42, 53, 56, 57, 59, 71, 81, 83, 90, 92, 97, 99, 104, 122, 134, 136, 148, 149, 158, 162, 169, 177, 178, 183, 185, 188, 192, 196, 200. 202, 203, 205.
— — § 19, S. 93, 111, 115, 153.
— — § 20, S. 24, 133.
— — § 21, S. 27, 32, 33, 34, 42, 71, 83, 90, 133, 144, 177, 178.
Zuständigkeitsgesetz vom 1. August.
— — § 24, S. 37, 159, 161, 197, 202.
— — § 25, S. 140, 146.
— — § 26, S. 28, 140, 144, 189.
— — § 30, S. 121.
— — § 31, S. 7, 31, 121, 123, 154, 156, 174, 186, 187, 194, 195.
— — § 32, S. 60, 210.
— — § 33, S. 21, 187, 193.
— — § 34, S. 6, 9, 17, 29, 32, 36, 37, 53, 54, 55, 57, 90, 95, 97, 117, 121, 123, 125, 128, 137, 139, 160, 161, 169, 177, 178, 179, 185, 186, 192, 195, 203.
— — § 35, S. 21, 124, 193.
— — § 37, S. 37, 124, 159, 160.
— — § 39, S. 8, 70, 97, 110, 117, 127, 141, 166, 169, 172, 189, 192, 202, 208.
— — § 40, S. 117.
— — § 41, S. 115, 117, 208.
— — § 42, S. 117.
— — § 43, S. 117.
— — § 44, S. 117, 182.
— — § 46, S. 5, 16, 19, 22, 26, 29, 30, 47, 54, 65, 85, 86, 90, 93, 97, 105, 118, 123, 125, 141, 142, 145, 156, 161, 166, 170, 172, 174, 180, 184, 193.
— — § 47, S. 10, 38, 90, 118, 144, 153.
— — § 48, S. 70, 166.
— — § 49, S. 10, 38, 90, 94, 118, 144, 153.
— § 50, S. 139, 193, 195.
— — § 51, S. 25, 193, 195.
— — § 54, S. 26, 28, 33, 36, 45, 47, 113.
— — § 55, S. 39, 51.
— — § 56, S. 6, 12, 15, 24, 25, 29, 31, 36, 37, 39, 43, 47, 48, 51, 52, 61, 65, 69, 71, 73, 74, 76, 77, 79, 82, 86, 88, 90, 94, 104, 112, 114, 122, 129, 135, 143, 148, 163, 165, 167, 170, 178, 182, 189, 197, 207, 210.
— — § 57, S. 15, 27. 31, 77, 166, 183, 185.
— — § 66, S. 18, 39, 64, 79, 88, 97, 102, 130, 152, 160, 163, 165, 170, 171, 187. 199, 206, 207.
— — § 67, S. 77, 124, 146.
— — § 68, S. 41, 63, 128.
— — § 69, S. 41.
— — § 73, S. 158, 177.
— — § 75, S. 15, 19, 40, 158.
— — § 94, S. 184.
— — § 95, S. 54, 161.
— — § 96, S. 73, 82, 101, 162.
— — § 97, S. 73, 82, 101, 140, 168.
— — § 102, S. 165.
— § 105, S. 80, 113, 142.
— § 114, S. 22, 114.
— — § 147, S. 127.
— §§ 150, 151, 152, 153, S. 17, 19, 22, 40, 41, 48, 52, 61, 62, 82, 83, 101, 109, 134, 138, 140, 150, 151, 155, 158, 168, 186.
— — § 158, S. 54, 58, 114, 160.

1883.

Gesetz vom 20. August, S. 32, 55, 98, 111, 142, 161.
Ministerial-Erlaß v. 7. September, S. 32, 98.

Erkenntnis vom 4. Oktober, S. 58.
Ober-Verw.-Ger.-Erkenntnis vom 29. Oktober, S. 157.
— — 15. Dezember, S. 44.

1884.

Ober-Verw.-Ger.-Erkenntnis v. 16. Februar, S. 44.
— — 15. April, S. 117, 199.
Hannoversche Kreis-Ordnung vom 6. Mai, §§ 1 und 9, S. 181.
— — § 73, S. 29.
Ministerial-Erlaß vom 31. Mai, S. 32, 55, 142, 161.
Ober-Verw.-Ger.-Erkenntnis v. 10. Dezember, S. 146.

1885.

Ober-Verw.-Ger.-Erkenntnis vom 11. März, S. 44, 72.
— — 1. April, S. 46.
— — 8. April, S. 46.
V. vom 6. Juni, S. 186.
Hessen-Nassauische Kreis-Ordnung v. 7. Juni, §§ 27—33, S. 12.
— — § 74, S. 29.
Ober-Verw.-Ger.-Erkenntnis vom 24. Juni, S. 31.
Gesetz vom 2. Juli, S. 183.
— — 6. Juli, §§ 14, 15, S. 110.
— — 27. Juli, S. 136, 144, 179.
Ministerial-Erlaß vom 26. August, §§ 48, 49, S. 52.
Ober-Verw.-Ger.-Erkenntnis v. 4. November, S. 10.
Bahn-Polizei-Reglement vom 30. November, S. 184.

1886.

Erlaß vom 25. März, S. 61.
Gesetz vom 21. April, S. 175.
Ober-Verw.-Ger.-Erkenntnis v. 29. Mai, S. 147.
— — 5. Juni, S. 51.
Kirchengesetz vom 16. Juli, S. 165.
Westfälische Kreisordnung vom 31. Juli, § 29, S. 12.
— — § 61, S. 29.
— — § 80, S. 147.
Verwaltungs-Ordnung vom 15. Dezember, §§ 27, 49—58, S. 105.
Kirchl. Verwaltungs-Ordnung v. 15. Dezember, § 40, Abs. 2, S. 19.
Verwaltungs-Ordnung vom 15. Dezember, § 58, S. 53, 54, 58, 65, 103, 154.

1887.

Gesetz vom 21. Juni, S. 195.
Verordnung vom 26. Januar, S. 186.
Reichs-Ger.-Erkenntnis vom 24. u. 31. Januar, S. 2.
Gesetz vom 24. März, S. 175.
— — 25. Mai, S. 22, 25, 115.
— — 26. Mai, S. 125.
Rheinische Kreis-Ordnung vom 30. Mai, § 29, S. 12.
— — § 61, S. 29.
Gesetz vom 17. Juni, S. 175.
— — 21. Juni, S. 53.
Ober-Verw.-Ger.-Erkenntnis v. 5. September, S. 198.
Bestimmungen vom 27. September, S. 175.

1888.

Gesetz vom 18. März, S. 110.
Verordnung vom 14. April, S. 135, 139, 169, 186, 192.
Schleswig-Holsteinische Kreis-Ordnung vom 26. Mai, § 51, S. 12.
— — § 103, S. 29.
Gesetz vom 14. Juni, § 4, S. 81, 123.
Wehr-Ordnung vom 22. November, § 81, Nr. 5 und 6, S. 162.
Verordnung vom 26. Dezember, § 36, S. 203.
Gesetz vom 29. Juni, S. 195.

Alphabetisches Register.

(Die beigefügten Zahlen verweisen auf die Seiten.)
Vergl. auch die „Systematische Einteilung" im Inhalts-Verzeichniß S. V. u. ff.

A.

Abbruch von Gebäuden, polizeilich angeordneter 22, 31, 43.
Abfindungsländereien, Verpachtung 133.
Abgaben, Einziehung im Rechtswege 136; grundherrliche 54; an die Gemeinde, Regulierung 6, 7; geistliche oder kirchliche 86; öffentliche, Befreiung 91; Rückstände 113.
Ablassung von Seen und Teichen 63.
Ablösung, gewerbliche Berechtigungen, Rechtsweg 4; Mühlenabgaben 26.
Ablösungsbehörden, Zuständigkeit 16.
Ablösungsverfahren, Sistierung 86, 106; Kosten 160.
Abnahme städtischer Rechnungen 20.
Abschlagszahlungen bei den Steuern 158.
Abtritte, zwangsweise Desinfektion 167.
Abwässerung von städtischen Straßen 10.
Abzugsgraben, Räumung 88.
Abzugskanäle in Städten 10, 11.
Ackerbürgerschaft, Streit um Bürgervermögen 81.
Administrationsschulden 133.
Administrativ-Exekution 97, 150.
Aktienausgabe, neue Stammaktien 18.
Aktiengesellschaften, Kompromisse 121.
Alignementslinien 17, 75.
Alluvionen, Beseitigung 199.
Alt-Lutheraner 18, 103, 104, 125, 167.
Amtmann, westfälischer, Organ des Landrates 147.
Amtshandlungen, in dem Bewußtsein der Pflicht 187.
Amtspflichten, Streit über den Umfang 21.
Amtssuspension 19, 21.
Amtsvorsteher, Beschlagnahme von Gegenständen 195, 196; polizeiliche Verfügungen 197.
Anciennität der Beamten 24.
Anerkenntnis der gerichtlichen Kompetenz seitens der Verwaltungsbehörde 10.
Anordnungen, polizeiliche, Aufhebung derselben 42.
Ansiedler in Pfarrgemeinden 116.
Anweisungen auf die Kasse, unzulässige 87.
Apotheker-Privilegium, Ablösung 12.
Arbeiten, öffentliche, Unternehmer 17.
Armenbeiträge, Pflicht zur Leistung 182.
Armenfonds, Streit über das Eigentum zwischen Kirche und Gemeinde 102.
Armengesetzgebung und polizeiliche Ausweisungen 31.
Armenpflege, Streitigkeiten 158; oder Polizei? 113, 161; kirchliche 102.
Armenpflegekosten 161, 166, 169, 180, 201, 208.
Armenstreitsachen 202.
Armenverbände, Streitigkeiten 4, 71, 96, 110, 117, 126, 127, 141, 153, 172, 188, 189, 192.
Armut, Begriff 52.
Artillerie-Schießplätze 161.
Arztlohn als Kosten der Armenpflege 169.
Aufforstung von Wildland 83.
Aufhebung polizeilicher Anordnungen 42, 45.
Aufstau eines Baches 19; von Privatflüssen 106.
Auktionskommissarien, Beschlagnahme der Bücher 21.
Auseinandersetzungen 93, 108, 116, 137, 146.
Auseinandersetzungsbehörden 37, 38, 53, 118, 170; Zuständigkeit 80, 84, 85, 86, 90, 93, 112, 133, 137, 143, 181, 190; Einlegung des Komp.-Konflikts 27; Privatverträge 138; Streit bei Separationen 76.
Auseinandersetzungs-Rezesse, Gültigkeit 133.
Auseinandersetzungsverfahren 167, 174.
Ausgewanderter, Wiederaufnahme in die Gemeinde 7.
Austritt aus der Kirche 58, 62.
Ausweisungen, polizeiliche, Enschädigungen 30.

B.

Badeabgaben 55.
Bahnhofsanlagen, Staatsbehörden 164.
Bahnkörper, Verwendung von Grundstücken zu demselben 52.
Balkon, gefährlicher 64.
Bank-Kommanditen, Kommunalsteuern 176.
Baubeamter, Sonntagsarbeit 87.
Baufällige Häuser, Vermietung 111.
Bauholzberechtigung 178.
Baukonsens 35, 180, 182.
Baupolizei 22, 39, 40, 134.
Bauten, Abänderung im Zwangswege 59.

Beamte, Ansprüche 25, 60, 75; Diensteinkommen 20, 114; Abgaben 5, 54, 90, 162. 197; Suspension 19, 21; Dienstentlassung 46; Dienstunfähigkeit 207; Pensionierung 132, 133; Gehaltszulagen 115; Schadensersatz 196, 208; verleumderische Anzeige 195; Eintritt in die allg. Witwen-Verpflegungs-Anstalt 181; Regreß 187, 207; Nachtwachtdienst 180; Gehaltsansprüche 61, 62, 168; Extraarbeiten 168; Umfang der Dienstpflichten 21, 165; Reise- und Umzugskosten 24; Beiträge zu kirchlichen Zwecken 75; Einquartierung 25, 195; Injurien 59, 60, 89; Auflösung von Versammlungen, Entschädigungsklage 196, Ueberschreitung der Amtsbefugnisse und Irrtum 76; pensionierte, Rechtsansprüche 140; pensionierte, Gnadengehalt der Hinterbliebenen 175; und Staat, Rechtsverhältnis 46, 47; publicist. und zivilrechtl. Stellung 24.
Bebauungsplan, städtischer 152.
Bedürfnisfrage bei Veränderung des Gemeindevermögens 82.
Beerdigungen, Besitzstörung 55.
Begräbnisplätze, Besitzstörung 55; Teilung unter verschiedene Konfessionen 59; Veräußerung 131.
Beilieger in Westfalen 121.
Bergbau, Enteignungen 19; unbefugter 76.
Bergrutsch, Gefahr 24.
Bergwerke, Sequestration 154; technische Ausdrücke 148.
Bergwerkssteuern 127.
Berieselungen 40, 143.
Berufung und Kompetenz-Konflikt 28.
Beschlagnahme, polizeiliche 40, 45, 60; des Diensteinkommens 33; Geschäftsbücher 21; von Genußartikeln, Fleisch 181.
Besitzstörungsklagen bei Eingriffen in Konsistorialrechte 14.
Bestätigung der städt. Polizeibeamten 78.
Besteuerungsrecht und Dienstleistungen 65; der Gemeinde 128, 146.
Bewässerungen 177, 184.
Bewässerungsanlagen 19, 40, 70, 173.
Biersteuer 56.
Bistümer und Geistliche, katholische, Staatsleistungen, Einstellung 193.
Bollwerksgelder 159.
Brandschaden, Ermittelung 40.
Branntweinsteuer, Vergütung 175.
Braugerechtigkeiten in den Städten 34; Amortisations-Fonds 13.
Brauhäuser, Rechte 147.
Brennholzberechtigung 178.
Brücken, Herstellung 51; Besserung 6; Geländer 149; im Zuge der Landstraßen belegene 52; schadhafte, Herstellung 143.
Brückenbauten 17, 38, 76, 144; polizeilich angeordnete 122.
Brückengeld, Aufhebung 90; Recht zur Erhebung 122.
Buchdruckerei, Suspension d. Gewerbes 29.
Buhnenwerke in Strömen 32.
Bulla de salute animarum 10.
Bureaugehilfen, Kommunalabgaben 134.
Bürgen für Kassenbeamte 75.
Bürgerbriefe 32.
Bürgermeister Amtsüberschreitung 76, 77; rechtswidrige Verhaftung 84; Festsetzung des Gehaltes 115; Injurienklage gegen denselben 198.
Bürgerrechtsgelder 32, 185.
Bürgersteige, Verpflichtungen der Anlieger 199; Unterhaltung 196.
Bürgervermögen 81, 100, 178; Nutzung 124, 157, 172, 186, 189, 190, 195; Umwandlung in Kämmerei-Vermögen 155.

C.

Charité in Berlin 125.
Chausseen, Expropriation 83.
Chausseebau-Material 62, 155.
Chausseebauten 17, 49, 73.
Chausseegeld, Verbindlichkeit zur Entrichtung 34; Kontravention 126; Streit 176.
Chausseegelderheber, Bestrafung 107.
Chausseegeld-Hebestellen, Umgehung 77.
Chausseegeldpächter 34, 126.
Chausseekontraventionsstrafen. Festsetzung 37.
Cholerakranke in Berlin 125.
Condictio indebiti, Kommunalabgaben 202, 203.

D.

Dammbauten, Landstraßen 38.
Defekte 75, 89, 108, 209.
Defizit in Kirchenkassen 102.
Deichangelegenheiten 82, 140.
Deichanlagen, Entschädigung 101.
Deichbauten zum Schutz ganzer Gegenden 8.
Deiche, Bepflanzung 105, 118.
Deichlasten-Verpflichtung, Verjährung 41.
Deichpolizei 72, 73.
Deich-Regulierung 105.
Deichschau als Bezeichnung des Deichverbandes 8, 9.
Deichschutzanlagen 122.
Dekret, gerichtliches 100.
Deposita bei Staatsschulden 167.
Deputatholz für Geistliche und Lehrer 57.
Diensteinkommen, Beschlagnahme 33.
Dienstgeld 54.
Dienstwohnungen, Reinigung der Schornsteine 30.
Disziplinarbehörden und Strafgerichte, Streit um die Kompetenz 24.
Disziplinaruntersuchungen, Kosten 95.
Dismembrationen, Verteilung d. Lasten 16.
Domänenfiskus, Bau der Landstraßen 39.
Domprobst, Einklagung seines Gehaltes 10.
Dorfstraße, Verkehrshindernisse 187; Reparatur 177.
Dotationen geistlicher Stellen 153.
Druckschriften, Beschlagnahme 110.
Düngergruben auf der Dorfstraße 182.

E.

Editionsforderungen 67.

Eigentumsrecht, kein besonderer Rechtstitel 207; —e an Gemeindegrundstücken 42.
Eingeweide von Vieh, Schlachtsteuer 107.
Einkaufsgelder in den Städten (Westfalen) 14.
Einkommensteuer, staatliche 48; städtische 33.
Einkommensverzeichnisse der Lehrer 29.
Einpfarrungen 143.
Einquartierung 135, 159; Befreiung 92.
Einquartierungslast 16, 25, 73, 168, 183, 193, 195.
Einzugsgeld 113; städtisches 89; und Eintrittsgeld 116; in westfälischen Städten 14; in westfälischen Landgemeinden 22.
Eisenbahnbauten, Abtreten von Grundstücken 41; polizeilicher Konsens 198.
Eisenbahnbetrieb, Rechtsweg 30.
Eisenbahnen, Eigentum an Grundstücken 51, 52; Abgaben 135, 185; Wegeanlagen 35, 40, 48, 94, 141, 151; Schutzanlagen, Wege 138; Sicherungsanlagen 59, 69, 74, 185; Anlagen im Interesse der Grundbesitzer 58; Verlegung von Wege 185; Feuerpolizei 131; Kommissariat 91; Ueberlassung städtischen Areals 154; Gesellschaften, Aktienausgabe 18; Zusammenstellungen d. Betriebseinnahmen 91.
Eisenbahngesellschaften, Kompromisse 121
Eisenbahn-Polizei 184.
Eiswächter-Dienste 41.
Elementarlehrer, nicht Beamte 110.
Enteignung und Vindikation 52.
Entsumpfungen 62.
Entwässerungen 64, 184.
Entwässerungsanlagen 30, 41, 173; Vermittlung der Polizeibehörden 151.
Entwässerungs-Genossenschaften 168, 169.
Erben von Defektanten 108.
Exekution gegen Gemeinden 21; nach rheinischem Recht 135.
Expropriationen, Possessorienklagen 22; Eisenbahnen 109; Wegebaumaterialien 158.

F.

Fahnen auf öffentlichen Plätzen 114.
Fahnenflucht 60.
Fährgeld, Aufhebung 90.
Fährgerechtigkeit, Privilegium 61.
Fährpächter, Exmission 61.
Fahrpläne, Abänderung, Rechtsweg 30.
Familienstiftungen 93, 94.
Färbereien, Flußverunreinigungen 138.
Feldhüter, Gehalt 56.
Feldmesser-Gebühren 52.
Fernsprecher, Anlegung ohne Erlaubnis 208, 209.
Feststellungsklage 85.
Festung, Bauten im Rayon 162, 163.
Festungswerke, deren Schutz 49; unbefugtes Betreten 145.
Feuerlöschwesen, Kosten 66.
Feuerpolizei 131, 199.
Feuer-Versicherungs-Sozietäten, Streitigkeiten 82; rheinische 134.
Feuerversicherung, Aushändigung der Polize 196.
Fischer, Gemeindeabgaben 7.
Fischereiberechtigung 152.
Fischereinetze, Maschenweite 165.
Fischereirecht 86.
Fiskus, Brückenbau 51; Privatperson 67; Interessent bei Kirchenbauten 7; Kreislasten 180; Streit wegen der Wegepflasterung 69; vertragsmäßige Ueberlassung von Grundstücken gegen Grundzins, Remissionen 69; Wegeunterhaltung 12; Eisenbahn-Gesellschaften, vertragsmäßiges Verhältnis 18; Exekution gegen denselben 176; Exekution gegen Dritte 164.
Fleisch, verdorbenes 198.
Fleischlieferungen für Militär 203.
Floßholz, Lagerung in öffentl. Flüssen 161.
Flurwege am Rhein 123, 124.
Flüsse, Regulierung 97; Flößerei 161.
Forderungen, Ausschluß vom ordentlichen Rechtswege 171.
Forensen, Schulabgaben 85, 156; protestantische, für katholische Kirchen und Schulen 127.
Forstaufseher, Amtsüberschreitung 192.
Forstbeamte, Waffengebrauch 27, 155, 193; Amtsüberschreitung 161, 178; außerhalb ihres Reviers 75; und Wilddiebe 8; Totschießen von Hunden 194, 198.
Förster, Körperverletzung 95; Abbrennen von Holzabfall und Reisig 194; Mißbrauch der Schußwaffe 78.
Forstfiskus, Armenpflegekosten 208.
Forstkontraventionen 113.
Forstservituten 107.
Fortifikationsfiskus 50.
Freileute, Gemeindeabgaben 7.
Fremdherrschaft, Ansprüche an den Fiskus 59, 71.
Friedrichs-Gymnasium zu Breslau 175.
Friedrich-Wilhelms-Kanal 133.
Führungs-Attest, Injurienklage 194.
Fußsteige, öffentliche Wege oder nicht 48.
Fußwege 105, 112, 143.

G.

Garantieklagen gegen den Fiskus 71.
Garnison-Speiseanstalten, Vorrechte 203.
Gartenzaun, Verkehrshindernis 187.
Gast- und Schankwirtschaft 22.
Gastrecht als Realrecht 22.
Gebäudesteuer, Vorarbeiten 151.
Gebühren der Sachverständigen in Auseinandersetzungssachen 124.
Gefahr, gemeine, Abwendung 24.
Gefangene, Transport 132.
Gefangenen-Lager, Fleischlieferung 203.
Gehaltszulagen, Ansprüche auf dieselben 115.
Geistliche, Amtsqualität 111; Abgaben an dieselben 87; Natural- und Geldleistungen an dieselben 100; Defekte 103; Festsetzung der Einkünfte 11, 161; katholische, Einklagung des Gehaltes 10; Wahlrecht des Patronats 162; Herausgabe der Kirchenbücher und Kirchensiegel 190; katholische, Amtsüberschreitung 134; Aemter, Dotationen 153.

Geldabgaben an Geistliche 87.
Gemeinde, Exekution gegen dieselbe 21.
Gemeindeabgaben, städtische 149, 206; privatrechtliche 54: Einziehung 196.
Gemeindebeamte, Diensteinkünfte 95, 115.
Gemeindebezirk, Zugehörigkeit 140, 144.
Gemeindebeschlüsse, Abänderung durch die Regierung 161.
Gemeindedienste, Streit 185.
Gemeinde-Einkommensteuern, städtische 205.
Gemeindeglieder-Vermögen 81, 121, 124, 128.
Gemeindehütung in Westfalen 159.
Gemeindelasten, Regulierung 6, 7; Streit über Beitragspflicht 53; ländliche 57.
Gemeindeloose in der Rheinprovinz 26.
Gemeindenutzungen, Verteilung 57; Teilnahme 36, 95; rheinische 160.
Gemeinde-Spanndienste 57.
Gemeindesteuern, Pflicht zur Zahlung 195.
Gemeindeverband, Zugehörigkeit 56.
Gemeinde-Vermögen 82, 100; Nutzung 117, 157, 158; Nutzung in Westfalen 123, 136, 154, 155, 194.
Gemeindevorsteher, Gehaltserhöhung 187; rheinische, Gehalt 53.
Gemeindewaldungen 82, 100, 112.
Gemeindewege, Eigentum an denselben 34.
Gemeindeweide, Mitbenutzung 75.
Gensdarm, Beschlagnahme 200; Dienstpferde 192; Ueberschreitung der Amtsbefugnisse 134; Amtshandlungen 38, 101; Entschädigungsklage 54, 198, 199.
Gensdarmeriechef, Kompetenzkonflikt 192.
Generalkommissionen, Zuständigkeit 39, 42, 48, 106; Grenzstreitigkeiten 38; u. Forstkontraventionen 113; Rückstände von Abgaben und Lasten 113.
General-Landschafts-Direktion, Kompetenzkonflikt 110, 119.
General-Prokurator in Köln 83.
Gerichtshof zur Entscheidung der Kompetenzkonflikte, Entstehung 1, 2.
Gerichtskosten, Einziehung 58, 59.
Gerichtsschreiber-Gebühren, Einziehung 58, 59.
Gerichtsschulze, Injurien 95.
Gesamt-Armenverbände, Rechtsweg 4.
Gesangbücher, Nachdruck 78.
Geschoßabgaben 121.
Geschoßgeld 147.
Gewerbe-Ger.-Sekretaire, Entlassung 46.
Gewerbesteuer und gewerbl. Abgaben 12; Ermittelung, Verteilung, Erhebung 142.
Gewerbebetrieb, Untersagung 114.
Gewerbetreibende, Untersagung von Handlungen 166.
Gnadenbewilligungen, Ansprüche auf Erhöhung 17.
Grabenbauten, Streit bei Separationen 76.
Grabenräumung, Rechtsweg 4.
Grenzaufseher, Anhalten von Heerden im Grenzbezirke 169.
Grenze der Stadtbezirke 56.
Grenzraine, Eigentumsrechte 42.
Grenzregulierung in Folge von Wegebauten 76.
Grenzsteine in öffentlichen Wegen 183.
Grenzstreitigkeiten 38, 146.
Gruben, Beschädigung von Wegen 128.
Grundherrliche u. gewerbliche Abgaben 12.
Grundsteuer 18, 60, 147, 181; Reklamationen 17, 20; kurhessische 170.
Grundsteuerfreiheiten 171.
Grundsteuerkataster, Feststellung der Flurbezirke 144.
Grundsteuerverfassung, schlesische 18.
Grundzinsen, Remissionen 69.
Gutsherrn, Lehrergehälter 173.
Gutsherrschaft, Schullehrer 86.
Gymnasien, Lehrerpensionen 108, 119.

H.

Hand- und Spanndienste, Landstraßenbau 38, 39.
Hasardspiel 97.
Hausabbruch, polizeilicher 31.
Hausierer, Beschlagnahme 107.
Hausstands-Ergänzungssteuer 121.
Hecken auf der Dorfstraße, Beseitigung, 68, 69.
Heimatsrecht, das sogenannte 31.
Hinterlegungswesen 206, 208.
Hoheitsrechte, Einmischung des Richters 35.
Hohenzollern, Beamten-Pensionierung 100.
Holzablösungsrente, Verwendung 178, 179.
Holzberechtigungen 34, 91, 93.
Holzgerechtigkeiten, Ablösung 16, 17.
Holz-Steuer 56.
Holz-Wärter, Streit über dessen Gehaltsansprüche 35.
Holzzettel in Wernigerode 147.
Hudegenossenschaften in Westfalen 155.
Hülfsbedürftigkeit, Begriff 52.
Hunde, Tötung 171, 178, 199; Konfiskation 200.
Hundesteuer 27, 195.
Hütungsgerechtigkeit, Ablösung 125.
Hütungsplätze als Bürgervermögen 81.
Hütungsrechte 35, 85.
Hütungsreviere 157; in Westfalen 155.

J.

Jagdausübung 113.
Jagdbeamte und Wilddiebe 8.
Jagdberechtigter, Tötung von Hunden 199.
Jagdbezirke 80, 142.
Jagd-Beschlagnahmen 183, 184.
Jagdgewehr, Konfiskation 8.
Jagdhunde in Ostpreußen, Ueberlaufen 153.
Jagdkontravention 96, 200.
Jagdpachtverträge 55, 189.
Jagdpolizei, Rechtsweg 4.
Jagdverpachtung 45, 181.
Indirekte Staatsabgaben, Rechtsweg 112.
Injurien 97.
Interessentenvermögen und Bürgervermögen 82.

Interimistikum in Wegestreitsachen 210.
Interventionsansprüche bei Pfändungen der Steuerbehörden 181.
Interventionsprozesse in Polizeisachen 96.
Inzidenzpunkte, verwaltungsrechtliche im ordentlichen Prozeß 166.
Juden, Rechtsverhältnisse 26; Kirchen- und Schulabgaben 191; Austritt aus der Korporation 36; Posen 28, 112.
Jurisdiktionsrechte, schutzherrliche 147.
Juristische Personen, Kommunalabgaben 99.
Justiz- und Verwaltungs-Grenze 2.

K.

Kalkgruben auf der Dorfstraße 96.
Kämmerei-Kassen-Rendanten, Gehalt 115
Kämmereivermögen 100, 124, 189, 195.
Kämmerer, städtischer, Entfernung aus dem Amte 24.
Kanalanlagen, Verlängerung 181.
Kanalbauten, Gesundheitspolizei 193.
Kapellenbrüderschaften 18.
Kassen, staatliche, Bewachung derselben durch Stadtgemeinden 33.
Kassenbeamte, Beschlagnahme des Vermögens 108; Defekte, Ersatzansprüche 209.
Kassendefekt, Begriff 87.
Katholiken, Ausschreitungen 55; Beiträge zu den Bauten der Evangelischen 104.
Kauf-Kontrakte, Stempel 20.
Kautionsstellen für Kassenbeamte 75.
Kellerhals, Verkehrsstörung 135; Beseitigung 123.
Kirchen, Reallasten 86, 106; Unterhalt 28; bauliche Aenderungen 181; Umbau, Streit über Kirchensitze 164; Austritt 193· katholische, Verpflichtungen des Fiskus 163, 173.
Kirchenabgaben 45, 58, 91, 95, 107, 116, 139; Einziehung 172; Juden 191; Parzellierungen 127; der Protestanten für katholische Einrichtungen 127.
Kirchenanstalten, Erhaltung 184.
Kirchenbaukosten, Uebernahme auf die Stadtgemeinde 92; Umlagen 204, 205; Verteilung 206; Separationsrezeß 198; Streit 173.
Kirchenbauten 7, 10, 44, 57, 62, 102, 104, 144, 173.
Kirchenbeamte, Abgaben an dieselben 74, 87.
Kirchenbücher und Kirchensiegel, Herausgabe 190.
Kirchengemeinden, Possessorienklagen 159.
Kirchengeräte, Reparaturen 144.
Kirchenglöckner, Umfang der Dienstpflichten 165.
Kirchenkasse, Zahlung des Pfarrgehaltes 165; Beiträge 103; Defizit 62, 103, 157.
Kirchenkassenrendanten, Ordnungsstrafen des Landrats 100, 101.
Kirchenlasten, Befreiung 61, 206; Streit 53.
Kirchen-Leistungen 57.
Kirchenpatronat, Besitzstörung 168.
Kirchenschlüssel, Herausgabe an den Patron 160.
Kirchensitze, Streit 164; Verteilung und Verlegung 160.
Kirchensteuern, Reklamation 184, 185; der Forensen 111.
Kirchenstühle, Beiträge 144; Versetzung an eine andere Stelle 154.
Kirchhöfe, Eigentum 131.
Kirchliche Abgaben 53.
Kirchspiele, Zuschlagung 143.
Klagfundament, Aenderung 180.
Klassensteuer-Rückstände 21.
Klassensteuer, städtische 33; Einschätzungs-Kommission, Verleumdungsklage gegen Mitglieder 191.
Klassifizierung der Leichen, Polizeisache 19.
Kleidung für Hülfsbedürftige 52.
Kleinhandel mit Getränken, Untersagung 114.
Klöster, Säkularisation 11.
Klostergüter 133, 135.
Knappschaftsbeiträge 154.
Kommunalabgaben, Einziehung 59; Befreiung 91; auf Grund eines Gemeindebeschlusses 187; Pflicht zur Entrichtung 35, 121, 122, 179; Rechtsweg 4; städtische, Veranlagung und Beitreibung 202; Rückerstattung 140.
Kommunalbeamte, Pensionierung 133.
Kommunal-Defizit-Steuer 127.
Kommunallasten, neue Verteilung derselben 21; Abänderung des Repartitionsmodus 154; ländliche Reklamation 17.
Kommunalschulden, Tilgung 178.
Kommunalsteuern, städtische 32, 104.
Kommunikationsabgaben 126, 176.
Kommunikationswege 94, 114.
Kompetenzgerichtsbarkeit im allgemeinen 4.
Kompetenzkonflikt, Beginn der Wirkung 106; Zulässigkeit 164; negativer 16, 197; —e im verschiedenen Sinne 1; und Konflikte 72, 163.
Konflikte, eigentliche 3.
Konkubinat, polizeiliches Einschreiten 85.
Kontributionen, landesherrliche 12.
Kornwindmühlen-Kontribution, Ablösung 11.
Korrigendenhäuser, Freiheit von Grundsteuer 171.
Kostenzahlung und Rechtskraft 9.
Kredit-Vereine, Streit unter den Mitgliedern 119.
Kreisabgaben 177.
Kreis-Armenlasten 141.
Kreis-Besteuerungsrecht 29.
Kreis-Chaussee-Beiträge 182, 183.
Kreislasten des Fiskus 180.
Kreisstände, Anfechtung der Beschlüsse derselben 73.
Kriegsleistungen 139, 169, 171, 189.
Kriegslieferungen 123.
Kriegsministerium, Erhebung des Kompetenzkonfliktes 175.
Kriegsschäden 20, 27.
Kriegsschuldensteuern, Ersatzansprüche 33.
Kriegsvorspann 186.
Küstereiabgaben 39, 41.

Küstergebühren, Einziehung 65.
Küsterlohn, Einziehung 53.

L.

Landarmenverbände, Rechtsweg 4; ärztliche Ansprüche 201; Streit 141, 172.
Landesdirektor, Recht zur Erhebung des Kompetenzkonfliktes 201.
Landesverwaltung, allgemein als Gegensatz zur Kommunalverwaltung 202.
Landgemeinden, Streitigkeiten über gegenseitige Rechte und Pflichten 9.
Landrat, Ausführung von Verfügungen desselben 147; Verbot der Herausgabe von Schriftstücken im Zivilprozeß 202.
Landschaft in Schlesien 120.
Landstraßen, Bau und Besserung 38; Verlegung 31; Unterhaltung durch den Fiskus 65.
Lazarethe, militärische im Kriege 192.
Lehrer, Vertragsverhältnis mit der Gemeinde 29; Brennholz 140; Züchtigungsrecht 122.
Lehrereinkünfte, nicht rechtzeitig gelieferte 118.
Lehrergehalt, Aufbringung 22.
Leichenfeier, evangelische auf katholischen Kirchhöfen 55.
Leichengebühren, Verpflichtung zur Zahlung 19.
Leumunds-Attest, Injurienklage 194.
Loosholztaxen 10, 57.
Löschanstalten, Entschädigungen 162.
Lösegelder 147.

M.

Magazindefekte 87.
Magistrat, Strafandrohungen 204.
Magistratsmitglieder, Festsetzung des Gehaltes 115.
Mahlsteuer 69, 121, 175.
Mahl- und Schlachtsteuer 145.
Mahlwasser, Entziehung 19, 40.
Makulatur, Diebstahl 62.
Mehrleistungen der Beamten 21.
Meliorations-Genossenschaften 177; Beiträge 95; Entschädigungsansprüche gegen dieselben 173; Abtretung von Grundstücken 134; Streitigkeiten der Mitglieder 142.
Mieter, Einquartierung 25; in baufälligen Häusern 111.
Mietssteuer 99; in Berlin 37, 42; Eisenbahngesellschaften 127.
Militär-Speise-Einrichtungen, Kommunalsteuer 188.
Militär, Wegnahme von Grundstücken 192.
Militärbehörden, Rechtsweg gegen dieselben 49.
Militär-Konflikte 3, 102.
Militärpersonen, Pensionierung 175; entzogene Diensteinkünfte 22.
Militärpferde, Quartier 61.
Militärpolizei 50.
Militärverwaltung, Rückvergütigung der Kommunalsteuer 203.
Militär-Vorspann 139.
Minister der geistl. Angelegenheiten, Verfügungen 190.
Mißstände, Beseitigung der Polizei 49.
Mobilmachung 53.
Mobilmachungspferde, Taxen 58.
Mühlen, Wasserentziehung 158, 19; Festsetzung des Wasserstandes 146.
Mühlenabgaben, General-Kommissionen 47; rückständige 93; gewerbliche 86; Aufhebung 16.
Mühlenkontribution, Ablösung 11.
Müller, Abgaben an den Magistrat 26; Beeinträchtigung des Mahlwassers 15.
Mündliche polizeiliche Verfügungen 157.
Mutung, unzulässige 76.
Nachtwachtdienste der Beamten 180.
Nahrungssteuer, Ablösung 18.
Naturalabgaben an Geistliche 87.
Naturalbeiträge zum Wegebau 29.
Naturallieferungen an Schullehrer 119.
Nebengemeinden, Ansprüche an die Hauptgemeinde 92.
Negatorienklagen in Wegebausachen 12; und polizeiliche Anordnungen 165.
Notte-Regulierung 126.
Neu anziehende Personen 37.
Neue Wege 134, 135.
Neujahrsgeld an die Pfarre 83.
Nichtigkeitsbeschwerde und Kompetenzkonflikt 51.
Nullitätsklagen, Rechtskraft 9; gegen Erkenntnisse der Auseinandersetzungsbehörde 150.
Nußbäume, Nutzungen an denselben 34.
Nutzungen vom Gemeindevermögen 81.

O.

Oberförster, Ausschließung von dem Bietungstermine 77.
Ober-Rechnungs-Kammer 66.
Ober-Staatsanwalt, Kompetenzkonflikte 45.
Offiziere, Ansprüche auf höhere Pension 175.
Opfergeld 86.
Ordnungsstrafen, polizeiliche 64; des Magistrats 48.
Ortschaft, Eigenschaft als Gemeinde 188, 189.
Orts- und Bezirksverfassung, Merkmale 74

P.

Pächter, polizeiliche Maßnahmen gegen denselben 25
Papiere, Beschlagnahme 21.
Pappeln an Wegen, Einsprüche 51.
Parochial-Veränderungen 177, 179.
Parochieen, Veränderung und Bildung neuer 150.
Parzellierungen von Grundstücken, Abgaben-Verteilung 127.
Patron, Kirchenbauten 7.
Patronatsrechte bei der Wahl von Geistlichen 162.
Pensionierte Beamte, Defektenbeschluß 108.

Pensionsansprüche städtischer Beamter 39.
Petitorium und **Possessorium** 8, 11.
Pfändbarkeit von Sachen 154.
Pfändung wegen der Steuer-Rückstände 21; —**en**, Interventionsansprüche 25, 26.
Pfarrabgaben 45, 83, 91, 95, 98, 116; Exekution 184; Quittungsleistung 190; Parzellierungen 127.
Pfarrbauten 44, 57, 173.
Pfarrdezem 109.
Pfarrer, Reallasten 86, 106; Zusatzgehalt 69; katholische Naturalabgaben an denselben seitens der Ortsgemeinde 13.
Pfarrgehalt, Festsetzung und Aufbringung 92, 154; Erhöhung 185; Zahlung aus der Kirchenkasse 165.
Pferde-Eisenbahn 58.
Pfluggeld 54.
Plaggenschoppenrechte, Eisenbahngesellschaften 35.
Polizei, Eingriffe in Privatrechte 163, 170, 171; gerichtliche 83; Kirchen 146; Regreß gegen dieselbe 6.
Polizeibeamte, Amtsüberschreitung 95; Gehaltserhöhung 93; städtische, Besoldung, Bestätigung 78; Pferdegelder 36; Injurien 144; Mißhandlung 84; Schadensersatz 94; Regreß 186, 187; Entschädigungsansprüche 174, 199.
Polizei-Fiskus, sogenannter 49.
Polizeiinspektor, Injurien 97.
Polizeiliche Verfügungen, Gesetzmäßigkeit, Notwendigkeit und Zweckmäßigkeit 194, 199; Eigentumsrecht 103; Rechtsweg 180; Anfechtung und Regreß 169; Possessorienklage 126.
Polizeiverwalter, Amtsüberschreitung 190; provisorischer 40, 41.
Polizeiverwaltungskosten bei dismembrirten Rittergütern 178; Aufbringung in den Städten 65.
Pommern, Kommunalstände 72.
Posen, Juden 26.
Possessorienklage gegen polizeiliche Verfügungen 45, 46, 73, 152, 153.
Possessorium, vergl. Petitorium.
Postillon, Signal am Schlagbaum 107.
Prediger-Witwen-Kassen, Verletzung ihrer Rechte durch das Kosistorium 15.
Predigerwahlen, Stimmrecht 28.
Presse, Unterdrückung von Druckschen 48.
Preßgewerbe, Entziehung der Erlaubniß 29.
Privatflüsse, Streit wegen der Oeffentlichkeit 79.
Privatgrundstücke, Einziehung zur Anlage einer Straße 79.
Privatschulen, Verbot 58.
Privatwege 23, 43, 104.
Privilegium, Begriff 123, 125, 195, 197; bei Schulabgaben 5; Streit über die Existenz 151.
Protestanten, Beiträge für die katholische Kirche und Schule 127.
Provinzial-Staatsschulden 51, 125, 133, 167, 168, 171, 172, 174, 188, 189.
Provokationsklage 85.
Provokationsverfahren, Vorflut 63, 64; in Wassersachen 40.
Punktationen, Stempel 26.

Q.

Quartierleistung, Verteilung der Lasten 16.
Quellen, Offenlegung 199.
Quittungsleistung, Pfarrabgaben 190.

R.

Rampen für Wege über den Eisenbahndamm 94.
Rauchfangsteuer 38.
Räumung eines Baches 97; von Abzugsgräben 88; von Gräben 39, 63, 120, 152, 159, 160, 164, 170, 171, 206; eines Privatflusses 18, 88, 163, 164, 187, 199, 206.
Rayon-Angelegenheiten 172.
Rayonwidrige Bauten 162.
Realisationstermine, 49, 90.
Realschankgerechtigkeit 22, 114.
Rechnungslegung einer Verwaltungsbehörde, Klage auf dieselbe 126; über Polizeiverwaltungskosten 66, 67; bei städtischen Kassen 20.
Rechtsanwälte, Kommunalabgaben 93.
Rechtsanwalts-Gebühren 122.
Rechtshängigkeit 86.
Rechtskraft und Kompetenzkonflikt 60.
Rechtskräftig entschiedene Sachen und Kompetenzkonflikte 9.
Rechtskräftige Erkenntnisse, Kompetenzkonflikte 138; negativer Kompetenzkonflikt 16.
Reichsunmittelbare, deren Familienverträge 155.
Reiheholz 147, 148.
Reinigung und Unterhaltung der Privatflüsse 79.
Rekruten, Bekleidung durch die Gemeinden 162.
Rendant, städtischer, Entfernung aus dem Amte 24.
Rentenbanken 119.
Repartitionsmodus bei Gemeindeabgaben 7, 9.
Retentionsrecht eines Forstbeamten 40.
Revisions-Kollegium 135.
Rezesse als Rechtsquelle 57; Vollstreckung 90; nachträglicher Streitigkeiten 84.
Rheinschifffahrt, Abgaben 100.
Rheinzoll, Aufhebung, Entschädigung 125, 172.
Rinnen in der Dorfstraße, Eingießen von Flüssigkeiten 205.
Rittergutsbesitzer, Beitrag zu den Lasten der Landgemeinde 6.
Ritterschaften, landschaftliche Systeme 120.
Rotzkrankheit 138.
Rückforderung von Schulbeiträgen 180.
Rückstände von Schulabgaben 107, 108.
Rücksteuern 56.

S.

Säkularisationen 11, 52, 91, 133, 135, 140.
Salzregie, Bergische 22.

Sanitätspolizei 62, 181, 193.
Schäfereigesellschaften 137.
Schankwirtschaft 22.
Schiedsgerichte bei Ermittelung von Brandschäden 40.
Schießgewehre, Verbot des Besitzes eines solchen 8.
Schießübungen, militärische, polizeiliche Anordnungen 161; Gefährdung von Nachbargrundstücken und deren Bewohnern 175, 176.
Schiffbarmachung 55.
Schifffahrt, Anlegung von Buhnen 32.
Schlachtsteuer 107, 203.
Schleswig-Holstein, Spolienklagen 173.
Schleuse, deren Anlegung und Beeinträchtigung des Mahlwassers 15.
Schleusenbauten in Hannover 168.
Schornsteine, Reinigung in Dienstwohnungen 30.
Schriftliche Androhungen 157.
Schulabgaben 93, 107, 118; Art der Aufbringung 75; Einziehung 95, 172; der Beamten 5; Forensen 85; Repartition 166; anderweite Verteilung 156; Verbindlichkeit zur Entrichtung 41; Kommunallasten 179; Verteilung 69; Juden 191; katholische seitens der Protestanten 127; nicht rechtzeitig gelieferte 118.
Schulbaukosten 90.
Schulbauten 10, 38, 45, 57, 153; Streit 117; Hand- und Spanndienste 144; aus Mitteln paritätischer Gemeinden 13.
Schulbeiträge 30, 47, 90; Streit 161; Einziehung, Befreiung 145.
Schulen, Reallasten 86, 106; Heizung 70.
Schulgeld 97, 98; rückständiges, Einklagung 85; exekutivische Einziehung 81; für Kinder außerhalb der Ortsschule 80; Forderung desselben 123, 174, 184.
Schulheizungsmaterial 125.
Schulholz, Feststellung des Bedarfes 142.
Schulholzgeld 84.
Schullasten, Lehrergehalt 22; Streit 53; Uebernahme auf die Gemeinde 85; Umwandlung in Kommunallasten 177, 186; Austritt aus der Kirche 193.
Schullehrer, Emeritengehalt 110; Erhöhung der Gehälter 170; Witwen- und Waisen-Pensionen 182; Abgaben an dieselben 125; Emeritierung und Pensionierung 137.
Schullehrergehalt, Umlage behufs der Erhöhung 180; in Schlesien, Regulierung 105; Beiträge des Gutsherrn 173.
Schullehrer-Witwenkasse 48.
Schul-Leistungen 57.
Schulpatronat 109.
Schulsozietäten, Bildung neuer 118.
Schulsteuer, neuvorpommersche 178.
Schulstroh, zur Heizung 125.
Schulunterhaltung aus der Kämmereikasse 111.
Schulunterhaltungskosten 86.
Schulverbände 4, 65, 94.
Schulvermögen, Aufsicht 175.
Schulversäumnisse 144, 152.
Schulvorsteher, Uebertragung seines Amtes 116.
Schulze, Beleidigungen 89.
Schulzenhof und Schulzenamt 87.
Schulzengehalt, Festsetzung 187.
Schulzucht 103, 182.
Selbstaufhebung polizeilicher Verfügungen 207.
Separationen, Grabenanlagen 143; Streit zwischen Pächtern und Verpächtern 76; hypothekarische Ansprüche 190.
Separationsinteressenten, Streit um das Bürgervermögen 81.
Separations-Rezeß, Verlegung von Wegen 166.
Servis-Zuschuß, Einquartierung 195.
Servitutberechtigungen 118.
Servituten, notwendige 132.
Sicherheit auf öffentlichen Straßen 96.
Sicherheitspolizei, kein Possessorium 77.
Sielbauten in Hannover 168.
Simultankirchen 101, 159; polizeiliche Ordnung 145, 150.
Simultankirchhöfe 55.
Sohlstätten in Westfalen 117.
Sonderrechte und Privilegien 5.
Sonntagsheiligung 87.
Sozialdemokratie 29.
Sozietätslasten, Streit über Beitragspflicht 53.
Spanndienste der Gemeinden 139; Streit 185.
Sparkassen, Kommunalabgaben 205.
Spolienklagen gegen polizeiliche Verfügungen 173.
Spritzenverbände, Rechtsweg 4.
Spruchkollegien, landwirtschaftliche 27.
Spülwasser, Ausgießen in den Rinnstein 205.
Staatsabgaben, Rechtsweg 111.
Staatsämter, Verleihung 208.
Staatsschulden 51.
Staatsverträge, Ansprüche an Privatpersonen aus derselben 115.
Stadt und Land, Grenzen 28.
Stadtbezirke, Grenzen 56.
Städte, Steuern 56, 71.
Stadtforsten, Nutzung 124.
Stadtgerichts-Kommission zu Berlin 191.
Stadtwald, Art und Umfang der Benutzung 193.
Ställe in den Dorfstraßen, Beseitigung 40.
Standesbeamte, Entschädigung 206.
Steinbrüche, gefährliche 24.
Stempelabgaben 20, 26.
Stempelbeträge, zu viel gezahlte 160.
Stempelsteuer, Rechtsweg, Verjährung 23.
Steuern, widerrechtlich erhobene 164.
Steuerbeamte, Pfändungen 196; Beschlagnahme von Handlungsbüchern 129.
Steuerempfänger, Annahme von Abschlagszahlungen 158.
Steuerpflichtige, Klagen gegen dieselben 35, 36.
Steuer-Rückstände, Einziehung 176.

Stiftsgüter, säkularisierte 52.
Stiftungen, Verwaltung 102.
Stiftungskapitalien, Einziehung 91.
Strafandrohungen des Magistrats 204.
Strafgerichte u. Disziplinarbehörde, Streit um die Kompetenz 24.
Strafmandat, Kompetenzkonflikt 87.
Strafverfügungen, aus Versehen erlassene 208.
Straße, Oeffentlichkeits=Erklärung 182; städtische, Absperrung 79; Reparaturkosten, Adminstrations=Exekution 36; Verbreiterung 186; Reinigung, Kosten 66.
Straßenanlagen, Zuschüttung eines Grabens 152.
Straßenbau, Kommunalumlagen 32.
Straßenbauten 31, 90, 107.
Straßenbrunnen=Abgabe 156.
Straßendamm, Niederlegung 99.
Straßenfluchten, Zwang 204.
Straßenpflaster, observanzmäßige Unterhaltung 98.
Straßenpolizei 10, 11.
Straßenrinnen, Anlagen 134; Verlängerung 181.
Strombett, Instandhaltung 116.
Strompolizei 54, 55, 86, 110, 142, 190.
Strom=Regulierung 105.
Studentenstipendium 94.
Super=Vakanz=Revenüen, Ansprüche einer Prediger=Witwen=Kasse auf dieselbe 16.
Synagogenangelegenheiten 26, 28, 33, 36, 45, 47, 113.
Synagogenbeamte 187.
Synagogengemeinden 4, 191.
Syphilis, Heilung, Polizeikosten 204.

T.

Tantièmen der Gemeinden, Gewerbesteuer 142.
Tanzmusiken, ohne polizeiliche Erlaubnis 99.
Teiche, stehende, Vorflut 128.
Telephon=Anlagen, polizeiliche 68.
Thongruben, Verbindungswege mit denselben 179.
Tischgroschen, kirchliche 103.
Torf=Steuer, 56.
Totengräber, Abgaben an denselben 74.
Transportkosten, Streit zwischen Gemeinde und Fiskus 132.
Trennstücke bei Parzellierungen 127.
Trottoiranlagen, Einziehung der Beiträge 196.
Tumult, Rechtsweg wegen Handlungen aus Anlaß eines solchen 14, 15.

U.

Ueberschwemmungen 130, 140.
Ufer, Regulierung 97.
Uferbesitzer, Abbruch von Ueberbauten 172.
Uferschutz 142.
Umgangsgelder, kirchliche 103.
Umlagebeschlüsse, kirchliche 105.
Unbedenklichkeitsattest, Feuerversicherung 196.
Unglücksfälle auf dem Fahrwasser eines Stroms 116.
Union, Beitritt, kein Konfessionswechsel 166; Parochialverhältnisse 173.
Unter=Konsistorialrechte 14.
Unterricht, Umfang 169, 174.
Unterstützungskassen der Handwerker 176.
Urbede, Grundsteuer 60.
Urkunden, Abnahme derselben durch die Polizei 33.

V.

Verfügungen, polizeiliche, Rechtsweg 4; kein Rechtsweg 22.
Verjährung von Abgaben 88, 89, 112; erlöschende und Usukapien 23, 135; Kostensachen bei Auseinandersetzungen 174.
Verkehr, öffentlicher, Anlagen für denselben 153.
Verkehrshindernisse, 43, 51, 79, 96, 129, 187, 191, 194.
Verkehrsstörungen durch Bauten 71.
Versteigerungen, Nachtheile für Gewerbtreibende 42, 43.
Verteilung öffentlicher Lasten 9.
Verteilungspläne bei Parzellierungen 127.
Verunreinigung von Flüssen 138.
Verwaltungs= und **Justizgrenze** 2.
Viehtreiber, polizeiliche Abpfändung von Vieh 69.
Viehtrifftrechte, Beeinträchtigung durch Strombauten 32.
Vindikationen und Expropriationen 52.
Vizinalwege 78, 163.
Vorflut 63, 128, 163, 165.
Vorflutsanlagen 70.
Vorspann, militärisches 53.

W.

Waffengebrauch der Jagd= und Forstbeamten 27.
Wälder, Entnahme des Bedarfes an Brennholz 117.
Waldservituten, Ablösung 85.
Warnungstafeln, Beseitigung 77.
Warnungszeichen auf Strömen 116.
Wasserabzüge und Gräben 130.
Wasserbauten 64, 97.
Wasserentziehung bei Mühlen 19.
Wasserleitungen, künstliche 130.
Wassermühlen, Streit wegen Erniedrigung eines Wehrs 16.
Wasserpolizei 18, 199.
Wasserspiegel in Strömen, Senkung 190.
Wasserstand bei Mühlen 124, 146.
Wasserstau bei Mühlen 77.
Wasserstraßen, Instandhaltung 116.
Wege, Bepflanzung 51; Anlegung neuer 15, 134, 149, 170, 185; Instandsetzung, Entschädigungsansprüche 73; Veränderung 166; als Vizinalwege 78; Oeffentlichkeit 23, 34, 73,

86, 167, 207; Inanspruchnahme 43, 178; Verbreiterung 19, 20; Schmälerung 174; Kassierung 112; Sperrung 27, 37, 43, 77, 104; Beseitigung durch das Eisenbahn-Kommissariat 186; Verlegung 31, 183; Wiederherstellung 122; Beschädigung durch die Art der Benutzung von Gräben 128; Verkehrsstörungen 43, 151; zu den Eisenbahnen 94; als Landstraßen 60, 61; Einziehung angeblich überflüssiger 15; Streit über die Richtung 25; Streitigkeiten über das Eigentum 31, 77; Zugehörigkeit zu einer Ortschaft und Entschädigungsansprüche 36; von Eisenbahngesellschaften angelegte 35; — = und Brückenbauten 165.

Wegearbeiten, Naturaldienste, Verteilung 123, 124.

Wegebau-Abgaben 177.

Wegebauten, Grenzregulierung 76; und Reparaturen 90; Ausschreibung der Kosten 29; Beschlüsse der ehemaligen Kreisstädte über die Aufbringung der Kosten 34; Kommunalumlagen 31; Streit bei Separationen 76.

Wegebesserung 6, 12, 36, 65, 143.

Wegebesserungspflicht auf Grund eines Vertrages 88.

Wegepflasterung, Streit mit dem Fiskus 69.

Wegepolizei, Besitzstörung 19; Landstraßen 38, 47; Eingriffe in Privatrechte 82; kein Possessorium 77.

Wegepolizeiliche Anordnung 189.

Wegerecht einer Stadtgemeinde 71; Münstersches 49.

Wegesperrung durch Hecken 148.

Wegestreitigkeiten, Entschädigungsfrage 72.

Wegeunterhaltung, Streit 178, 210.

Wegeverlegung infolge der Anlage von Eisenbahnen 74.

Wegeverschüttung durch Bergsturz 165.

Wehre bei Mühlen, Anspruch auf Erniedrigung 16.

Weideberechtigte in Wäldern 85.

Weidegeld in Westfalen 159.

Weidenutzungen der Städte in Westfalen 155.

Weidenanpflanzungen an den Flußufern 110, 111; auf Deichen 122.

Wiesen-Entsumpfung 97.

Wiesengenossenschaften 184.

Wiesen-Meliorationen 152.

Wiesenordnungen 105, 106.

Wiesenverbände, Beiträge 95.

Wildland, Aufforstung 83.

Wilddiebe, Haussuchung 8.

Wildpret-Steuer 56.

Windmühlen und Chausseebäume 92.

Witwen-Verpflegungsanstalt 181.

Würden, Verleihung 208.

Z.

Zeitung, Verbot 47, 48.

Zeitungs-Privilegien, Aufhebung 76.

Zinsgarantie, staatliche 18.

Zollbehörden, Beschlagnahme 155.

Zollerhebung, irrtümliche, zu niedrige Erhebung 123.

Zollgefälle, Rechtsweg 53; Verjährung 88, 89.

Zubereitungskosten bei Bergwerken 148.

Züchtigungsrecht der Geistlichen u. Lehrer 89, 91, 93, 94, 96.

Zuchtstiere der Gemeinde 150.

Zwangsmittel 39, 64, 148; polizeiliche Verfügungen 165; Ausführung durch einen Dritten 189; Höhe der Kosten bei der Ausführung durch Dritte 167.

Zwangsvollstreckung 101.

Zwanzigster als Abgabe von Bergwerken 127.

FSC
www.fsc.org
MIX
Papier | Fördert gute Waldnutzung
FSC® C083411

Kolibri 360 GmbH
Ferdinand-Jühlke-Straße 7
99095 Erfurt, Deutschland
produktsicherheit@kolibri360.de